普通高等教育“十一五”国家级规划教材

人文地理学

（第三版）

主　编　陈慧琳
副主编　郑冬子

科学出版社
北　京

内 容 简 介

本书以人为主体，人地关系为主线，以人类各种活动的产生、发展、变化与地理环境的相互关系构建教材体系，按人地关系主要领域和问题设置章节，应用案例分析融入理论阐述，建立了一个联系各人文地理要素或现象的解释体系，以探讨和总结人地关系的时空演变及其规律，是一部通论性的人文地理学教材。

本书与目前中学使用的新教材密切结合，特别适合作为师范院校地理科学专业本科生教材，也可作为非地理专业的公共课程教材，还可供讲授中学地理课和环境教育课的教师以及经济、规划等专业人员参考。

图书在版编目（CIP）数据

人文地理学/陈慧琳主编. —3版. —北京：科学出版社，2013
ISBN 978-7-03-036217-9

Ⅰ.①人… Ⅱ.①陈… Ⅲ.①人文地理学-高等学校-教材 Ⅳ.①K901

中国版本图书馆CIP数据核字（2012）第304895号

责任编辑：杨 红/责任校对：宋玲玲
责任印制：师艳茹/封面设计：迷底书装

科学出版社出版
北京东黄城根北街16号
邮政编码：100717
http://www.sciencep.com

北京科信印刷有限公司印刷
科学出版社发行 各地新华书店经销

*

2001年6月第 一 版 开本：720×1000 B5
2007年6月第 二 版 印张：19 1/4
2013年1月第 三 版 字数：361 000
2024年5月第三十五次印刷

定价：49.00元

（如有印装质量问题，我社负责调换）

第三版前言

本书是高等师范院校地理专业及大学非地理专业普及人文地理科学教育的新教材。本书第一版是教育部“高等师范教育面向21世纪教学内容和课程体系改革计划”的研究成果，2005年获贵州省优秀教学成果一等奖。本书第二版为“普通高等教育‘十一五’国家级规划教材”，第三版体系不变，主要更新了数据、实例，增加了新的理论和方法等内容。

人文地理学以人地关系为主要研究对象。人地关系是人类活动与地理环境两者之间构成的关系体。人地关系的性质、内容、结构和演变，深刻影响着人文地理学的发展。在过去的一个世纪里，尤其是20世纪中后期，人地关系发生了重大变化，迫切需要探讨新形势下的人地关系，彰显人地关系理论体系在人文地理学学科体系中的地位，帮助人们认识和实现人与自然的和谐。因此，迫切需要一本通论性的基础教材，以便更好地凸显人文地理学的科学层次，在这方面，本书做了实质性的探索工作。

根据教育部师范司有关面向21世纪高师教材改革的基本精神，按照教育部对“普通高等教育‘十二五’国家级规划教材”的要求，本着有利于培养高素质的中学地理教师这一特定目标及体现人文地理学在新形势下的发展需要，由贵州师范大学、安徽师范大学、上海对外贸易学院、东北师范大学和云南师范大学五所院校10位教师通力合作，完成了《人文地理学》教材的修订工作。

本书的一个突出特点是以人地关系为理论线索，以人类活动为主体，建立一个联系人文地理各基本要素或现象的解释体系，展现人文地理学的统一性。本书中设有人地观及人文地理学的文化观、资源观、环境观、区域观、可持续发展观等专题，按照人地关系主要领域和问题设置章节，总结、概括、探讨人地关系的时空演变，并从经济、人口、聚落、文化、旅游、政治、资源等各基本要素入手，讨论它们与环境的相互影响，从而将人文地理学各分支学科繁杂知识的介绍和讨论上升到统一的地理学高度，努力构建了人地关系贯穿始终的通论性人文地理学的科学体系。

本书带有“原理”的性质，具有“通论”的特点。每章探讨人类活动的一种基本现象及其与地理环境的互动关系，包括概念、原理、方法和案例；各章前后关联，形成一个具有系统性的统一的有机整体。教材没有回避人文地理学中存在的重要科学问题，而是有选择、适时地提出问题，并给予适当讨论，以再现本学科真实面貌。

本书紧密结合经济建设实际，讨论人类面临的人口、资源、环境、经济和社会发展方面的重大问题，剖析国民经济和社会发展中出现的亟待解决的人文地理学问题，理论与实际相结合。

本书大量吸收了人文地理学发展的新理论、新观点，以及以往人文地理学教材的优点，图文并茂，将案例分析融于理论阐述之中，基础理论厚实，知识面广。

本书在每章之后，都设有复习思考题以及主要参考文献，有些章还安排有社会调查，以培养学生的自主学习、合作学习和社会实践能力。

所有这一切，旨在给讲授者一个在深度和广度上可以充分发挥的自由度，给学习者一个仔细研读、深入思考的天地。本书既体现了学科体系的完整性、严谨性，又符合学习上的可读性、启发性以及深入浅出、举一反三的要求。

全书共分四部分。

第一部分（绪论和第一章）：绪论介绍人文地理学的研究对象、任务、学科体系和研究方法。第一章根据人地关系理论的历史演变，介绍了地理环境决定论、可能论、适应论和文化论等，论述了协调论与可持续发展观所追求的目标的一致性，并用系统论的观点探讨人地关系的地域系统，说明人地矛盾的实质，进而从人类文明发展阶段论述人地系统结构的三次重大演变和发展趋势以及调控的目标和方法。人地关系是一种客观存在，只要我们不断探索，就会揭示人地关系理论的真理。本部分是学习后面各章理论和研究方法的基础，对全书起指导作用。

第二部分（第二章至第八章）：是全书的主体，力图采用动态、系统、生态、可持续发展和综合的观点，从分析人类自身及人类主要活动与地理环境的互动关系的角度组织教材。通过分析人类活动的客观规律，探讨各种活动的相互渗透、影响和关联，努力使各章之间和每章内部形成有机联系。

第三部分（第九章）：总结了第二部分揭示出的人地矛盾的全球表现，概括了协调人地矛盾的方法。本章着重介绍人类三种环境观，强调用创造性的技术，形成和建立可持续发展的生产、生活方式来协调人与环境的关系，构建人与自然的和谐。

第四部分（第十章）：论述了人文地理学的区域观、区域发展与演变，以及区域协调方面的有关理论与实践，凸显了人文地理学的区域观，并将人地关系的协调从理论和方法两方面“落实”在区域上，对全书起总结作用。

在本书编写和修改过程中，教育部师范教育司、贵州省教育厅及前述五所院校的院系领导都给予了大力支持，如给教师充分的修改时间，并拨出专项资金等。主审陈才教授不辞辛苦反复通篇审阅，提出了大量宝贵的修改意见，使用本书第一版的教师也给我们提出了很多建议，贵州师范大学的伍鹏程校长亲自指导和督促本书的修改。贵州师范大学地理与环境科学学院朱珂老师做了绪论、第一章和第九章的课件，其他各章的课件均由各章撰写人完成。王茂强老师帮助校正、排版和打印等工作。对以上单位和领导及各位老师的支持、帮助和鼓励，全体作者深表感谢。

鉴于作者水平和资料有限，加之教材力图在内容和结构上体现通论性、系统性，因此书中不足之处在所难免，殷切希望广大读者提出意见和建议，以帮助我们改进工作，进一步提高教材水平，力争为读者奉上一本理想的人文地理学教材。

本书撰写人员及分工如下：

主　编　陈慧琳

副主编　郑冬子

绪　论　陈慧琳　贵州师范大学

第一章　陈慧琳　贵州师范大学

第二章　黄成林　安徽师范大学

第三章　梅　林　东北师范大学

第四章　李诚固　东北师范大学

第五章　陈亚颦　云南师范大学

第六章　殷红梅　贵州师范大学

第七章　彭贤伟　贵州师范大学

第八章　周国富　贵州师范大学

第九章　秦丽杰　东北师范大学

第十章　郑冬子　上海对外贸易学院

陈慧琳

2012 年 11 月 30 日

第二版序

人文地理学和自然地理学是地理科学的两大分支。随着人类社会经济与科技文化的不断发展，人文地理学在社会经济发展中的作用日益重要。

人文地理学是一门侧重研究人文地域系统的学科。它以人地关系为主旨，着重阐述人类社会、经济、文化活动等与地理环境的相互关系，以协调人地矛盾和促进区域可持续发展为学科研究的主要任务。

我国人文地理学的历史源远流长，具有自己的特色。特别是改革开放以后，人文地理学迎来了新的发展时期，在教学与科研领域取得了很大的成绩，在我国社会主义市场经济建设过程中发挥着日益重要的作用。

该教材第一版是在上述历史背景与形势要求下立项研究和组织编写的，是教育部“高等师范教育面向21世纪教学内容和课程体系改革计划”的研究成果。教材由陈慧琳教授任主编，郑冬子教授和黄成林教授任副主编，全书由五所院校长期从事人文地理教学、有丰富教学经验的教师共同完成。与初版教材相比，该版教材优点更为突出。欣悉该教材申报“普通高等教育‘十一五’国家级规划教材”成功，可喜可贺！

该教材较为系统地总结和吸收了我国已有的各种版本的人文地理学教材的优点，并在此基础上有所发展，形成了自己的风格。

该教材突出人地关系这条主线，并以此建立新的教材体系结构，按人地关系主要领域与问题，系统地阐述人类各种活动的产生、发展、变化及其与地理环境的相互关系，将人地因素融为一体。

该教材体现了通论性教材的基本特点，在体例结构安排上，将基础理论贯穿于人地关系的各个主要领域，形成一个完整的理论体系。同时，它又摒弃了对人文地理学各分支学科的系统阐述与介绍的传统框架，这是与已有人文地理学教材的显著不同之处。

该教材对人口观、资源观、环境观、区域观的阐述，第三产业与地理环境、文化塑造地理景观、城市与区域的关系、旅游活动的地域分布和空间移动规律、当今世界地缘经济格局、自然资源持续利用、区域发展与协调、人地系统的演变、调控和人地关系的新课题、实践特征以及可持续发展的论述，都有许多新意。一些图表也充分体现了简洁、信息量大的特点。

该教材章节适度，文字简练，图表配合得当，亦有思考题与主要参考文献相配合，既便于教师讲授，又便于地理专业和其他专业大学生自学，完全可以满足地理专业主干课、大学公共课教学和培训中学地理教师的需要。

陈　才

2006 年 11 月 18 日

第二版前言

本书是高等师范院校地理专业及大学非地理专业普及人文地理科学教育的新教材。本书第一版是教育部“高等师范教育面向 21 世纪教学内容和课程体系改革计划”的研究成果，2005 年获贵州省优秀教学成果一等奖。本书为“普通高等教育‘十一五’国家级规划教材”，在第一版体系不变的基础上，主要更新了数据、实例，增加了新的理论和方法等内容。

人文地理学以人地关系为主要研究对象。人地关系是人类活动与地理环境两者之间构成的关系体。人地关系的性质、内容、结构和演变，深刻影响着人文地理学的发展。在过去的一个世纪里，尤其是 20 世纪中后期，人地关系发生了重大变化，迫切需要探讨新形势下的人地关系，彰显人地关系理论体系在人文地理学学科体系中的地位，帮助人们实现人与自然的和谐。然而，我国人文地理学的传统教学往往强调分支学科，忽视基本理论教学，致使通论性的人文地理学被部门人文地理学的集合所替代。怎样将这一强一弱两个方面统一起来，是摆在人文地理教学改革面前的实际课题。人文地理学学科体系庞大，如果仅将人文地理学各分支学科基本内容集中于同一本教材内，难免结构繁杂、论述冗长，不利于理论的完整表达和探讨。因此，迫切需要一本通论性的基础教材，以便更好地凸显人文地理学的科学层次，在这方面，本书做了实质性的探索工作。

根据教育部师范司有关面向 21 世纪高师教材改革的基本精神，按照教育部对“普通高等教育‘十一五’国家级规划教材”要求，本着有利于培养高素质的中学地理教师这一特定目标及体现人文地理学在新形势下的发展需要，贵州师范大学、安徽师范大学、上海对外贸易学院、东北师范大学和云南师范大学五所院校 10 余位教师通力合作，完成了《人文地理学》教材的修订工作。

本书的一个突出特点是以人地关系为理论线索，以人类的经济活动、文化活动、社会活动等为主体，建立一个联系人文地理各基本要素或现象的解释体系，展现人文地理学的统一性。本书中设有人地观及人文地理学的文化观、资源观、环境观、区域观、可持续发展观等专题，按照人地关系主要领域和问题设置章节，总结、概括、探讨人地关系的时空演变，并从经济、人口、聚落、文化、旅游、政治、资源等各基本要素入手，讨论它们与环境的相互影响，从而将人文地理学各分支学科繁杂知识的介绍和讨论上升到统一的地理学高度，而非以传统教材中的介绍人文地理学分支学科为主要内容的学科框架，努力构建了人地关系贯穿始终的通论性人文地理学的科学体系。

本书带有“原理”的性质，具有“通论”的特点。每章探讨人类活动的一种基本现象及其与地理环境的互动关系，包括概念、原理、方法和案例；各章前后关联，形成一个具有系统性的统一的有机整体。教材没有回避人文地理学中存在的重要科学问题，而是有选择、适时地提出问题，并给予适当讨论，以再现本学科真实面貌。

本书紧密结合经济建设实际，讨论人类面临的人口、资源、环境、经济和社会发展方面的重大问题，剖析国民经济和社会发展中出现的亟待解决的人文地理学问题，理论与实际相结合。

本书大量吸收了人文地理学发展的新理论、新观点，以及以往人文地理学教材的优点，图文并茂，将案例分析融于理论阐述之中，基础理论厚实，知识面宽阔。

本书在每章之后，都设有思考题或作业题以及主要参考文献，有些章还安排有社会调查，以培养学生的自主学习、合作学习和社会实践的能力。

所有这一切，旨在给讲授者一个在深度和广度上可以充分发挥的自由度，给学习者一个仔细研读、深入思考的天地。本书既体现了学科体系的完整性、严谨性，又符合学习上的可读性、启发性以及深入浅出、举一反三的要求。

全书共分四部分。

第一部分（绪论和第一章）：绪论介绍人文地理学的研究对象、任务、学科体系和研究方法。第一章根据人地关系理论的历史演变，介绍了地理环境决定论、可能论、适应论和文化论等，论述了协调论与可持续发展观所追求的目标的一致性，并用系统论的观点探讨人地关系的地域系统，说明人地矛盾的实质，进而从人类文明发展阶段论述人地系统结构的三次重大演变和发展趋势以及调控的目标和方法。人地关系是一种客观存在，只要我们不断探索，就会日益揭示和接近人地关系理论的真理。本部分是以后各章的理论和研究方法学习的基础，对全书起指导作用。

第二部分（第二章至第八章）：是全书的主体，力图采用动态、系统、生态、可持续发展的和综合的观点，从分析人类自身及人类主要活动与地理环境的互动关系的角度组织教材。通过分析人类活动的客观规律，探讨各种活动的相互渗透、影响和关联，努力使各章之间和每章内部形成有机联系。

第三部分（第九章）：总结了第二部分揭示出的人地矛盾的全球表现，概括了协调人地矛盾的方法。这章着重介绍人类三种环境观，强调用创造新的技术，形成和建立可持续发展的生产、生活方式来协调人与环境的关系，构建人与自然的和谐。

第四部分（第十章）：论述了人文地理学的区域观、区域发展与演变，以及区域协调方面的有关理论与实践，凸现了人文地理学的区域观，并将人地关系的协调从理论和方法两方面“落实”在区域上，对全书起总结作用。

在本书的编写和修改过程中，教育部师范司、贵州省教委及前述五所院校的院、系领导都给予了大力支持，如给教师充分的修改时间，并拨出专项资金等。主审陈才教授和祝炜平教授不辞辛苦反复通篇审阅，提出了大量的宝贵修改意见，使用本书第一版的教师也给我们提出了很多建议，贵州师范大学的伍鹏程校长亲自指导和督促本书的修改。对以上单位和领导及各位老师的支持、帮助和鼓励，全体作者深表感谢。

鉴于作者水平和资料有限，加之教材力图在内容和结构上体现通论性、系统性，因此书中难免出现问题，殷切希望广大读者提出意见和建议，以帮助我们改进工作，进一步提高教材水平，力争为读者奉上一本理想的人文地理学教材。

本书撰写人员及分工如下：

主　编　陈慧琳

副主编　郑冬子　黄成林

绪　论　陈慧琳　贵州师范大学

第一章　陈慧琳　贵州师范大学

第二章　黄成林　安徽师范大学

第三章　梅　林　东北师范大学

第四章　李诚固　东北师范大学

第五章　陈亚颦　云南师范大学

第六章　殷红梅　贵州师范大学

第七章　彭贤伟　贵州师范大学

第八章　周国富　贵州师范大学

第九章　秦丽杰　东北师范大学

　　　　吴贞丽　东北师范大学

第十章　郑冬子　上海对外贸易学院

陈慧琳

2006 年 11 月 18 日

第一版前言

这本《人文地理学》教材是面向 21 世纪高等师范院校地理专业学生及大学非地理专业普及人文地理科学教育的新教材。

人文地理学以“人地关系”为主要研究对象。人地关系是人类活动与地理环境两者之间构成的关系体。人地关系的性质、内容、结构、演变深刻地影响着人文地理学的发展。在刚刚结束的 20 世纪里，尤其是该世纪中后叶，人地关系发生了重大变化。强调人地关系理论体系在人文地理学学科体系中的地位已经显得十分必要。然而，我国的人文地理学的教学传统是强调分支学科和经验知识介绍，忽视基本理论教学。怎样将这一强一弱两个方面统一起来，是摆在人文地理教学改革面前的实际课题。人文地理学的学科体系庞大，如果仅将人文地理学各分支学科基本内容集中于同一本教材内，难免结构繁杂、论述冗长，不利于理论的完整表达和探讨。因此，迫切需要一本理论性或者通论性的基础教材，以便更好地显示出人文地理学的科学层次，有利于大学生对人文地理学的内在逻辑关系和学科体系的全面认识。在这方面，这本教材做了实质性的工作。

根据教育部师范司有关面向 21 世纪高师教材改革的基本精神和要求，以及有利于培养高素质的中学地理教师这一特定目标，适应人文地理学在新形势下的发展需要，经贵州师范大学、安徽师范大学、信阳师范学院、东北师范大学和云南师范大学五院校 10 多位教师通力合作，完成了这本《人文地理学》教材的编写工作。

这本教材的一个突出特点是以人地关系为理论线索，以人为主体，建立一个联系各基本人文地理要素或现象的解释体系，展现人文地理学的统一原理。例如，在教材中设有人地观及人文地理学的文化观、资源观、环境观、区域观等专题讨论，还从经济、人口、聚落、文化、旅游、政治、资源等各基本要素入手讨论它们与环境的相互影响关系，从而将具体分支学科的繁杂知识介绍、讨论上升为对统一理论的认识，一改那种以介绍分支学科为主要内容、讨论经验知识为主要任务的学科框架，从而努力探讨了人文地理学的基本理论和思想，给大学生学习人文地理学拓开一块思考和创新的天地。这一点充分体现了我国对 21 世纪大学教育要求和培养目标的基本精神。因此，这本教材带有“原理”的含义，具有通论的特点。

总的来看，这本教材充分考虑到人文地理学通论性教材的基本属性，按人地关系主要领域和问题设置章节，总结、概括、探讨人地关系的时空演变。

每章均包括概念、原理、方法和案例，各章之间形成了一个连贯和统一的有机体。这给讲授者一个深浅、宽窄可以充分发挥的自由度，又给学习者一个仔细研读、深入思考的天地。本教材遵循了学科体系的完整性、严谨性，又符合学习上的可读性、启发性及深入浅出、举一反三的要求。

教材没有回避人文地理学中存在着的重要科学问题，而是有选择地、适时地提出问题，并给予适当讨论，以便再现本学科真实面貌。

教材紧密结合经济建设实际，剖析国民经济和社会发展中出现的人口、资源、环境、经济和社会发展方面的重大问题，做到理论与实践的结合。

教材大量吸收了人文地理学发展的新理论、新观点，以及以往人文地理学教材的优点，图文并茂，案例分析融于理论阐述，基础理论厚实，知识面宽。

在内容安排上，教材在系统介绍、讨论了人地关系理论之后，依次讨论了经济活动、人口、聚落、文化活动、旅游活动、政治活动、资源、环境问题及区域发展与协调等方面的基本理论与实践问题。每章都设有思考题或作业题以及主要参考文献。有 4 次社会调查，以锻炼学生实际工作的能力。

全书共有四大部分：

第一部分（绪论和第一章）：绪论介绍了人文地理学的研究对象、任务、学科体系和研究方法，指出学科的研究对象是客观存在的，要我们不断加深认识。第一章根据人文地理学人地关系理论的历史演变，介绍了地理环境决定论、可能论、适应论和文化论等，论述了协调论与可持续发展的目标和追求是一致的，并用系统论的观点探讨人地关系的地域系统，说明人地矛盾的实质，并从人类文明发展阶段论述人地系统结构的三次重大演变和发展趋势以及调控的目标和方法。该章是学习以下各章的理论基础，对全书起指导作用。

第二部分（第二章至第八章）：采用动态的、系统的、生态的、可持续发展的和综合的观点，分析人类自身和人类的主要活动与地理环境的互动关系来组织教材。通过基础理论和人类活动的客观规律，以及各种活动的相互渗透、影响和关联，使各章之间和每章内部形成有机的联系。这七章是全书的主体部分。

第三部分（第九章）：介绍人类的三种环境观，最后提出用创造新的技术形成和建立可持续发展的生活方式来协调人与环境的关系。这部分是教材的第二部分中揭示出来的人地矛盾全球表现的总结和协调人地矛盾方法的概括。

第四部分（第十章）：论述了人文地理学的区域观、区域发展与演变的有关研究和理论，以及区域协调方面的有关情况和理论。这章最能体现人文地理学的区域观，并把协调人地关系“落实”在区域上（包括有关理论和方法），从这个角度说，该章起到总结全书的作用。

在本项目的研究过程中，教育部师范司、贵州省教委、上述五院校的校系领导都给予了大力支持。本教材主审陈才教授不辞辛苦，反复通盘审阅，提出了大量宝贵的改进意见。对以上单位和领导以及陈才教授的支持、帮助和鼓励，全体作者深表感谢。

由于作者水平和资料有限，加上教材内容新、结构新、面貌新，因此也会产生新的问题。殷切希望广大读者提出批评和建议，以帮助我们改进工作，进一步提高教材水平，重印或再版时修改完善。

本书撰写成员及分工如下：

主　审　陈　才

主　编　陈慧琳

副主编　黄成林　郑冬子

绪　论　陈慧琳（贵州师范大学）

第一章　陈慧琳（贵州师范大学）

第二章　黄成林（安徽师范大学）

第三章　梅　林（东北师范大学）

第四章　李诚固（东北师范大学）

第五章　陈亚颦（云南师范大学）

第六章　殷红梅（贵州师范大学）

第七章　彭贤伟（贵州师范大学）

第八章　周国富（贵州师范大学）

第九章　秦丽杰（东北师范大学）

　　　　吴贞丽（东北师范大学）

第十章　郑冬子（信阳师范学院）

作　者

目　录

绪　论

人文地理学是地理科学的分支学科之一，在早期的地理学著作中，人文地理学方面的资料积累得最早最丰富。在理论渊源和科学特性方面人文地理学与地理学都有密切联系。

第一节　人文地理学的研究对象和任务

人文地理学侧重于研究人类活动所创造的人文现象的区域系统。简单地说，它是研究人类社会现象的地理学。这就是从地理学中找出的“特殊矛盾”。人类活动复杂多样，有政治、经济、文化、心理和行为活动等，每一种活动都有相关学科进行专门研究。但由环境因素不同而形成的人类活动的区域差异问题，其他学科却难以涉及，这就是人文地理学专门研究的领域。

不同时期，不同学者对人文地理学研究对象的表述不同，如德国地理学家赫特纳（Alfred Hettnet，1859—1941）认为，人文地理学是“考察人类生活的大部分现象，总是限于它们和地区性质密切联系并可以理解为地区性质现象。”“若是人们撇开东方宗教的伊斯兰教不提，就不会懂得标志东方城市景色特点的清真寺和寺院尖塔。”在这个思想中，“地区性质”（即区域性质）是核心要素，它表现在不同地点、时间、地区间的差别及其和人类活动的相互作用中，它不是把人类活动的事象作为区域中的一个“景物”，而是在区域关系中认识区域事象。

我国地理学界对人文地理学研究对象的表述虽有不同，但都有颇为近似的观点。

李旭旦教授认为：“人文地理学是以人地关系的理论为基础，探讨各种人文现象的分布、发展和扩散，以及人类社会活动的空间结构的一门科学。”该定义抓住人文地理学的主线“人地关系”，反映了人文现象能动变化的时空性。

张文奎教授认为：“人文地理学是研究地表人文现象的空间分布及空间差异，并预测其发展和变化规律的科学。”该定义强调了学科的预测功能。

吴传钧院士认为：“人文地理学是研究人地关系地域系统的形成过程、结构、特点和发展趋向的规律。”吴院士强调要以地域为单元，用系统论的观点来研究人地关系。

三位学者的表述虽然不同，但都明确了人文地理学只研究人文现象的空间分布、发展和演变规律，其基本要素是一致的，即都含有“人地关系”及人类活动的“空间结构”或“地域系统”两大基本点。这对我们认识人文地理学的研究对象至关重要。

人地关系是指人类社会与地理环境之间的动态关系，是人文地理学的传统研究内容，要求我们在人地关系中认识人地系统，探讨如何适应和改造地理环境，科学地协调人地关系。“空间结构”、“空间分布”、“地域系统”是由传统的分布概念中引申出来的，代表了地理学的科学特性。“空间”、“地域”都是指人类社会和人类活动的场所。人类的经济活动、聚落的形成、信息传送和技术扩散等构成了空间结构、空间分布或地域系统的组成部分。人类活动的区位决策会引起空间结构、空间分布或地域系统的变化。“空间结构”、“空间分布”和“地域系统”的研究是要把处于一定地域的各种自然和人文要素看成具有一定功能的有机体，并从时间变化上加以考察。“地域系统”强调系统的概念和分析方法，强调区域观点并不是把一切人文现象不加区分地纳入区域研究中，而是把有着区域界限、组成区域结构的人文因素与自然地理因素有明显联系的部分组成一个整体，形成不同特点的系统。人文地理学就是研究这些不同层次、不同特点、不同时期的地域系统。这说明人文现象的分布，不是偶然的拼凑，而是有机结合，并以此达到了解人类自身在地表的活动状况，探索其发展变化的规律，以协调和规划人类社会和地理环境的关系。

综上所述，人文地理学的研究对象可以概述为：“人文地理学是以研究人地关系的地域系统为核心，研究地表人文现象的分布演变和传播及其空间结构的形成过程、特点并预测其发展变化规律的科学。”学科研究对象决定了该学科的研究任务。学科研究对象是客观存在的，但要不断加深，逐步认识。学科任务属主观范畴，随社会发展需要，不断对学科提出新的研究任务。当前人文地理学的主要研究任务有以下几点。

（1）揭示人地关系的总规律，普及生态伦理，改变人类疯狂掠夺与肆意盘剥自然的放纵性活动，树立正确的人地观和可持续发展的观点，并在实践工作中合理地、适度地、有节制地改造自然，探索人口、社会、经济发展与资源、环境相协调的有效途径，为区域可持续发展提供建议和理论根据。

（2）改造现今充满对抗的社会关系与国际关系，为建立公正、和平与合理的社会关系与国际关系，为开展有利于人类生存、和平发展的社会交往活动提供相关的人文地理知识。

（3）利用人文地理学的理论、方法和研究成果为国家建设（如城乡规划、国土整治等）服务。我国是历史悠久的世界文明古国，又是一个多民族国家，在发扬光大中华文明，加强民族团结和互助方面，人文地理学大有作为。

（4）研究西方的人文地理学，借鉴他们在人文地理学研究中的新手段和新方法，学习他们在解决社会实际问题中的有用经验。在参与和处理国际事件中，人文地理学知识可以使我们更好地参与国际交流与合作，取得更有利的外部发展环境。

第二节 人文地理学的学科特征和体系

一、人文地理学的学科特征

1. 地域性——地理学科的灵魂

人文地理学的研究对象表明，人文地理学必须阐明在什么地区有什么样的人文现象及其形成原因和发展趋势。地表人文现象的分布和变化受环境影响，表现出具有一定的地域范围、一定的空间规模及其影响的区域。经济地理学不同于经济学、政治地理学不同于政治学、历史地理学不同于历史学的原因就在于地理学的地域性。离开地域性或地域性不强，实际上就失去了地理性。人文地理学地域性的核心问题是地域分异规律，无论是聚落的形成、还是产业布局条件的分析等，都体现了地域性。离开了地域差异性和相似性的研究，人文地理学的研究也就失去了意义。

2. 社会性——由学科研究对象所决定

研究人文现象的地域结构是人文地理学的研究领域。人文现象的发展和变化虽然受自然环境和人文环境的共同影响，但主要受人文环境的影响，尤其是受制于社会经济制度和生产方式。因此，人文地理学是一门社会性很强的地理学科，它与其他的社会科学一样，都是以人和社会现象为其研究对象的。

自然环境和人文环境都有历史的演变过程，但人文环境的演变过程更为迅速。因此，要求人文地理学工作者研究不同历史时期的人文现象，找出演变规律，作出科学预测，为社会服务，这既体现了人文地理学学科的特性，也是地理学服务于社会经济发展的需要。

3. 综合性——由学科属性所决定

人文地理学科属于交叉学科，涉及自然、经济、生态、社会等多门学科，它们相互联系、渗透的特点反映了本学科的综合性。由于研究的现象复杂，学科的综合性特别明显。在研究方法上，只有对所研究地域内的自然和人文因素进行综合分析，才能得出正确的结论。随着学科的发展，人文地理学与相关学科之间的交叉，人文地理学各分支学科之间的交叉和融合还会不断加强，学科综合性的特点将会不断深化。在社会实践中，人文地理学者也多承担综合性的工作，这正是本学科的优势。

人文地理学研究涉及经济过程、文化过程、社会过程等一系列复杂的人文过程，而且更多的是人文要素的综合过程。只有通过综合视角，才能从纷繁的人文现象中找出规律。

4. 复杂性——学科体系构建的基本特征

随着社会发展，人文现象日益复杂多样。人类活动既有经济活动又有非经济活动及人类本身的活动，人类创造的财富有物质财富和精神财富，人类活动又有历史的连续性和动态变化特征。为研究复杂多样、不断变化的人文现象，人文地理学在发展过程中，不断吸取其他学科的成果，拓展本学科的研究，并分化出很多新学科，从而形成一个多学科、多层次的宽广的学科体系，标志着学科研究的不断深入。

二、人文地理学学科体系

人文地理学学科体系包括以下三个部分。

(1) 理论人文地理学。它是人文地理学学科理论的总结和概括，也是该学科的核心和灵魂，对各分支学科的研究有指导意义，包括基础理论和有关的方法论。

(2) 区域人文地理学。对一定区域内的人文现象进行综合研究，探讨人文地理现象的区域运动规律、空间结构、相互影响的理论和实践问题，包括人文地理现象的区域综合研究和分区域研究。随着社会经济的发展和区域关系的巨大变化，人类社会、经济、文化和政治的区域问题更加突出，要求区域人文地理学在解决实际问题上发挥更大的作用，并在理论观念和研究方法上有所创新。

(3) 部门人文地理学。对具体的人文现象进行识别和研究。由于海域（包括海洋和岛屿）和陆域（岛屿以外的陆地）在地理环境上有明显差异，因而分为海域人文地理学和陆域人文地理学两大并列分支学科，海域人文地理学包容的次一级分支学科与陆域一致。

随着人口增长、陆上资源锐减和科技发展，海洋价值越来越突出。尤其是 20 世纪 70 年代以来，由于海洋资源开发等活动，人与海洋的关系更为密切，人口与经济活动向海岸集中，向海上扩展，海域人文地理的研究日益受到关注。国外人文地理学的研究已推移到海域，如海岛旅游地理、海洋政治地理等都取得进展，一些分支学科已经或正在形成。可见，海域人文地理学应是与陆域人文地理学并列的部门。其次，我国“重陆轻海”，海洋意识较为淡薄，我国约 300 万 km^2 的海域已受邻国染指。因此，广大人文地理工作者急需加强海域人文地理学的研究。

部门人文地理学的第二级分支学科主要根据各分支学科研究对象和内容的差异，同时兼顾各分支学科在人文地理学科体系中的作用和任务，以及约定俗成和学科成熟程度进行划分：①根据人类活动的基本特征归类，人类有政治活动、经济活动、文化活动、旅游活动、科技活动等，也因此形成相应的分支学科。②人类群体本身的活动（人口的出生、死亡、迁移和人口构成）与人类的政治、经济等活动不同，故有人口地理学。③人类群体活动在地面上形成各种居民点，即聚落，随之形成聚落地理学（包括城市地理学、乡村地理学）。④人类的一切活动所形成的社会经济环境与自然环境相互作用，互相影响，具有综合和整体性，因而出现新兴的分支学科——环境地理学。⑤人类的一切活动都有一定的历史根源和行为反映，它们都渗透在人文现象中，所以形成研究它们的独立学科。历史地理学是传统的又是比较成熟稳定的学科，是部门地理学中的分支学科。行为地理学是新兴学科，归类于部门地理学有利于深入研究。这两门学科都是具有方法论意义的两个分支学科。⑥军事活动也是政治活动的内容之一，但政治地理学是一门老学科，较成熟和稳定，且军事地理学的研究内涵与政治地理学不同，故与政治地理学并列为好。

根据上述分析，得出人文地理学学科体系如图 0.1 所示。

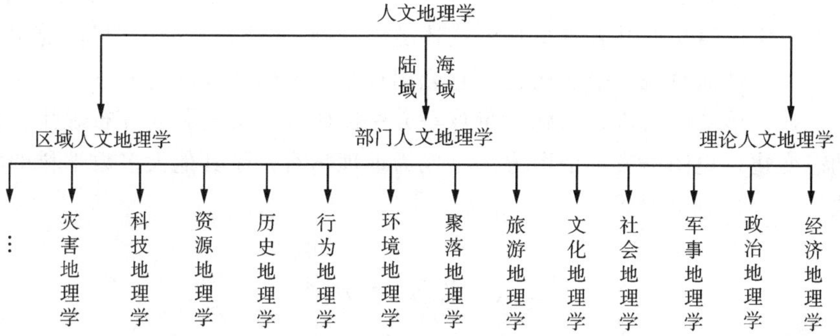

图 0.1　人文地理学学科体系示意图

部门人文地理学中，各分支学科的发展程度是不相同的。例如，经济地理学、政治地理学、城市地理学和文化地理学，都有较完善的理论体系，而行为地理学、科技地理学等新兴学科尚未建立自己学科的理论体系。

第三节　人文地理学的研究方法

科学方法论是进行学科研究的思路与哲学总结，又是学科所采用的技术和方法的总和，学科的发展，多以采用新的方法为主要标志。人文地理学科学的思想方法是以马克思主义哲学——自然辩证法以及历史唯物主义为基础，探索复杂、动态的人文现象及其演变规律。人文地理学的传统研究方法有归纳、对比和解释。第二次世界大战后，应用了一些新的哲学方法论（如实证主义、人本主义和结构主义），采用新技术和新手段，并吸收其他学科的研究成果尤其是加强与其他人文学科之间的对话，使人文地理学的研究方法得到了不断改进、发展和革新。

一、实地调查

研究者进入被调查对象所处的区域，这是其他形式不能代替的最重要的基本方法。“百闻不如一见”，直接收集第一手资料，既可以弥补现有资料之不足，也是研究者增加感性认识、锻炼实践技能的重要手段。只有平时认真锻炼和培养自己的洞察能力，才能认识到调查对象的本质。在进行实地调查前，应先做好室内准备工作，包括制订调查计划和准备调查工作所需要的资料和设备。实地调查有全面调查、重点调查、典型调查等方式，可采用访问调查、问卷调查、抽样调查和观察调查等方法。

调查结果表述于文字，即描述。古代以自然语言为手段，近代则有哲学语言，现代又有数学语言，使其客观事物的描述更为准确。“万言不如一图”，地图语言是最为形象、生动而直观的描述语言，它能用符号、定值和范围的方法，反映多种人文现象。通过地图的目视、图解、量算等方法以研究人文现象的分布规律、相互联系和动态变化。地图语言、地图方法已成为地理学有别于其他大多数学科的独特表达方式。

二、比较与分类

区分人文现象的共性和差异性，对其进行定性定量的分析方法。常采用：①纵向比较，认识某一人文现象的产生、发展、演变过程和规律；②横向比较，揭示人文现象的区域差异，为区域分类提供依据。

三、类比、归纳与演绎

广泛采用的逻辑思维和逻辑推理的方法。类比推论是提出科学假设的重要途径，其结论需要经过实践检验。归纳法常应用于判明人文现象的因果联系。演绎是从一般原理推演出个别结论的思维方式和推理形式。由类比提出新思想，经过演绎、归纳和实践验证而成为新的科学理论。赫特纳（Alfred Hettner，1859—1941）曾说：“如果没有演绎、比较法以及解释的方法，地理学的研究是不可想象的。”

四、分析与综合

常用的基本逻辑思维方法，与上述方法密切联系，相互渗透，具体使用的方法主要有以下几种。①因果分析法。寻求人文现象间因果关系是否成立。常通过求同法、求异法、共变法、剩余法结合使用，比较不同分析方法所得出结果，以达真实性。②综合分析法。全面分析和主导因素相结合是分析的基本形式，该法符合本学科综合性的特点，适应社会对人文地理的要求，结论较可靠和实用，应用广泛。③区域分析法。通过区域划分揭示人文现象的分布特征；通过不同区域的对比，认识区域特征；通过区域本身内部结构和职能的差异性分析，认识该区域。④地理统计法。它是分析各种统计数据所反映的人文地理意义。主要的统计方法有统计数、统计表和统计图。⑤历史地理法。采用历史学的分析方法，以认识人文现象的继承性、演变性和序列性。⑥技术经济论证法。采用经济学的分析方法，根据技术的可能性和生产要求，提出几种布局方案，根据一定的经济指标，选择其中相对优秀的方案，提出生产布局的建议。采用此法，要满足技术上的可行性，经济上的合理性和社会环境效益。⑦计量地理法。采用计量地理学提供的方法，改变传统的统计技术，使复杂的地理资料改变为适当的符号和数字。数量化的应用，提高了人文现象研究的精度，使其更为客观而理性化，避免定性描述中个人主观因素和分析论断时的含糊性弊病。计量地理学突出的方法是模式的应用和体系分析的应用。⑧行为地理法。采用行为地理学的研究方法，把人的心理因素引入人文地理学的研究中，通过人类不同类群的空间行为差异，探索诸如对资源的管理、环境概念、决策决定等人文现象的影响。⑨遥感判读法。利用遥感技术提供的卫星图像、数据磁带等，对图幅型、文字型和数字型判读资料进行分析。利用遥感手段得到的信息快、数量大、可靠性强、可比性大，但使用资料分析前，必须复查验证，以防误判。

五、应用“老三论”和“新三论”

“老三论”为学科研究提供了全新的思维方式。①应用系统论，使人文地理学与自然和社会科学，以及人文地理学各分支学科之间有机地联系起来；②引入信息论，建立地理信息库，变革传统的信息处理方法，对综合分析人文现象，作出科学预测都起很大作用；③控制论主要用于研究人文现象和地域系统的控制方法和调节规律等。上述“老三论”的应用使人文地理学的研究向系统观、整体观和控制观方向发展。“新三论”包括：①突变论可以帮助我们深入研究诸如灾害、政治和经济等突变现象和对突发事象的预测；②协同论用于研究有序系统的形成，如建立良性生态农业系统、环境保护中的生态平衡系统等；③耗散结构理论，特别适用于研究动态的人地系统的演化问题。

六、预　测

人文地理学不但对人文现象进行分析，还要在分析的基础上预测今后的发展动态，提出选择和控制不利未来的手段。预测的方法也很多，主要有以下几种。①趋势外推法。根据历史发展趋势推测未来。如根据人口增长趋势预测未来人口等。

②类推法。根据历史，预测同样条件下未来情况，在灾害地理、疾病地理中常用。③模型模拟法。使用模型模拟一种事象，用改变参数的办法预测未来。这种方法在人文地理学中应用广泛。④树式图解法。从原状态出发，画出代表各种可能情况的分支，这种方法大量用于各种人文现象发生的逻辑可能性分析。⑤前景法。通过调查，把不同的人文现象综合为一个整体考虑，随后作出预测。⑥德尔斐法。就关键问题向有关专家征询意见，汇总后再请专家参阅研究，如此往返三次，然后用图、表列出意见的集中情况，根据多数意见得出前景。⑦综合预测法。使用多种预测方式和手段，相互印证，以提高预测的科学性。描述性分析预测可能含有主观、经验的成分。应用数理方法及统计学，从以往的发展过程来计算、推测将来的发展趋势，则较客观和理性化。

七、地理信息系统（GIS）

GIS 是一种在计算机软硬件支持下的，将空间数据输入、存储、检索、运算、显示和综合分析应用一体化的技术系统。作为一种先进工具和高技术系统，它具有很多优点。①能为学科提供崭新、快速的基础资料和全新的工作方式。研究者主要在计算机终端上工作，从而改变以前主要和纸质资料打交道的工作方式。成果又可通过多种途径展示，提高了研究效率。②作为信息处理的主要工具，几乎所用的研究资料都可集合在一起进行处理，这是其他方法难以做到的。处理的资料形式多样，包括文字、图形、图像、声音等多种形式。③作为辅助决策工具，利用 GIS 空间分析功能的优势，结合人文地理学知识，通过系统建立、操作与模型分析，产生新的、科学的、有用的信息，为决策者提供最佳决策。

总之，使用 GIS 是人文地理学研究在采用新技术、定量化、精细化发展方面的必由之路，是地理科学领域研究与应用的重要技术支撑及有效的信息化工具。如果将地图语言作为地理学的第二代语言，那么 GIS 则为第三代语言。人文地理工作者必须调整自己的知识结构，加强数学、计算机、遥感、信息学、系统工程等基础知识的学习，积极掌握 GIS 技术。

八、建立科学的研究程序

理论与实践相结合、定性与定量分析相结合的研究方法。传统的研究程序多为单向研究过程，研究事实难以重现，在一定程度上影响结论的可靠性。建立科学的研究程序，在传统程序中增加假设、建立模型、得出结论等阶段，把原来的单向研究过程改为反复循环检验（图 0.2）。建立一个科学的模型，必须深入了解该事实的特征、结构和关联等，并要经过实践的验证。科学的研究程序发展和改进了传统的研究过程。

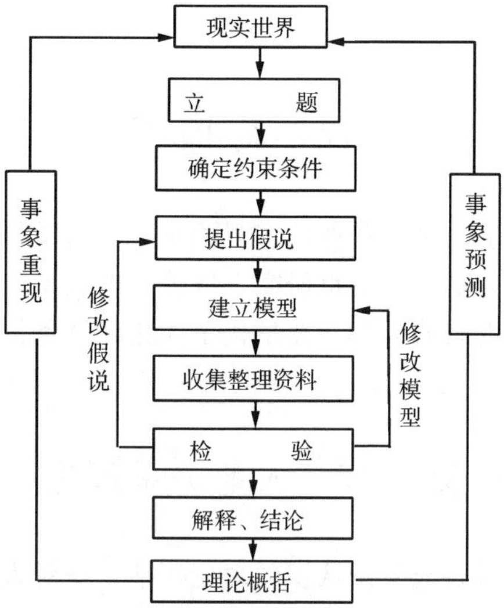

图 0.2　科学研究程序示意图

人文地理学边缘学科的特性，使其在研究过程中常将多种方法结合使用，并通过比较和实践，使其得出的结论更可靠。人文现象非常复杂，许多社会现象不能完全定量，还必须采用定性的、概念的描述方法，才能做到“具体问题具体分析”，这是高技术的计算机系统不能取代的。

主要参考文献

宋保平. 1992. 理论人文地理学. 西安：陕西师范大学出版社

张文奎. 1993. 人文地理学概论. 第 3 版. 长春：东北师范大学出版社

左大康. 1990. 现代地理学辞典. 北京：商务印书馆

第一章　人地关系

人地关系是人类诞生以来就存在的客观关系，不同学科从不同层次和尺度上研究人地关系，但以地域为单元，着重研究人地关系地域系统的唯有地理学。不同的历史阶段，人地关系有不同的形态，在现代全球化经济条件下，人地关系更是人文地理学关注的重要课题。

第一节　人地关系理论

人地关系论是人们对人地关系认识的理论概括，是对人地相互影响、相互作用程度的哲学观讨论。作为一种理性思维，它经历了漫长的历史过程，随人类对地理环境的客观作用和人类主观能动作用的认识发展而发展，在不同的阶段形成不同的理论。每一种理论都围绕“人地关系”这个客观实体作立论的对象，都试图说明人地关系的客观规律，所以称为人地关系论，即人地关系研究观点的表述。尽管人文地理学学科庞杂，各分支学科的理论不断发展，但贯穿于人文地理学的基本理论始终是人地关系论。因此，要正确进行人文地理学的研究，首先必须探讨人地关系理论的历史演变。

一、人地关系理论回顾

人们对人地关系的认识始于古代，如古代西方的“神创论”，中国古代的“天命论”等，但由于认识的局限性，没有做系统的理论总结，只是到了近代，人地关系理论才形成一种科学理论。

1. 地理环境决定论（environmental determinism）

该理论的核心思想是自然环境对人类社会、经济、政治等起绝对支配作用，是社会发展的决定因素。

古希腊的历史学家亚里士多德（公元前 384—前 325）认为寒冷地区的民族勇敢无畏，但缺乏智慧和技术；亚洲人聪明，但缺乏勇敢精神；居住在两者间的希腊人则具两者的优点，所以能自立，能统治其他民族。他认为希腊民族之所以兼有两者的优良品性，明显的是由于希腊处于寒冷和炎热之间的这种气候决定的。法国的哲学家孟德斯鸠（C. Montesquieu，1689—1755）在他的《论法的精神》一书中对地理要素与政治的关系作了系统阐述，认为一个国家的政治制度和法律性质及其演变以及民族生理、心理和宗教信仰是受其环境和气候条件决定的。“炎热国家的人民就像老头子一样怯懦；寒冷国家的人民则像青年一样勇敢”；“气候王国才是一切王国的第一位”。德国的拉采尔（F. Ratzel，1844—1904）认为“环境以盲目的残酷性统治着人类的命运”。在他的《人类地理学》一书中，用达尔文生物学的观点研究人类社会，他把地理环境对人的影响归结为四个方面：①直接的生理影响；②心理影响；③人类社会组织和经济发展影响；④人类迁移和分布的影响。认为人类同其他生物都是环境的产物，其生存发展都由地理环境决定。美国学者亨丁顿（Ellsworth Huntington，1876—1947）在他的《气候与文明》一书中指出，“一个民族不管是古代还是现代，若无气候促进因素，就不能达到文化的顶峰”。

上述学者一致认为，在一定的地理环境下必然形成一定的人文事象。古代思想家对自然环境的作用只限于对人的生理、性格和气质的制约，具有朴素的唯物主义色彩；而后来的环境决定论者又将解释扩大到人类社会发展的尺度上，认为人是环境的产物，人和生物一样，他们的生存发展和分布完全受环境的严格控制。由于拉采尔过分强调自然环境的作用，并总结和发挥了环境决定论的思想，又是第一个系统地把决定论引入地理学的学者，因而被认为是“环境决定论的创始人和领导人”。

“环境决定论”的人地观，虽然是对“天命论”、“神创论”的反叛，具有一定进步意义，但夸大了环境的决定力量，无视生产力和生产关系的矛盾是社会发展的根本动力。

唯物史观认为，地理环境通过人类社会活动，特别是通过生产力来说明地理环境对人类社会发展的影响，以生产作为人地关系的中介，认为人是主动的，人类社会一形成，就有自己内在的发展规律，对地理环境的限制和变化都会作出主动的响应和适应。从人类社会发展的不同阶段上看，在一定技术和社会条件下，地理环境确实决定了人类的某些活动，如没有煤炭资源的地方，不可能有采煤业；没有煤炭资源在交通不发达的时代，会影响到钢铁工业的发展等。

2. 可能论（possibilism）

可能论，又称人地相关论和或然论。当环境决定论受到广泛批判时，人们就去寻求新的理论来解释人地关系。这时物理学中的测不准原理、数学中的概率论相继形成，于是人地关系中也出现了“或然论”。法国地理学家白兰士（de La Blache，1845—1918）认为，自然为人类居住规定了界限，为人类发展提供了可能性，而人类在创造自己的居住地时，则是按自己的需要、愿望和能力来利用这种可能性的。他的学生白吕纳（Jean Bruna，1898—1930）把人地关系分为“三纲”、“六目”来研究，更进一步指出，“自然是固定的，人文是无定的，两者间的关系常随时代而变化”，“环境虽然足以影响人类的活动，但人类也有操纵与征服环境的能力”，并认为人的选择能力来自于“心理因素”，“心理因素”是随不同社会和时代而变迁的，人们可以按心理的动力在同一自然环境内创造出不同的人生事实。白兰士的人地观不同于“环境决定论”的“绝对的”、“决定的”、“必然的”的观点，而是“有可能性的”，因此被称为“可能论”。也就是说，环境只提供可能，如何利用则取决于人的选择能力，强调人对外界环境的适应不是被动的，而是主动的，相同的环境可以有不同的生活方式。

“可能论”过分强调“人”的选择能力，认为“地”只是提供可能。至于人是根据什么选择？是何动力推动人的选择？白吕纳认为是“心理因素”。而如果心理因素是最终原因，必然导致人类对人地关系的认识走向唯意志论；如果心理因素是结果，仍要回到环境中去寻觅原因。由此看来，可能论仍未摆脱把人地关系看成因果链的思想怪圈，所以其对人地关系的解释是不彻底的。但可能论承认环境对人类的影响，同时也反对环境决定人类社会的观点，认为人地关系是相对的而不是绝对的，人类在利用自然方面具有选择力，能改变和调节自然环境，并预见人类改变自然愈甚则两者之间的关系愈密切，因此具有朴素的辩证观点。

3. 适应论（adjustment theory）

适应论，又称调整论，由英国地理学家罗士培（Perey Roxby，1880—1947）提出。他认为人文地理学应包括两个方面：一是人群对其周围环境的适应；二是区域之间的关系，即指一定区域内人和自然环境的相互作用。他创用了“适应”（adjustment）一词来代替“或然”（possibilism）一词。possibilism 这个词不但指自然环境对人类活动的限制，也指人类对社会环境的利用和利用的可能性。罗士培认为人类需要主动地、不断地适应环境对人类的限制，而这种适应与生物遗传上的适应不同，它是通过文化发展对自然环境和环境变化的适应。故有些学者认为，该理论已有了“协调”人地关系的思想。

4. 生态论（human ecology）

该理论与适应论的观点很相似。生态论观点首先是美国地理学者巴罗斯（H. H. Barrows，1877—1960）在其《人类生态学》一文中提出来的。他认为地理学的目的不在于考察环境本身的特征与客观存在的自然现象，而是致力于人类生态的研究，所以该理论又被称为生态论或人类生态论。巴氏认为人是中心命题，应该注意人类对自然环境的反应，其他现象只有当其涉及人和自然环境的反应时才给予说明。他曾指出“真正的地理学必须从头到尾是一种按人地关系正常秩序的解释性论述”，地理学是研究人与其赖以生存的自然环境的相互影响。因此他把地理学称为“人类生态学”，强调了人地关系中人对环境的认识和适应。但当时生态论并没有引起地理学界的支持。20 世纪 50 年代以来，由于生态环境问题日益严重，地理学从人地关系研究出发，再次引申出人类生态的概念，注重人类与环境的相互作用机制和全球的生态效应研究，逐步形成以现代生态学理论为基础，以人类经济活动为中心，以协调人口、资源、环境和社会发展为目标的现代生态论。

5. 文化景观论（cultural landscape）

该理论是由美国地理学家索尔（Carl O. Sauer，1889—1975）在其《景观的形态》（1925 年）一文中提出的。他认为一个特定的人群，有其特有的文化，在其长期活动的地域内，一定会创造出一种适应环境的地表特征，这种被人为活动改造后的自然景观就是文化景观，人类是造成景观的最后一种力量。在这个演化过程中，“文化是动因，自然条件是中介，文化景观是结果”。解释文化景观就是人文地理学研究的核心。地理学的中心命题是可见景观的研究，要鉴别和区分不同的文化区域，研究人类如何认识、介入、适应和改造环境，尤其要研究自然环境如何随文化景观而发生变化。文化景观论强调：人类居住的大地，不单是人类活动的舞台，也是人类“塑造”的过程，这种“塑造”不仅寻求功能上的效益，也体现人类的审美观赋予其文化上的价值。文化景观就是人类的自我表现，研究文化景观就是研究文化如何烙印在大地之上。

“景观”一词是德国人首先提出的，泛指地面上所见的一切现象（自然的、人文的），意义很广，并认为可见景观的研究是地理学的中心命题。美国的地理学家哈特向（Richard Hartshorne）认为，景观和文化景观只有联系社会和社会变化时其含义才能被正确理解，哈特向还认为所观察的文化景观和景观变化，构成了社会结构和社会变化的基础指标。文化景观的内容是丰富的，内涵是深远的，它包括人类哲学思想、历史发展、伦理道德和审美观等。其价值与应用方面在当代受到普遍重视，如文化景观的形态与发展、稳定与演化、文化景观的生态与环境等。对文化景观的研究也从早期的仅局限于表象的静态经验分析，走向动态的，深入景观内部不同层次的，整体结构与功能的综合研究。

6. 生产关系决定论（production relations determinism）和唯意志论（voluntarism）

这两个理论否定人类社会和地理环境之间存在相互联系，与地理环境决定论正好相对，它们单方面强调人地关系的社会属性，并把其绝对化，否定地理环境对人类社会有重大作用的自然属性。具有代表性的是原苏联的一些学者，他们认为自然环境和社会环境是两个相对独立的系统，各自按自身的规律发展，也因此把自然环境与经济发展割裂开，否定了人类社会和地理环境之间的相互作用，主要有两种观点。

（1）生产关系决定论。把生产关系的作用估计得过高，认为生产关系的改变可超越对自然环境的考虑，甚至认为生产关系决定生产力的发展，从而对地理环境的作用持虚无主义的态度。

（2）唯意识论（又称征服自然论）。过分强调人的主观能动作用，好像自然界可以听从人的意志。这实质上是一种人能战胜自然的人地关系思想。该思想历史久远，如我国古代荀子的“制天命而用之”；《圣经》中关于人利用万物、主宰和统治万物的表述等。近代，英国的哲学家培根等更进一步把这种思想引入实践，提出“知识就是力量”，鼓舞人们向大自然开战，认为人类为了统治自然就需要认识自然，科学的真正目的就是认识自然的奥秘，从而找到征服自然的途径。当然，这种思想及其实践对人类社会的发展的确起了很大的推动作用，但过分强调人的主观能动性，认为“人定胜天”，则会导致滥用自然资源，最终遭到大自然的报复。“人有多大胆，地有多大产”等思潮就是一种唯意识论的人地关系思想，已经给我国的社会实践工作带来了不小的危害。

7. 环境感知论（environmental perception）

文化地理学家认为，外界环境在人们头脑中形成的印象就是环境感知，各种文化集团的成员对相同环境的感觉认知是不完全相同的。这种环境感知就成为人们对该环境进行解释、判断和选择的依据，从而导致对该环境进行利用、改造的决策不同，因而研究各种文化集团尤其是决策人的环境感知就是一种重要的人地关系。

8. 文化决定论（cultural determinism）

文化是人类特有的，是对所处环境适应的一种表现。从把工具和火作为技术开始使用时，文化就成为人类适应环境的重要手段。随着科学技术的发展，人类对自然资源的利用和开发不断扩大和加深，对环境的影响也越来越强。因此，一些学者认为在人地关系中，人对地的影响和利用程度取决于文化发展的程度，人类的文化可以改变自然。这种人地关系的观点就称为“文化决定论”。

9.“天人合一”观（concept of harmony between man and nature）

自古以来，中国的人地观多种多样，既有“人制于天”，也有“人定胜天”，然而影响最为深远的是“天人合一”观。这里所指的“天”就是大自然，“人”就是我们人类。天人关系就是人与自然的关系。主张“天人合一”，强调天与人的和谐一致是中国古代哲学的主要基调，这种思想在中国古代的很多著作中都有论述。如《周易·乾卦·文言》说：“天人者与天地合其德，与日月合其明，与四时合其序，与鬼神合吉凶，先天而天弗违，后天而奉天时。”这里讲的就是“天人合一”的思想，是人生最高的理想境界。宋代张载明确地提出“天人合一”的命题。程颐说：“天、地、人，只一道也”。老子说：“人法地，地法天，天法道，道法自然。”庄子说：“天地与我并生，而万物与我为一。”（《庄子·齐物论》），强调人与自然融为一体，共损共荣。东汉王充（公元27—97）在《论衡》中认为，“夫人不能以行感受天，天亦不能随行而应人”，主张“人地各有规律，互不侵犯”。北魏贾思勰（公元533—544）在《齐民要术》中提出“顺天时，量地利，则有力少而成功多；任情返道，劳而无获”，即指人类应该遵循自然规律、合理利用自然。

“天人合一”的人地观认为人与自然处于一个整体中，天人关系是由自然规律联系的，人与环境之间不是对立而是统一的。要求人们遵循自然，合理利用自然，不能违背天，要能与天融合为一体。“天人合一”观不但有了“人地协调”的意思，而且认为“和”是协调人地关系的关键。如荀子认为，“和则一，一则多力，多力则强，强则胜物”（《荀子·王制》），又说，“万物各得其和为生”（《荀子·天论》）；孔子认为，“礼之用，和为贵”（《论语·学而》）；庄子认为，“一上一下，以和为量”（《庄子·山木》）等。

不但中国有“天人合一”的思想，古代东方如印度、日本和朝鲜等国，也有类似的思想。如印度称“天”为“梵”、“人”称为“我”，他们所说的“梵我一如”就是“梵我合一”，即“天人合一”。可以说，“天人合一”观是东方普遍的思想表露，是东方综合思维模式的最高、最完整的体现，与西方传统的人地观是完全不相同的。“天人合一”观是中国对世界文明的伟大贡献之一，尤其在人地矛盾尖锐的今天，深入学习和研究“天地合一”观更具有很大的现实意义。

历史上形成的传统的人地关系论中，出现过两个极端：一是人被看做和其他生物一样完全受控于他所处的地理环境中，环境是人的中心，人地之间的相互作用关系只是从环境到人的线性作用，而人类对环境的作用完全被掩盖在环境的压力下；二是人类中心主义的人地关系思想，以人类为中心，环境本身失去了独立存在的价值和内在的价值，人地间的相互作用关系也是一种单向的线性过程，只不过作用的方向是从人到环境。人类只把环境作为一种纯粹被人类任意开发和利用资源的对象而存在，而在人类价值的尺度下，人类的一切活动都被认为是合理的，这必然会导致人类活动会失去应有的控制，因而人类中心主义的人地关系在实践上更具危害性。这两种极端都是把“人”和“地”简化为因果链的两端，纠缠于是“人”为中心决定“地”，还是“地”为中心决定“人”的思想怪圈，没有反映出真正的“人地关系”。

二、人地关系理论发展

“冰冻三尺非一日之寒”。20世纪以来，由于人类活动能力、活动空间的空前膨胀，同时出现了人口剧增、资源过度消耗、环境污染、生态破坏和南北差距扩大等全球性的重大问题，人地关系处于剧烈的对抗中。严重阻碍了经济发展和人民生活质量的提高，继而威胁人类未来的生存和发展。从根本上说，把人地关系这一古老的课题，以前所未有的全面性、深刻性与尖锐性展现在人们面前，令人惊心动魄。对此，国际学术界存在两种大相径庭的看法：悲观论者认为世界将变得更加拥挤，污染更严重，生态更不稳定并更容易受破坏。与此相反，一些学者持乐观态度。不论是悲观论者还是乐观论者，都认为人对自然的支配力量日益增强，同时人类也更加依赖于自然。所以及早协调人地关系是全人类最紧迫的任务，因而谋求人地关系和谐的观点应运而生，并日益受到人们的重视。

协调论是一种新型的人地关系思想，它是由于众多科学家的提倡而逐步深化和被公认的。《联合国世界自然保护大纲》提出："如果不建立一个新的国际秩序，不控制人口，不通过一项新的环境法，则人类与地球的关系将继续恶化"。1972 年和 1979 年联合国人类环境会议和资源、环境、人口相互关系座谈会，主张将人口增长与经济发展速度同自然环境和资源的保护协调起来。稍后，一些地理学家也提出了类似的呼吁。美国地质学家卡戈等提出："人类是地理环境不可分割的组成部分，有能力协调人与地的关系，人类必须充分认识这一能力，并作出最大的努力，否则人类社会就会灭亡。"英国的怀特教授指出："当今世界人口日增，环境变化急剧，在资源匮乏和自然灾害频繁的处境中，如何协调自然环境和人类文化生活的关系，已成为国际地理学界所面临的主要任务。"吴传钧院士曾说："……全世界范围内环境、资源、人口压力正在加剧……人类的生活质量将有所下降，还可能发生一些全球性紧迫问题。要想改变这种趋势以免问题恶化，必须恢复和保护地球维持生命的能力，当务之急是要协调人和自然的关系。"并指出，协调环境的思想基础在于"认识到人类与自然界是不可分割的统一体，与环境协调是人与自然并存和发展的唯一合理途径。为达到共存的目的，人类要遵循自然活动的规律。在此，经济目标要服从于生态目标和社会目标"。

地理学家提出的人地关系必须协调的思想，就是人地关系中的协调论或和谐论。协调（harmony）是指各种物质运动过程内部各种质的差异部分、因素、要素在组成一个整体协调一致时的一种相互关系和属性，表现为一致性、对称性和有序的特点。协调不是"调和"，不能取消事物的差异性和它们之间的矛盾斗争，是事物对立面的统一、差异中的一致。

人们协调人地关系与适应环境不同。适应环境，多少带有被动的意思，而现在强调协调人地关系则带有主动的意思，反映人们对环境的积极作用。人不同于其他生物，人类不但有适应环境的能力，还有改造环境的能力。由于组成人地关系的诸成分中，常因某一个或某些成分的变化而破坏了协调，所以要尽快建立新的协调关系，以促进人地系统的正常运转，因而协调人地关系是一种动态的协调，同时必须考虑不同层次、不同区域以及区域与区域之间人地关系的协调。

协调论比过去的人地关系理论都要完善和科学，它表明在人与自然的和谐关系问题上，人类的认识已从被动跃到主动。

（1）人对地有依赖性，地理环境影响人类的地域特征，制约着人类活动的深度、广度和速度，甚至起到促进或延缓社会发展的作用，这种影响和制约作用随人对地的认识和利用能力的变化而变化。一定的地理环境只能容纳一定数量、质量的人及其一定形式的活动，而其人数和活动形式随人的质量变化而变化。

（2）人地协调同人与人之间的协调是互为条件的，人类间的合作是协调人类行动，解决人地矛盾的必要条件。所以，在人地关系中，主体是人类社会，地理环境是对主体而言的。人具有能动性，可以认识、利用、改变和保护地理环境，人地关系是否协调不取决于地而取决于人。人类必须遵循生态系统演化的基本规律，即人类在通过环境满足自己的需要时也要保证地理环境结构要素的多样性，能量流动、物质循环途径复杂性等不遭到破坏。荷兰人在治理洪水方面有很多成功的经验，当前他们提出了要与“洪水共处”，认为防洪不是绝对地加高加固堤坝，完全控制和限制洪水，而是适应洪水行为，给洪水以出路，变“人水对立”为“人水协调”；变“与水争地”为“给洪水空间”；变“征服自然”为“人与自然和谐”。所以人类在尊重客观规律的前提下，要发挥主观能动作用，通过实践对地理环境进行合理改造和有效利用，不断建立新的、符合人类愿望的、协调的人地关系。

(3) 协调是一种全球的、动态的、综合的协调，衡量人地关系是否协调，不仅要看人地协调的程度，而且要看它能否实现持续发展。追求人地关系协调是人类的目标，协调是目的而不是手段。可以说，协调论不但反映了人们的愿望和追求，也反映了人地关系的本质。

协调的观点与可持续发展所追求的目标相一致，可持续发展作为一种基本概念在不同的时空尺度上和不同的领域虽有不同的理解（这源于人类自身认识的局限性），但它是一种新型的发展方式，有其丰富的内涵，它既不单指经济、社会的发展，也不单指生态持续发展，而是指自然—经济—社会人地系统的可持续发展。生态持续是基础，经济持续是条件，社会持续是目标，它不仅代表更高目标的效率和更公平的理想，而且作为一种新的生产方式、生活方式和思维方式，活跃在现代文明社会体系中，对人们的社会、经济活动行为起着引导、规范、塑造和升华的巨大作用。可持续发展的本质要求就是实现人与地的互惠共生，这与和谐论追求的人地之间的协调是一致的。可持续发展在协调人地关系中强调人的积极作用，这与和谐论强调人在人地关系中积极作用的一面是完全一致的。

人地关系论的观点依次经历了“天命论”、“决定论”、“或然论”、“生态论”，一直到“协调论”，正在逐渐逼近真理。但要正确认识如此复杂的、不断变化的人地关系，我们还必须进行长期的、深入的研究，并在社会实践中协调好人地关系。

新的人地关系的实践，在新的社会经济条件下发生着变化，新的人地关系的理论正在形成中。经济全球化和网络化造成了区域性文化模式和技术体系的重大变化，传统的社会和价值系统也深受影响，新的研究课题和学科任务不断出现，人地关系的理论将会有新的突破。

第二节 人地关系地域系统

人地系统是由地理环境和人类活动两个各不相同，但又相互联系的子系统交错构成的复杂开放的巨系统，其内部有一定结构和功能机制。两个子系统之间的物质循环与能量转化相结合形成人地系统发展变化的机制。该系统与其他系统一样，服从以下规律：①系统内各因素相互作用；②系统对立统一的双方中，任何一方不能脱离另一方而孤立存在；③系统的任何一个成分不可以无限制地发展，其生存繁荣不能以过分损害另一方为代价，否则自己就会失去生存的条件。

一、人地系统中的“人”和“地”

作为地理学研究的“人地系统”中的“人”，是指在一定的生产方式下，在一定区域空间从事生产活动或社会活动的人，即社会性的人。人具有双重属性（自然属性和社会属性）和双重身份（既是生产者，又是消费者）。作为生产者，人类通过劳动将自然界的许多物质转化为生存和社会发展的必需品；作为消费者，人类消耗自己生产的产品，并将废物返入自然环境中，总之，人类与自然界发生着各种各样的联系。

人类具有思维、创造能力，并掌握工具和技术，组成复杂的人类社会。作为具有价值判断能力的人类，不仅要寻求发展，还要不断开发自然，以满足日益膨胀的需求，因此占据了一定的生存空间和活动空间，并在生存活动和社会生产活动中与地进行物质、能量和信息的交流，这种交流随着人类社会的发展而不断深化和拓展。

人与其他生物种群一样，都是人地系统中的一员，都拥有各自生存的权利、需要和价值。人类与它们之间是一种相互依赖和协调的“互惠共生”的伙伴关系，人类没有任何理由使自己的活动凌驾于整个人地系统之上。只有当人类的活动能促进人地系统的和谐、完整和可持续时，人类的活动才是正确的。

人地系统中的“地”是指在空间上存在地域差异的地理环境。一是指与人类活动有密切关系的，由自然诸要素有规律结合的自然环境，包括作为生产资料和劳动对象的各种自然条件的总和。自然环境是一个开放系统，是地球气相、液相和固相三种物质的交界面，是有机界与无机界互相转化的场所，为人类提供了特定的生存空间，是人类生活、社会生存和发展的自然基础。自然环境是一个相对的概念，当人类科技进步和自然界与人类社会之间相互作用的新形式出现时，它会扩及自然界的新方面，因此，它在空间上可大可小。二是指在人类作用下已经改变了的或在其影响力之下的地理环境，即经济、文化等人为环境（或称文化环境、社会环境）。人为环境的主体是人类，随着人类文化的进步和扩散，由人类改造或控制下的人为环境迅速扩大，其扩张性和力量已迫使整个自然环境发生了巨大的变化，要使人地系统协调，只有人类增强自觉性，实现普遍的道德共享。从人地系统的角度看，该“地”有以下属性。

（1）数量上的有限性。第一，组成地理环境的各要素以一定的数量存在于一定的地域中，这种有限性表现在自然资源上尤为明显，如热量、降水、森林和矿物都有一定的数量限额。第二，从人类利用程度来说，在一定技术条件下，人类利用这些自然资源的能力、范围和种类也有局限性。第三，不可再生资源，如矿产资源，是经过千百年，乃至数亿年的地质演化过程才形成的，它们的再生性远远赶不上人类目前消耗的程度，一些可再生资源，如生物资源等过度利用，也不能自然更新，最终导致一些物种的灭绝，故不可更新资源的数量、可更新资源的承载力和自然环境的容量都是有限度的。第四，环境的人口容量也是有限度的，这是环境对人类自身繁衍作出的最基本的规定。

（2）地域上的差异性。首先表现为地带性因素和非地带性因素作用所产生的不同特征，如有的地区环境十分严酷，有的则较为优越，尤其是自然资源在地区分布上的不均衡性，反映了地域的差异性。其次，各地区的经济、社会等人类文化在内容、结构、发展程度和水平上的差距，更反映了地域的差异性。

（3）制约性和可变性。地理环境是由各要素组成的整体，各要素间密切关联，人类不可能做到改变环境要素中某一要素而又能使整个环境保持不变。只要人类从环境索取或向环境输出，环境都会按自己的方式作出相应的反应，因而地理环境总是处在不断的运动和变化中。除了火山、地震、洪水、干旱等人类还无法抗拒的重大自然灾害外，环境变化对人类是“温和”、“友好”和“慷慨”，还是“发怒”、“报复”和“惩罚”，完全取决于人类对环境施加了什么样的作用。

（4）有限的稳定性。当地理环境通过复杂的物质循环和能量流动结合为一个相对平衡的统一体时，便具有一定的稳定性，即有自动调节能力。但若超过环境自身的补偿、自净或调节能力，平衡就会被打破，系统随之瓦解和崩溃，因此地理环境的稳定性是有一定限度的。

（5）层次性和复杂性。从范围大小看，环境有全球环境、区域环境、居住环境之分，不同范围的环境对人类影响程度不同，与人们关系最密切的是居住环境。从系统论的观点说，地理环境是一个“开放复杂的巨系统”。该系统具有层次性，是由许许多多基本的、较简单的、范围较小的子系统结合而成的大系统，许多大系统又结合成复杂的巨系统。地理环境由自然、社会、经济、文化、政治等多种复杂的因素构成，故其复杂性是显而易见的。

（6）整体性。地理环境虽然有“自然环境”和“人为环境”两大部分，但它们是组成地理环境中相互作用、相互联系的整体。自然环境为人类提供生存空间，并通过自身的平衡机制对人类在其中的活动方式和规模作出根本性的限制。人为环境是人在自然环境中活动所产生的结果，它通过生态环境的变化体现出来。地理环境的发展和变化遵循自身特有的规律，其变化具有不可逆性，一旦改变，就要改变自身的结构和特点，同时反过来作用于地理环境的整体运动。

人地系统中的“人”与“地”是对立统一的关系，人口的发展、分布和密度受地理环境优劣的影响，适度人口是开发利用环境的基本动力；过量人口对环境是一个压力，是造成人地系统失调的主要原因；而无一定数量的人口，也就谈不上利用环境。

二、人地矛盾的内涵

中国南方峰丛岩溶贫困山区，水土资源贫缺，生态环境脆弱，生产力低下，人口增长快、素质差。为满足不断增长的人口需要，人们不停地毁林开荒种粮，致使这些地区步入毁林开荒→水土流失→粮食减产→再毁林开荒的恶性循环中，人地矛盾越来越尖锐（图 1.1）。

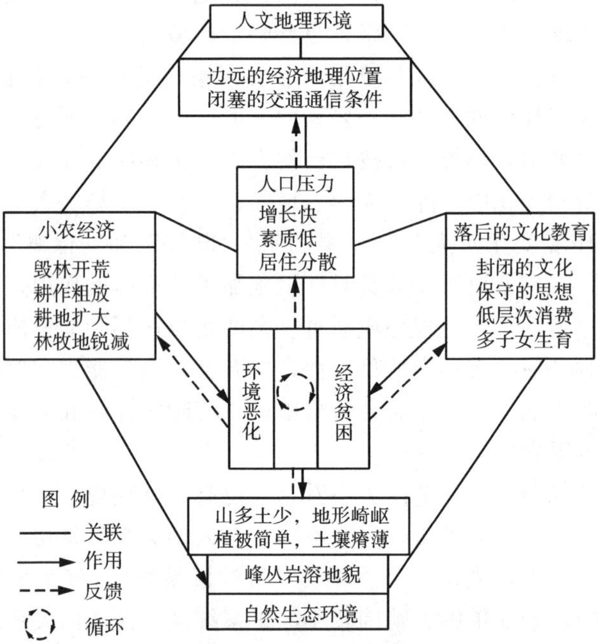

图 1.1　岩溶山地贫困区的人地矛盾示意图

人地关系矛盾是指在一定的时空条件下，人的生存和发展要求与地理环境在空间以及物质、能量、信息交流关系上的对立与统一。

对任何一个特定的区域 R，其表面积 S 是一定的，其区域表面上层大气与地表面下层土、水和岩石组成的三维空间体积 V 是一定的，即

$$S_{人}+S_{地}=S \qquad V_{人}+V_{地}=V$$

式中，$S_{人}$ 指人生存和活动所占有的 R 面积；$S_{地}$ 表示自然环境元素占据的 R 面积；$V_{人}$ 表示人所占据的三维空间体积；$V_{地}$ 则表示自然元素所占据的三维空间的体积。对具体的区域 R，其 V 和 S 都是定数，如 $S_{人}$ 增长，$S_{地}$ 必然减少；而 $V_{人}$ 增大，$V_{地}$ 则减少。人地关系矛盾表现在空间上就是指人与自然要素对区域空间占有的矛盾。

具体区域内的自然资源量、自然环境条件以及有机物、无机物之间的比例结构关系是一定的。在一定科技条件下，人与自然环境之间的物质、能量、信息的交流量以及交流的比例和频率也受一定限制。上述例子可说明对具体的区域R，其耕地是确定的，在当地的自然条件和社会条件影响下，土地生产率具有有限性，该区生产的粮食是一定的，但随人口的增加，该区的人所需要的粮食超过本区域的最大生产量，人与地的粮食交流就产生了矛盾。该区没有从外调进粮食或移民，而是开垦不适于耕作的土地，减少森林、草地或过量耗竭土地质量等，造成人地矛盾尖锐。长江的洪水就是由于人与水争地，造成人地矛盾逐渐加剧而形成的洪灾。长江干流原有很多分流洪水的穴口。在宋代就有“9 穴 13 口”之称。洪水通过穴口南北分流，不多的居民住在洪水淹没不到的岗地上，洪灾不严重，不需要筑堤防水。中原战乱时期，居民南下，他们在平原低地开垦种植。南宋时长江中下游开始了筑堤拦水分散的圩田建设，与水争地拉开序幕，并不断加剧。宋代畅通的“9 穴 13 口”由于自然和人为的原因（主要是后者）渐遭堵塞。1580 年，荆江北岸堤防连成整体，人为改变了水文情势，打破了荆江南北两岸相对稳定的局面，使其无法容纳大量洪水。1368～1643 年，荆江大堤出现了 30 次决口灾难，平均 1 次/9.2 年。清朝人口大量增加，人多地少的矛盾显著，很多湖泊和湿地被围垦，一些湖泊（如太白湖）消失。为防洪水，荆江大堤加高培厚，洪水在大堤的束缚下没有横向出路，被迫提高水位，结果大量泥沙淤积，洪水水位大幅度提升，河道曲率增加，洪灾更为严重，1644～1937 年，出现 60 次大堤溃决，平均 1 次/4.9 年。清朝中期逐渐确立的“北堵南疏”或“舍南救北”方针，对洞庭湖区也造成严重危害。20 世纪后期，人口急增，人地矛盾更加尖锐，与水争地极为严重，使湖泊、湿地的蓄洪容量大减，其中荆州地区由 775 个湖（共 3702km²），减少为 464 个（共 995.11km²），蓄洪容量只有先前的 26.9%。为保荆江大堤，减轻洞庭湖洪水的压力，建立了荆江分洪区，该区尽管投入多，但因区内人口、经济发展很快，大洪水时分洪应用困难，客观上形同虚设。如 1998 年的特大洪水，若利用分洪会带来上百亿元的损失，所以没有利用。与水不断争地的恶果是洪灾严重：1954 年，全流域大洪水造成受灾人口 208.7 万人；1980 年中下游大洪水是历史上少见的汛期内洪涝灾害；1998 年全流域出现特大洪水，1999 年也出现特大洪水①。

综上所述，人地矛盾的主导因素是人类，同时人地矛盾还表现在人与自然环境之间的物质、能量、信息的交流量、交流比例和交流频率等方面。

三、人地系统的结构演变和调控

人是生物圈中最为积极和活跃的群体，在自身进化的同时也改变了自然环境。历史

① 施雅风等，2006 年，贵阳：长江分会上的发言稿。

上人类创造了多种文明模式，而这些模式都是以对自然的某种适应为基础的。所谓适应就是人类为谋求在自然中生存发展采取的行为方式，包括对自然资源的开发、利用、改造以及对自然变化的响应。人类开始使用工具一直到今天，人类文明经历了三个主要阶段：采集狩猎社会、农业社会和工业社会。每个文明阶段，人类社会都围绕一定的技术和谋生手段，形成人地相互作用方式，而人类社会的组织、消费方式等也都与之相协调，构成人类社会与自然环境之间的相互适应模式(表 1.1)。一定的人地适应模式对应了一定的人地系统结构，人地相互适应模式确定后，系统结构相对稳定，而每一种模式的系统功能都只能在系统结构的约束下发挥作用。如系统要持续发展，就必须变革系统的结构（即适应模式的转换)，而人类社会系统与其他物理系统、有机系统不同，它具有创新和主动变革其系统结构的能力，以满足人类生存和不断发展两个目标，所以人类可以不断调整人地相互适应模式，实行结构性创新，特别是以科技为先导的结构性创新。这样，随着社会的发展，人地系统的结构、功能不断演变，并日趋复杂。

表 1.1　人地适应的历史演变

项　目	采集狩猎社会	农业社会	工业社会	信息社会
时间尺度	约 1 万年以前	农业革命后（约 1 万年前～1700 年）	工业革命后（约 1700 年至今）	信息革命后
对自然的态度	崇拜、敬畏	模仿、学习（天定胜人）	改造、征服（人定胜天）	适应、协调（人地和谐）
人口自然增长率	极低	低	从高到低	低或零增长
主要技术	原始技术——石器、木器	农业技术——铜铁器、耕作制等	工业技术——机器、电器等	高技术、清洁技术、信息技术
主要资源	天然食物	农业资源	工业资源	智力和信息资源
主要能源	人力、薪材	人力、畜力、水力、风力等	煤、石油	清洁的可替代的能源
生产模式	从手到口	简单技术和工具	复杂技术与体系	智力、信息转化与再循环体系
主要产业活动	采集、渔猎	农业	工业	第三产业
消费方式	低水平食物	维持生存需求	高物质消费的发展需求	物质与精神的全面和可持续消费
发展方式	依赖天然食物资源	大规模开发农业资源	掠夺型利用资源和环境	追求可持续发展
人类影响的范围	个体、群体的聚集地	村、城市、国家	国家、跨国	全球
人地相互作用产生的问题	食物短缺	人口过剩、土壤侵蚀等生态破坏	人口过剩、资源短缺、粮食紧张、能源危机、生态破坏、环境污染	人力资源开发、不可再生资源的耗竭、全球变化
系统识别	无结构系统	简单网络结构	复杂功能结构	自控制调节结构
哲学思考	无中心、低智	追求“是什么”	追求“为什么”	追求“将发生什么”

采集狩猎社会时期，人类利用原始工具获取天然食物，利用火以适应严酷的自然环境，但由于天然食物有限，分布不均衡，工具落后，所以只能通过小群体的合作以维持个体延续的低水平物质消费。工具作为一种技术因素，加入人地系统中，成为一个极重要的组成成分。

农业社会时期，人类主要利用耕地、淡水等可再生资源，靠不断扩大农业生产规模和社会组织的广泛联系，以满足不断增长的人口需要，人地系统随之发生异化。对人类来说，自然界为人类直接提供食物的数量不再重要，关键是农业收成。人与自然环境之间在食物上的联系，相应地变为人与农业、农业与自然环境之间的联系，农业景观从此成为人类生存发展不可少的地理环境的一部分。

工业社会时期，人类主要利用不可再生资源，通过不断发达的科技成果，高效率的组织管理手段，社会化的大生产及市场体系的建立，满足人们的生存需要，并维持高水平的发展需求。作为人与自然相互作用中介的技术的改变，必然带来人与自然相互作用方式的变化，从而导致人地系统结构的又一次转换。

历史进程表明，人地系统结构经历三次重大演变，每一种结构都有其时代特征，有其局限性，主要表现在技术本身以及它所作用的自然资源对满足人类社会持续发展的需求限制。从本质上讲，采集狩猎和早期农业社会中，人地相互作用不剧烈，人对地的影响较小，受地的影响较大，从总体上说，人地关系相对和谐，人地系统结构是可持续的。随着人口增多，农田面积不断扩大，人对地的影响不断加强，产生了土壤侵蚀等生态问题，人地系统受到局部破坏。工业社会是建立在不可再生资源的大规模消耗和高物质消费的基础上，由于其物质基础的不可再生性，决定了传统工业社会是不可持续的，而且人地系统结构所遭受的破坏已不是局部的，而是全球化的，比农业社会时期更为复杂和严重，因而改变人地相互作用的方式和恢复良性的人地系统结构更加困难。

从表 1.1 提供的信息可知，三大人地系统结构从产生—延续—被替代（指占主导地位）的变革和创新的周期不断缩短，自然条件对人类的制约作用在减少，自然资源对财富积累的贡献率降低，支配人地相互作用的因素已从技术为先导变为多种因素共同作用，人地系统结构更为复杂。19 世纪以来，工业资源取代农业资源为主导资源；资本和人力资源发挥重要作用，并在一定程度替代自然资源；社会结构中制度和管理因素不但同技术因素一样推动社会发展，而且演变为对系统中其他因素起主导作用；近代科技成就又强化了控制自然的价值观念。这些变化都使当今的人地系统结构异常复杂，形成了由自然环境、人为环境和人类共同组成，为人类特有的生态系统——人地系统，也就是人与地在一定地域中相互联系、相互作用而形成的一种动态结构。其中，人口、社会、经济因素相互结合为一端，自然条件（人类生态条件）、自然资源、自然灾害为一端，双方之间以及各自内部之间存在多种作用，并相互交织在一起。它们的互动作用主要表现在：自然资源对人类活动的促进作用和自然灾害对人类的抑制作用；人类对自然系统投入可控资源、治理灾害、开发不可控资源，实现土地资源的产出方面。

信息社会是工业社会之后的新文明模式。因为信息技术将使人类社会制度、组织、管理结构、生产方式、消费及思维方式产生一系列变革。信息资源将在很大程度上减少不可再生资源的消耗，使其得到更合理的利用，最重要的是可能看到一种新机制的建立，它建立在高效的信息反馈和信息控制的基础上，使我们能预知可能存在的问题，及时发现现实存在的问题，迅速处理危机问题，促进不断的创新和超越，在这些过程中，必定会出现全新的人地系统结构模式。

澳门位于珠江三角洲南端的半岛上。澳门海岸线曲折，多浅海、潮差小、水流不急，便于填海。原来澳门是一个小渔村，随着人口增长和填海技术的成熟，促使澳门填海造陆，土地面积从1840年的10.37km^2增加到2010年的29.2km^2，为澳门的发展提供了必要的基础。葡萄牙进驻澳门后，出现了一个有特殊文化背景的群体——澳门葡人。他们有较高的文化素养，有一定的社会和经济地位，与拉丁语地区有广泛的联系，他们在传播西方科技文化和向西方介绍中国传统文化等方面都起到了很大作用。

鸦片战争后，由于地理环境、航海技术和香港的兴起等多方面的原因，澳门成为香港的郊区和休憩地，旅游业和博彩业十分兴旺。

澳门回归祖国后，在经济稳步发展的同时，利用拉丁文化的背景和与欧盟的特殊关系及接近华南腹地的区位优势，与香港及广州连成经济起飞的三角地带，随着本地经济的发展，澳门作为亚洲与欧洲、葡语国家之间的经贸中介角色作用更为突出，将进一步发挥中西文化的桥梁作用，成为我国内地通向世界的门户之一。

如上所述，澳门原是一个小渔村，16世纪以来，历经了中西文化和经济交流的桥梁、香港的郊区休憩地、中国内地通向世界的门户三个发展阶段。

从澳门的土地、人口和城市性质的巨大变化，可以找到澳门的人地关系的演变规律：地理环境的影响和人的主导作用。任何地域，在不同时期，随人地关系相互适应的演变会出现人地系统结构的演变。从人地关系演变入手，是认识区域和认识人地系统结构变化的捷径。只有深入研究人地系统的演化规律，才能更好地调整人类行为，建立人地相互适应的结构模式。农业社会和工业社会前期，人类行为的调适多是被动的，通常是从实践经验中去学习。但在工业化成熟的社会，人类行为的调适是主动的、创新的，人类可采取措施，追求可持续发展。

人地系统调控的中心目标是协调人地关系（图1.2），人地协调应遵循动态协调、综合协调、长远协调、全球协调、科学协调和主导协调的原则。人地协调的重点是研究人地系统的优化，保证地理环境对人类活动的可容忍度，使人与地能够持续共存。其目的不仅在于使人地关系各组成要素形成有比例的组合，关键在于达到一种理想的组合，即优化状态，并落实在地区综合发展上，以改善区域人地相互作用结构，开发人地相互作用的潜力，加快人地相互作用在地域系统中的良性循环，为科学地进行区域开发、区域规划、区域整治与管理提供理论依据，从而确定优化目标，达到管理的

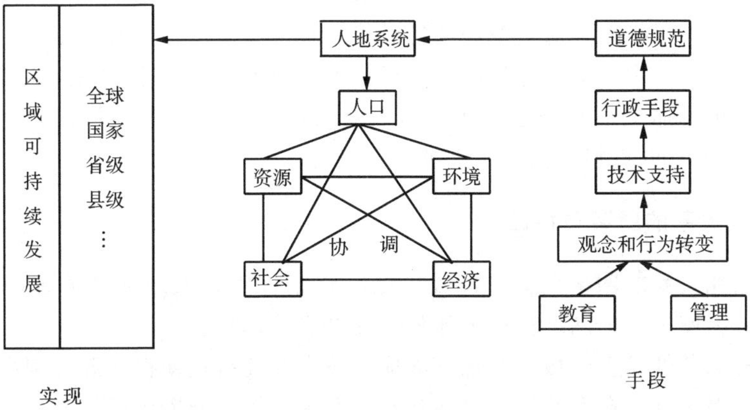

图 1.2 人地系统调控示意图

科学化，资源的合理和有效利用，生产力和城镇系统的合理布局，以及所有经济活动的最优效益。总的目标是探求人地系统内各要素的相互作用及系统的整体行为与调整机理，从空间结构、时间过程、组织序变、整体效应和协同互补等方面去认识不同层次、不同尺度的各种类型地区人地系统协调发展的优化调控模式，寻求全球的、全国的和区域的人地系统的整体优化、综合平衡及有效调控的机理。

四、现代经济条件下人地关系的实践特征

现代经济条件下，人地关系在实践领域的表现是人们规划生活及社会经济的影响因素，也为理论研究提出新的课题，是人文地理学科理论和方法创新与发展的新的实践基础。

1. 现代经济条件

20 世纪 50 年代世界开始走向现代经济。在这个阶段日本等国家率先提出现代化的目标，这意味着人类将全面地、大规模地更新生产生活技术，彻底改变传统价值体系。20 世纪末到 21 世纪初，技术开始向社会和生产的深层次全面延伸，向经济发达的周边地区迅速扩展，导致资源、人口、经济和发展出现全新的模式，人地关系的人类实践活动发生了深刻变化。

现代经济条件主要体现在以下几个方面：

(1) 经济关系国际化。国家经济和区域经济正在迅速地参与国际分工，并影响到几乎每一种地域类型和传统社会经济形态，显示着区域文化、资源、需求的特殊价值，在这个基础上，获得国际分工和贸易带来的利益。

(2) 市场经济中的区域竞争。市场经济追求高额利润的经济目标，推动资源的区域竞争加剧。

（3）经济因素的集中度在提高。生产技术链条不断延长、生产规模不断扩张，对资源的需求加倍扩大，对资源的消耗成倍增长。事实上，传统资源集中地域仍然是大规模生产加工中心的资源供应地，经济和产业结构没有得到根本改善。同时，一些新的大规模加工中心仍在形成。集中度的日益提高表明了人类生产并没有向“小的是美好的”的理想目标实质迈进。

2. 人地关系的新实践特征

（1）人地关系的网络化。经济关系国际化条件下，人地关系的区域界限被打破，呈现出区域之间的网络化和全球范围的网络化趋势。

（2）资源条件发生区域性变化。深加工技术和高科技使得资源可利用的限制条件降低，使得区域的资源开发层次和开发广度扩大，区域资源结构改变，区域经济价值被附加。在这种条件下，区域人地关系的紧张程度得到一定缓解。一些区域成为原材料的二次供应地，加工后的原材料被改变物理或化学性质后，再供应给新的加工区域。

（3）区域性生存条件的限制性在降低。经济关系国际化改变了区域的物质条件，互补性的经济关系在不同地域之间形成，使得一个区域可以从互补的其他区域得到稀缺资源，同时突破了传统意义上的区域经济定位观念，表现为社会经济发展模式的更大选择性。一个确定区域中的人类群体，对应了更多的生存选择。

（4）全球的生存条件的限制性在提高。经济全球化和生产技术水平的快速提高，促使全球生产能力迅速扩大，资源竞争加剧，造成全球性的资源短缺、全球性环境改变和恶化明显、全球性人地矛盾扩大。这种状况将会导致更为深刻的区域性人地矛盾的产生，人地关系的国际化问题也越来越多。

（5）区位因素由静态转变为动态。区位因素对区域性人地关系的影响很大。随着交通运输、生产技术和信息通信条件的现代化，距离因素对区位和商业因素的实际作用在减弱，企业可以根据实际需要调整资源供应地和市场的关系。这样也缓解了区域性的人地矛盾关系。

五、人地关系的新课题

1. 人地关系中道德关怀概念下的课题

（1）区域之间的贫富差距和空间演变。现代经济条件下，人类发展更注重空间效果，高等级技术、人才、投资更加集中于少数区域，造成技术水平、人才分布、财富分配的巨大区域差异。贫富差异已经明显地影响了人类社会经济的良性发展，造成区域性的社会矛盾更加突出。作为社会经济发展的空间后果，人文地理学应该给予更大关注，从理论上找到社会经济平衡发展及利益合理分配的基本依据和空间模式；从实践上找到可行的方法和措施。

（2）区域资源调配中的人地关系问题。现代经济条件下，人类可以将重要区域性资源（如地表水资源、石油天然气资源等）跨区域调配，这已是比较普遍存在影响广泛的一类现象。这将造成大量资源输出区域和沿途区域生态、可利用土地资源保有量、人类遗迹等资源和景观方面的人地关系的改变。因此，区域性资源调配中的人地关系方面的研究，是十分必要的。

（3）生态足迹的研究。“生态足迹”是计量人类对生态系统需求的指标，计量内容包括人类拥有的自然资源、耗用的自然资源以及资源分布情况。它显示在现在技术条件下，指定的人口单位内（一个人、一个城市、一个区域、一个国家或全人类）需要多少具备生物生产力的土地和水域，来生产所需资源和吸纳所衍生的废物。世界自然基金会（WWF）公布的《亚太区2005生态足迹与自然财富报告》显示，亚太地区耗损资源的速度接近该地区自然资源复原速度的两倍，而居住在该地区的人类所需的地球资源即“生态足迹”，比该地区生态系统可提供的资源量高出1.7倍。1961～2001年，中国人均生态足迹的增长几乎超出原来的一倍，虽然亚洲的整体生态足迹对全球影响深远，但亚洲人的平均生态足迹仍仅为美洲人的1/7，是欧洲人的1/3。为降低对地球资源的损耗，真正实现可持续的增长，报告建议中国等国家在主要城市兴建具有资源效益的建筑物和交通网，减少经济发展对化石燃料的依赖，发展创新的能源技术，兴建无需依赖进口昂贵石化燃油的能源系统；对符合可持续经济发展原则的解决方案要增加投资，与食品、卫生、自然资源管理、交通和住房相关的领域更要如此，而妨碍可持续发展的产业则应减少资金投入。中国是世界上许多发达国家的加工基地。作为供应链上的重要环节，中国也能为减少欧盟和美国等全球资源消耗大国的生态足迹发挥作用。

（4）社会质量的研究。传统的社会发展研究更多地将目光聚焦在社会发展道路和模式的讨论上，而没有一套对处于特定社会发展阶段“社会的质量”的衡量办法。迄今，人们已经对关注社会发展的质量达成了共识，对社会发展的研究者而言，发展出一个可以度量“社会的质量”的理论和测量是其研究的一个重要方向，在这样的背景下，“社会质量”（social quality）概念应运而生。从概念上来说，社会质量是指人们能够在多大程度上参与其共同体的社会与经济活动，并且这种生活能够提升其福利和潜能，其出发点是消解社会发展与个体发展的矛盾，解决组织世界（亦即体系和制度世界）与生活世界（即共同体、群体和家庭）的冲突，从而改善社会状况，继而提升个人的福利和潜能。理论层面上，社会质量是一种全新的衡量社会发展的理念和新的研究范式。它摒弃了单纯经济增长的片面发展观，沿着可持续发展的思路谋求全体社会成员的共同福祉，追求社会政策的制定应该朝向全体社会成员共享社会发展成果的目标。实证研究层面上，社会质量由一系列内在关联的指标构成完整的体系，可以通过大规模的调查来搜索资料并进行统计分析。社会政策层面上，社会质量的研究指向社会政策的规定。社会质量理论及其指标反映了一个社会中人们的生活状况。它涉及政府在收入保障、住房、公共卫生和教育等领域中的政策制定活动。地理学者则是用空间与区域的视角，研究一定区域的社会质量。所以，社会质量的研究拓展了传统社会发展研究的视野，是一种全新的人地关系的研究路径和课题。

2. 全球化以后的人地关系

（1）空间的网络化。社会经济关系的国际化和网络技术，使区域性人地关系可以同时显现在技术平台上，通过信息技术调控各个区域的资源、产业和技术力量，实现新的空间组合。同时可以使得区域性人类愿望和需求更为有效的表达与实现。因此，资源、技术、人口、发展的空间关系的新模式，是人文地理学的课题。

（2）全球性环境演变对人类区域社会经济的关系。全球环境的重大变化，将会深刻影响区域环境，从而影响区域性人类活动方式。这是人文地理学在全球化条件下所应关注的基本问题。

3. 传统文化的区域性和现代文化的全球性关系

（1）传统区域文化被改变。现代文化是在现代技术和价值系统条件下形成的，在地理空间上有更好的扩散性，对传统区域性文化有更强的影响力，传统文化在区域上已经明显弱化。人文地理应当关注文化的区域合理性，在现代社会经济条件下保护传统文化的自然历史源地，使人类在不同的地表区域里形成不同的生存方式。

（2）矛盾和互补的关系。全球化经济可以用新技术和理念，提升区域文化的影响力。区域文化成为全球化文明得以存在的历史和自然基础。这种关系在地域上是比较复杂的，对人类未来发展有重要意义和价值。区域是所有生存在地表上的人类最终的家。

复习思考题

1. 从理论名称、代表人物、理论要点和简要评价四方面列表比较主要的人地关系理论。
2. 课堂讨论：改革开放以来，我国沿海地区的人地关系有何变化？随着西部大开发的进展，这些省区的人地关系将有何变化？
3. 社会调查：调查本校所在地区的人地关系现状，并作一幅本地区的人地系统示意图。
4. 简述当前人地关系的新课题。

主要参考文献

陈慧琳. 2000. 南方岩溶区人地系统的基本地域分异探讨. 地理研究，(1)：73～79
秦大河. 1998. 可持续发展战略探索. 北京：中国环境科学出版社
谢觉民. 1999. 自然、文化、人地关系. 北京：科学出版社

第二章 经济活动与地理环境

经济活动是人类最基本的活动。地理环境是人类经济活动的背景和基础，任何经济活动都离不开特定的地理环境。地理环境对不同经济活动的影响程度不同，经济活动层次越低越容易受到自然环境的制约，但高层次的经济活动也永远摆脱不了自然环境无处不在的影响，无论消耗的物质材料多么少，自然环境始终是经济发展的基础。经济活动层次越高受人文环境，尤其是经济技术因素的影响越明显，但低层次的经济活动同样有人文环境影响的影子。自然环境大体相同的地区不一定有相同的经济活动，因为除了自然环境、经济活动自身所要求的经济技术合理性等因素以外，其他人文环境也是影响经济活动的重要因素。

人类经济活动的演变是一个循序渐进的过程，初级经济活动是高级经济活动的前提。一般而言，在落后的农业经济基础上不可能建立起强大的工业经济，发达的工业经济是知识经济的先决条件。知识经济是对工业经济的发展，但发展知识经济也完全不必等到工业化以后。

地理环境与人类经济活动是一个双向互动过程。人类经济活动无时无刻不影响着地理环境，改变着自然环境的面貌，使人文环境日益复杂化。一方面，“沧海桑田”，自然环境日益人文化，人类历史上最美好的图景层出不穷，人类无时无刻不在享受着“征服自然”的“胜利果实”；另一方面，人类经济活动所带来的负面影响正在吞噬着地球，水土流失、土地退化等一系列能源、资源和环境问题接踵而至，人类时时刻刻都面临着自然的“报复”。人类是经济活动的主体，地理环境是人类经济活动的舞台、背景和载体，人类只有切实遵循自然规律，才能够促进人类经济活动和地理环境的协调发展。

2011年12月国务院印发的《国家环境保护“十二五”规划》明确指出：当前，我国环境状况总体恶化的趋势尚未得到根本遏制，环境矛盾凸显，压力继续加大。一些重点流域、海域水污染严重，部分区域和城市大气阴霾现象突出，许多地区主要污染物排放量超过环境容量。农村环境污染加剧，重金属、化学品、持久性有机污染物以及土壤、地下水等污染显现。部分地区生态损害严重，生态系统功能退化，生态环境比较脆弱。核与辐射安全风险增加。人民群众环境诉求不断提高，突发环境事件的数量居高不下，环境问题已成为威胁人体健康、公共安全和社会稳定的重要因素之一。生物多样性保护等全球性环境问题的压力不断加大。环境保护法制尚不完善，投入仍然不足，执法力量薄弱，监管能力相对滞后。同时，随着人口总量持续增长，工业化、城镇化快速推进，能源消费总量不断上升，污染物产生量将继续增加，经济增长的环境约束日趋强化。

第一节　农业经济活动与地理环境

农业是人类最古老的物质生产部门和最早的经济活动。大约公元前 200 万年至公元前 1 万年，是人类采猎文明时期。大约从公元前 1 万年起，随着全球气候转暖和人类社会由旧石器时代向新石器时代过渡，农业文明开始出现。直到今天，世界不少国家和地区仍然处在农业经济阶段。农业经济是人类经济活动的初始阶段，最早出现农业经济活动的地域，特别是农耕文明最早出现的地域，是人类文明的发源地。

一、农业经济活动

1. 主要特点

1）强烈的地域性

农业经济时代，最主要的经济活动是农业。农业生产是生物有机体在人的作用下完成生长、发育和繁殖生命的过程。由于农业生产是生物再生产，不同生物需要不同的环境，而不同地域的自然条件千差万别，社会经济条件也不尽相同，因此农业生产表现出强烈的地域性。

农业出现以后，由于先民所处的地理环境的差异，由食物采集者转变为食物生产者的人类沿着不同的道路发展，表现出强烈的地域性。在亚欧大陆，在亚热带和暖温带的湿润半湿润地区，由于自然环境能够为农作物生长提供足够的热量和水分，因而最早兴起了农耕文明；而在干旱半干旱地区，由于水分不足，形成了辽阔的大草原，不利于农耕的发展，出现了广袤无垠的游牧世界；进而大体上以大兴安岭—燕山—阴山—祁连山—昆仑山—兴都库什山—扎格罗斯山—高加索山—喀尔巴阡山一线为界，形成了“北牧南农”的局面。尽管农业科学技术取得了巨大进展，但直到今天，农业经济的强烈地域性仍然非常明显。当今世界各地农业地域类型、作物结构和畜群结构的差异，实质上就是农业经济强烈地域性的反映。

2）明显的阶段性

起始久远的农业经济活动，随着科学技术的进步而不断发展。在这一过程中，农业经济活动表现出明显的阶段性。

在农业文明以前的渔猎采集时期，由于社会生产力水平极低，人类严重依附于大自然，以采集野果和捕鱼狩猎为生，处在大量未触动的大自然的包围之中，基本遵循生物“适者生存”规律而进化，人与自然处于一种混沌共生的原始文明，以简单的分工和简陋的工具作用于自然，主要是利用自然，对自然的作用和影响极小。

如果说那时也有“环境问题”，那主要是因为人口的增长和人类像动物那样无知，乱采乱捕，滥用资源，从而造成生活资料缺乏引起的饥荒。

原始农业主要包括由驯养野生动物发展而来的游牧业和由植物栽培发展而来的刀耕火种式的种植业。虽然此时的劳动生产率十分低下，但农业经济活动的范围不断扩大。由于人口增长，农业经济活动对环境的消极影响凸显出来，如迁移农业对森林的破坏和由此引起的水土流失等。

传统农业以犁耕锄种、手工劳动为主，虽然对自然界有取有予，终因投入水平低，难以获得足够的农产品，同时不合理的耕作和灌溉方式等带来了一系列的农业生态环境问题。

第二次世界大战以后，为了获取更多的农产品，不少发达国家走了一条“石油农业”或“能源农业”的发展道路。石油农业的发展，一方面提高了土地产出率和农产品的商品率；另一方面破坏了农业主要自给系统特别是自然生态系统，导致一系列的生态问题，如土地退化、农产品污染、农田生态系统遭到破坏等。20 世纪 60 年代不少国家掀起“绿色革命”，但就其化肥、农药和机械装备使用情况看，仍属于高耗能的石油农业。

面对石油农业诸多弊端，生态农业日益受到重视。生态农业是以生态学理论为依据，因地制宜地规划、组织和从事农业生产，以保持并改善农业生态系统内的生态动态平衡为指导思想，模拟生态环境，保持生态系统的整体性、物种多样性和物质的循环、转化和再生规律，以便尽可能地提高各类资源的利用率，实施农业可持续发展。生态农业是劳动密集型和技术密集型相结合的集约型农业，一方面积极推广应用现代农业生产技术，使农业生产科学化；另一方面，继续发展以农田基本建设、水利化为重点的农业技术改造，改善农村生态环境，以高产、优质、高效为目的，做到农业生态环境良性循环，使农业生产、资源利用和环境保护、经济效益协调发展、有机结合。

由于各地地理环境不同，各地的农业也处于不同的发展阶段。欧洲、北美洲和日本、澳大利亚等地区和国家已经进入现代农业阶段，大多数亚非拉发展中国家仍处在传统农业阶段或由传统农业向现代农业过渡阶段。

2. 农业经济类型

农业经济部门繁多，包括种植业、畜牧业、林业、水产业等。种植业和畜牧业是农业中两个最主要的部门。人们通常用种植业、畜牧业产值在农业产值中所占比重或种植业与畜牧业产值的对比关系，来反映农业经济类型，如以种植业为主的农业经济，以畜牧业为主的农业经济，农牧并重的农业经济等。

1）以种植业为主的农业经济

主要包括多数发展中国家。种植业是农业经济的主体，较少为畜牧业提供青储饲料和谷物。畜牧业主要是传统的家庭副业——家庭畜牧业，但其为种植业提供动力（役畜）的作用不容忽视。少数发达国家农业也以种植业为主，但其农业现代化水平较高。

2）以畜牧业为主的农业经济

主要包括两种类型：一类是多数发达国家，种植业为畜牧业提供青储饲料和谷物，以现代化的舍饲畜牧业为主，畜禽通过转化种植业产品，为人类提供肉禽蛋奶等高脂肪、高蛋白、高热量的食物和羊毛、皮张等，发达的种植业是畜牧业的基础；另一类是草场条件非常好的国家，如澳大利亚、新西兰、蒙古国、乌拉圭等国，依靠自身良好的饲草条件发展牛羊等草食性牧场畜牧业。

二、农业经济活动与地理环境

1. 地理环境对农业经济活动的影响

1）自然环境对农业经济活动的影响

农业经济活动主要是生物再生产过程，而生物再生产必须依赖于一定的自然环境，因而自然环境对农业经济活动的影响以直接影响为主。有时候，自然环境对农业经济活动的影响具有决定性作用。

平坦的地形、肥沃的土壤、方便灌溉的河水、充足的日照和温暖的气候，是农业经济活动的自然基础。因此，亚热带和暖温带的冲积平原、三角洲和盆地地区，成为农业文明的发祥地，具备上述条件的埃及、巴比伦、印度和中国成为旧大陆四大文明古国。

土地是农业生产的重要资源，是农业的劳动对象、生产资料和生产场所。土地资源的质量直接影响农业生产率和产品质量。合理利用土地资源会不断提高土地的质量，不合理利用土地资源会使土地丧失生产能力。土地资源面积大，有利于农业发展。土地资源类型多，有利于发展多种农业经济活动。土地资源的数量是有限的，随着建设用地的不断增加，土地资源被污染现象的不断加剧，可用土地资源的数量在逐渐减少。保护土地资源，合理调整土地利用结构，已经成为众多国家和地区刻不容缓的任务。为了保证土地资源永续利用，必须适时开展土地资源普查，认真做好土地适宜性评价，科学编制土地利用规划。

土地适宜性是指一定地段的土地对特定的、持续的用途的适宜程度。多宜性土地有利于农业生产的发展。土地的限制性因素包括坡度、质地、土层厚度、土壤肥力和持水力等。限制性因素越多的土地，适宜性程度越小；反之，适宜性程度越大。

地形对农业经济活动的影响以高度、坡度、坡向和地表破碎程度等最为明显。

随着高度的变化，日照、地面辐射、气温、温差和降水等都会发生变化，农业生产的垂直地带性现象由此而产生。一般地，平原有利于农业生产，但山区的小气候也为某些农作物的生长提供了得天独厚的条件，如山地反季节蔬菜等。坡度影响土地利用类型和耕作的难易程度，进而影响农业生产。在适宜的水热条件下，地势平坦或坡度较小的地区是理想的农耕区，适宜机械化耕作；坡度较大的地区不利人畜活动，易造成水土流失，适合作为林业用地。我国《水土保持法》明确规定，“禁止在25°以上陡坡地开垦种植农作物。在25°以上陡坡地种植经济林的，应当科学选择树种，合理确定规模，采取水土保持措施，防止造成水土流失”。坡向不同，日照时间长短不同。向阳坡日照时间长，特别适合喜温长日照作物的生长；背阳坡日照时间短，对喜阴短日照作物生长更为有利。地表破碎程度影响农业机械化和水利化，地表越破碎，越容易造成水土流失。

土壤是陆生农作物生活的基质，是农业生态系统中物质与能量循环和交换的重要场所。土壤结构、肥力、化学成分和酸碱度等，对农作物的生长和布局都有一定的影响。

气候是一种农业资源。农业生产的光合作用依赖于光照、温度和降水等气候要素。从热带到寒带，作物以及树种、草被的差异，最基本的影响因素是气候。光照时间长短、光照强度等，影响农作物产量、质量和分布。目前农业生产中光能利用率不超过2%。通过合理密植、不同作物的间种套种、扩大复种指数等提高光能利用率的措施，有利于提高单位面积农产品产量。温度是热量水平的标志。任何作物的生长（光合作用）都有三基点温度：最低、最高和最适温度。不同作物或同一作物的不同生长发育期，三基点温度不同。在最适温度范围内，光合作用最强，作物生长快；当温度达到最低或最高温度时，光合作用停止，作物停止生长；若温度继续降低或升高，就会对作物产生不同程度的伤害，直至死亡。农作物呼吸作用的三基点温度比光合作用的三基点温度高。只有当光合作用制造的有机物多于呼吸作用所消耗的有机物时，才有有机物的积累。气温日较差大的地区，农作物产量高、品质好，如新疆果品、长绒棉等产量高、质量高，原因即在于此。

水是生物生存和生长的先决条件，因而也是影响农业生产分布的主要因素。土壤水分是植物所需水分的主要来源，降水是土壤水分的主要来源。水分影响耕地类型，但水分的多少并不是决定耕地形态、土地利用结构、农业地域类型的唯一因素。

2）人文环境对农业经济活动的影响

自然环境对农业经济活动的影响既广泛又深刻，人文环境对农业经济活动的影响往往具有决定性作用。因为自然环境仅仅为农业经济活动提供了必要的基础条件，能否从事某种农业经济活动完全取决于人文环境。世界上许多农产品的原产地和主产区不吻合，如橡胶、咖啡、油棕、可可等，就是人文环境不同的结果。

农业劳动力的数量与素质是影响农业经济活动的因素之一。不同的农业部门、农作物和集约经营程度，对劳动力数量与素质要求不同。在农业经济早期，农业经济活动对劳动力数量的要求比素质的要求更为迫切；随着农业发展水平的提升，高素质的劳动力对农业经济活动的积极影响充分显现出来。在现代农业生产中，“科学技术”已经取代了老农的“经验”，新型农民已经胜于传统的农民。一般地，经济作物比非经济作物对劳动力素质要求高，种植业比放牧业对劳动力素质要求高。

农业科学技术进步缩小了自然环境对农业生产布局的限制，减少了农业生产对土地的依赖性，使人们可以在一定范围内有选择性地布局农业。如无土栽培使农业生产从旷野走向室内，且不受季节和一般自然灾害的影响，为农业生产工厂化迈出了重要的一步；温室栽培使低纬度蔬菜能在高纬度种植，反季节生产时鲜蔬菜，做到“淡季不淡”。农业科学技术进步缩短了少数生物的生命周期，加速了农业生产与再生产过程，保证了市场需求，如培育早熟、高产、优良品种，缩短畜禽育肥时间，栽培速生丰产树种等。我国以较少的耕地养活了大量人口，除了政府政策持续推动作用外，杂交良种、太空育种、测土配方施肥、控释肥等现代农业科学技术功不可没。

生产力水平高低，既影响农业生产布局，又影响农业生产水平。生产力水平越低，人类利用、改造自然和预防、抗御自然灾害的能力越低，农业布局的范围越小，单位面积的产量越低。如在生产力水平较低的古代，原始农业仅限于暖热地区，水产业仅限于江河湖泊；而在生产力高度发达的现代，农业布局范围空间广阔，水产业从内陆水域扩大到近海以至远洋，从天然捕捞发展到“海洋牧场”、“耕海牧鱼”。

生产力水平不同，同一农业劳动对象为人类的服务功能也会发生明显的变化。如随着生产力水平的提高，面对同一片山林，原始人以采集野果、捕获野兽为生，传统农民以砍树、垦山种粮或者植树种果为生，现代农民可能是栽树造景，让别人“看树”进“氧吧”，自己发展森林旅游赚钱。从以“砍树”“栽树”为生到以“造景”“卖景”为生，从单一功能的传统农业到农业旅游、旅游农业，实质上反映的是整个社会生产力水平的提高，农业功能的拓展。

市场需求影响农业生产发展和布局。在商品经济不发达的时期，生产者为自身需求而生产，难以形成规模经济，农业生产的自给性、封闭性特点突出。市场需求可以引导农业生产，在一定范围和程度上，农业生产也可以培育市场。农业生产怎样适应和引导市场需求，是防止某些农产品生产大起大落必须注意研究和解决的问题。

交通运输是商品经济发展的前提。商品性农业和农业地域专门化的发展，都离不开发达的交通运输。发达的交通运输正在深刻地改变着传统城郊农业的内涵，使得城市居民的肉禽蛋奶蔬菜副食来源地不限于城郊，出现了许多远离市场的农副产品基地。我国“南菜北运”现象的成因中虽然有气候因素，但更重要的是市场需求和发达的交通运输条件促成了这一现象。

农业政策对农业生产与布局起调控作用。合理的农业政策，有利于发展农业，改善农民收入状况，推动农村进步。

2. 农业经济活动对地理环境的影响

1）农业经济活动对地理环境的有利影响

农业经济活动出现以后，人类遵循自然规律，改造自然，发展农业生产，推动了社会生产力的快速发展，世界的面貌发生了巨大变化，极大地创造了物质财富，农业、农村景观空前丰富多彩，人类的生活资料较过去明显丰富，不少过去不适合人类生存和发展的地域如今人丁兴旺、人寿年丰（如“北大荒”变成了“北大仓”等），同时也为工业文明和信息文明奠定了雄厚的物质、技术和文化基础。

2）农业经济活动对地理环境的不利影响

农业文明在推动经济发展、人口增长和社会进步的同时，由于认识能力的局限性和行为的非科学性，人类也遭到了自然界的无情报复。100 多年前，恩格斯曾警告人们："不要过分陶醉于我们对自然界的胜利。对每一次这样的胜利，自然界都报复了我们。"

虽然自然原因（如土质疏松、降水变率大等）是导致水土流失的重要原因，但由于人口的不断增加，特别是在一些经济不发达的地区，为了尽快摆脱贫困而大量毁林开荒、过度放牧、垦山种粮等，致使自然植被遭到了破坏，加剧了水土流失，甚至陷入“越穷越垦，越垦越穷”的恶性循环之中。

因水土流失而产生的河流泥沙对国民经济影响很大。尽管河流泥沙可以通过淤灌改善灌区土壤，但这仅仅是“蝇头小利”，大量水土流失使农田面积减少，土壤肥力下降，危害农业生产，淤积河道、水库，缩短水利设施的使用寿命，甚至导致水库报废、河流改道等，增加了水资源开发利用的难度。

虽经不懈努力，我国治理水土流失工作取得了很大成绩，但形势不容乐观。2009 年年初水利部等单位发布的《中国水土流失与生态安全综合科学考察报告》表明，目前我国水土流失面积 356.92 万 km^2，亟待治理的面积近 200 万 km^2，全国现有水土流失严重的县有 646 个（其中 82.04%处于长江流域和黄河流域）。当前水土流失突出表现为四大危害：①导致土地退化，耕地毁坏。据测算，按照现在的流失速度，50 年后东北黑土区 93.3 万 hm^2 耕地的黑土层将流失掉，35 年后西南岩溶区石漠化面积将翻一番，将有近 1 亿人失去赖以生存和发展的基础。②导致江河湖库淤积，加剧洪涝灾害。1950～1999 年，由于泥沙淤积，黄河下游河床普遍抬高 2～4m，辽河下游干流部分河床已高于地面 1～2m，成为悬河。③恶化生存环境，加剧贫困。全国 76%的贫困县和 74%的贫困人口生活在水土流失区。④削弱生态系统的调节功能，对生态安全和饮水安全构成严重威胁。

为了提高农产品产量，发展农田灌溉，人们修水库、建渠道，大规模地干预地表水资源的时空分布。水库改变了其周围的小气候，引起地下水位上升，引发地质灾害，有可能造成沼泽化，甚至引起血吸虫病疫区扩大。由于排灌工程不配套、管理措施不当和落后的漫灌方式等，造成干旱半干旱地区的土地次生盐渍化、潜育化。全世界灌区次生盐渍化土地面积已达 30 万 km^2，占灌溉面积的 7%，而且还以每年 1 万 km^2 左右的速度增加。从埃及、西亚、中亚，到巴基斯坦和中国西部，已经形成了一个灌区盐渍化带。

由于不合理的农业经济活动，如过度放牧、滥垦乱挖，草原利用强度超过了草原自我更新能力，导致草原大面积退化：草场载畜量降低，牧草构成逆向演化，饲草品质劣化，生态环境恶化。由于草原的退化，加剧了畜草矛盾，使本来生产力水平很低的草原畜牧业受到新的威胁。由于草被遭到破坏，土壤受到严重风蚀，造成土地荒漠化。在强风天气条件下，沙化的土地为扬沙或沙尘暴天气提供了尘沙来源。风沙天气所过之处，黄沙弥漫，严重威胁着人类的生产生活。

森林不仅可以提供木材和林副产品，还蕴藏有大量的生物资源，并且具有涵养水源、保持水土、调节气候、净化空气以及防治水、旱、风、沙等自然灾害的作用。近 300 年来，人类砍掉了占陆地面积 1/5 的森林，使许多物种资源在人们尚未认识之前就因人类的经济活动而灭绝。过量砍伐是导致森林可采资源锐减的主要原因之一。过量采伐导致森林资源危机，林区经济状况恶化，森林生态保护功能减弱，林地利用率降低，残次林比重增加，单位面积木材蓄积量和生长率降低，森林经济效益下滑。虽然许多国家重视人工造林，但林木年消耗量仍大于年生长量，森林资源下降的趋势没有得到根本性改变。

自然植被的减少，尤其是森林植被的减少，森林涵养水源的能力下降，致使河水暴涨暴跌，或使下游泛滥成灾，冲毁农田，淹没村庄，或加剧下游干旱程度，都会造成重大损失。

国家林业局 2010 年发布的《中国荒漠化和沙化状况公报》指出：截至 2009 年年底，我国荒漠化土地面积 262.37 万 km^2，占国土面积的 27.33%，沙化土地面积 173.11 万 km^2，占国土面积的 18.03%。与 2004 年相比，五年间荒漠化面积净减少 12 454 km^2，年均减少 2491km^2；沙化面积净减少 8587km^2，年均减少 1717km^2。监测结果表明，我国土地荒漠化和沙化呈现整体得到初步遏制，荒漠化和沙化面积持续减少，局部地区仍在扩展的局面。

但是，我国是世界上荒漠化、沙化面积最大的国家，而且还有 31 万 km^2 土地具有明显沙化趋势；川西北、塔里木河下游等局部地区沙化土地仍在扩展；我国北方荒漠化地区植被总体上仍处于初步恢复阶段，自我调节能力较弱，稳定性较差，难以在短期内形成稳定的生态系统；人为活动对荒漠植被的负面影响仍未消除，超载放牧、盲目开垦、滥采滥挖和不合理利用水资源等破坏植被的行为依然存在；气候变化导致极端气象灾害（如持续干旱等）频繁发生，对植被建设和恢复影响很大，土地荒漠化、沙化的危险依然存在。

土地荒漠化、沙化仍是中华民族的心腹之患，严重威胁中华民族的生态安全，严重制约社会经济可持续发展，是重大的民生问题。加大力度，加速荒漠化、沙化治理刻不容缓。

在水产资源开发利用上，近海水产资源由于滥捕狂捞，捕捞能力大大超过资源的再生能力，鱼类资源得不到休养生息，渔汛难以形成，产量大幅度下降；内陆江河湖泊的鱼类资源破坏更为严重，淡水捕捞每况愈下，大规模的围湖造田使鱼类失去生长发育的良好场所，大量的堤坝涵闸阻塞了鱼类的繁殖、索饵的洄游通道，更多的水域因为得不到鱼类资源的自然补充，大型经济鱼类越来越少；农田退水因含有高残留农药和有机废水，对水产业也带来负面影响。

化肥、农药的不合理使用对环境的影响不容忽视。由于有机氯、有机磷农药结构比较稳定，在空气中经酸、碱、氧、紫外光作用下不易分解，脂溶性强，水溶性小，在生物体内不易被分解，容易污染土壤、水体、大气等，最终影响农产品品质、产量和人类的健康。过量使用化肥，容易使氮素、磷素从土壤中流失、进入水体，造成水体的富营养化，引起饮用水中硝酸盐的积累，进而影响人类的健康。大型畜禽养殖场的畜禽粪便和污水对土壤、水体的污染，同样令人担忧。

随着区域经济联系范围的扩大和联系程度的日益密切，物种的国际交流日益频繁。引进外来物种是一件极其慎重的工作，如有不慎，有可能带来生态灾难。我们万不可忘记昔日盲目从国外引进大米草、空心莲子草等所带来的沉痛教训。

由于农业经济活动主要是生活资料的生产，一般地，它在生产和消费过程中所排放的废气、废水、固体废弃物等可以纳入物质的生物循环而得到净化和重复利用。随着人们认识水平的提高，农业经济活动对自然环境的不利影响将逐渐减弱，对环境不利影响最小的农业经济活动方式将会不断出现。

第二节　工业经济活动与地理环境

工业经济活动是工业经济时代经济活动的主体，是当今世界最主要的物质生产方式，是提高人民物质、文化生活水平的物质保证。在一定意义上，国民经济现代化取决于工业的现代化，因为国民经济各部门都要依靠工业提供各种现代化装备。

一、工业经济活动

1. 基本特点

1）无明显的季节性

工业经济活动主要是物理的（包括机械的）、化学的生产过程，生物过程（主要是微生物过程，如生物制药、酿造业等）比重不大。所以，工业不像农业那样受自然条件、时间（季节性）的严格限制，只要具备资金、技术、能源、资源、运输、设备、劳动力等条件，工业生产可以全年进行。即便是包含生物过程的少数工业部门（如生物制药、酿造业），也可以在人工条件下全年生产，只有个别部门（如晒盐等）除外。

随着科学技术的进步，除采矿业、建筑业外，工业布局的灵活性越来越大，不像农业那样受到空间上的严格限制；无论气候差异明显与否和当地有无资源，只要国民经济发展需要某种工业，经济技术合理，都可以布局该种工业；由于工业经济活动主要是非生物生长过程，某一工业产品零部件的生产，可以在同一时间同一地域各工段分开生产，也可以按工艺流程依次生产，还可以分散在不同地点生产。

2）专业化与协作化

除了采矿业，一般地，工业生产各阶段可间断、交错或连续进行，工业布局可游离于工业资源。这与绝大多数农业经济活动各阶段必须前后连续、依次进行并且持续一地的特点截然不同。

随着科学技术的进步，为了更好地获得经济效益，工业经济活动日益专业化、协作化。工业生产专业化是社会分工和科学技术发展到一定阶段的结果，可以组织大批量生产，实行零部件和产品的标准化、通用化和系列化；可采用专用设备，提高劳动生产率和技术水平，有利于生产管理和物资调配；有利于充分发挥中小企业的作用，改善企业的规模结构；可以避免重复建设，缩短建设周期，提高经济效益；有利于加强各地区各部门之间的联系，优化工业布局。

专业化是协作化的基础，生产协作是专业分工的发展和保证。专业分工愈细，同类生产愈集中，协作范围愈广泛、深入，协作的组织类型愈多种多样。协作化可以促进专业化，节约社会劳动消耗，促进有关部门和地区之间的联系，提高劳动生产率。

3）技术性强，精密程度高

与农业经济活动相比，工业经济活动的技术性强，精密程度高，尤以电子工业、精密机械、仪器仪表、航空航天等工业部门最为突出。在工业经济活动中，很小的技术差错或精度不够都可能出现废品乃至酿成重大经济损失和人员伤亡，而对农业经济活动来说，这种可能性很小。

4）分布集中

农业经济活动在空间上呈面状分布。工业经济活动始终以点状的形式，集中分布在狭小的区域内。工业部门之间的联系非常复杂，不同的工业部门之间往往是一种互为市场或原料的供求关系。工业主要集中分布于消费中心、交通枢纽和原料与燃料产地等。

工业集中分布的主要原因：①工业生产离不开能源和原材料等，而能源和原材料并非遍在性资源，分布都很集中，只有集中分布工业，才有利于利用工业资源。②任何工业部门都有一个规模经济问题，工业集中分布有利于形成适度规模，提高经济效益。③工业生产过程易于分解，易于形成众多小部门乃至生产零部件部门，人们可以选择优势区域进行生产。现代交通运输业使一些交通方便的地方，特别是交通枢纽，成为工业生产分布的理想场所，从而促进了工业生产的集中分布。④工业各部门之间有着紧密的生产和技术联系，或者互为市场，或者彼此为上下游关系，只有在紧密的生产、技术或市场联系中，才能节约能源、运费和生产用地，降低生产成本。⑤工业集中分布，可以产生集聚效益。一般地，工业生产集中布局，有利于节省基础设施投资，充分利用公用设施，取得较大的经济效益。近些年来出现的“产业集群”，是工业集聚的高级形态，是空间相邻、供需相接的企业集中布局，彼此互补共生的一种产业布局形式。

2. 工业部门结构的演变

今天众多的工业部门都是随着科学技术的进步不断发展起来的。工业部门越来越多，分工越来越细，是工业部门结构演化的总趋势。第一次科技革命以前，工业是以简单协作为基础的工场手工业，部门分工停留在初级阶段。第一次科技革命以后，出现了现代纺织、采煤、钢铁、机械制造等工业部门。第二次科技革命以后，出现了电力、电器、化学、有色冶金、石油、内燃机、汽车和飞机制造等工业部门。第三次科技革命以后，出现了原子能、微电子和计算机、宇航、高分子合成和激光等工业部门。

任何国家的工业都是从轻工业开始的。19 世纪末，重工业在世界工业结构中开始占主导地位。除了一些面积很小、人口很少的微型国家外，重工业产值占工业总产值的比重大小是工业经济时代衡量一个国家工业化水平高低的标志之一。

按照主要生产力要素在生产中投入量的相对大小，人们通常把工业经济活动分成劳动密集型、资源密集型、资本密集型和知识（技术）密集型四类。

劳动密集型工业是指技术装备程度低、用人多、单位产品成本中活劳动消耗比重大的工业部门。如轻纺工业、手工业等。特点是：①就业机会多；②单位就业人口固定资产投资少；③产品以生活消费品为主，科技含量不高；④一般地，能源、原料消耗少，原料来源广泛，可以就地取材，产品成本低，特别适合于资本短缺、技术基础薄弱而劳动力资源丰富的地区发展。

资源密集型工业是指在生产过程中需要大量能源、原料的工业部门，如能源工业、钢铁工业、水泥工业等原材料工业部门，且以生产中间产品居多。

资本密集型工业是指单位产品所需要的固定投资较多，技术装备程度较高，用人较少的工业部门，具有较高的劳动生产率，物资消耗较少，如机械制造、装备工业等。一个经济地域所拥有的资本密集型工业企业数量的多少和规模的大小，是工业经济时期衡量一个经济地域经济实力和国民经济发展水平的主要指标之一。

知识（技术）密集型工业是指需要投入大量知识和智力，需要众多科学家和专家综合运用现代科学手段，开发和生产高精尖产品的工业部门。

不同的经济发展阶段，工业类型存在着很大的差别。在农业经济时代，工业主要是手工业等劳动密集型工业。在工业经济时代，资源、资金密集型工业占绝对优势，劳动密集型工业依然存在。在知识经济时代，劳动、资源、资金密集型工业仍然是经济的基础，知识密集型产业占主要地位。一般地，在产业结构层次较低、农业基础薄弱、科技水平低的经济地域，首要任务是工业化。

产业革命以后相当长的时期内，世界各国工业发展大体上都是粗放式、传统式为主的“线性发展”模式，依靠工业原料生产工业产品，同时产生废料乃至污染物，产品使用寿命结束后又成为废料乃至污染物。这种工业发展模式并非环境友好、资源节约。由于资源的有限性，选择集约式、生态式的“循环发展”模式，建设循环型经济，构建全面、协调、可持续发展的绿色经济和新型工业化发展之路，是在新的历史条件下，实现新型工业化的战略选择。

3. 工业布局

1）工业布局原则

一般地，工业布局必须遵循以下原则。①尽可能接近原料、燃料动力产地和产品市场以及交通枢纽，以节约生产和流通费用，降低生产成本，增强产品的市场竞争力。不少发展中国家和地区在沿海地区发展出口加工业，“两头（资源和市场）在外，中间（生产）在内”，同样遵循了这一原则。②按照规模经济、保护环境的要求，确定工业基地的合理规模，防止工业过度集中或分散，促进大、中、小经济中心的形成。③正确处理发达地区与落后地区的矛盾，推动落后地区的开发。根据各地条件，合理布局不同部门和规模的工业。在落后地区布局一定数量和规模的相关工业部门，是缩小地区差别、促进落后地区经济发展的重要措施。④加强地区间的经济联系，确定各自合理的工业部门结构，实现优势互补。充分利用各地资源和市场等条件，扬长避短，减少不合理运输，提高经济效益，在全国范围内建立起相对完整的工业体系。⑤充分考虑国家安全，合理布局工业。

2）工业布局类型

工业布局形式多种多样，有的是单个企业，更多的则是多个企业组合布局。单个工业企业占地规模不一定都很小，如煤炭开采。企业组团布局占地规模不一定很大，如某个工业城镇。根据工业部门或工业企业与资源或空间位置的相互关系，工业布局可以划分为以下几种。

资源性布局。资源型工业部门消耗能源、原料较多，与资源的依存关系密切，一般布局在资源产地。这些工业资源包括农副产品、矿产资源、水力资源和原材料等。主要部门有农产品初加工（如轧花、制糖、制茶等）、采矿（如采煤工业、石油开采等）、部分原材料工业部门（如水泥工业、水电工业、钢铁工业等）等。资源型工业向外输出的产品主要是能源、原材料、农矿初级产品等。在资源型工业地域，工业部门结构往往以重工业为主，加工工业以消耗能源和原材料多的部门为主，输出往往大于输入。资源量的多少影响资源型工业规模。任何矿产资源都是有限的，用一点就会少一点。布局在这类资源地域的工业，多数随着生产的发展，资源因消耗而不断减少，部门结构会不断朝深加工方向发展。在不同的科学技术条件下，资源型布局的工业部门有一定的差别，钢铁工业布局由集中于煤铁产地发展到与钢铁工业原燃料产地相背离，就是一个很好的例证。

安徽淮南煤矿是我国重要的煤炭生产基地，由于长期开采，可采煤炭资源不断减少。为了保证长期协调发展，淮南在不断提高煤炭采收率、加大探矿力度、科学开发塌陷地的同时，积极发展煤电、煤化学等工业，千方百计地延长以煤炭为原料的产业链，在煤炭深加工上做文章，为矿产资源型城市科学发展、合理转型摸索出了一条新路。

河湖水域型布局。河流、湖泊可以为发展工业提供水运条件、生产用水和动力。在工场手工业时代，溪流是工业动力来源之一，许多手工作坊临河分布，靠溪流推动水轮带动机器生产。第二次科技革命以后，水电业迅速发展，于是高耗能的电冶金、电化学工业在水电站附近相继出现。内陆水运对工业布局的影响非常大。

美国钢铁工业早期主要集中在匹兹堡地区。19 世纪末 20 世纪初，随着苏必利尔湖西岸的梅萨比铁矿的开发，依靠良好的湖运条件，移铁就煤，在非铁矿产地但距煤炭产地很近的大湖南岸芝加哥、底特律、克利夫兰等城市发展了大规模的钢铁工业，以致最终超过了内陆钢铁工业中心匹兹堡。钢铁工业等高耗水的工业部门也因工业用水量大而临河临湖布局。

临海型布局。海洋是世界上许多国家内外贸易的重要通道，是海底矿物、海洋生物、海水矿物所在地。人类从“望洋兴叹”到“漂洋过海”、“海洋牧场”，是人类利用海洋的巨大进步。随着人类对海洋的认识、利用能力的提高，海底采矿、海洋水产、海水化学工业、海水淡化等经济活动的发展，沿海地区必然成为这些工业布局的良好场所。第二次世界大战以来，随着经济全球化、全球一体化的进一步发展，国际贸易以超越物质生产发展的速度迅猛增加，空前繁荣。沿海港口城市由于国际贸易的发展得到了迅速发展，一些依靠进口原燃料的工业部门，包括原材料工业部门，在沿海地区安家落户。同时在世界诸多国家出现的钢铁工业向沿海转移，如日本、法国、意大利、英国等国的钢铁工业，就是临海型布局的典型。一些“两头在外”的经济地域，如出口加工区、经济特区等，多布局在沿海，以方便进出口。

临空型布局。随着科学技术的发展和全球一体化速度的加快，临空型布局日益突出，将来还会出现太空型布局。电子工业是一种典型的知识密集型产业，原材料消耗少，产品短小轻薄，附加价值高，能够承受空运的高运费，是临空型布局的典型产业之一。

九州岛被称为日本的“硅谷”，其发展条件除了科研、劳力、环境因素外，发达的空运也是一个重要条件。九州的电子工业布局多以一个地方中心为依托，在机场附近形成几个团状的工业集群。依靠发达的空运，九州每天约60%的电子工业产品空运到国内消费中心或国际市场，科技人员可以当天往返于九州和东京、大阪、神户之间。

随着空间技术的发展，运载火箭、空间站、太空基地、“宇宙村”、“轨道城”将成为新的工业基地——太空工厂，出现太空型布局。因为太空具有失重、真空、无菌等特殊的环境条件，许多在地球上无法生产的材料、无法进行的生物品种改良等都可以在太空特殊的条件下完成。近期可以在太空工厂中生产一些地球上难以生产的高纯度药物、晶体、合金材料、纤维强化复合材料，从事生物品种改良；远期可以直接利用月球、火星、土星上的资源，在太空中加工成半成品或成品运回地球。

智力型布局。北美洲的“大学研究园区”，其他英语国家的“科学园”，法国的“技术城”，日本的“科学城”，中国的“高新技术产业开发区”，一般通称为“科技工业园”。科技工业园布局是一种以智力资源为依托的新型企业布局。在这类智力型经济地域，面积不大，突出特征是“两头（研究开发和销售）在内，中间（生产制造）在外”。这类经济地域是研发基地、信息基地、公司经营的指挥中心，而不是产品制造基地。这种经济地域的真正优势是技术和信息资源密集。高新技术的产业基地并不一定同时就是高新技术产品的生产制造基地。一般地，一个产业的价值创造过程可以划分为若干环节，如研发、试制、生产、销售、售后服务等，不同环节的限制性因素差别较大。研发需要智力资源，对房价、地价等有形投入成本的敏感程度远不及生产制造部门。制造部门需要厂房、设备，对房价、地价等有形成本非常敏感。销售需要市场信息。任何经济地域在其经济发展过程中，都会发生优势环节或部门逐渐明显或加强，劣势环节或部门逐渐外移或淘汰的现象，这是区位优势与企业或产业环节之间的双向选择过程和资源的合理配置方式。

二、工业经济活动与地理环境

1. 地理环境对工业经济活动的影响

工业经济活动既受自然环境的影响，也受人文环境的影响。在不同的工业部门或工业发展阶段，这些影响工业经济活动的因素对工业经济活动的影响程度有很大差异。

1）自然环境对工业经济活动的影响

自然环境对工业经济活动的影响有的是直接的，如没有煤炭资源不可能有采煤工业；有的是间接的，以农业经济活动等为中介，进而影响工业经济活动，如温带和寒带不可能有蔗糖工业；有的影响非常不明显，如气候等条件不适合生产某种农产品的地方，通过输入该种农产品，同样可以发展以该种农产品为原料的工业。

煤炭、石油、电力和水力等能源资源和铁矿、铜矿等矿产资源，是工业经济时代最重要的工业资源。

工业资源的地域组合影响工业的发展进程和工业部门结构，尤其是在工业发展的早期。世界上最早的工业区绝大多数都是煤炭、铁矿等资源地域组合较好的地区，缺煤少铁、有煤无铁或有铁无煤的地区，工业起步往往都比较晚。煤炭和铁矿资源丰富的地区往往成为重工业区。

水不仅是现代工业的动力（水电）来源之一，而且很多工业部门在生产过程中都要消耗大量的水，如冶金、造纸、印染等工业部门。因此，高耗水工业部门大多分布在大河沿岸，以方便取水。提高工业用水的循环利用率，既节约了水资源，又减少了废水排放量，意义非常重要。有些工业部门必须依托通航水体，如造船工业。

土地是工业布局的场所。不同工业部门用地规模和单位土地的产出率差别很大，占地较多、单位土地产出率低的工业部门适合布局在土地资源相对较多、地价相对较低的城郊地区。

一切工业不可能没有动力。充足的能源是高耗能工业布局的前提，动力资源的多少还影响工业部门结构和工业规模。

工业生产过程中，原料比重较多的部门多分布在原料产地，如制糖工业、海水晒盐等；资源消耗少、产品技术含量高的工业部门，布局选址比较灵活。

2）人文环境对工业经济活动的影响

科学技术是第一生产力。每次重大的科学技术进步，都给工业布局产生重要影响，改变着工业布局对工业原料、能源等的需求，扩大着可开展工业经济活动的地域范围。科学技术进步还扩大了可利用资源的范围，提高了人类利用资源的能力，使原本非工业资源成为工业资源，使原本不可利用的“废料”成为可利用工业资源。

18 世纪 60 年代到 19 世纪 60 年代的第一次科技革命，以纺织机、蒸汽机的广泛应用为标志，尤其是蒸汽机的发明及其在工业上的应用，堪称人类社会生产工具和生产动力的重大变革。第一次科技革命前，工场手工业多以水能、畜力和人力等为动力，炼铁则以木炭为燃料，许多作坊只能分布在河流沿岸或接近原料、燃料产地。第一次科技革命以后，出现了轮船和蒸汽机车，工业分布摆脱了以水能为动力的局限，在煤铁产地和交通方便的地方，形成和发展起一批新的工业中心。

19世纪70年代到90年代的第二次科技革命，内燃机和电力作为新的动力登上历史舞台，化学工业资源及有色金属资源广泛应用于工业，因而使得过去缺少能源的地方可以依靠远距离输电布局工业，在化学工业和有色金属工业原料地形成一批新兴工业中心。

20世纪50年代中期以来发生的第三次科技革命，核能成为动力来源之一。核能能量密度高，燃料重量少，运输成本低，为在缺乏其他能源的地区发展电力进而布局其他工业提供了便利条件。

交通运输业是整个国民经济发展的重要关联产业。运输条件的改善、交通工具的高速化，可以使工业经济活动和原燃料产地相背离，甚至使缺少原料、燃料的地域能够大规模发展原材料工业。任何工业原料都不是遍在资源。任何工厂都有规模经济问题，工业布局不可能遍地开花。交通运输可以使工业原料和产品发生位移，从而促进工业集中分布，产生集聚效益。交通运输业的发展，为不少国家实施国际国内两种资源和两种市场的经济发展战略奠定了基础。

第一次科技革命以前，人类经济活动的主要运输动力是畜力、人力、风力和水力，运量小，速度慢，以致手工工场主要靠近原料、燃料、市场或动力源分布，而且规模很小。第一次科技革命以后，人类进入“蒸汽时代”，火车、轮船的出现，缩短了地域之间的运输时间，运量急剧增加，使得工业原料、燃料不足甚至没有工业原料、燃料的地域形成新的工业中心。第二次科技革命以后，出现了以内燃机为动力的汽车等。汽车有着比火车、轮船方便灵活的优势，依靠汽车运输，使轮船、火车不能到达的地域布局工业成为可能。第二次世界大战以后，大型远洋船只的出现和陆路交通的改善，使地区间、国家间甚至大洲间的大量原料和燃料的运输变得十分便捷和经济，以致缺少原料燃料的地域能够发展起大规模的原材料工业。运输条件除影响工业布局外，还影响工业规模和专业化程度。

一定数量的劳动力是工业布局的前提，熟练的劳动力对工业布局有着重要意义。现代工业生产不仅要求有足够数量的生产工人，尤其要求有很高素质的技术人员和管理人员，以便以较少或同样的劳动消耗生产出更好更多的产品。高素质的劳动力是发展知识密集型工业部门的基础。劳动力数量较多，适合发展劳动密集型工业，并能使劳动力得到充分就业。我国多种工业产品的产量和出口量世界第一，在很大程度上依靠绝对充裕、相对廉价的劳动力资源，要把“中国制造”变成“中国创造”，则需要高素质的劳动力资源。

生产的目的是为了消费。市场需求是能否布局工业不可忽视的重要依据之一。市场容量和需求的变化决定了工业规模和产品种类的变化，市场消费水平的提高对扩大工业生产规模和产品升级换代有重要影响。

2. 工业经济活动对地理环境的影响

1）工业经济对地理环境的有利影响

工业经济活动前所未有地改造着世界，大幅度地提高了劳动生产率，增强了人类利用和改造环境的能力，扩大了人类的活动领域，生产了无数的自然界不能直接提供的物质产品，极大地丰富了人类的物质生活，人类世界的面貌焕然一新，现代文明离不开工业经济活动。

2）工业经济对地理环境的不利影响

但是，工业经济活动带来的消极影响，特别是环境污染、资源浪费和破坏，也是人类始料不及的。工业经济活动既是国民经济中最主要的物质生产部门，又是最大的污染源。今天的大气污染、水污染和固体废弃物污染的主要污染源均来自工业经济活动，并且触目惊心。

2005年11月13日，中石油吉林石化公司双苯厂苯胺车间发生爆炸，事故产生的约100t苯、苯胺和硝基苯等有机污染物流入松花江，导致松花江发生重大水污染事件。到2010年年末，国家为此累计投入治污资金78.4亿元。

2010年5～7月，美国墨西哥湾发生漏油事件，共外溢原油78万t，污染海域上万平方千米，污染海岸带近千平方千米，近十种生物遭受灭顶之灾，已经成为美国历史上最大的环境灾难。

工业经济活动排出了大量的硫化物，使大气中的硫化物增加。大气中的硫化物最终变成硫酸，随雨降至地面，成为酸雨。从20世纪70年代起，酸雨就在不少国家肆虐，引起土壤和水体酸化，危害水体、农作物和森林，腐蚀建筑物，威胁人体健康。

工业经济活动排出了大量的CO_2，提高了大气中CO_2的浓度，产生温室效应，加剧了全球气温上升，进而导致南极冰川融化，海平面上升，大气环流改变，致使世界上许多地方水旱灾害加剧。多数专家认为，温度上升有正效应，也有负效应。正效应是有效积温增加，有可能提高作物产量；负效应是蒸发量增加，海潮入侵影响沿海地区用水，增加土壤盐渍化，破坏沿海生态平衡，使冻土地区的建筑物因受热融作用而下沉甚至坍塌等。

平流层中的臭氧是自然过滤器，能够吸收太阳的有害辐射。工业经济活动导致大气中的氯氟烃、四氯化碳和二氯乙烷等气体增加，破坏了臭氧层，使得穿过臭氧层的太阳紫外线增加，进而对人体和生物产生杀伤力，增加皮肤癌的发病率。

工业经济活动造成的资源浪费极其惊人，从而使得本来就很有限的资源更显得“捉襟见肘”。这种浪费主要来自两方面：①矿产资源开采过程中的浪费，如采富矿弃贫矿，乱采滥挖，矿产资源采收率低，综合矿、共生矿单打一开采等；②工业生产过程中的浪费，如资源废物化，工业产品生产高能耗、高物耗等。

矿产资源开发过程中对环境的破坏非常突出，如露天采矿、废弃物堆场占用大量土地，坑道采矿引起地面塌陷或下沉，采矿剥离地表植被加速水土流失，海洋采油泄漏污染海洋环境，放射性矿物开采引起的辐射暴露危害人体健康等。

面对经济发展和环境保护之间的矛盾，特别是工业发展与环境保护之间的矛盾，人类进行了积极的探索和尝试：发达国家走过的“低收入低污染→高收入高污染→高收入低污染”的发展道路，代价沉重，在科学技术发达的今天看来，已无可取之处；“边发展，边污染，边治理”，表面上似乎有可取之处，但其把发展经济、污染环境和治理污染彼此孤立起来，具有很大的局限性。实践表明，应该把环境保护纳入生产全过程之中，实施污染防治从终端控制向全过程控制转变，从浓度控制向浓度和总量控制相结合转变，使生产废弃物排放量最小，走生态型、循环型的经济发展道路。这是一条兼顾经济发展和环境保护的理想的科学发展之路。

生态工业是生态型经济的重要组成部分，是世界未来工业的发展方向和范式。生态工业运用生态学原理、系统工程方法和人类科学技术的优秀成果，以可持续发展为目标，建立资源节约型工业生产体系，把环境保护纳入工业生产全过程，节能降耗，运用生态工艺，通过原料和能源的多级利用，建立起工业生产与环境保护之间的最佳联系，逐步实现工业的持续发展，达到节约资源与保护环境的双重目的，努力实现污染物的减量化、无害化和资源化。

第三节　第三产业与地理环境

产业级次的分类有克拉克大分类法、库兹涅茨分类法、澳大利亚和新西兰分类法、日本分类法、经济合作与发展组织分类法、联合国标准产业分类法，以及中国自己的分类法等。

一、第 三 产 业

第三产业是国民经济的重要组成部分，在国民经济中具有极其重要的地位和作用。第三产业的发展水平是衡量生产社会化程度和市场经济发展水平的重要标志，从某种程度上可以反映经济发展的现代化水平。

1. 第三产业概念和分类

1）第三产业概念

第三产业最早由英国经济学家费希尔在 1935 年所著的《安全与进步的冲突》一书中提出。他认为，第一和第二产业的划分并不能概括全部的经济活动，在第一和第二产业之外还存在第三产业。广义地，第三产业“就是第一和第二产业之外的所有产业”，即“不生产具体的物质产品的行业”，或者在“再生产过程中为生产和消费提供各种服务的部门”。但在实际操作中，各国和地区对第三产业的界定并不完全相同。

2）第三产业分类

1985 年，我国《关于建立第三产业统计的报告》首次规定了我国三次产业的划分范围，第一产业为农业（包括农业、林业、牧业、渔业等），第二产业为工业（包括采掘业、制造业、自来水、电力、蒸汽、热水、煤气）和建筑业，第三产业为除上述第一、第二产业以外的其他各业。由于第三产业包括的行业过多、范围过广，又被进一步划分为两大部门（流通部门和服务部门）四个层次：一是流通部门（交通运输业、邮电通信业、商业饮食业、物资供销和仓储业）；二是为生产和生活服务的部门（金融业、保险业、地质普查业、房地产管理业、公用事业、居民服务业、旅游业、信息咨询服务业和各类技术服务业）；三是为提高科学文化水平和居民素质服务的部门（教育、文化、广播、电视、科学研究、卫生、体育和社会福利事业）；四是国家机关、政党机关、社会团体、警察、军队等（不计入第三产业产值和国内生产总值）。在我国第三产业的四个层次中，与提高科学文化水平和居民素质服务相关的部门和国家机关等主要是一种支持性部门，流通部门和为生产生活提供服务的部门则是第三产业的主体部门。

第三产业是由众多产业部门组成的一个产业集合，范围极其广阔，并会随着社会经济的发展不断出现新的部门。《国民经济行业分类》（GB/T 4754—2002）重新划分了我国三次产业。在新的产业分类中：第一产业是指农、林、牧、渔业；第二产业为采矿业，制造业，电力、燃气及水的生产和供应业，建筑业；第三产业是指除第一、第二产业以外的其他行业。在本分类中将第三产业调整为 15 个门类 47 个大类。这 15 个门类是：交通运输、仓储和邮政业（即目前所说的现代物流业），信息传输、计算机服务和软件业，批发和零售业，住宿和餐饮业，金融业，房地产业，租赁和商务服务业，科学研究、技术服务和地质勘察业，水利、环境和公共设施管理业，居民服务和其他服务业，教育、卫生、社会保障和社会福利业，文化、体育和娱乐业，公共管理和社会组织，国际组织。

3）第三产业与服务业

在某种程度上，第三产业主要由提供服务产品的部门构成，我国目前亦采用第三产业的统计体系代替服务业统计体系，但是不能因此单纯地把第三产业看作服务业。从产业范围上讲，第三产业的界定注重经济活动的同质性，统计方法采用的是剩余法，即把第一、第二产业以外的所有经济活动统称为第三产业，而服务业的界定着重于产业的关联性，是从为生产或提供服务来确定的。如我国 2002 年产业分类把农、林、牧、渔服务业明确列入第一产业，而国际组织是不属于我国的常驻单位，因此服务业与第三产业就不完全等价，而应该是第三产业扣除国际组织后再加上农、林、牧、渔服务业。随着经济社会不断发展，三次产业不断融合，服务行业交叉叠加，服务业的外延不断拓宽，服务业的范畴会越来越大于第三产业范畴。

就服务业分类而言，目前国内外也没有统一的划分标准。目前的分类方式主要有两种：

一种是将服务业分为传统服务业与现代服务业。传统服务业是指为人们日常生活提供各种服务的行业，如商贸业、餐饮业、住宿业、旅游业等；现代服务业是指在区域产业结构中基于传统服务业改造升级而形成的新型服务业体系，信息化水平高，发展上呈现新技术、新业态、新方式“三新”态势，具有资源消耗少、环境污染小的优点，是区域综合竞争力和现代化水平的重要标志。

另一种是将服务业分为生产性服务业、生活性服务业、流通服务业和社会服务业。生产性服务业是指那些为进一步生产或者最终消费而提供服务的中间投入，一般包括对生产、商务活动和政府管理提供服务而非直接为最终消费者提供的服务。我国《国民经济和社会发展第十一个五年规划纲要》，将生产性服务业分为交通运输业、现代物流业、金融服务业、信息服务业和商务服务业。生活性服务业主要是指直接满足人们生活需要的服务行业（最终需求性服务业），与生产性服务业相对应，涵盖范围广，涉及居民日常生活方方面面，包括住宿、餐饮、家政、洗染、理发及美容保健、洗浴、修理和维护、清洁服务等。流通服务业又称分销或分配服务，包括批发零售业、交通运输业、通信业等。社会服务业包括政府、医疗健康、教育、国防部门。

2. 第三产业的特点

1）产品的无形性

人类从事社会劳动生产都是以获得能够满足其生产生活需要的产品为首要目的。因此，无论是第一、第二产业，还是第三产业，都是以产品的生产为目的，只不过三次产业的产品在存在形式上存在不同之处。第一产业实质就是人作用于自然的过程，人类利用自然界提供的各种资源和条件生产出各种农产品；第二产业主要是利用技术装备从自然界获取矿产品和对从自然界中获取的一次产业产品进行再加工、深加工；第三产业所提供的产品是以服务为主要特征，如金融服务、公共管理服务等。因此，从产品形态上看，第一和第二产业所提供的产品是有形、有色、看得见、摸得着的实物，而第三产业提供的服务类产品则是无形的。虽然在某些情况下这种服务是通过有形的物质载体反映出来，但是它的本质还是蕴涵在实物中的无形的服务。例如，去酒店就餐，酒店提供的食物是有形的，但是蕴涵其中的制作工艺以及服务人员所提供的服务则是无形的。

2）生产与消费的同步性

生产过程与消费过程的同步性是第三产业区别于第一和第二产业的一个显著特征。对第一和第二产业而言，生产出来的产品是有形的物质实体，在一定条件下可以储存，因此，生产和消费既可以同步，也可以相分离。例如，夏秋季节生产出来的时令瓜果既可以当季销售，也可以冷藏起来反季节销售；工业企业必须保持合理的库存，以稳定生产和市场供给。第三产业的生产和消费过程具有同步性，这是第三产业产品的无形性决定的。第三产业产品的无形性，导致产品不能储存，生产和消费必须同步。例如，某宾馆接待能力最多 1000 人/天，并不能因为歇业一天，次日就能接待 2000 人/天。

3）部门结构的与时俱进性

第三产业发展的与时俱进性主要体现在第三产业部门结构处于不断变化调整之中，新兴的产业部门不断出现。第三产业门类和表现形式是经济社会发展程度的一个标志，第三产业的发展受到其所处的社会经济发展状况制约，与社会经济发展水平相适应。如新中国成立之前，我国基本上处于农业经济时代，服务性部门主要是与居民生活密切相关的商铺、酒楼、茶馆、药店等。新中国成立后，在相当长的一段时期内，与居民生活密切相关的服务型部门主要只有零售业、住宿餐饮业、交通运输业、邮政通信业、卫生服务业等，而且尚未形成产业化。改革开放以后，随着我国经济的快速发展，第三产业中新型部门层出不穷，产业内涵不断扩大，出现了一大批为第一、第二产业和居民服务的新型第三产业部门，如网络信息服务、融资投资服务、中介服务、社区养老服务等。

4）与第一和第二产业关系密切

大体上，第三产业依附于第一和第二产业而存在，为第一和第二产业服务，是第一和第二产业发展到一定阶段后的产物。因此，第一和第二产业是第三产业发展的前提和基础，第三产业可以通过提供金融信贷、邮政通信、交通运输和智力等系列服务，为第一和第二产业的发展提供推力，对第一和第二产业的发展具有积极而多方面的促进作用。

二、第三产业与地理环境

第三产业的形成和发展受到包括自然环境和人文环境在内的地理环境的影响，地理环境对第三产业的影响程度随着第三产业发展变化而发生变化，并且对不同的第三产业部门影响程度存在差异。

1. 地理环境对第三产业的影响

1）自然环境对第三产业的影响

自然环境对第三产业的影响，以人类经济活动为中介。

自然环境对第三产业布局的影响。自然环境是影响产业布局和发展的前提条件，为第三产业发展提供必要的资源、条件和空间场所。一般地，地形条件直接或间接影响第三产业集聚形式和规模：在地形复杂的山地丘陵区，第三产业场所数量少，规模小，空间分布散；在平原地区，第三产业场所数量多，规模大，空间密度大。河流、湖泊、海洋等水体及其水文状况，影响港口布局和规模。

自然环境通过第一、第二产业间接影响第三产业部门的分布。自然环境通过影响货流构成进而影响第三产业分布。如同为流通部门，在林区主要为林产品生产服务，在农区主要为种植业、养畜业服务，在牧区主要为放牧业服务，在矿区主要为矿业服务。

自然环境对交通运输业的影响。自然环境对交通运输业的影响深刻而复杂，地形、地质、气温、降水等自然要素影响交通运输设施建设，是制约交通运输线路布局的基础和前提条件，也是影响交通方式选择的重要因素。自然资源丰沛程度影响交通运输业的发展，“南水北调”、“西气东输”、“西电东送”成为现实，最重要的自然基础就是南方水资源丰沛，西部能源资源丰富。“南船北马”既是过去人们根据当时当地自然环境对交通方式的合理选择，也反映了自然环境对交通运输方式的影响。暴雨、严寒、狂风、浓雾等恶劣天气，妨碍一切交通工具的运行。在炎热的地区，冷藏车辆必不可少；在寒冷的地区，保温车辆不可或缺。

自然环境对商业的影响。地形、气候等自然条件与资源通过第一产业甚至第二产业，影响商品的流通和商业网点的布局等。自然条件与资源影响经济活动，进而影响互通有无的商品种类。例如，一般地，林区输出林产品比较多，输入粮食比较多；农区输出种植业、养畜业产品比较多，输入林产品比较多；牧区输出畜产品比较多。

地形通过影响人口的分布进而影响商业网点的密度。一般地，由于单位土地承载力不同，山区人口密度小，商业网点规模小，分布散；平原地区人口密度大，商业网点规模大，分布密集。

气候条件影响交通工具和设备的选择以及商品流通的种类。南方夏季高温多雨，怕高温、易霉变的商品在运输过程中要注意低温运输、防潮防霉；北方冬季寒冷干燥，易冻商品在运输过程中要采取必要的防冻保温措施。气候条件会对商品流通种类和商品消费产生影响。位于不同气候区的人们生产方式和生活习惯不同，进而影响居民的消费习惯，突出表现在对商品种类的消费方面。北方冬季寒冷，驱寒保暖防冻商品需求量较大；热带和亚热带地区由于天气炎热，对保鲜制冷设施设备的需求量比较大，如冰箱和空调等。同为家电商场，气候条件不同，所售家电差别很大。热带地区的家电商场出售降温避暑用途的空调、电风扇等电器司空见惯，寒带地区的家电商场出售御寒保暖用途的暖风机、电暖器等电器比比皆是。

2）人文环境对第三产业的影响

人文环境对第三产业布局的影响。第三产业是为第一和第二产业服务的，在第三产业的布局实践中，应当具体考虑第一和第二产业的发展水平，并根据第一和第二产业的需求，提供能够满足其生产需要的服务，因地制宜地布局第三产业。

第三产业同时也为居民生产、生活提供服务，因此人口因素、经济发展水平等人文环境因素都会对第三产业布局产生影响。不同地区人口密度、消费习惯、消费水平具有差异性，这就要求第三产业布局必须与当地的人口特点和消费观念等因素相适应。一般而言，农村地区人口分布较为分散，消费水平相对较低，使得第三产业布局集中度相对较低；城镇是人口的重要集聚地，且人均收入水平总体上也高于农村地区，第三产业一般优先在城镇布局。

此外，国家宏观政策、市场经济发育程度也会影响第三产业布局。国家运用政策、法律法规和经济等各种手段，可以调控和引导第三产业布局；随着市场经济的发展，市场条件已经成为影响第三产业布局的一个重要因素，市场经济的发展变化会影响产业结构调整，从而间接影响第三产业布局。

人文环境对交通运输业的影响。人文环境对交通运输线路、站点布局起着极其重要的作用，影响发展交通运输业的目的和发展速度，从宏观上对交通运输业产生影响。恶劣的自然环境妨碍交通运输线路建设，但只要具备一定的技术条件，就能够克服这种不利影响。因此，在一定意义上，人文环境对交通运输业的影响程度要强于自然环境对交通运输业的影响。

人文环境因素中，经济因素对交通运输业的影响最为突出。交通运输线路建设的首要目的就是满足社会经济发展的需要，实现资源的合理配置。例如，山西是我国煤炭资源大省，为了实现晋煤外运，为东部地区经济发展提供能源保障，修建了运煤专线大秦铁路。交通运输线路布局还要考虑对沿线地区经济的带动作用。

人口规模和经济发展水平影响交通路网密度和交通枢纽建设。在人口密度高或者是人口流动性强、经济发展水平较高的地区，交通路网密度大，高等级的交通枢纽多。

政治因素也会对交通运输线路建设产生影响。京九铁路的建设，有助于加强内陆与香港的联系，有助于维持香港的繁荣与稳定。青藏铁路的建设，有助于援藏工作的开展，促进西藏的发展，维持民族团结，同时有助于巩固边防，维护边疆地区的安全与稳定。

人文环境对商业的影响。人文环境中的人口、政治因素（如经济体制）、科学技术和宗教信仰等因素，影响商品消费和商业网点布局等。

商业活动是围绕人的需求开展的，人口规模是商业活动中一个具有极其重要的作用的因素。人在商业活动中扮演着不同的角色，既是商业活动的生产者，又是商业活动中的消费者。人口规模和人口结构对商品消费影响明显。人口数量和人口密度影响商品需求量，决定了消费规模和频度。人口的社会学特征也影响着人们的商品消费行为，不同年龄、性别、职业和阶层的人群有不同的消费偏好，从而影响商品消费。

政局是否稳定从宏观上影响着商业活动的繁荣与否。国家政局稳定，人民安居乐业，能为商业活动的开展提供良好的外部环境；反之，如果政局动荡不安，战乱不断，人们根本无法开展正常的生产和生活，商业活动就会停滞不前，甚至出现倒退现象。

经济体制是否合理制约着商业活动的发展。顺应历史潮流、合乎市场经济规律的经济体制有助于商品生产和商品流通，而不恰当的经济体制则会成为商业发展的桎梏。新中国成立之后相当长的一段历史时期内，我国实行计划经济体制，有助于我国经济的恢复和发展，但是随着经济的发展，计划经济体制的弊端逐渐暴露出来，严重地阻碍了我国商品经济的发展。改革开放以后，我国确立了社会主义市场经济体制，极大地推动了我国商业活动的开展。

科学技术的进步推动了新的商业形态的产生和发展。当今世界是以数字化、网络化、信息化为特征，以网络通信为核心的信息时代，电脑的使用日益普及，互联网应用技术的飞速发展以及互联网普及率的持续攀升，使得网络与人们的日常生活联系得越来越紧密，电子商务随之出现，规模迅速膨胀。电子商务在我国很多经济领域都得到了充分应用，包括与我们生活息息相关的商贸服务领域，网上购物随着我国网民数量的急剧增长而迅猛发展，带动了物流、快递业的发展，甚至影响到某些商品实体店的发展。

对宗教信仰者而言，宗教信仰影响着他们的生活方式，从而间接地对商业活动产生影响。不同的宗教都有自己的宗教禁忌和偏好，与这些禁忌有关的商品在这种宗教信仰者集聚区没有生存的土壤，而与这些偏好有关的商品则会在这些宗教信仰者集聚区广泛流通。

2. 第三产业对地理环境的影响

1）第三产业对自然环境的影响

第三产业对自然环境的影响虽然没有第一、第二产业更直接，但同样复杂、深刻、多样。有些第三产业部门会使自然环境更美好，如旅游、环境保护等部门。有些第三产业部门也会使自然环境趋向恶化，如交通运输业。陆上、空中交通运输工具在运行过程中排放的尾气是大气污染的重要污染源之一，主要污染物为碳氢化合物、氮氧化合物、一氧化碳、二氧化硫、含铅化合物、苯并芘及固体颗粒物等，能引起光化学烟雾等。有关专家统计，目前汽车排放的尾气占大气污染物的30%～60%。随着机动车数量越来越多，使用范围越来越广，尾气污染有愈演愈烈之势，由局部性转变成连续性和累积性，而城市居民则成为汽车尾气污染的直接受害者，引发呼吸系统疾病，造成地表空气臭氧含量过高，加重城市热岛效应，使城市环境恶化。水上交通工具如果将含油污的废水排入水体，也将造成水污染，影响水生生物的繁衍和发展。

为了营造商业氛围、吸引眼球，玻璃膜墙、大型霓虹灯等光污染不容忽视。尤其是人工白昼，扰乱生物钟，会对鸟类和昆虫造成伤害，而且强光可能破坏昆虫夜间的正常繁殖。

人类的商业活动也会对自然环境产生各种积极影响。商业活动的发展，特别是依托资源发展起来的商业活动，随着资源日渐枯竭，会使人们认识到资源保护的重要性，自觉地树立起资源保护意识。例如，旅游业的发展会使人们逐渐意识到环境保护的重要性，积极参与到环境保护的实践中；为了给旅游者更好的旅游环境，修复和保护自然环境，已经逐渐成为旅游企业的自觉行为。

2）第三产业对人文环境的影响

交通运输业对人文环境的影响。交通运输业对人文环境具有重要影响，甚至是决定性影响。交通运输方式和布局会对聚落的形成和发展产生重要影响，不同的交通运输方式会产生不同的聚落形态。最早的集镇是在交通便捷的条件下形成的；在适航的地区，两条河流的交汇处，或者陆路和水路交通的交汇处多出现集镇；陆地临河、临湖、临海适宜建港的地方出现集镇。随着运输业的发展，先后在陆路交通枢纽、航空港附近、高速公路出口附近形成新的集镇，出现临空型工业布局。

在通常情况下，水路交通运输会促使聚落沿岸线和港口至腹地连接线方向发展，因为水路交通所依靠的港口枢纽需要岸线建设码头，需要经济腹地支撑，港口所在地的集镇会以港口为中心向外辐射，促使聚落规模不断扩大。陆路交通运输方式中公路或铁路线的建设会促使聚落沿交通线分布，发展为线性聚落形态。交通运输业对城镇的兴起或衰落起到至关重要的作用，无论国外还是国内，有些城市因交通建设而兴起，有些城市因交通的衰落而衰败。

交通方式的演变影响城镇乃至经济的发展。例如，在帆船时代，城镇因港而兴，沿河而建，沿着岸线延伸；京杭大运河在历史上极大地促进了运河沿线济宁、聊城等城市的繁荣。随着铁路、公路运输的发展，或者因河道淤塞失去航运功能，部分港口城镇发展趋缓。如大运河部分河段淤塞在一定程度上妨碍了济宁、聊城等城市的发展。随着高速铁路、高速公路和航空业的发展，在这些高速交通枢纽地带会出现新的城镇。

商业活动对人文环境的影响。在人文环境影响商业活动开展的同时，商业活动也会反作用于人文环境。商业活动的快速发展，尤其是商业部门中服务性企业的快速发展，能够对就业结构产生影响，吸引大批劳动者从事第三产业，扩大就业规模，影响就业结构；商业活动的繁荣能够极大地促进经济的发展，从而在一定程度会使一个地区的人口规模发生变化；商业的发展会吸引大批外来务工人员移入，会使城镇人口规模变大，人口密度提高；商业活动的交流实现了商品之间的地域流通，有助于资源的合理优化配置，促进落后地区经济发展，缩小地区间经济发展的差距；商业活动的发展会对人们的思想观念产生影响，有助于人们增长知识，开阔视野。

商业活动在对人文环境产生积极影响的同时，也会带来部分消极影响。商业的发展使人们的商品化意识逐渐浓厚，个别人甚至任何事情都以经济利益为重，“义利观”发生根本性变化，原本淳朴的民风有可能逐渐丧失，见利忘义。商业活动领域的不断扩大，买卖的商品已经由原来有形的商品扩大到无形的商品，在一些地区将传统特色文化或者民俗风情作为特色商品销售。文化的适度商品化有助于传统文化的复兴和非物质文化遗产的传承，但为了经济利益最大化，肆意扭曲文化或者文化过度商品化，有可能使地域文化面临着丧失本真性的危险。

复习思考题

1. 简述农业经济活动、工业经济活动和第三产业的基本特点。
2. 在农业经济、工业经济时代，影响区域经济发展的主要因素有何不同？
3. 原始农业、传统农业、石油农业和生态农业各有什么特点？
4. 劳动密集型、资源密集型、资本密集型和知识密集型工业各有什么特点？
5. 简述资源型、河湖水域型、临海型、临空型和智力型工业布局的原因和各自工业部门结构的特点。
6. 简述农业经济活动、工业经济活动和第三产业与地理环境的相互影响。

主要参考文献

陈才. 1991. 区域经济地理学原理. 北京：中国科学技术出版社

陈福义，范堡宁. 1993. 商业地理学理论与应用. 北京：中国商业出版社

胡兆量，陈宗兴. 2006. 地理环境概述. 北京：科学出版社

杨万忠. 2008. 经济地理学导论（修订四版）. 上海：华东师范大学出版社

杨吾杨，张静宜，崔家立. 1987. 商业地理学——理论基础与中国商业地理. 兰州：甘肃人民出版社

邹宏，李强. 1997. 第三产业概论. 重庆：西南师范大学出版社

第三章　人口与地理环境

人口是指生活在一定时间、一定地域、一定生产方式下，具有一定数量和质量的人所组成的社会群体。人口具有自然的和社会的二重属性，自然属性是人口存在和发展的自然基础，社会属性是人口的本质属性。人口的自然和社会属性与地理环境关系很大，人口增长与分布、人口结构与素质以及人口移动与地理环境有着十分密切的关系。

第一节　人口增长、分布与地理环境

一、人口增长与地理环境

1. 世界人口增长

联合国人口活动基金会公布，1999 年 10 月 12 日世界人口达到 60 亿，2000 年为 60.55 亿。1960 年世界人口仅 30 亿，30 多年来世界人口翻了一番。通过对世界人口增长的历史记录分析，可以看出，世界人口增长由慢变快。据估计，公元前 100 万年，地球上只有 1 万～2 万人，直到公元前 500 年，地球上人口才突破 1 亿。据联合国人口活动基金委员会推算，公元初全世界大约只有 2 亿～4 亿人，直到 19 世纪初才大约达到 10 亿人。世界人口成倍增长的时间，或每增加 10 亿人口所需时间在不断缩短（表 3.1、表 3.2）。

表 3.1　世界人口每增加 10 亿人需要的时间

人　口	达到的大致时间	增加 10 亿人所需的时间	年均增长率/%
第一个 10 亿	1830 年	近 300 万年	
第二个 10 亿	1930 年	约 100 年	0.7
第三个 10 亿	1960 年	30 年	1.4
第四个 10 亿	1975 年	15 年	1.9
第五个 10 亿	1987 年	12 年	1.9
第六个 10 亿	1999 年	12 年	1.7
第七个 10 亿	2011 年	12 年	1.7

资料来源：根据田雪原，大国之难——当代中国的人口问题，1997 年，第 9 页。

表 3.2 1650～2000 年世界人口年均增长率 （单位：%）

地 区	1650～1950 年	1950～1960 年	1960～1970 年	1970～1980 年	1980～1990 年	1995～2000 年
世 界	0.5	1.8	2.0	1.9	1.7	1.3
非 洲	0.3	2.3	2.6	2.7	2.9	2.4
南美洲	0.9	2.7	2.7	2.4	2.1	1.6
北美洲	1.7	1.8	1.3	1.1	1.0	0.9
亚 洲	0.5	2.0	2.3	2.1	1.9	1.4
欧 洲	0.6	1.0	0.8	0.6	0.4	1.0
大洋洲	0.6	2.2	2.1	1.6	1.5	1.3

资料来源：田雪原，1997，大国之难——当代中国的人口问题，北京：今日中国出版社；联合国人口基金会，2001 年、2000 年世界人口、社会和经济指标；人口与计划生育，(2)：58～62。

由表 3.1、表 3.2 可以看出：

(1) 资产阶级革命特别是工业革命以后，世界人口增长率空前提高。在此以前的人口年平均增长率以万分之几计，1650～1950 年上升到千分之几，1950 年以来，人口进入了前所未有的迅猛增长时代，年均增长率达到 1.7%～2.0%。

(2) 人口年平均增长率以 20 世纪 60 年代和 70 年代最高，此后则稍有下降。但由于基数迅速加大，绝对数量仍在增加。

(3) 除因移民而使新大陆人口迅速增加之外，1650～1950 年的人口增长率以欧洲最高。人口迅速增加成为欧洲资产阶级革命和工业革命意外的结果。第二次世界大战以后，欧洲经历了一段为时不长的“婴儿高潮”。20 世纪 60 年代以后出生率便迅速下降，转变为低出生、低死亡、低增长的现代人口再生产类型。

(4) 20 世纪 60 年代以来，非洲、拉丁美洲以及亚洲的某些发展中国家人口增长势头颇为强劲。将世界人口作为一个整体预测，公元 2030 年约为 86.7 亿，公元 2050 年约为 98.3 亿。

2. 地理环境影响人口增长

一个国家或地区人口数量的增加，是人口自然变动和机械变动综合作用的结果，但通常取决于人口自然变动，即取决于出生人数和死亡人数之差。人口自然变动是各种区域性地理环境因素综合影响的结果。这些因素包括经济、文化教育、科学技术、医疗卫生、人口迁移、宗教、习俗、人口政策、战争等社会经济因素和自然灾害、自然环境、年龄性别结构、人体生理素质等自然因素。社会经济因素通常是人口增长主要的起决定性作用的因素。

1) 经济因素

社会生产力发展水平对人口数量的变动有直接的影响。人类社会的初级阶段，生产力水平极低，抵御自然灾害的能力极弱，人口的出生率虽高，但死亡率也高，因而人口自然增长率极低，人口增长呈现出相对静止的状态。在公元前100万年，世界人口只有1万～2万人，直到公元前1万年或1.5万年时，世界人口才超过百万，为300万～400万人。

人类从事农牧业生产后，特别是金属工具的使用，提高了社会生产力水平，人口的死亡率较前一时期明显下降，人类抵御自然灾害和预防疾病的能力提高，人口的出生率却仍保持较高的水平，从而使得人口增长速度加快。

产业革命使社会生产率大为提高。由于机器大生产比工场手工业生产规模大，吸收劳动力多，收入增加，人口出生率提高很快。科学技术进步改善和提高了人们的生活水平与医疗卫生条件，从而使得人口死亡率显著下降，出现较高的人口自然增长率。

新技术革命开始以后，情况则发生相反的变化。随着技术进步和资本有机构成提高到一定程度，对劳动者技术、文化等素质的要求提高了，经济发展由主要依靠劳动者数量转移到劳动者质量，家庭和父母的生育愿望由追求孩子数量转变到追求孩子质量，加之社会福利的发展，无须指望“养儿防老”，生育观念逐渐由多生多育转变到少生优育，人口生育率下降。如今欧洲、北美洲、澳大利亚、日本等发达国家和地区，生育率下降到低水平是工业化发展必然结果，绝非偶然。在经济发展水平低的国家，养育孩子则被认为是一种今天的“有限投入”转为若干年以后的“无限产出”的好办法。简言之，“贫困产生人口”。

2）政治状况

政治因素对人口数量变化的影响主要来自政局是否稳定，有无战争等。政治稳定的社会有利于生产率的发展，国泰民安，人口增长相对快些。如果发生战争，直接或间接死于战争的人口增加，人口死亡率上升，人口数量会明显减少。两次世界大战所造成的人口死亡数字是空前的。据统计，第一次世界大战死亡970万人；第二次世界大战死亡5480万人。战争是人口数量突变的重要原因之一，况且病疫与饥荒常常与战争伴生，因而会进一步加剧人口死亡率的上升。战争结束之后，人口又会出现一个高出生率时期，使人口迅速增长。一个国家的人口政策，可以直接调节和影响人的生育行为。各国都根据本国的国情（如人口数量、经济、社会与文化状况等）制定人口政策。有的国家为了增加人口数量，鼓励生育，如法国、瑞典、俄罗斯、伊拉克、沙特阿拉伯等国。相反，为了使人口增加趋于稳定，或避免人口增长过快，有的国家则实行限制生育政策，提倡和鼓励晚婚，如中国、印度、巴基斯坦、印度尼西亚与孟加拉国等国。鼓励生育的国家多在欧洲，而控制生育或计划生育的国家多为人口数量过多的发展中国家。

3）医疗卫生状况

医疗卫生事业的发展水平是影响人口数量变动的因素之一。古代医疗卫生事业不发达，医疗技术水平低，人口的出生与死亡都难以控制，只能顺其自然，因而常常是高出生率、高死亡率，人口数量变动不定，人口增长时快时慢。近代以来，由于医疗卫生事业的发展，医疗技术水平日益提高，一些常见的传染病发病率已下降到最低限度，有些恶性传染病（如天花）已经绝迹，因而人口死亡率下降。与此同时，人的寿命在延长，如果不采用或实行节育措施，就会出现人口急剧增长的局面。第二次世界大战后，许多发展中国家人口自然增长率较高，就是这个原因。

4）文化教育

文化教育因素对人口出生率影响明显。这种影响主要表现在以下几个方面：一是接受学校教育的时间越长，婚龄越晚，有效生育期相应缩短；二是文化教育程度越高，往往事业心亦越强，不愿意因多养育子女而妨碍自己的发展，同时对子女的培养重质不重量；三是受教育程度高的人在掌握和控制生育的科学方法方面也优于他人。基于上述原因，父母受教育的程度与人口出生率、生育率成反比。其中以妇女受教育程度对生育的影响更直接。

5）婚姻、宗教、风俗等因素

婚姻关系包括结婚、离婚、丧偶、分居、未婚等都与人口的出生率、死亡率的变动有密切关系，进而影响人口的自然变动。一般地，结婚要带来人口出生，早婚可能出现早育和密育，都会导致人口出生率上升。而离婚、分居、丧偶等使两性关系解体，自然会导致出生率下降。美满的婚姻使人幸福愉快，因而健康长寿；反之使人生活孤独，精神不舒畅，对生理也产生不利影响，从而导致死亡率较高。宗教从古至今都影响着人口数量的变动。世界三大宗教——佛教、基督教、伊斯兰教从生育的“天命论”或“神赐论”的观点出发，都鼓励生育。如基督教、伊斯兰教反对节育、堕胎，把多育作为幸福的标志。宗教对人口的增殖也有抑制作用，如佛教、藏传佛教均不许僧侣婚配。风俗习惯对人口数量的变动也有一定作用。

6）自然环境与自然灾害

人类居住的自然环境也影响人口的增殖。如气候条件适宜会降低人口的死亡率，不适宜人自身生理机能的环境（如气候状况、水土状况等）会使人患有各种疾病，以致提高人口死亡率，使人口增长缓慢或人口数量减少。已被现代医学证明的一些地方病，如克山病、甲状腺肿大、大骨节病，以及某些恶性肿瘤（如食道癌等），都与人居住的自然环境有密切关系。自然灾害中的水灾与旱灾，是地球上经常发生和影响地区广泛的自然灾害，会造成人口死亡率上升，人口数量减少。如

20 世纪 70 年代末到 80 年代初，非洲就有约 100 万人因旱灾而饥饿死亡。此外，地震、台风、火山爆发等自然灾害，也影响人口数量的变动。当然这些灾害的影响范围较小。

3. 人口增长对地理环境的作用

1）适度的人口增长将促进人口与社会经济、资源、环境的协调发展

（1）增加有效需求，促进经济增长。人口作为消费者是绝对的、无条件的。作为消费者，人口数量一方面将要求区域经济的发展必须提供一定的生活资料以满足消费要求，同时较为合理的人口规模也是刺激和扩大区域再生产的重要因素之一。

（2）提供充足的劳动力，包括各种优秀人才。人口作为生产者是相对的、有条件的。每一个人从出生到死亡一般只是在一定年龄范围（如 16～64 岁）才可能作为生产者，从事生产活动，创造社会财富。经济和社会的可持续发展需要一定数量和质量的适龄劳动人口，适度的人口总量和人口结构可以充分满足这种需求。

（3）适度人口增长对提高经济和社会发展水平至关重要。从 20 世纪 70 年代开始控制人口增长工作成绩显著，促进了经济与社会发展。特别是 80 年代以来，政府坚持发展经济和控制人口相结合的方针，使我国人口生育率在短期内有了较大幅度的下降。据专家计算，仅在 80 年代的 10 年间，我国减少出生人口数共计 2.2 亿，其中计划生育工作的贡献率约占 79%，即 10 年减少出生人数 1.7 亿人，平均每年减少出生人口 1700 万人。在人口过速过量增长、人口压力过大的条件下，中国出生人数的减少使个人、家庭和国家节省了大量生育、抚养和教育费用。同时，出生人数的减少，减轻了社会生产和生活领域的人口重荷，在一定程度上缓解了由于人口增长带来的对资源开发的更高要求，以及由此产生的环境保护的巨大压力。

2）人口增长过快对地理环境产生消极影响

（1）人口增长过快导致资源紧张。受资源总量限制，区域的人口与经济、社会的发展最终都依赖于自然资源。随着人口持续增加，社会对资源的需求加大，不可再生资源正在逐渐减少，可再生资源明显呈逐渐衰竭趋势，自然资源日益稀缺将制约区域经济和社会可持续发展。

（2）人口规模超过环境承载能力，导致生态环境破坏。可以说，人类发展史就是人口与环境相互作用的历史。一方面，人类的生存和发展离不开一定的环境，环境质量对人口的数量、质量和分布等产生重要影响；另一方面，人口的数量、质量和结构的变动又直接作用于环境，特别是人口数量长期持续增长，已经引起了部分地区不同程度的环境恶化，开始危及到人自身的生存与发展。中国作为世界第一人口大国，且又处于国民经济高速增长时期，生态环境正面临着越来越大的压力，人口增长对环境的影响也越来越大。为了维持庞大的人口的各种需求，中国在较低的

技术水平上加快工业化和城市化进程，导致了严重的环境污染，个别地区甚至发生了重大环境污染事故，直接危及当地居民的生存；在干旱、半干旱地区的许多地方，过度放牧、樵采等不合理的人类活动，导致了严重的生态恶化、土地荒漠化和水土流失，许多地方已经成为不毛之地。

（3）人口过快增长对经济发展产生极大压力，抵消经济发展成就。一个国家、区域的经济实力是可持续发展的重要基础，标志着一定的技术装备能力和对自然资源勘探、开发和利用的程度。国家需要付出一部分经济成果用来满足人口的衣食住行、普及教育、提高人口素质、提供就业等。人口的过快增长和人口规模过大，直接影响到经济建设资金的积累。中国每年新增的国民收入，约 1/4 被新增人口消耗掉，减少了资金积累，制约了经济发展速度，影响了教育和科技水平的提高。从生活资料的增长情况看，面对与日俱增的人口对生活资料需求的加速增长，中国人口过剩和生活资料不足的矛盾将长期存在，给中国经济和社会的可持续发展带来了很大压力。

（4）人口过多对社会的可持续发展产生消极影响。人口过快增长，给就业、教育、住房、能源、交通、医疗保健、社会福利等社会的各个方面造成很大压力。从就业情况看，中国正面临着劳动力激增的形势。随着人口总数不断增加，劳动力数量持续增长，需要创造更多的就业机会，以满足劳动力的就业需要。否则，劳动力在过剩的情况下继续大幅度增加，将导致就业问题更加突出。我国目前每年有 1000 多万人口进入劳动年龄，需要就业。农村人口激增，导致农村过剩劳动力的就业问题更为突出，目前我国农村过剩劳动力已经增加到 1 亿多人。在教育设施相对落后，教育投入不可能大幅度增加，总体教育条件比较差，师资力量相对不足的情况下，我国能够接受高等教育的人数是有限的，人口过多必然使相当一部分人失去受到良好教育的机会。因此，人口数量在一定程度上又影响了人口素质提高的程度和速度，并进一步影响经济和社会的可持续发展。此外，人口过快增长，还会造成住房狭小，交通拥挤，看病难等现象。人口过快增长还是许多贫困地区难于脱贫致富的原因之一。

二、人口分布与地理环境

人口分布是指人口在某一特定时间内于一定地理空间的集散状态，或称之为人口的空间形式。广义的人口分布不单纯指人口数量的分布，还包括其他人口现象在地理空间的聚集与扩散状态，如人口质量、人口结构、人口自然变动与机械变动、人口居住地类型等在空间的组合特征、地区差异与空间联系。狭义的人口分布是指人口数量的空间分布及其制约因素等。本节仅讨论狭义的人口分布。人口分布通常以人口密度、人口经济密度、比较密度等形式表示。

人口密度：人口密度是表现人口分布的主要形式和指标。人口密度是指单位面积土地上拥有的人口数量，通常以每平方公里常住的人口数来表示，反映人口的稠密程度，计算时面积度量单位也可以用亩、公顷等。其计算公式为

$$人口密度(d)=\frac{人口总数(p)}{土地面积(s)} \tag{3.1}$$

土地面积指领土范围内的全部陆地面积和内陆水域，不包括领海。这个度量人口分布的指标具有三大优点，即计算简便；明确反映单位面积上的人口负载量；通过恰当使用可以大概地对比地区间人口的分布稀密概貌。

由于各地区所处的地理位置和地理环境不同，其土地资源、气候资源、矿产资源，以及社会、经济状况等各方面的差异极大，单纯从总土地面积和人口总数之比来考察人口密度是不够的，因此，还可采用人口经济密度指标来反映人口分布。

人口经济密度：人口经济密度是指某地区达到一定经济水平时所拥有的人口数，它是把某地常住人口与该地经济发展水平指标加以对比，以反映人口与经济的关系。其计算公式如下：

$$人口经济密度=\frac{某地人口总数}{某地经济发展水平指标} \tag{3.2}$$

用总人口与耕地面积比较，称为人口耕地密度，它反映的是人口与耕地的关系。人口经济密度，可按不同的国民经济部门进行计算，反映各国民经济部门的发展与人口的关系，如人口工业密度、人口农业密度、人口运输业密度等就是用工业、农业和运输业的产值或产量与总人口分别进行比较计算的结果。

比较密度是指单位农业用地面积上的人口数。所谓农业用地包括耕地、多年生作物及草原牧场。草原牧场以 3∶1 的比例折算成耕地，以便于不同地区、不同土地资源的人口密度进行比较。比较密度能反映一个地区内人口对农业的压力。如西藏人口密度每平方公里为 2.1 人，内蒙古自治区为 20 人，给人们的印象为地广人稀。然而，实际上这两个地区不适宜耕作的土地面积大，用比较密度计算得出西藏每平方公里农业用地为 14.2 人，内蒙古为 98 人，更接近该地区农业对人口的承载状况。

比较密度拟定了草原牧场折算耕地的比例，弥补了笼统比较人口密度的缺陷，但其折算比例尚待研究，一律以 3∶1 折算是十分牵强的。因为各类草原的产量相差甚远，高的亩产鲜草 400～500 斤（1 斤＝500 克），最低的亩产只有数十斤。各类草原的载畜量也大相径庭，森林草原的载畜量与高寒荒漠草原的载畜量要相差 5～7 倍。故在应用比较密度时，还要根据具体情况确定符合实际的折算比例。

1. 世界人口分布

人口分布的不平衡性是世界各国、各地区人口分布的总特征。北半球集中了世界总人口的 88.5%，南半球只占世界总人口的 11.5%。从各大洲人口分布情况看，亚洲人口最多，占世界总人口的 60%以上，欧洲人口密度最高，大洋洲人口最少而且人口密度最低，南极洲迄今尚没有长期定居人口。

从各国人口分布情况看，2012 年人口超过 1 亿的国家有 11 个（表 3.3），合计为 42.11 亿，占世界总人口的 59.7%左右。

表 3.3　2012 年超过 1 亿人口的国家

项目	世界	中国	印度	美国	印度尼西亚	巴西	巴基斯坦	尼日利亚	孟加拉国	俄罗斯	日本	墨西哥
人数/亿人	70.58	13.47	12.41	3.12	2.38	1.97	1.77	1.62	1.51	1.43	1.28	1.15
占世界人口比例/%	100.00	19.08	17.58	4.53	3.37	2.79	2.51	2.29	2.14	2.03	1.81	1.63

资料来源：2012 年 4 月联合国世界人口统计。

从人口密度角度看，各国相差悬殊。

人口分布状况是各国、各地区地理环境差别以及人类对自然资源和生存空间的开发和利用程度差别的反映，与各国、各地区的开发历史的长短亦有关系。自然、社会、经济各方面的地区差异，必然使人口的分布呈现出不平衡性。世界人口分布的不平衡性在空间上体现在如下几个方面。

1）人口纬向分布

按纬度分布来看，人口分布主要集中于中纬度地带，特别是北半球的中纬度地带。据粗略计算，北半球居住着世界总人口的 90%，而北半球的中纬度地带（北纬 20°～60°）（图 3.1）就集中了世界总人口的 80%左右。世界上人口稀少的纬向地带主要在北纬 60°以北的严寒地区、回归线附近、温带大陆内部干燥区和湿热的热带雨林区。这种分布状况主要反映了气候地带性分布和北半球广大的陆地面积的影响。

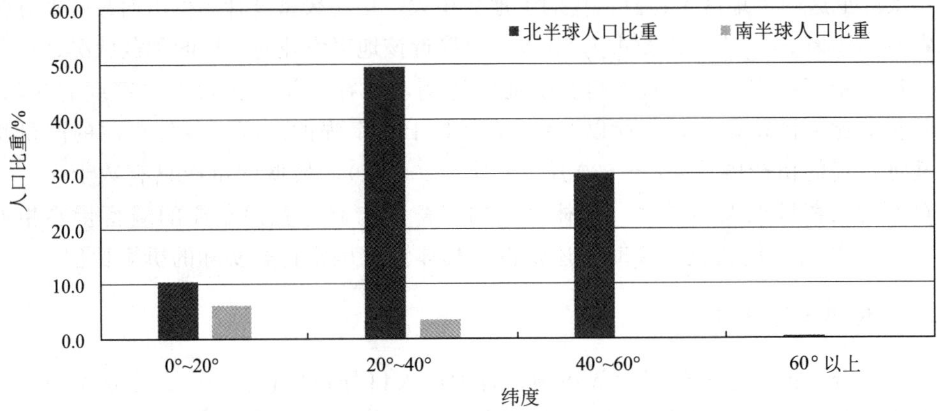

图 3.1　世界不同纬度的人口分布

2）人口沿海分布

世界人口分布趋向沿海是一个显著特点，各大洲沿海地区往往人口稠密，离海越远则人口越稀。目前世界人口一半以上居住在距海岸带 200km 以内的地区（图 3.2）。在沿海地带又有两类地区人口尤其密集：一是沿海的工、商业经济发达区。这里一般都具有良好的港口条件，对外可进行海路贸易活动，对内有很大的物资集散能力，经济效益大大优于内陆地区，因此，逐渐形成沿海城市带及大型港口城市，人口的集聚方式以集中于城市为特点。二是世界主要河流中下游平原及河口三角洲集约农业区，此类地区大多气候良好、土地肥沃、水网密集、排灌方便、经济活跃、市场广阔，而且开发历史悠久，长期以来就是农业发达区。

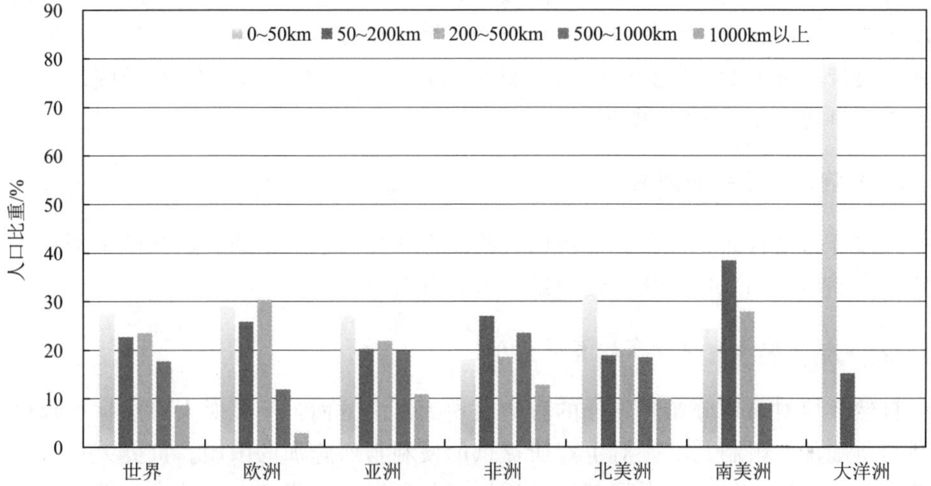

图 3.2 各大洲沿海不同地带人口所占比重
（图中图例表示与海岸距离）

3）人口垂直分布

从垂直高度来看，世界人口分布总的趋势是随海拔的升高而逐渐减少（表 3.4）。世界人口 90%以上是居住在海拔 1000m 以下的比较低平的地区。低平的地区最有利于人的生产和生活，海拔 200m 以下地区的面积仅占世界陆地面积的 27.8%，却拥有世界人口的 56%，海拔 1000m 以上的地区占世界陆地面积 42.7%，人口却只有世界人口总数的 8%，这样必然造成各不同海拔高程上人口密度的巨大差异，即海拔越低人口密度越大，海拔越高人口的密度越小。

表 3.4 世界各大洲不同海拔高程地区人口占全洲人口比重 （单位：%）

高度/m	世界	欧洲	亚洲	非洲	北美洲	南美洲	大洋洲
<200	56.2	68.8	56.5	32.5	46.9	42.3	72.9
200～500	24.0	23.5	23.5	24.1	33.3	15.0	17.8
500～1000	11.6	7.2	11.7	20.8	7.9	22.8	8.4
1000～1500	4.4	0.5	4.9	13.8	4.1	4.7	0.9
1500～2000	2.3	—	2.5	6.8	4.0	4.2	—
2000 以上	1.5	—	0.9	2.0	3.8	11.0	—

4）人口城乡分布

近现代以来，世界人口愈来愈向城市集中。原来散布于广阔乡村地区的人口，不断集中于空间较为狭小的城市，从而使世界人口分布呈现出大小不等的一些密集点和密集带。进入 20 世纪 90 年代，世界人口中已有 45%以上集中于城市，许多国家总人口的 70%集中于城市。

2. 影响人口分布的因素

人口分布受自然、社会、经济以及技术等各种因素的制约。这些因素通过影响人口的自然增殖和人口迁移，进而影响人口分布。

1）自然环境是人口分布的客观基础

自然环境对人口分布所施加的影响表现为两个方面：一是对人口居住所提供的便利与所施加的限制；二是对生产所提供的便利与所施加的限制。世界人口分布不平衡在很大程度上是由于自然环境所施加的种种影响造成的。当然，随着人类社会生产力的发展及驾驭自然能力的加强，通过对自然的改造，人类在某种程度上可以改变自然环境对人口分布的不利影响。但是应当承认，在当前的生产力水平下，人类对自然的改造还是非常有限的。所以，自然环境虽不是人口分布的决定性的因素，但它是人口分布的必备条件。一个地区自然环境的优劣，可以促进或阻滞人口分布，影响人口密度，成为形成人口分布的地区差异的基本原因之一。

（1）在各种自然因素中，气候是对人口分布影响最大的因素，也是最直接因素。它不仅影响人的机体和生理机能的发挥，影响人的出生率和死亡率，同时还通过影响土地的肥力和适于耕作的程度，影响着产业结构类型和生产量的多寡，进而影响人口分布。一般说来，过于湿热、干燥和寒冷的气候均不适合于大量的人口居住，温带地区是最适于人类生活居住的地区。因此世界人口分布具有纬向地带性特征。

（2）不同的地形对人们之间的交往和经济文化联系所起的作用各不相同，从而影响着人类的生产活动与人类的适应能力，制约着人口分布。一般说来，平原较便于人类的生产活动和对外联系。因此世界人口分布有趋于低平地区的倾向。例如，温带和寒温带地区，地势越高，人口越少。但热带地区，人口常常集中分布在山地或高原。

(3) 水是人类生活和生产的最基本的物质条件之一。江河湖海等天然水体或为人们提供了水源，或提供了方便的交通条件及廉价的动力，所以水资源的分布对人口分布影响极大。一般说来，河流、湖泊沿岸工农业发达，城市密布，人口较密集。进入资本主义时期以来，由于商品经济的发展与世界市场的形成，海岸位置对人口分布的吸引力越来越强，致使沿海城市兴旺发达。人口随着距海距离的延长而逐渐减少。

(4) 土壤主要通过两个方面来影响人口分布。首先是通过影响农业生产进而影响人口分布。各类土壤具有不同的天然肥力和适耕性能，在一定的社会经济条件作用下，影响着人们对它的开发利用。一般来说，适于农耕的黑土地带和冲积土地带，人口分布多且稠密。其次，土壤中某些微量元素含量过高或过低，影响人的身体健康，进而影响人口分布。

(5) 矿产资源的开发和利用对人口分布有极大的吸引力，但其引力的强弱是根据矿产资源本身的价值和人类对它的开发利用程度而变化。产业革命以后，矿产资源的作用日趋重要，对它的开发利用，明显改变着人口的分布状况。例如，在美国“淘金热”中，加利福尼亚州人口从1848年的1万多人增加到1857年的50万人。在工业不断发展过程中，原来偏僻的山区或荒原由于矿产资源的开发利用，会出现许多人口集聚的区域。我国攀枝花铁矿与大庆石油的开采，使这两个城市从无到有，从小到大，就是例证。

自然环境对人口分布和人类生产活动的影响有时是某个要素起着决定作用，但在较多情况下则是在诸多因素的综合影响下发挥作用的。

2) 社会经济环境对人口分布具有决定性影响

自然环境虽然对人口分布有巨大的影响，但它只是为人口分布提供了一种潜在的可能性。人在自然环境中的生存是积极主动的，随着社会的进步，生产力的发展及人们改造自然界的经验和知识的积累，人类在居住和分布上，就能逐步克服各种自然环境的障碍，取得更大的自由。

(1) 生产力的发展与分布主要从3个方面对人口分布产生决定性的影响：首先，生产力的发展水平决定了供养人口自身生存和繁衍的必要物质生活资料，也决定了供养人口所必要的物质生产资料。因此，一定地区的生产力发展水平决定了一定地区的人口容量和人口密度。其次，生产力的发展水平也反映在产业部门的结构上，不同的产业结构对人口的分布有很大的影响。凡以第一产业部门为主的地区人口分布都比较分散；而以第二、第三产业部门为主的地区，人口分布的集聚程度高，城市人口的比重大。最后，生产力布局在地域上的延伸或变化，必然引起人口的再分布。因此，各国、各地区生产力布局的改变，决定了人口重新分布的变化。一般来说，经济发达地区人口多而密集，经济落后地区人口少而分散。工业区比农业区人口密度大，种植业区又比林区人口密度大。

(2) 科学技术进步孕育着社会生产力的巨大变革，并必将导致新的技术革命和生产力布局的巨大变革，进而导致人口分布格局发生根本性的变化。首先，科学技术进步将改变或削弱自然环境对人口分布的影响，人口迁移和居住的选择性将有所增加。另外，科学技术进步将促进新地区的开发。科学技术进步将不断要求开发新的能源与矿产地，要求对大江大河进行综合治理开发，要求移民垦荒与落后地区开发，这些都会使人口分布的格局发生变化。

(3) 人口分布在一定程度上受开发历史的影响，而开发历史又与自然环境的优劣相联系。在世界范围内，历史悠久的地区，人口都有过长时间的持续增长，人口密度都比较高。相反，开发历史较短的地区人口都比较少，比较稀疏。例如，新大陆开发历史晚，至今在人口数量和密度上均低于旧大陆。

(4) 国家间的政治关系，各国的人口经济政策以及疆域变动和战争等政治因素对人口分布都有重大影响。战争造成局部地区人口大批死亡和大量迁徙，改变了人口分布。人口政策作为调节人口分布的一种行政组织手段，是影响人口分布的一个更为直接的社会因素。鼓励与控制人口生育的政策，在人口自然增长率提高与降低的情况下，可以直接影响人口的数量，使人口的密度和分布发生变化。移民政策可以直接调整人口的分布。

3) 科学技术进步与人口分布

当代科学技术进步孕育着社会生产力的巨大变革，它必将导致新的产业革命和生产力布局的巨大变革，从而导致人口分布格局发生根本性的变化。

(1) 新的科技革命和产业革命将从根本上改变生产增长与人口增长之间的相互关系。过去的生产由于资本有机构成较低，生产增长是以扩大所雇佣的劳动力为前提的。因此，生产高速增长伴随有人口的高速增长。在后工业化社会里，生产增长主要依靠科技进步，依靠劳动生产率的提高。社会需要能掌握先进科学技术的熟练劳动力，而不是普通壮工。因此，在未来社会里，人口增长将不再和生产增长保持同步，人口增长速度将趋于平衡或下降，人口将向高质量发展。新的技术革命与产业革命将改变或削弱自然环境对人口分布的影响。由于能源和各种初级原料利用范围的扩大，单位产品的能耗和原材料消耗降低，生产力布局指向原料地和燃料地的倾向将降低，人口分布受自然环境制约的情况将有所缓解，人口迁徙和居住选择性将有所增强。但由于自然环境是人口分布的基础，其对人口分布所施加的影响和制约仍然存在，人口分布的空间差异将长期存在，但其分布格局将不断有所变化。

(2) 新的科技革命和产业革命将继续改变经济开发地区人口分布的格局。发达国家农业现代化的结果是农业人口已降到很低的水平，城市化浪潮已基本平息。特大城市和超级城市人口已不再增长，但是卫星城、城市群和城市密集带的成长趋势仍在继续，由农业居民点集聚形成小城镇的趋势仍在继续，其最终结果是实现农村城市化。由大小规格不同的各级城镇居民点结合为统一的城市系统的过程正在进行。人口沿主要交通线集中的趋势仍将加强，最终将形成城市网络，成为人口分布格局的高级形式。

(3) 新的科技革命和产业革命将促进新地区的开发。新的产业革命不断提出对新能源与矿物产地进行开发的要求，要求对大江大河进行综合治理开发，要求对整个国土资源开发进行规划。移民垦荒，开发落后地区，是将来人口分布的格局发生变化的一个重要趋势。

第二节　人口素质与地理环境

人口素质是人口诸多特征中最积极能动的要素。人口素质在地理环境中的作用越来越被人们所认识。随着科学技术的进步，不断提高人口素质，对社会经济发展将起到越来越重要的作用。当今世界，人口多、素质低的国家和地区，社会经济发展水平大多比较落后；人口少、素质高的国家和地区则多数较发达。

一、人口素质的内容

人口素质又称人口质量，是人口总体所具有的认识世界和改造世界的条件和能力。人口素质主要包括人口的身体素质、文化科学素质和思想道德素质。人口的身体素质是指身体的健康水平和大脑机能状况，包括人们的身体发育的健全程度、体质的强弱、生命的长短、智力的完好与否、耐力的持久状况、心理素质等生理和心理的健康状况。人口的科学文化素质是指人口的文化知识、科学技术水平、生产经验和劳动技能、经济管理才能等。这是人类在认识改造自然和社会过程中长期积累的知识、技能和经验的结晶，是人类逐步形成的认识和改造世界的能力，带有鲜明的继承性。通过直接或间接的传授，人口科学文化素质具有逐步提高的历史发展趋势。人口的思想道德素质是指人们的思想意识状况，其中主要包括人口观、道德观、传统习惯、精神面貌、心理状态、纪律和法制观念等。

人口的身体素质、科学文化素质和思想道德素质既有区别又有联系，彼此有机结合于人口之中，共同构成了人口素质的主要内容。身体素质具有先天遗传的特征，是构成人口素质的自然条件和物质基础条件，科学文化素质是构成人口素质的社会物质基础和核心，思想道德素质是构成人口素质的精神基础和灵魂。人口思想道德素质和科学文化素质是后天通过受教育获得的，它的提高有利于身体素质的增强，而身体素质的增强又为提高思想道德素质和文化科学素质提供了优越的身体智力条件。科学文化素质的提高有利于促进知识水平和智力水平的发展，有利于身体素质和思想道德素质的提高。三者在相互作用、相互促进中不断地向前发展。

人口素质的内涵实际代表的是人口的潜能。人口各种潜能的表达或转化，抑或外在化，即人口质量与社会经济发展的交织影响，引出了人口素质的外延问题。因此人口素质是一个动态的概念。首先，人口的素质或潜能处在不断累加过程中，人类自身在不断地发展自己，这会产生一种获得性遗传，人口的整体素质将得到加强，而后天的锻炼和教育，会使人口质量不断提高；其次，人口素质在本质上是一种潜在的因素，如何表达出来，还需要一种转化的途径，从经济的角度看，人口的潜能需要转化成现实的生产力；最后，从人口素质的外延看，它是一个综合范畴，作为潜能本身，人口素质以及它的水平、结构和功能需要与社会经济的发展，特别是可持续发展，不断耦合。如通过职业再培训，使人口素质与不断变化的产业结构相适应。一般地讲，人口素质的基本因素或潜能，在社会经济发展进程中，会表现出不同的重要性，从农业社会到工业社会和信息社会身体素质的重要性越来越小；相反，人口的智力和非智力潜能却越来越重要。随着科技的发展和市场经济的扩展，人的智力因素以及非智力因素在社会经济发展中的作用越来越明显。因此，人口素质的结构性和功能性越来越强，影响着社会经济的发展。这时，人口素质与社会经济发展的耦合就显得极为重要。

二、衡量人口素质的指标

要综合反映人口身体素质、科学文化素质和思想素质的发展状况，就要建立考核人口体力、智力、德育素质的综合性指标。这里主要介绍两种：人口生命素质指数、ASHA 指标。

1. 人口生命素质指数

人口生命素质指数（the physical quality of life index，PQLI）。这一指数是美国海外发展委员会 1975 年提出来的，是度量人口质量的指标之一。它是由人口的婴儿死亡率、1 岁组平均预期寿命和 15 岁及以上人口识字率三个指标综合构成。其计算方法是将前两项分别换算成指数值，然后除以一个标准系数。该指数通常较适于发展中国家，对发达国家效果则不甚合适。

标准系数选取世界最高婴儿死亡率值与最低婴儿死亡率值的极差除以 100，即标准系数＝（最高婴儿死亡率值－最低婴儿死亡率值）÷100。通常最高婴儿死亡率选 20 世纪 50 年代以来加蓬共和国的 229‰为上限，最低选 20 世纪末的 7‰，也可选用某一年世界的婴儿死亡率最高值与最低值计算可得

$$\text{婴儿死亡率标准系数} = (229 - 7) \div 100 = 2.22 \tag{3.3}$$

$$\text{婴儿死亡率指数}(A) = (229 - \text{某地区人口婴儿死亡率值}) \div 2.22 \tag{3.4}$$

世界 20 世纪 50 年代以来的最低与最高的 1 岁平均预期寿命为 38 岁（1950 年

越南）和 77 岁，类似方法可得

$$一岁平均预期寿命标准系数 = (77 - 38) \div 100 = 0.39 \tag{3.5}$$

$$一岁平均预期寿命指数(B) = (某地区人口一岁组平均预期寿命 - 38) \div 0.39 \tag{3.6}$$

人口的识字率是指全国 15 岁及以上的人口中识字者的百分比，可用 C 表示。

$$人口生命素质指数(PQLI) = \frac{A + B + C}{3} \tag{3.7}$$

例如，我国 1982 年婴儿死亡率为 35.83‰，1 岁平均预期寿命为 69.16 岁，15 岁及 15 岁以上人口识字率为 65.51%，因此，1982 年我国人口生命素质指数计算过程为

$$婴儿死亡率指数(A) = (229 - 35.83) \div 2.22 = 87.01 \tag{3.8}$$

$$一岁平均预期寿命指数(B) = (69.16 - 38) \div 0.39 = 79.80 \tag{3.9}$$

$$人口生命素质指数 = \frac{87.01 + 79.80 + 65.51}{3} = 77.44 \tag{3.10}$$

用人口生命素质指数综合反映人口质量发展状况，略显不足的是这个指数的重心偏向于反映人口健康素质，而反映人口文化科学素质不够。因为 1 岁的预期寿命、婴儿死亡率基本上反映了人口健康即身体素质的发展状况，而识字率则不能充分反映人口智力发展状况。因此，可以把反映人口智力素质的指标——知识分子在总人口中的比重，加到人口生命素质的指标中去，和前 3 个基本指数综合，就能比较全面地反映一个国家或地区人口质量的发展状况。知识分子在总人口中的比重，可用每万人口中受过高等教育的人数表示，这可以基本反映一地区人口的文化科学素质。

如该指数用 D 表示，则：$D = \frac{F - G}{E - G} \times 100$。其中，$F$ 为该国每万人口中受过高等教育的人数；G 为世界上最低数；E 为世界上最高数。$(E - G) \div 100$ 为标准系数。

$$人口生命素质指数(PQLI) = \frac{A + B + C + D}{4} \tag{3.11}$$

2. ASHA 指标

这一指标是对发展中国家而言的，由美国健康协会（American Social Health Association）提出，其计算公式为

$$ASHA = \frac{A \times B \times C \times D}{E \times F} \tag{3.12}$$

式中，A 为人均国民收入增长率；B 为就业率；C 为文化普及率（识字率）；D 为

平均寿命指数，取 70 岁时为 100%；E 为出生率；F 为婴儿死亡率。

美国健康协会认为下列数字是比较理想的：$A=3.5\%$，$B=84\%$，$C=85‰$，$D=100\%$（即平均寿命 70 岁），$E=25‰$，$F=50‰$。据此算得 ASHA 等于 2020，称之为 ASHA 理想值，并认为 ASHA 等于 2020 应是发展中国家奋斗争取的目标。ASHA 指标能在一定程度上综合反映人口素质的发展状况，但由于涉及因素很多，限定条件也多，适用的范围有一定局限性，这是运用这一指标时应注意的。

三、影响人口素质的主要因素

人口素质本身虽然具有两种属性，即作为身体素质的自然属性和作为思想素质、科学文化素质的社会属性，但它实质上不是自然现象或生物现象，而是一种社会现象。人口的身体素质是人们征服自然的一种能力的表现，又是人口素质的自然基础和物质承担者。作为社会属性的人口思想道德素质和科学文化素质能够表明人口素质的本质。诚然，人口素质的复杂性导致了支配和制约它的规律的多样化，即人口的身体素质既有生物学规律的作用，又有社会规律的作用，而人口的科学文化素质和思想道德素质则主要受社会规律的支配。就人口素质的整体来说，生物学规律并不起主要的决定作用，因为即便是这个生物学规律借以发生作用的物质条件也是由社会生产方式决定的，受社会规律的支配和制约。

1. 社会因素

影响人口科学文化素质的主要因素是社会因素，关键是生产力的发展。社会生产力的发展一方面对人口质量提出了更高的要求；另一方面又为人口科学文化素质的提高提供了物质基础和社会条件。资本主义产业革命使机器大工业占统治地位，人口的科学文化水平和劳动技能也随之提高，促使初等教育的普及；第二次世界大战后发生在许多资本主义国家的新技术革命，导致许多新兴产业的大量涌现，促使中等教育的普及和高等教育的发展。生产力的发展，提高了人们认识世界、改造世界的能力，提高了人口的科学文化素质。从历史发展过程看，人口科学文化素质提高的程度与生产力发展的速度是相适应的。人口素质是由社会生产方式决定的，随着生产力的发展和生产关系的变革而具有不断提高的趋势。早在人类的童年——石器时代，渔猎和采集为主的生产方式就决定了当时人们贫困的生活和不甚强壮的身体素质及矮小的身材与很短的平均寿命。当时人们仅有的一点生产经验，主要依靠长者言传身带以留后世，一般人只要具备了一定的体力也就算是合格的劳动者了。生产力水平的低下和生产工具的简陋，既没给稍高一些的人口素质提供必要的物质条件，又没给人口素质提出稍高一些的要求和有力的刺激，因而人口素质的提高极其缓慢。

2. 经济因素

经济发展是人口科学文化素质的制约因素。教育事业既是开发人们智力，提高人口文化程度和培养人才的事业，又是科学技术的奠基工程。重视教育和科技的发展，业已取得各国的共识。然而，要使教育和科技有较大发展，其基本因素得取决于经济的发展。因为，经济发展水平决定着社会能够为教育、科技事业提供的资金投入，从而制约其发展速度和发展规模。一般说来，经济发展速度快、水平高，人均国民收入大有增加，用于教育的经费也会相应增加，则有利于教育事业的发展，即有利于人口科学文化素质的提高。

当人类社会进入了文明时代，铁器代替了石器，农业和手工业代替了渔猎和采集，社会生产力得到了发展，人们的生活条件有所改善，体质增强，寿命延长，人口素质也随之提升，生产技能有所提高，经验有所积累。文字的运用和交流范围的扩展，以及对自然和生产技艺内部规律的认识，在客观上都要求以一定的教育方式在人们的世代间传递知识，以便加速提高人口素质，促进生产力的发展。但是，以手工技术为基础的生产力和当时社会生产关系的制约作用，给人口素质提高所提供的活动余地十分狭窄和有限。因此，在这个历史阶段，人口质量的提高速度还是比较缓慢，只是到了大机器生产代替手工劳动之后，情况才发生了根本的变化。大机器生产的出现，是社会生产力发展的结果，也是人口素质提高的表现，而大机器的生产和广泛运用，又成为提高人口素质的巨大动力。此时，人们的体质增强了，思想状况随着社会的发展而进步，文化教育正在普及，科技知识正在增长，劳动技能也在提高，而提高了的人口素质又会推动生产力的进一步发展。社会生产方式决定人口素质，人口素质又反作用于社会生产方式，两者在相互制约、相互促进中不断向前发展，这种状况是在任何一个生产方式条件下都存在的永无止境的运动。

四、提高人口素质的重要性

21 世纪是知识经济时代，迫切要求提高人口素质。从长远看，人口素质决定一切，以资源取胜的时代已经过去，以素质立国的时代已经到来。人口素质的提高与改善，意味着潜在生产力的增加和人类文明的进步。

提高人口素质，有利于提高生产力。从生产力发展的内在规律来看，人们征服自然在最早阶段主要依靠体力，作为劳动器官延长的工具只起微小的作用。今天，电子计算机技术、遗传工程、光导纤维、激光技术、海洋开发等新技术的应用都极大地提高了劳动生产率。而作为人类智力长期发展结晶的现代科学技术及其在生产中的应用，已构成今天生产力发展的决定性力量。因此，哪个国家要高速发展生产力，哪个国家就要有先进的科学技术，就必为此提高人口的科学文化素质，这是由生产力本身发展规律决定的，也早为社会发展的历史事实所证明。人口素质是一种稀缺的人力资源，具有能动性和增殖性的特点。能动性表明了人口作为社会活动全体的独特历史作用，增殖性表明了人口素质的社会经济价值。现代各国的贫富差距主要不是因为自然禀赋的差别，而在于人口素质能在多大程度上将资源转变为现实的生产力，在于人力资源是否充分开发和合理利用。资源本身只表明一种潜在的优势或可能性生产力，只有同具有一定素质潜能的人力资源相结合才能转变为现实的生产力。

提高人口素质，有利于促进国民经济的增长。“人力资本理论”表明，人口素质的提高对现代化经济建设起重要的促进作用。美国经济学家舒尔茨 1960 年指出：知识是人力资本的形式，而人力资本是经济增长的发动机。人力资本不仅可以提高个人未来的收入，更主要的是能够促进国民经济的增长。据国外经济学家统计，小学毕业生可提高劳动生产率 43%，中学毕业生可提高 108%，大学毕业生可提高 300%。显然，大力提高人口素质，才能使科学技术得到重大突破，使其快速转化为生产力，从而推动社会经济的向前发展。

提高人口素质，有利于环境保护和合理利用资源。生态环境意识同文化素质密切相关。一般地，科学文化素质高，则认识和掌握自然规律、经济规律、生态经济规律的自觉性会相应增强。反之则有资源严重浪费和利用率降低以及经济效益低下等现象，这就意味着经济的发展要付出更多的资源代价。随着人口素质的提高，人们不仅具有更先进的环境意识，也会发明和掌握更多的环境保护技术和资源合理有效利用技术。这对自然资源合理开发和环境保护具有最直接的意义。可见，资源环境的可持续性离不开人口素质的提高。

提高人口素质有利于控制人口增长，是决定人口控制成败的重要因素。特别是育龄妇女文化素质的提高，能促成生育观念从“要我少生、优生”向“我要少生、优生”转变，而且有利于落实避孕节育措施。一般说来，父母文化程度愈高，生育率愈低，反之，生育率则愈高。此外，父母的文化素质与子女的文化素质有很强的正相关关系，从遗传学角度看，父母一代身体素质和智力素质的改善，也有助于新生代优生，进而有助于人口控制。

提高人口素质有利于可持续社会体系的形成。传统的生产模式单一追求工农业总产值，属速度型粗放发展，是以利用大量自然资源或牺牲生态环境为代价的。可持续发展要求生产目标朝产业结构平衡，经济、社会与环境相协调的集约效益型方向发展，生产方式由高能耗、高消耗资源、重污染向低能耗、轻污染或无污染方面转变。积极推行清洁生产方式，建立资源有偿的观念和制度等，都必须以较高的科学文化素质和思想水平为基础，以人口素质的不断提高为前提。人口科学文化素质影响可持续消费模式的建立。在生活与消费上，可持续发展要求人们从实效出发，从保护环境出发，强调产品质量，强调减少污染。合理的消费模式和适度的消费规模会减缓人口增长带来的种种压力，使人们赖以生存的环境得到保护和改善。这就对人口质量提出了要求。人们的消费应坚持以人的需要为出发点，以人的健康生存为目标，逐步减少无意义消费和有害消费。要倡导消费中的环境意识和生态意识，消费不仅要以满足人的需要为目的，还要以保护地球环境为准则。

第三节　人口结构与地理环境

人口结构是指在人口整体中，具有不同自然的、社会经济的、地域特征（或标志）的人口之间的比例关系，即各特征的人口数在人口总数中的百分比，也称人口构成。人口结构包括自然结构、社会经济结构和地域结构。人口的自然结构根据人口自然生理特征划分，主要包括人口的年龄、性别、种族结构等。人口的社会经济结构根据人口所具有的社会经济标志划分，主要包括民族结构、产业与职业结构、文化教育结构及宗教结构等。人口的地域结构根据人们居住的地区划分，主要包括人口的城乡结构，以及政区或自然区结构等。不同的人口结构对社会经济发展的影响是不同的。

一、人口年龄结构与社会经济发展

人口年龄结构是指一个地区总人口中不同年龄人口的比例关系，反映了人口发展的历史，涉及地区劳动人口的比例及其未来变动趋势，影响到未来社会、经济和人口的发展。

一般将人口分为儿童少年组（0～14 岁）、劳动力组（15～59 岁或 64 岁）、老年组（60 岁或 65 岁以上）。根据这三个组别人口的构成比例，可将人口划分为年轻型、成年型、老年型三种类型。一般说，年轻型预示着人口未来增长压力大，将以数量扩张形式发展，故又称扩张型；老年型表明人口增长后继乏力，将以数量收缩形式变动，故又称收缩型；而成年型则各个年龄组人口分布均匀，呈稳定状态，故又称稳定型。它们的差异可以从图 3.3 的人口金字塔上明显看出。

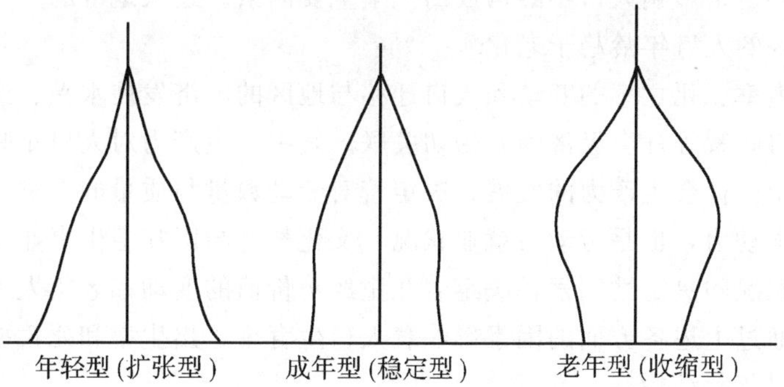

图 3.3　不同年龄结构型金字塔

随着社会经济发展水平的提高，人口将经历年轻型—成年型—老年型的演化。

发达国家人口多为老年型，发展中国家人口多为年轻型或成年型。我国人口年龄类型正从成年型向老年型过渡（表 3.5），将面临人口迅速老化问题。

表 3.5 中国人口年龄变化情况

年份	各年龄组比重/%			年龄中位数/岁
	0～14 岁	15～64 岁	65 岁以上	
1953	36.3	59.3	4.4	22.7
1964	40.7	55.7	3.6	20.2
1982	33.6	61.5	3.9	22.9
1990	27.7	72.3	5.6	25.3
1995	26.7	66.6	6.7	27.4
1998	25.0	67.9	7.1	28.7
2000	22.89	70.15	6.96	29.9
2005	20.27	72.04	7.69	32.26

制约人口年龄构成的因素主要有三个，即人口出生率的变动、死亡率的变动和人口迁移，而这三个直接因素的变化都间接地与地理环境相关。

出生率变动对人口年龄构成的影响表现为：当出生率上升时，少年儿童在总人口中的比例上升，老年人口比重下降，人口年龄趋于年轻化；当出生率下降时，少年儿童的比重下降，老年人口比重上升，则人口趋于老化。

死亡率的变化对人口年龄构成的影响比较复杂。在分析死亡率变动对人口年龄构成的影响时，应具体分析各年龄组死亡率的变动情况。如果少年儿童人口的死亡率下降幅度大于老年人口死亡率的下降幅度，则人口年龄构成趋向年轻化；如果老年人口的死亡率下降幅度大于少年儿童人口的死亡率下降幅度，则人口年龄构成趋于老化。

人口迁移也是影响人口年龄构成的一个重要因素。迁入地区的人口年龄趋于年轻，迁出地区的人口年龄趋于老化。

人口出生率、死亡率的变动和人口迁移与地区的经济发展水平、经济类型、社会制度和人口政策等社会经济因素密切关联。其中，生产力对人口年龄结构的变化起决定性作用。社会生产力的发展，决定着对劳动数量与质量的需求，是人口出生率变动的基本动力，也是劳动力就业状况、文化教育与医疗卫生事业发展速度、劳动人民生活状况的决定性因素，决定着儿童经济价值的变动和老年人生活的社会保障程度，并通过上述各方面的因素影响着人口生育率、出生率和死亡率的变动，不断改变着人口年龄结构。

人口年龄结构不同，所带来的人口社会经济问题也迥然有异。人口年龄结构的影响主要表现为以下几方面。一是对出生率的影响。年龄构成对人口本身产生影响，即通过生育环节影响人口的数量变动。出生率受普遍生育率和育龄妇女比例两个因素的制约。用出生率分析生育水平时，必须考虑人口结构的因素。二是对教育事业的影响。一方面，在增长型人口中，出生的人口多，青少年人口比重大，因而要有庞大的基础教育。另一方面，如果增长型人口向稳定型人口转变太快，青少年人口比重迅速减少，人口年龄结构变动大起大落，又会使基础教育设施迅速过剩。三是对人力资源的影响。人力资源主要指劳动力资源，也是以人口年龄结构变动为基础的。年龄结构还影响劳动力内部结构，劳动力内部年龄结构太年轻或太年老，都不利于人力资源的合理配置。四是对就业的影响。年龄结构影响劳动力的供给，也影响劳动力配置和需求，从而影响就业。五是对社会的消费和生活方式的影响。婴幼儿、学龄儿童、青年人、成年人、老年人对生活资料等的需求往往有很大不同，消费方式也不一样。一般说来，在生存资料方面，不同年龄的人口相差不太大，人人都有满足衣食住行的需要。在发展资料方面，成年以下人口需要量大，而且类别不一，而老年人口需要较小。在享受资料方面，虽然各年龄的人都有追求，但越是年龄大的人追求越多。不同年龄的人口对服务业的要求不太一样，婴幼儿所需要的主要是养育方面的服务，青壮年人则要求生活、工作等多方面的服务，而老年人则对医疗、保健、护理等方面的服务需求较多。年轻型人口面临的主要问题是大量儿童少年的养育问题和未来的教育、就业、婚姻家庭与住宅问题，人口过于年轻化，会造成就业压力过大，增加失业率，影响社会的安定。老年型人口面临的主要问题是如何安度晚年，其中包括过好晚年生活和老年人医疗保健等问题。人口过于老化，就可能造成经济活动人口的不适和老化，影响经济的效益和技术创新。在上述两种情况下，适龄劳动人口不但要肩负着儿童少年的抚养教育重担，还要肩负着老年人口的赡养任务，老年人口的比重越大，其负担也越大。

二、人口性别结构与社会经济发展

人口性别结构是指一个地区男女人口数的比例关系，这个比例关系，尤其是特定年龄段的性别结构，直接影响人们组织家庭，生育子女等社会生活，因此是人口结构的另一个重要方面。

人口性别结构状况常用性比例和性别比来表示。

性比例是指男性（或女性）人口占总人口的比例。一般多用百分比表示，计算公式为

$$\text{男性比例}=\text{男性人口}/\text{总人口}\times 100\% \tag{3.13}$$

$$\text{女性比例}=\text{女性人口}/\text{总人口}\times 100\% \tag{3.14}$$

性比例反映了人口总体中男女人口各占多大的比例，其变化范围比较小。

性别比是反映两性人口之间的数量对比关系，通常定义为每 100 名女性对应的男性人数，即

$$性别比=\frac{男性人口}{女性人口}\times 100\% \tag{3.15}$$

性别比通常在100%左右变化。性别比大于100%表明男性人口多于女性人口；性别比小于100%表明女性人口多于男性。性别比指标比性比例指标应用更广泛。

总人口的性别比取决于出生婴儿性别比、男女死亡水平的差异、男女迁移水平的差异和人口的年龄结构以及战争等因素。

人口再生产类型对人口性别结构的形成起决定作用，主要通过各年龄组两性保存几率的差异体现出来的；经济发展水平和经济结构对人口性别结构也有影响，一般来说，经济发达的地区女性多于男性，经济欠发达的地区男性多于女性，造成这种差异的原因是多方面的，经济结构特别是工业结构就是一个重要原因；政治与战争会引起人口性别结构失调；人口迁移是影响有关地区人口性别结构的又一重要因素；宗教和民族的传统风俗对人口性别结构也产生重要影响。

人口性别结构的失调，将引起一系列社会问题，其中最突出的是将使两性择偶与组织家庭发生困难，进而会降低职工的生产积极性；组织起家庭以后，又可能产生两地分居、生活不便等问题，从而引发其他一系列社会问题。因此，在生产与人口布局方面，必须考虑到性别结构失调所带来的矛盾，尽量通过调整生产结构与生产布局，来改善人口和两性比例关系。

三、人口产业结构与社会经济发展

人口产业结构指按产业部门划分的在业人口所形成的比例关系，通常以就业人口总数为100，计算各个产业部门就业人口所占的百分比。产业部门可以按多种标志来划分，从研究人口产业结构的角度来考虑，目前以按三次产业部门划分最多。

就业人口又称在业人口，指劳动适龄人口中从事一定的社会劳动或经营活动，并取得劳动报酬或经济收入的人口。

目前世界上各国生产力发展的进程很不平衡，有的已进入后工业化社会，有的还处于农业社会，有的则处于由农业社会向工业社会过渡的阶段，因此，各国各地区人口产业结构形成了明显的地区差异。

人口产业结构情况是一个国家或地区经济发展的结果。各国人口产业结构的差别，可以反映各国的社会经济发展水平与阶段的差别。

第一产业人口比重高低，主要反映一个国家或地区农业发展水平与农业劳动生产率的高低。如发达国家第一产业人口比重低，说明农业中广泛应用现代科学技术，农业高度发展，农业劳动生产率高，一个农业劳动者生产的粮食可供给多个人的需要，这就为就业人口向第二、第三产业转移提供了可能。发展中国家第一产业人口比重高，说明农业生产水平低，农业生产率低，只有较多劳动力从事农业生产，才能满足非农业人口对农产品的需求，社会经济发展基本上处在以农业生产为主的阶段。

第二产业人口比重的高低反映工业发展水平与工业化程度。

第二次世界大战后，发达国家的第三产业人口比重普遍上升，第一产业人口比重下降，第二产业人口增长缓慢、停滞或下降，国家发展高度工业化。大多数发展中国家正处于工业化过程中，出现了第一产业人口比重开始下降，第二、第三产业人口逐渐上升的趋势。

人口产业结构的形成和变化是由多种因素决定的。经济发展水平高的地区，很多人可以从物质生产部门尤其是农业生产部门中解放出来，转移到其他非物质生产领域。另外，经济发展水平高的地区，人们收入水平高，追求更为丰富多彩的物质消费与精神享受，进而促进了第三产业的蓬勃发展。发明、创造、改进生产工艺和生产工具等科学技术进步，提高了劳动生产率，使更多的人口从传统的物质生产部门游离出来，从事非物质部门的劳动，改变了人口产业结构。人口产业结构还受地理、历史等因素的影响。有的国家和地区版图太小或受自然条件的限制，农林业规模很小，第一产业的比重极低。有的国家和地区区位条件特别有利，商业贸易、金融保险等经济部门非常突出。有的国家和地区旅游资源独具优势，以致旅游业一枝独秀。所有这些，都会使第三产业在国民经济中占有非常突出的地位。

第四节　人口移动与社会经济发展

一、人口移动概述

人口移动含义十分广泛，凡是为了某种原因从一个地方移到另一个地方的活动行为，不论其移动时间的长短，移动距离的远近，移动方式是集体还是个人，移动动机是被迫还是自愿，移动者返回原地与否，都称为移动。总之，人口在地理空间上的改变统称为人口移动。

人口迁移是人口移动的主要形式，是人们为了定居的目的，离开自己原来居住地而长期移居他乡。迁移者称为移民，其原居住地称为迁出地，其新居住地称为迁入地。此外，人口移动还包括人口流动，即短暂的、季节性的人口移动，如猎人、牧民短期的地区变动，通勤、外出旅行、朝圣等人口流动。

人口迁移的形式多种多样，可以从不同的角度用不同指标来对它进行分类。按居住的国土可分国内迁移与国际迁移；按居住地的性质可分为城镇间、城乡和乡间迁移；按人口迁移的性质可分为自发性迁移、计划性迁移和强制性迁移；按人口迁移目的可分为屯垦或开拓移民（垦荒或资源开发）、水库移民（修建水库）、政治性移民（战争移民、侨民、难民）等。不论何种人口迁移形式，都包括在人口的国内与国际迁移之中。

人口流动的形式一般可分为人口的国内流动与国际流动；此外，按流动时间长短可分为常年流动与季节流动；按人们居住地性质可分为人口的城镇间、城乡间和乡村间流动；市内流动；按人口流动的目的又可分为政治、经济贸易、科学教育与文化交流、旅游等。同样，任何一种人口流动，都包括在人口的国内与国际流动之中。

二、人口移动的历史演变

人口移动是人类社会普遍存在的社会经济现象。不论是原始社会还是现代工业社会，都经常发生人口移动现象，其情况颇为复杂。人口移动的规模、流向、距离和形式在不同的历史阶段有不同的特点。从生产力发展的历史大跨度上看，可以粗略地从以下 3 个历史阶段分析。

1. 近代社会以前的人口移动

近代社会以前是指古代和中世纪时期。该段历史时期人口移动的总特点是以集团性或大批的移动为主，个人移动活动极少。中世纪以前人口的移动原因与寻求生活环境紧密联系，中世纪以后政治性因素则占主导地位。

在古代，生产力水平低下，人们主要靠采集野生食物或渔猎为生，同时依赖血缘关系和共同的地域组成共同体生活，几乎不存在离开民族或部落共同体的个人。追逐新的生活资料或趋利避害，使一个地区人口数量与生活资料相适应，是古代人口移动的主要原因。游动采集和渔猎造成人群移动频繁，但移动距离受生产力限制。

在奴隶社会和封建社会，战争是造成人口大规模移动的主要因素。在奴隶社会，代表奴隶主财富的是拥有奴隶数的多寡。当时奴隶主对奴隶的占有不是依靠奴隶的自然增殖，而是依靠战争掠夺。出战的奴隶和被俘的奴隶组成了当时人口迁移的主要成分。在封建社会，特别是在地中海沿岸、西亚、南亚、中国以及亚欧中部草原地带，出现了许多封建军事帝国。随着帝国的武力扩张，产生了大批民族的远距离移动。这些人口移动不仅超越了国界，也超越了洲界，但仍限于亚非欧旧大陆。

2. 近代社会的人口移动

随着资本主义兴起，世界经济迅猛发展，新大陆的发现与垦殖，以及交通工具的进步，人口移动达到了空前规模，对世界社会经济的发展产生了极其深刻的影响。

近代人口移动以人口跨越大洲、海洋的远距离国际移动为主要形式。在持续达 300 余年的历史进程中，世界人口移动达到了空前规模。

1）欧洲人向美洲、非洲南部和澳大利亚等地移民

19 世纪初，平均每年有 20 万～30 万欧洲人迁往美洲和大洋洲。19 世纪 80 年代后期，平均每年外迁人口增加到 60 万～70 万人，个别年份甚至超过 100 万人。上述移民主要是自愿迁移者。

2）非洲人作为奴隶被强制向美洲移民

欧洲殖民者为了弥补开发美洲劳动力的不足，进行了强迫性移民——奴隶贸易。葡萄牙、西班牙、荷兰、英国等殖民主义者从 16 世纪起到 18 世纪末进行了长达 300 多年的奴隶贩卖，从非洲运到美洲、大洋洲的奴隶总数约达 2000 万人，另有 4000 万人口在贩卖途中被折磨致死。整个非洲大陆因奴隶贸易损失约 1 亿人口。

3）中国人迁往东南亚与北美洲

中国人迁往东南亚与北美洲主要表现为中国劳工大批迁往南洋，即当时英属马来西亚、荷属东印度、美属菲律宾、法属印度支那、泰国等地和美国西海岸，但其规模远不及前两批。

3. 现代社会的人口移动

第一次世界大战以来，由于社会的进步，人口移动的动因和形式比过去复杂得多。总的说来，国内人口移动以人口城市化为主，国际人口移动以非定居的外籍工人为主。就人口移动的流向而论，现代社会人口移动有如下两大特点：一是由农村向城市移动，使城市人口比重明显提高；二是由生存条件差的地区向生存条件好的地区移动，由谋生比较困难的地区向收入高的地区移动。从移动动因来说，人口移动以经济性原因为主，以社会性、政治性原因为辅。这一时期，除经济性因素引起的人口移动外，因第一次和第二次世界大战、印巴分治等政治原因产生的人口移动，其规模也很庞大，人数从 10 万人到数百万人不等。

三、人口移动的规律

1. 移动机制——改善生活是移动的主要动力

人口移动有经济方面原因，也有政治、军事、宗教文化等非经济方面的原因。有时，经济原因和非经济原因交织在一起，使得非经济原因迁移中包含有经济方面的因素，如屯垦戍边有政治和军事目的，也有开发边疆的经济因素；我国在 20 世纪 60 年代进行大小“三线”建设，带动数百万人迁移，有军事和政治目的，也有调整生产力布局的经济因素。非经济因素引起的人口迁移，只有在与经济发展目标

一致时，才能最终巩固。

改革开放以来，经济因素在人口迁移中的作用更加明显。东部沿海地区经济发展快，工资水平较高，是农民进城打工的首选去向。1997 年全国有 3400 万农民进城打工，总收入达 2000 亿元，相当四川和贵州两省当年国内生产总值之和。其中，57%的打工农民去了东部城市，其收入占全国打工总收入的 67%。

2. 城乡移动律——城市化进程中乡村人口大量迁入城市

人口移动的本质是劳动力和生产资料在地域间的重新组合。工业化过程中，大量劳动力从土地上解放出来，参与到机器大生产中，聚集到工厂和矿山所在地。因此，人口移动的主要方向是从农村流向城市。按照管理体制，我国人口移动分为两部分：一是改变户籍的移动人口，1985 年 7 月到 1990 年 6 月全国共有 3413 万，其中，62.4%来自农村；二是维持原户籍地的暂住人口。这类移动人口主要来自农村，迁往经济高速增长的地区（尤其是特大城市）及“三北”（华北、东北、西北）资源开发地。在人类历史的长河中，城市化进程是短暂的。城乡移动律，只在这个短暂过程中发挥作用。然而，它引发的移动潮流却是十分巨大的，产生的社会影响也非常深刻。

3. 人口结构律——性别结构男性多，年龄结构青年多

从大范围分析，移动人口中男性较多、女性较少。1985 年 7 月到 1990 年 6 月，我国省际移动人口男性占 58.1%，省内移动人口男性占 53.7%。在轻工业发展较快的地区，情况相反，女性移动较多。例如，女性占广东迁入人口的 53.4%，占广西迁出人口的 60.9%。由于迁移人口的性别差异明显，在迁移人口较多的地区，人口的性别比例是不平衡的。

人口移动是不少地区人口老龄化的重要原因。人口移动老龄化地区有两个主要类型：一是迁出型老龄化区，出现在青年大批外迁以后，主要分布在农业区，在日本有老婆婆、老伯伯农业区之称。在我国个别农村此类情况也相当严重。二是迁入型老龄化区，出现在后工业化时期。表现为退休老年人大批涌向风光明媚、气候适宜的地区。例如，美国人涌向佛罗里达，英国人涌向新西兰，使得这些地区老年人的比重很快上升。随着社会经济发展，我国迟早会出现迁入型老龄化地区。

4. 迁移距离律——迁移量与距离成反比

在其他条件相同时，人口移动的数量与距离成反比，两地间的距离越近，人口移动越活跃。根据 1937 年与 1947 年的统计，天津市外地籍贯居民约有 3/4 从河北和北京迁入。上海居民的原籍以江苏和浙江两省为主。人口移动是社会现象，在距离衰减规律的作用的同时，又受到社会现象特有的复杂性的影响。主要表现在下列三个方面：

（1）引力与推力的影响。在同样的距离下，两地的生活水平相差越大，人口移动率越高。例如，1997 年有 15 万菲律宾人在香港地区做女佣。而台湾地区与菲律宾到香港地区的距离相近，台湾地区劳动力之所以不到香港地区做女佣，是因为两地经济水平接近，缺乏引力和推力。

（2）中介障碍的影响。人口移动的前提是移动无障碍化。如果有政治、文化和自然上的障碍，移动距离律就会扭曲。严格的移民法和签证手续就是迁移障碍，大多数国家的移民法都有地域和民族的倾斜性。人口移动有长远的政治和社会影响，它的无障碍化比商品贸易的无障碍化更难实现。

（3）人口素质的影响。移动能力和移动距离与人的素质成正比。人的素质越高，移动的能力越强，移动的距离越长。例如，在北京市全部迁入人口中，河北人约占 40%，而在北京市迁入教授中，河北人只占 9.5%。又如，1990 年 7 月 1 日全国有 23.8 万人在国外工作、学习，暂时没有户口，其中，户籍为人口素质较高的上海和北京两市的分别约占 1/4 和 1/5，遥遥领先于其他省、市的在外人数。

5. 圈层递补律——人口移动的递补现象

人口移动在地域上具有圈层性。圈层有不同的类型。城乡间，从农村、小镇、小城市、中等城市到大城市是不同的圈层。地域间，不发达地区、次发达地区和发达地区分属不同圈层。不同圈层人口移动有递补现象，即一个圈层一个圈层地向前移动。例如，由乡村迁到镇，由镇迁到城市。江苏省际人口移动的递补性很强，1985 年 7 月到 1990 年 6 月省外迁入人口中，安徽籍最多。而安徽迁出人口中，去上海市的最多。在从安徽到上海的总迁移方向中，江苏起着圈层中间站的作用。在婚姻迁移中，递补现象比较明显。北京地区的婚姻迁移趋势是由河北省向北京远郊区、县；由远郊区、县迁入郊区和城区。逆向迁徙的数量较少。

人口移动除了圈递补方式，还有跳跃式，即从低圈层直接迁往最高圈层。如果说圈层递补迁移像区间车，那么跳跃式迁移则像直通车。

由于经济势能和生活质量的变化，圈层移动方向可以逆转。后工业化国家城市中心区居民迁向郊区，郊区居民迁向附近的小城市和乡村，形成逆向迁移。从经济角度分析，正向迁移和逆向迁移一样，其目的都是追求更高的生活质量。

6. 双向移动律——正向移动和反向移动并存

人口移动不是单向的。在强大的移动潮流驱使下，必然有较弱的反向回流。1900～1914 年，欧洲有 1300 万人迁往美国，同期美国有 400 万人回迁欧洲。回流有以经济、文化、旅游、寻根等为目的的短期回访，也有长期的回迁。由于两地经济势能变化，双向律的表现形式有所差异。

（1）高势能回迁。当迁入地具有较高的经济势能时，回迁人口大都有资金、技术、信息、经营等方面的优势，回迁故籍，能以高势能姿态出现，发挥优势。港澳台同胞和海外华侨、华人回国投资是高势能回迁的典型。打工青年返乡办企业也属高势能回迁。1993 年，江西省永新县 100 余名打工青年带着沿海妹子回乡经营企业，成为井冈山区的一大新闻。

(2) 势能差距缩小，回迁速度加快。当迁出地经济发展与迁入地接近时，会使回迁比例上升。

(3) 势能逆转回迁。当迁出地的经济势能超过迁入地时，回迁规模可以超过迁出规模。例如，历史上山东人曾大规模向黑龙江省移民，1949 年后迁移的趋势仍然继续。改革开放后，山东发挥沿海区位优势，经济增长较快。1978 年黑龙江省人均国内生产总值等于山东的 1.74 倍，而 1997 年山东的经济发展超过了黑龙江省的水平。在势能逆转的形势下，山东籍黑龙江人开始大规模回流。香港外迁人口的回流也带有势能逆转的因素。

7. 居住集聚律——移民居住集聚性与文化差异成正比

移民到了迁入地，在居住形式上有两个趋向：一是与当地居民融合，逐渐形成一体；二是保持相对的集聚性。在国际移民中形成的唐人街（中国城）是相对集聚的表现。国内移民中出现的浙江村、新疆村，也是相对集聚的表现。

四、人口移动的原因及后果

1. 影响人口移动的因素

人口移动是一种复杂的社会现象，已持续了数千年。导致人口移动的因素很多，有经济、社会、政治、自然环境以及个人心理因素等，但从国内及国际的人口移动来看，主要是受社会经济因素的影响。

1) 地理环境因素

地理因素表现最为突出的是迁出地和迁入地间的距离。在人类发展早期，距离是影响人们移动行为的一个最重要的因素，由于经济发展水平不高和交通的不便，人们一般倾向于短距离的流动。即使是长距离的流动，也仅集中在规模较大的工商业中心城市。交通和通信的发展，相对地缩小了地区之间的距离，减少了妨碍人口移动的各种困难，从而促进人口移动。近几个世纪以来，人类越来越大规模、大范围、大跨度的移动，在很大程度上得益于交通和通信的发展。自然环境曾经是影响人口移动的最主要因素，随着生产力的发展和人类对自然适应、控制能力的增强，自然环境对人口移动的影响作用正在逐步减弱，社会经济因素成为影响人口移动的主要因素，但自然环境仍然是基础因素。气候因素对人口移动也有一定的影响。气候不仅直接影响人的身体，而且影响着一个地区的土壤、植被和水文等，从而对人类的生产和生活有着重要的影响，并通过对生产和生活的影响而影响人口移动。

2）社会生产方式的决定性影响

前资本主义社会的人口移动主要是由于生产力水平低所造成的人口过剩的结果。因为在这种社会，科学技术极不发达，生产技术落后，人们只是使用传统生产方法进行简单再生产，从事游牧和狩猎的部落需要大片土地才能维持生存和部落人口增长，使得维持最低限度生活的土地面积缩减，于是形成人口压迫生产力的局面。在这种情况下，部落为生存所迫，进行人口移动。在近代，当社会进入资本主义阶段时，随着社会生产力发展，科学技术广泛应用于生产，生产开始在工艺不断改进情况下迅速发展。在这一历史条件下，人口过剩不再是由于食物等供给不足所致，而是资本主义积累导致人口的相对过剩。资本主义在农村的发展促使小农经济破产，制造了庞大的无产阶级。在这种生产力压迫人口的情况下，大批无产阶级不能直接与生产资料相结合，被迫背井离乡流入城市或其他有可能谋生的地区。到了高度技术发展的工业化社会，由于人口增长模式转变为低增长型，人口增长曲线不再随经济发展曲线同步增长，尽管这时的人口移动仍在大量地进行，但和前一时期相比则具有不同的性质，不再是生产力压迫人口，而是生产力发展和人口增长趋向协调一致，为适应新地区资源的开发而进行着人口移动。

3）国民经济部门（产业）结构变动的影响

随着生产发展，国民经济部门结构不断发生变化和调整。与此同时，必然伴随着劳动力在各部门间的流动，从而引起人口在各部门间和地区间的移动。产业结构也会对人口迁移产生影响。在以第一产业为主的地区，农村中存在大量剩余劳动力，由于工业和第三产业不发达，剩余劳动力在本地得不到充分吸收，就会向外转移。而工业型地区，由于具备了较强的经济基础，能在一定程度上吸收本地的农村剩余劳动力或外地的农村剩余劳动力。但不同的工业地区吸收剩余劳动力的能力是不同的，相对于资本密集型产业和技术密集型产业来说，劳动密集型产业最能吸收劳动力。我国沿海地区的“三来一补”也是由于劳动密集型产业创造了大量的就业机会，引起南下迁移潮。一般来说，迁入地的劳动密集型产业和第三产业在当地国民经济中所占比例的增长率与人口迁移量成正相关。

4）交通运输业发展的影响

交通工具是人们征服自然地理阻隔的有力工具。人口移动的距离与规模在很大程度上与交通工具的发展及布局有关。尤其是近代交通工具的出现，极大地方便了各地区之间的联系，为大规模的人口移动提供了有利条件。过去无法到达的地区，或视为畏途的地方能够到达了；以前需要跋涉几年才能到达的遥远地区，现在凭借铁路、轮船和飞机在几天、甚至几个小时便可以到达。

5）新地区开发的影响

一个新地区的开发往往伴随着相应的人口移动。特别是那些幅员广大，资源富饶的新地区的开发，往往会形成一个持续时间较长的人口移动洪流。例如，地理大发现后美洲的开发，几乎就是和欧洲、非洲的移民洪流大批涌入同时进行的。在当代，由于新地区开发而带动人口移动的事例更是屡见不鲜。特别是某些重要新矿产资源的开采，大面积处女地的开垦，新的交通干线的开辟，更会伴有规模较大的人口移动。

世界各个地区的经济发展和生产力分布是不平衡的，一些地区的发展往往伴随着另一些地区的衰落，经济中心也不断发生转移。在这种区域经济地理的变动过程中，往往也伴随着人口在地区之间的移动。

6）社会和政治因素（主要包括人口政策、宗教活动、战争、文化、教育、科技因素）的影响

许多国家对国际移民与国内移民都制定出一系列具体措施，无论是鼓励迁移或是限制迁移，都是根据当时国内与国际的经济、政治、社会等方面的形势确定的，都将影响该国的人口移动。宗教活动对人口移动影响十分明显。历史上不少虔诚的宗教徒不畏艰难，跋山涉水，进行了惊人的移动活动。宗教战争、宗教迫害也往往造成人口大批移动。战争造成的人口移动在历史上屡见不鲜，甚至会造成整个民族远距离的迁移。战争过程中往往造成大批难民流离失所，战争结束时往往又伴随着战俘遣返和难民回归祖国等政治性的人口移动。

此外，各种自然灾害如地震、火山爆发、洪水等，也往往造成不同规模的人口移动。其中有些灾害通过对生产的严重破坏而迫使人口背井离乡，如旱灾、病虫害、瘟疫等。另外，影响人口移动的还有同家人团聚、住房、经济收入、工作生活条件等众多因素。

2. 人口移动的社会经济后果

人口移动的动机、距离、规模、流向以及移动人口的自然和社会构成千差万别。因此，人口移动对移出地和移入地所产生的影响是多方面的，但概括起来不外乎两大方面；一是人口移动对人口发展的影响，二是人口移动对社会经济的影响。人口移动对人口发展的影响主要表现在两个方面，即影响人口总数的变动和影响人口自然构成的变化。

人口移动的直接后果之一是使地区人口在短期内发生数量上的明显增加或者减少。这种增减，一方面由移民本身引起，另一方面来自移民的生育行为。如传统的移民接受国家——美国、加拿大、澳大利亚和新西兰，在19世纪至20世纪初，其人口增长在很大程度上都靠外来移民。第二次世界大战后，少数国家接受外来人口

仍然有增无减，如澳大利亚人口自然增殖同净移入人口之比为100∶67，新西兰为100∶51，美国为100∶8。又如我国黑龙江省在1954～1981年净迁入人口667万，约占同期人口增长数的1/3。

人口移动的直接后果之二是造成移入地和移出地人口的年龄和性别结构的变化。因为移民往往以青壮年、男性为主，因此移入地人口的自然结构常常有男性比例高和劳动适龄人口比重高的特点。与此相反，移出地常常呈现出年龄结构老化及女性比例高的特点。第二次世界大战后，随着人口向城市移动，日本和西欧各国的农村人口自然结构都有老化、女性化的特点。

人口自然结构的改变必然对人口再生产产生影响，其影响的程度取决于移民的规模及其对性别，年龄结构改变的程度。一般来说，大量育龄人口外迁常导致移出地出生率的下降。

人口移动对社会经济的影响，总的来说是积极的，可以促进科学文化的交流、紧密地区之间的经济联系、调节地区人口与环境的关系等。所以若干年来人口的移动活动自觉或不自觉地被人类社会接受，并有所发展。但是，由于迁入地与迁出地在经济上是两个既相互联系又对立的地区，各方的移动效应差别很大。第二次世界大战后国际人口移动效应引起了人口学界的特别关注，但至今仍各持己见，没有形成统一的观点。实际上，应该采取具体问题具体分析的方法，不能笼统地评断利弊。

对迁出地来说，其移动效应利弊兼有。以利而论，第一，大量人口迁出可以减轻迁出地人口压力并解决部分失业问题，同时也相对增加了国内劳动力的就业机会，暂时缓和国内矛盾。例如，斯里兰卡在1982～1984年几乎每年向中东输出劳动力5万人以上，也就是说每年在国外获得5万个就业机会。第二，外出人口的劳动收入汇回迁出地，成为本地收入的一个来源，对平衡货币支付起到一定的调节作用。例如，20世纪70年代初期，葡萄牙、土耳其的外出工人员每年汇回的外汇总额，均超过两国的出口贸易额；再如1980～1981年巴基斯坦有12万人在国外工作，在1981年财政年度中汇回21亿美元，该数字相当于该国同期出口总额的70%。第三，外出工人可以在工作过程中学习到新的技术和接受一定的教育，回到家乡后对本地区的生产发展可以起一定的促进作用。据菲律宾的报告指出，外出者家庭收入的增加，提高了对其子女教育费的供给水平，教育支出在家庭开支中已上升到第四位，其数额已高于购置电器设备、买地和储蓄，成为菲律宾家庭的重要支出，从而也间接地促进了该国的教育发展。

人口移动给迁出地也带来了相当大的弊端。第一，迁出的人口多为青壮年，而且迁入地区其经济技术发展很快，要求输入的劳动力不再是一般的苦力，而是有一定文化水平和熟练技能的劳动人口。这必然给迁出地带来人才的流失及抚养费用和教育费用的损失。据新华社报道，20世纪80年代的头五年里，波兰人才外流严重，共已失去工程师8000名、医生2000多名和其他技术人员10 000多人，给国家造成了很大损失。因此，迁入率越高，接受国收益越大。联合国贸易发展委员会把技术劳动力从不发达国家向发达国家的移动称为“颠倒了的外国援助”是颇有道理的。因为现在发达国家对青年的抚养和教育费用是相当昂贵的，迁出者的抚养和教育费用已由他们的祖国承担，而由他们所创造的利益却被他们迁往的国家所享有，恰好形成接收国人力资本的增加或“智能收益”与输出国人力的损失或“智能流失”的鲜明对比。第二，大规模劳动力迁出造成迁出地经济上的依赖性和脆弱性，已成为一个严重问题。迁出国依靠输出劳动力取得的外汇和其他收益越多，则对国外经济形势的变化越敏感。因为一旦发达国家经济不景气，将首先减少对国外劳动力的需求，接踵而来的是回国劳动力的就业问题和外汇急剧减少问题。第三，离开家乡而漂泊到异地工作的人，由于没有永久居留权而没有政治发言权，其社会地位之低下可想而知，因此移民“寄人篱下”的心理损伤是无法估量的。

对迁出地来说，尽管弊端很多，但在区域经济联系密切的今天，区域间的人口移动是无法制止的。只要世界上存在着地域经济差异，人口移动的流向就受这种差异的牵引；只要现在国际经济富裕区的地理位置不发生变化，则在较长的历史时期内西欧、北美、中东仍是全球吸引人口迁入的中心。

人口移动对环境的影响既反映在迁入地，也反映在迁出地。从迁出地来看，人口移动加强了迁出地与外界社会的经济、科技、思想和文化等方面的联系，有利于社会经济的发展。尤其对人口压力大的农村，人口迁出缓解了当地的人地矛盾，当地可以更加合理地开发和利用农业土地资源，保护农村的生态环境。在生态环境脆弱的贫困地区，适当地进行人口向外迁移，对加快当地的致富步伐，更好地保护自然环境有积极的作用。

从迁入地来看，人口移动对环境的影响更为广泛。随着人口的大量迁入，迁入地的环境会随之发生变化。例如，新中国成立后，中央政府有组织地大规模向边疆和工矿地区输送移民。这些移民帮助开发了大量的自然资源，在内地和边疆建立起比较雄厚的工业基础，改变了原来落后地区的社会经济条件，使迁入地的综合环境有了较大的改善。但是，有些地方的开发因为生态环境效益上考虑不周，或者工作上的失误，在一定程度上引起或加剧了迁入地区的生态环境问题。

复习思考题

1. 人口增长过快对地理环境有何影响？
2. 地理环境如何制约人口分布？
3. 人口素质的提高对社会经济发展有何作用？
4. 何为人口移动？人口移动的原因及后果是什么？

主要参考文献

胡焕庸，张善余. 1982. 世界人口地理. 上海：华东师范大学出版社

刘铮．1986．人口学辞典．北京：人民教育出版社
梅林．2005．人口地理学．哈尔滨：哈尔滨地图出版社
田雪原．1997．大国之难——当代中国的人口问题．北京：今日中国出版社
王桂新．1997．中国人口分布与区域经济发展．上海：华东师范大学出版社
周之桐，王桂新．1992．人口地理学简明教程．上海：华东师范大学出版社
祝卓．1990．人口地理学．北京：中国人民大学出版社

第四章　人类活动的中心——聚落

聚落作为人类生产、居住、休息和社会交往的空间场所，分为城市与村落两大类型。散村→集村→集镇→小城镇→城市，是聚落演变的发展方向。

第一节　城　　市

一、城市与城市化

1. 城市的概念

目前学术界尚未形成被各学科所共同接受的城市概念。许多学科从城市的起源、景观、形态、功能、空间等的某一方向来定义城市。

(1) 从起源的角度看，“城市”一词由“城”和“市”两部分构成。“城”是指四面围以城墙，扼守交通要冲，具有防卫意义的军事据点。“市”是指交易场所。城市是指以墙垣围起来进行交易的聚落。

(2) 从功能上看，城市是社会生产力发展水平达到一定阶段的产物。城市是随着三次社会大分工而出现的，是第二、第三产业活动的主要空间载体，是从事非农产业活动的人群居住的场所。

(3) 从景观上看，城市是以自然要素为基础，以人文要素为主的景观类型，具有较高的建筑密度、呈现明显的立体特征。城市建筑风格与样式丰富多彩。

(4) 从聚落上看，城市是人口密集，具有统一、便利的生产、生活基础设施和社会服务系统、产业、资金、技术、文化要素密集的聚落类型。

(5) 从系统角度看，城市是一个复杂的社会经济系统。钱学森认为：“所谓城市，就是一个以人为主体，以空间利用和自然环境利用为特点，以聚集经济效益、社会效益为目的，集约人口、经济、技术和文化的空间地域系统。”

(6) 从空间角度看，城市具有双重空间特征。城市本身是一个面状空间类型，是由各种自然，社会、经济要素及城市各组成部门有机结合的地域单元。从城市与区域的关系上看，城市是一种点状空间类型，城市是区域经济、政治和文化的中心地。

上述不同的城市定义，实际上反映出城市不同方面的特征，这些特征既相互区别，又相互联系，构成城市的总体特征。应从整体的角度把握城市概念的内涵。城市的概念是相对于乡村概念而言的，上述定义实际上反映了城市与乡村的基本特征差异，进而决定了城市概念的内在规定性。

从地理学角度看，城市是以非农业人口为主的聚落类型，是非农产业的核心空间载体及一定区域的政治、经济、文化活动中心。

2. 城市划分标准

目前，由于世界各国社会经济发展水平存在较大差异，尚未形成统一的全球城市划分标准。当前具有一定代表性的城市划分标准如下。

1）行政地位

印度、埃及、巴西等国将地位较高的行政管理机关所在地确定为城市，其目的是提高行政管理力度和管理效率。

2）人口数量和人口密度

加拿大将1000人以上，或人口密度达到每平方公里500人以上的居民点规定为城市。某些国家将人口数量与人口密度结合起来作为城市划分标准。原捷克斯洛伐克规定城市是居民在5000人以上，建成区人口密度在每公顷100人以上，并具有城市设施的大城镇。

3）非农人口比例

中国、荷兰等国将非农人口比例作为城市划分的主要指标之一。由于城市是非农业人口聚集地和非农产业的活动场所，因此以非农业人口比例作为城乡划分标准有较强的合理性。

4）服务设施

某些国家将服务设施水平作为城市划分的主要辅助性指标。例如，菲律宾规定城市必须具有市政大厅、教堂、公共广场、学校、医院等某些市政公共服务设施。巴基斯坦规定一个城市必须有5000人，拥有道路、街道、自来水和环境卫生设施。

我国现行的设镇标准是1984年正式颁布的。规定20 000人以下的乡，如果乡政府所在地非农业人口超过2000人就可以撤乡建镇；总人口在20 000人以上的乡，乡政府所在地非农业人占乡总人口的10%以上的也可以撤乡建镇；县政府所在地均应设镇的建制；政治、经济地位重要的少数民族地区、边远山区和工矿区，旅游区，边境口岸等地，非农人口密度不足2000人也可设镇。

我国设市标准几经调整，现行的设市标准是在1993年颁布的（表4.1）。设市标准调整的主要特点是设市指标趋于综合化，形成人口、经济、基础设施三类要素相结合的指标体系，体现分类指导的原则，针对不同人口密度的城镇地域确定不同尺度的指标体系，增强了城市划分空间的有效性。

表 4.1 我国现行的设市标准

指标		县级市			地级市
		原来县的人口密度			
		＞400 人/km^2	100～400 人/km^2	＜100 人/km^2	
人口	县(城镇)人口中 非农产业人口 非农户口人口	≥12 万 ≥8 万	≥10 万 ≥7 万	≥8 万 ≥6 万	市政府驻地 非农户人口＞20 万人
	县总人口中 非农产业人口	≥15 万 ≥30%	≥12 万 ≥70%	≥10 万 ≥20%	市区人口中非农业产业人口 ＞25 万人
经济	全县乡镇以上 工业产值 占工农业总产值	≥15 亿 ≥80%	≥12 亿 ≥25%	8 亿 ≥60%	市区工农业总产值＞25 亿元 工业产值＞80%
	全县 GDP	≥10 亿	≥8 亿	≥6 亿	市区 GDP＞25%
	全县第三产业占 GDP	≥20%	＞20%	＞20%	第三产业占 GDP＞35%
	地方预算内财政收入	≥100 元/人 ≥6000 万元	≥80 元/人 ≥5000 万元	≥60 元/人 ≥4000 万元	地方预算内财政收入 ＞2 亿元
基础设施	自来水普及率	≥65%	≥60%	≥55%	
	道路铺装率	≥65%	≥55%	≥50%	
	排水系统	较好	较好	较好	

3. 城市化原理

城市化（urbanization）概念最早由西班牙人 A. Serda 于 1867 年在其著作《城市化基本理论》一书中提出。进入 20 世纪，城市化概念被人们广泛接受，但不同学科对这一概念有着不同的理解。

社会学认为，城市化是人们从乡村生活方式向城市生活方式转变的过程。L·沃恩认为，城市化不仅是指人口向城市集中的过程，还包括人们乡村思想意识、行动方式、生活方式向城市转化的过程。

经济学认为，城市化是乡村经济结构向城市经济结构不断转化的过程，即第一产业人口不断减少，第二、第三产业人口逐渐增加的过程。

地理学认为，城市化是区域社会经济要素、人口及第二、第三产业向城市聚集和乡村地域转变为城市地域的过程，城市化的实质内容是人口及第二、第三产业向城市的聚集所带来的聚集地的空间结构和空间形态的变化。

综上所述，城市化概念可以归纳为：城市化是指人口向城市地域聚集和乡村地域转为城市地域的过程，这一过程使城市数量增多，每个城市人口和用地规模不断扩大，城市人口在区域总人口中所占比重不断提高。

4. 城市化的机制

城市化是社会生产力发展的产物。社会生产力发展水平的高低，社会生产分工方式和程度，严格地制约着城市化水平及历史进程。探讨城市化机制有助于人们把握城市形成发展的客观规律，对未来城市发展趋势作出科学预测。

1）区域农业生产力的发展是城市化的初始动力

城市是非农产业和非农人口的集聚地。区域农业生产力水平及剩余粮食生产能力是城市形成与存在第一必要前提，区域农业剩余劳动力是城市形成与存在的第二必要前提。区域农业生产力的发展使城市的兴起和成长在经济上成为可能。正是基于这一原因，历史上的第一批城市都诞生于农业发达地区。

2）工业化是城市形成、发展的核心动力

工业革命时期，工业化成为城市化的核心动力。工业化是指工业生产在城市地域形成聚集的过程，工业化对城市形成发展的作用主要体现在：工业革命结束了城市手工业生产方式，极大地促进了工业生产效率的提高，带来工业生产专业化的发展，企业为了寻求规模效益及提高竞争能力，集中布局工业企业，形成各类相对集中的工业地域，这种工业化带来的工业集中地域成为工业化时期城市地域分布形态和地域格局形成的核心动力。

20 世纪 50 年代，西方发达国家的第三产业发展规模已超过第二产业，工业化加速城市化历史进程的作用相对减弱，第三产业的作用则日益增强。当前广大的发展中国家生产力发展水平仍然比较落后，工业化仍然是广大发展中国家城市形成发展的核心动力。

3）第三产业的发展是未来现代城市发展的主要动力

现代城市化过程是第二产业和第三产业在城市地域的聚集过程。工业化客观上要求供水、供电、供气、邮电、通信、交通运输等生产性第三产业超前发展。同时，商贸、金融、保险、房地产等服务性第三产业贯穿了整个工业化过程，教育、科研、文化、医疗等基础性第三产业在工业化过程及城市发展中发挥着日益重要的作用。

5. 城市化发展阶段

城市化是全球社会经济发展的必然趋势。城市化的历史进程与社会生产力发展阶段紧密联系。根据全球城市化历史进程的动力因素和发展特征，可将全球城市化分为下列 4 个阶段。

1）中心城市化阶段

工业革命时期，随着社会分工日益深化，尤其是工业生产专业化与地域经济体系的形成、区域要素及人口向城市聚集，第二、第三产业成为城市的主导经济职能。城市核心区成为人口、建筑、经济高密度地域，土地利用呈现多样化特点，城市功能分区体系逐渐形成。

中心城市化发展到后期阶段，往往带来城市核心区人口过于稠密、用地紧张、地价昂贵、交通堵塞、失业率上升、环境污染、投资环境恶化等一系列问题，使原有城市核心区的经济发展由聚集规模经济转向规模不经济，城市核心区空间地域扩散成为客观必然。

2）郊区城市化阶段

郊区城市化（suburbanization）阶段发生在工业化后期向服务经济的结构转型中。

郊区城市化产生的原因主要包括：

（1）城市核心区过于稠密的生产要素、人口、建筑带来了“城市病”，为了改变规模不经济的状态，改善人们的居区环境，客观上要求城市核心区的生产要素、人口和城市职能部门向外围地域扩散。

（2）产业部门的土地竞租机制不断完善，商贸、金融等第三产业的土地利用效益及竞租能力明显高于其他产业部门，位于城市核心区的工业、居住业的竞租能力难以适应城市土地竞租机制，必然要向地价相对较低的城市外围地域转移。

（3）城市对外交通网络的形成、交通工具的完善和中心城市化阶段为郊区城市化提供了较充分的物质基础。

郊区城市化的结果是：

（1）城市核心区人口向郊区迁移。房地产开发商在地价相对便宜的郊区投资开发环境幽雅的新型住宅，吸引了拥有私人交通工具的中产阶层大量迁往郊区，形成新的居住区，实现了城市核心区居住职能的扩散。

（2）郊区成为城市核心区工业扩散的理想区位。因为郊区可为工业提供大面积和廉价的土地，郊区的铁路、港口，特别是高速公路设施为工业发展提供有利的交通运输条件。

（3）城市核心区的商业企业之间的激烈竞争，使部分竞争能力差的商业企业被迫迁往郊区。同时，迁往郊区的工业企业及居民成为新的服务市场对象，也吸引着中心城区的商饮业向郊区扩散，并促使在郊区建立新的超级市场商业中心。

（4）郊区城市化促使城市核心区与外围地区共同构成都市化地域。例如，大巴黎城市圈、伦敦大城市圈等。郊区城市化并不意味着大城市的衰落，大城市的规模仍在继续扩大，城市功能得到进一步加强，城市扩展方式转为低密度蔓延。

3）逆城市化阶段

逆城市化（counter urbanization）是指人口和工商业从中心城市向中小城镇转移，城市化地域不断扩大，城市化向农村地域推进，并以中小城镇的分散发展为主，城乡逐步一体化。在逆城市化过程中，城市核心区失去了过去的繁华景象，出现城市衰退的现象。目前人们对逆城市化产生的原因尚未形成统一的认识。具有代表性的观点认为，人们为了脱离大城市居住的不舒适性，追求纯粹宁静田园式的居住环境；交通和通信技术的高度发达使工业选址的限制因素减少，工业企业为了追求良好的生态环境和低廉的土地价格，把企业布局在中小城镇。许多大企业分别在中小城镇开设子公司和分厂，形成新的企业布局空间。

4）再城市化阶段

从20世纪80年代起，西方国家一些大都市针对旧城衰落采取许多振兴对策，部分城市，如纽约，通过现代服务业的发展或旧城的再开发，吸引中产阶级从郊区回迁中心城区，使中心城区经济重新焕发生机，这种现象被称为再城市化。相对于中心城市化、郊区城市化和逆城市化的自发演化特征，再城市化更多的是人们针对城镇中心区衰退、漫无边际的郊区化趋势所引发的城市集聚效益下降、资源环境压力增大、社会阶层分异与冲突加剧等诸多问题，采取的对城市产业和空间进行较大范围的主动重组行为，旨在使城市的自然生态、社会人文、空间、生活、行政、经济等环境更适宜人们的生活和工作。

6. 城市化的类型

1）向心型与离心型城市化

向心型城市是指城市各种商业服务设施，各种政府机构、企业、公司总部不断向城市核心区聚集，带来人口和产业向心聚集的城市发展格局。

离心型城市化可分为外延型城市化和飞地型城市化两种类型。外延型城市化是指城市的建成区连续渐次地向外推进和延伸，城市地域范围不断向外扩展。飞地型城市化是在城市扩展中出现了在空间上与中心区域断开，但职能上与中心城区保持密切联系的一种扩展方式。大城市周围发育的卫星城就是这种城市化的结果。

2）自力型与他力型城市化

他力型城市化是指城市周围地域的土地被城市企业、城市设施建设征用，原来的田园环境由于城市职能扩散而转变为城市地域。

乡村地域由于自身非农产业的发展，农业人口向非农业人口转变，乡村地域转变为城镇地域的过程被称为自力型城市化。

3）景观型城市化与职能型城市化

景观型城市化是指城市用地逐渐覆盖地域空间的过程，这种过程直接衍生创造市区。职能型城市化是指现代城市职能在地域空间系列中发展扩散效用的过程，表现为城市地域推进的潜在意识和过渡特征，不是从外观上直接创造市区，而是从职能上间接向城市过渡。

4）突发型城市化与渐进型城市化

突发型城市化是指城市在某一历史时期由于外部力量的刺激，城市规模得以迅速扩大的现象。渐进型城市化是指城市在其历史发展过程中受力比较均匀，城市地域范围的扩展具有渐进性、持久性、稳定性等特点。

7. 我国城市化出现的新问题①

近十年来我国城镇化脱离了循序渐进的原则，超出了正常的城镇化发展轨道。在进程上属于“急速城镇化”，表现为人口城市化虚高；在空间上建设布局出现无序乃至失控。耕地、水资源等重要资源过度消耗，环境受到严重污染。

1）城镇化速度虚高，特别是“土地城镇化”的速度太快

2004年年底全国有设市城市660余座，建制镇20 600余个，城镇人口从1949年的5000万人，已经发展到2005年的5.62亿人，城镇化率已经达到43%。其中城镇化率从20%到40%只用了22年（1981～2001年）。这个过程比发达国家平均快了一倍多。而实际上，2005年我国43%的城镇化率是“虚高”的。因为，包括了1.3亿“农民工”和他们的家属。其主要问题出在“土地城镇化”的速度太快，大大快于人口城镇化的速度，农民的土地被城镇化了，而农民及其家属却未被城镇化。另外，43%的城镇化率还包括了一些城镇通过行政区划调整，扩大辖区面积而带来的结果。但这些“城镇区域”的产业结构并未转型，缺乏产业支撑力，也基本上没有城镇的基础设施供应，实际上仍然是农村。

2）经济发展、产业结构水平及就业岗位增加不能适应如此急速的城镇化

城镇化进程要与产业结构及其转型的进程相适应，而实现产业结构根本转型需要长期的过程。近年来，我国城市就业问题突出，就表明了城镇化速度和规模超出了产业发展及其规模的支撑能力。

---

① 陆大道等，2007年，我国冒进式城镇化空间失控的严峻态势，根据2006年联合学术大会发言稿整理。

3）给资源、环境基础带来了巨大的压力乃至破坏

城市，要求大规模电力和优质能源供应及大型集中型的水源供应。2003 年，全国 70％城镇缺水；90％的城镇水域和 65％的饮用水源受到不同程度的污染，全国污水处理率只有 36％。全国城市年产生活垃圾 1.5 亿 t，有 200 个城市出现垃圾围城的局面。

4）冒进式城镇化危害严重

城镇化速度冒进，远远超出了城镇的就业吸纳能力和基础设施承载能力。成片地毁掉民居和优质耕地，形成了大量失地农民与城市边缘人群。由于土地价格低、补偿不到位等，农民利益受到严重侵害。甚至陷入“种田无地、就业无岗、低保无份”，即所谓“三无农民”的困境。这种虚假的和贫困的城镇化正在危害我国社会经济发展的基础和安全。

大规模的城镇扩张与无序蔓延，过度侵占了大量的优质耕地。在 1997～2005 年，我国各类建设共占用 182.02 万 hm^2 的耕地。这将引起我国粮食产量与消费量之间差距的逐渐加大，对我国粮食安全构成潜在的威胁。

我国城镇化过程不仅关系到城镇发展，也关系到“三农”问题和城乡二元体制协调发展以及缩小城乡差别和建设社会主义新农村的问题。

鉴于我国农村人口基数巨大、城镇化与耕地保护矛盾突出，城镇人口就业压力巨大，资源环境承载力已接近饱和的基本国情，走健康城镇化与新农村建设相结合的道路是我国最现实的选择。

二、城市与环境

1. 自然环境与城市

自然环境是城市发展的自然基础，是城市的背景、底色和依托。在相当大的程度上，区域自然环境条件的优劣程度，直接决定了城市形成诞生的客观可能性，荒漠、高原、高寒地区的城市数量和规模就受到极大的限制。同时，自然环境在一定时空尺度具有较强的稳定性，是很难人为改变的城市发展因素。自然条件中，自然资源对城市地域扩展有直接制约和间接影响作用。

河流是滋养人类文明的动脉，是城市产生的摇篮，世界上最早的城市就产生于黄河流域、尼罗河流域以及西亚两河流域。

拥有温暖湿润的气候条件是城市发展壮大的重要影响因素，即使在科学技术高度发达的现代社会，水分和热量仍然是保持城市生命力的重要保障，世界上季风气候盛行的地区都是城市分布最密集的地区，如我国东部沿海地区、美国东部地区等。

地形地貌条件会直接决定城市的空间形态，制约城市总体布局。一般来说，平原地区或盆地地区的城市，多是饼状的形态，譬如北京、成都。山地丘陵地区的城市，则表现为“分散组团”状，譬如重庆。而在沿江沿河和沿海地区，“带状”城市明显较多，譬如青岛、大连等。

优越的地质条件能够使城市在工业化时代获得更多的发展优势。人们所熟知的煤炭城市、石油城市、铁矿城市、有色金属城市兴起的基础，就是区域地质构造中丰富的能源矿产资源。

自然灾害则会导致城市扩展的中断或急剧萎缩，严重的突发性地质灾害如高烈度地震能够瞬间毁灭整个城市。

2. 经济环境与城市

经济环境与城市发展是相互促进、互为因果的关系，一个地区经济发展阶段、经济增长周期、人口的增长和流动、经济发展对土地和空间的需求，都显著影响城市发展。从根本上看，城市的形成和发展依赖于经济系统分工与专业化的不断深化和扩展，城市空间的扩大则是经济规模与空间容量的矛盾激化状态下引发的。

在区域发展的早期，经济增长对城镇发展的带动作用较为明显，随着区域经济增量的扩大，城市的数量、规模会有较大幅度的增长。但是，由于在前工业化时期，生产力水平低下，经济增长的速度是非常缓慢的，因此，城市发展的速度也是有限的。随着区域经济进入工业化的快速发展时期，城市的发展也越来越快。当区域经济发展到工业化中后期以后，城市的发展带来的高度发达的文化教育技术管理对经济发展的作用会越来越大。

百万人口的城市，在1800年时，全世界只有伦敦一个城市。1850年，巴黎成为第二个百万人口的城市。1900年全世界百万人口的城市增加到11个，到1940年，增加到51个，30年后的1970年，达到129个。根据“联合国世界城市化展望”（2011年修订报告）：2011年全世界城市人口超过2000万的有5座（东京、德里、墨西哥、纽约、上海）；超过1000万的有18座。

在一个经济周期的不同阶段，基本建设投资规模与投资结构不同，城市发展的生成量和方式也有所不同，经济周期性涨落势必带来城市发展的加速、减速、稳定三种变化状态。经济萧条阶段，投资率低，新建建筑以少量低层建筑为主。经济复苏阶段，人口收入增加，有效需求增加，资本流入建筑领域，住宅及办公楼大量建设。高涨阶段，建设规模迅速扩大，土地价格上升。衰退阶段，大部分有效需求满足后，收益下降，资本流入收益较高的行业。

人口与城市发展的关系表现为城市规模和空间范围的扩大。人口集中所积累的内聚力是城市发展的前提，随着大量人口的流入，人口密度迅速上升，其他经济活动应运而生，逐渐在适当区位集聚。人口扩散则是城市扩展的保证，新移民流动人口在城市近郊区、郊区居住，郊区原有人口就地转化，城市人口向外迁移等人口扩散带来城市的扩展。

土地需求价格变化是城市发展的重要因素，是塑造城市地域结构和空间形态的“指示器”。城市地价受离市中心距离、城市规模及结构因素制约，推动产业布局和人口流动的合理化，进而影响城市发展模式。大城市在聚集效益吸引下，平均地价要高于中小城市。当大城市的“城市病”日益严重时，受高地价及其他因素影响，一些收益能力差，竞租能力低的产业会放弃中心区位，向城市外围转移。当大城市地价过高，多数土地使用者负担不起高额地价及产业聚集不经济时，一些产业和居民就会转向中小城市寻求发展，放弃大城市。

3. 交通环境与城市

交通的主要要素包括交通位置、工具、线路等，交通位置的变迁、交通方式的进步、交通网络结构和形态都会影响到城市发展，交通要素是城市发展的活跃因素，每一次交通方式的变革都会给城市发展带来革命性的变化。

交通位置影响到城市发展速度及城市功能，新的交通位置为城市发展奠定基础，而交通位置优势度下降会带来城市的衰退。例如，我国安庆曾经是江淮重镇，安徽省会，但随着长江水运地位的下降，如今的安庆只是安徽省内一个普通的地级城市。

在马车时代，城市空间规模受到极大的限制，在中世纪的欧洲，不论城市人口如何增长，城市半径没有超过 5km 的。

铁路、公共汽车、有轨电车出现以后，城市交通进入批量运输时代，城市迅速扩大，区域内铁路沿线的城市得到迅速发展。在我国，京张铁路、中东铁路等早期主要铁路干线的修筑，大大促进了沿线城市，如张家口、哈尔滨、长春、沈阳等城市的发展。

汽车的普遍推广提高了城市居民行动的自由度，加快了城市人口迁移的速度，增强了城市之间的空间联系，为城市扩展提供了最便捷的通道。

20 世纪 50 年代以来，高速公路的发展更使城市以前所未有的速度扩展，促使了城市地带、城市连绵区的形成。发达国家的大都市在公路交通的引导下，城市空间迅速蔓延到几十甚至几百公里，美国洛杉矶市直径已达 160km 以上，波士顿-华盛顿大都市区直径更是长达 970km 以上。

4. 人文环境与城市

不同的文化传统会影响到城市发展的基本格局。在我国封建专制时代，中央集权与帝王至高无上的观念主宰着城市规划思想，城市建设强调政治中心区位的中心性，皇城居中，城市布局强调规整、对称，中心及中轴线是城市结构的空间主体，方格网是城市的基本构架，我国的北京、西安老城区就是这类城市的典范。西方城市发展则明显受到古希腊贵族民主文化和基督教宗教文化的影响，突出表现在城市建设以教堂、广场为中心，形成放射状格局，典型城市如英国的伦敦。从世界上的宗教类型看，伊斯兰宗教文化对社会经济生活的渗透与控制最为严密，伊斯兰城市的中心往往就是清真寺。

规划思想则能最直接地决定城市的建设模式。在我国古代，有两种不同规划思想，一种是规则对称的布局思想，强调城市布局的规整、对称，泾渭分明，另一思想则认为，城市建设要充分利用地形地物，反对不顾实际把城市规划为笔直方正、宽广的豪华状态，这两种思想都对我国的城市建设产生了深远的影响，前一种思想主要影响到中心城市的总体布局，后一种思想则在山水园林、家居住宅建设中得到更多体现。

在西方国家，种族差别往往在城市内的不同社区有极为显著的表现，黑人与白人、穷人与富人的社交圈和活动范围不同，邻里的模仿效应和社区的自发内聚倾向导致独特的社会群落。第二次世界大战以后，大批黑人涌入美国城市，黑人居住区向城市中心集中，主要居住在人口密度大，卫生条件差的地方，形成了城市中的贫民窟。而以白人为主的中产阶级和富有阶层不愿与黑人为邻，纷纷迁往郊区，这种种族歧视和文化的差异成为所谓“郊区化”的重要推动力量。美国的亚特兰大、新奥尔良等都是种族居住区分化非常突出的城市。

政府实施的各种政策也对城市发展产生重要的影响。规划法规、城市发展政策、土地使用制度直接作用于城市空间发展，财政体制、人口、户籍政策则会显著影响城市的经济社会发展。

三、城市的类型

城市类型是根据一定的分类原则划分城市的类属，以示城市之间的区别。由于划分目的、依据和要求不同，城市类型有多种划分方法。根据城市人口规模可分为特大城市、大城市、中等城市、小城市；根据城市职能可分为工业城市、矿业城市、交通运输城市、风景旅游城市、行政城市；根据地表形态可分为河流沿岸城市、山地城市、河口城市、平原盆地城市等。

1. 城市规模类型

以人口数量来划分城市，是一种识别城市的重要方法。目前，各国的城市人口分类法并不一致。

中国将人口在200万人以上的称为超大城市，100万～200万人的称为特大城市，50万～100万人为大城市，20万～50万人的为中等城市，不到20万人的为小城市。

原苏联把人口在50万人以上的城市称为特大城市，10万～50万人的为大城市，5万～10万人的为中等城市，5万人以下的称为小城市。

美国将总人口至少在10万人以上，且其中至少包括一个5万人以上的中心城市或城市化地区的区域称之为一个大都市统计区（MSA）。人口在100万人以上的包括有两个或两个以上城市化地区的MSA，假如满足特别的标准，要进一步定义出它们的组成部分“基本大都市统计区”（primary metropolitan statistical area，PMSA），包含有几个PMSA的大都市复合体则称为“结合大都市统计区”（consolidated metropolitan statistical area，CMSA）。

20世纪50年代以后，美国东北部大西洋沿岸的许多都市区逐渐发展为连成一体的，在经济、社会、文化等各方面活动上存在着密切的交互作用的巨大的城市地域复合体。法国地理学家戈特曼（Jean Gottmann）于1957年首先提出用大都市带Mega-lopolis（意即非常大的城市）来称呼这个当时世界上最大的、人口超过3000万的超级大都市区。现在，大都市区带已经成为世界上对拥有数千万巨大人口规模的连绵城市区域的通用概念，如日本大都市带、横贯欧洲东西向中部地带的大都市带，以及我国正在形成中的长江三角洲大都市带、珠江三角洲大都市带等。

2. 城市职能类型

城市职能是指城市在一定区域范围内所承担的政治、经济和文化等方面的作用，城市职能类型是强调从城市与区域关系的角度来划分城市类型方法。一方面，城市从周围区域得到能源、原材料等生产要素和生活要素；另一方面，城市向周围区域提供商品和服务，带动区域的发展。

世界上城市职能分类研究始于20世纪20年代，分类方法经历一般性描述、统计描述、统计分析、多变量分析等几个发展阶段。按照职能划分城市类型，首先要计算出可以在职能之间进行比较的数据，目前应用最普遍的数据是城市产业或行业的产值、从业人口。

人们一般把中国的城镇职能分为三种类型。第一类是综合性职能的城市，即政治、经济、文化中心城市，如首都、地区省会或首府。此类城市具有方便的交通和强大的工业、商业和文教卫生部门，城市结构比较复杂，规模较大。第二类是以某种经济职能为主的城市，其中最多的是工矿业城市，如鞍山、抚顺、淄博、渡口，此外还有交通运输要道及港口城市，如宝鸡、鹰潭、秦皇岛、湛江，林业城市如伊春，渔业城市如沈家门等。第三类是特殊职能的城市，如风景游览城市、革命历史名城等。

随着我国改革开放的日趋深化和社会经济的日益发展，一些新的城市职能逐渐形成，城市的职能类型在不断地发生调整、重组和变化。矿业城市和林业城市被统称为资源型城市，从工矿城市中独立出来。进入全球化、信息化时代以后，交通枢纽城市在叠加了对外资金、人力、信息交流功能之后，也演化为国家或区域的门户城市，如我国的北京、上海、深圳等城市。一些风景游览城市、革命历史名城、文化古迹城市，则由于现代旅游产业和旅游服务的发展，被人们视作一类新兴的城市——旅游城市，如我国的黄山、延安等城市。

在国外，有两种新兴城市类型值得关注。一类是由于经济全球化朝纵深方向发展，形成的一些对全球经济社会生活有极大影响力、控制力的“世界城市”，如纽约、伦敦、东京、香港等，它们成为全球化时代世界城市体系中的第一层次城市。另一类是由于信息产业的高速发展和信息技术的广泛应用，形成的一类完全区别于传统城市职能类型的信息城市，典型例子为美国的硅谷。

3. 城市地形类型

世界上的许多著名城市如罗马、柏林、莫斯科、华沙、布达佩斯、伦敦、巴黎等都有河流穿城而过。我国拥有七大江河及众多的河流水系，河流沿岸分布着重要的经济、政治、文化中心城市。河流沿岸城市又有多种类型，如伦敦在早期即是跨越河流的城市，华盛顿、堪培拉则是在城市发展过程中，人为规划、引导跨河发展的，我国“一城三镇”的武汉是在相近的河流沿岸独立发展共同构成一个城市，而我国更多的河流沿岸城市则是单个发展的，如上海、天津、哈尔滨等。

我国山地丘陵面积广大，山地城市是我国主要的城市类型之一。在一些规模较小的城市，城市发展围绕地势较高的山岭或集中在地势较低的洼地，形成“环状”的城市形态，如遵义市的“绿心城市”格局和巫山县城的“蓝心城市”格局。如果城市能够得到更多的发展支持，城市会逐渐向高处发展，交通技术和建筑技术的进步使得城市克服较高地势所带来的诸多不利因素，形成连片聚集状的城市，发展到后来将形成“山即是城，城即是山”的城市风貌，如重庆市涪陵区。如果城市规模能够再进一步拓展，就很可能会出现区域级大组团式的山地城市格局，如重庆市主城区由渝中、江北、沙坪坝和北培等组成，形成了一个城区延绵、分片集中、生态绿意盎然的大山城。

河流入海口城市是一种比较特殊的城市类型，连接水陆运输、江海联运、客货集散的纽带作用是这类城市的基本职能，而港口的自然条件和腹地范围直接决定了城市的轮廓形态、空间结构和发展规模。河口城市会随着港口的发展而向下游扩展，沿海口、海岸或海岛形成一城一镇或一城多镇的带状群组城市，但是在城市组团之间会有一定的间隔，当社会经济发展和技术条件达到一定发展水平的时候，城市组团也会最终连接为一个整体的城市。世界各河口、港口城市基本上都按此规律发展，如英国伦敦和荷兰鹿特丹以及我国的广州。

平原盆地城市最为常见，是国内外城市发展中的一种主要类型。平原盆地城市非常有利于经济活动的开展，也有利于政治、文化、军事中心的建设。这些城市很容易形成棋盘状以及环形放射状的空间格局，城市一般是圆形或方形的轮廓，从垂直方向看，从城市中心向四周则形成一个倒圆锥体。由于没有山川、河流的阻碍，这类城市经常会迅速发展，并且很难得到有效的遏制。在平原盆地地区，一定范围内的城市群体会形成极其规整的六边形网络体系，这在我国的华北平原、四川盆地都有非常典型的表现。

四、城市的地域形态

1. 城市地域形态的演变方式

城市地域形态演变分为平面变化和立体变化两种基本方式。平面变化使城市地域范围扩大，向外围延伸，导致城市规模扩大、城市数量增加；立体变化使市区密度、容量加大，在垂直方向上引导城市向高空和地下发展。

城市平面变化又分为近域推进和广域扩展两种类型。近域推进是指城市在水平方向上的展开过程中，一直与市区（建成区）接壤、连续渐进外延的推移方式。城市扩展犹如树木生长的年轮，层层向外推进。广域扩展是指与老城区在空间上断开，采取非连续、跳跃式的方式，在更广域的空间范围进行扩展，新扩城区职能上仍然与市区保持联系，实质上是城市在外围腹地范围的扩展。广域扩展导致了卫星城镇、城市飞地新区、新城、中小城镇的形成。

城市立体扩展带来城市建筑的高层化与景观轮廓的层次化，立体扩展是中心城市的主要空间展开形式。空中扩展是立体扩展的基本形式，又称地上扩展或建筑高层化，使人直接感受城市立体轮廓，形成层次明显错落有致的天际线。地下扩展的地位明显低于空中扩展，地下扩展主要受建筑投资及空间功能局限的制约。地下扩展一般在市中心区进行，扩展目的以地下交通（地铁、轻轨为主）、地下的商业、交通、仓储、服务为主。

2. 城市地域形态的演变阶段

纵观城市发展进程，城市地域形态演变经历了 4 个连续又有明显区别的阶段。

1）漫溢扩展阶段

城市扩展最初是从乡村聚落或小集镇开始的，适合位置优越、工矿资源分布、乡村聚落中心、边防重地、宗教圣地等条件的区域逐步扩展为小城市、中等城市、大城市，其地域空间扩展最初都经历了湖水漫溢式的过程。

漫溢扩展的城市，其形态一般呈团块状，城市范围扩大像树木年轮一样，有明显的城市中心，城市职能由内向外圈层状分化。我国多数小城镇属于该类型，处于漫溢扩展阶段。

2）蔓生扩展阶段

随着城市的漫溢膨胀，城市边缘距市中心越来越远，所感受到的向心力越来越弱，城市开始受到对外交通干线的吸引，不再向四周均匀漫溢，而是沿着瓜蔓式的交通线向外蔓生。此阶段，地域形态一般呈星状，在郊区形成相对独立的工业区、生活区和其他功能区，并形成城市的次级中心及卫星城镇。

次级中心的出现及市区边缘多元化发展是城市蔓生扩展阶段的本质特征，此时，城市地域形态多表现为单核多心放射环状。

3）飞地扩展阶段

城市的蔓生扩展，使得部分第一、第二代的卫星城市被并入城市，带来地域规模的膨胀、人口过度集中、社会经济活动的急剧增加等日益严重的城市病，这种情况下，蔓生扩展已不能适应城市发展。

因此，在城市远郊形成了拥有多种产业和综合功能区的大型卫星城，发挥了对中心城市的反磁力效果，起到缓解中心城市压力的目的，城市发展跃入一个新的层次。

飞地扩展使城市地域结构形态出现多核状。卫星城多与中心城市距离 20～50km，具有很强的综合性、独立性，其本身对周围地区有一定吸引力，形成仅次中心城市的新的增长极核。

新的郊区增长极核除具有反磁力作用外，宏观上仍受中心城市的影响，飞地扩展达到成熟后，在中心城市影响的地域范围内，必然形成结构完整、功能齐备的市域城镇体系。目前，发达国家的城市演变多处于这一阶段。

4）极轴扩展阶段

城市的蔓生与飞地扩展较漫溢扩展有一个质的飞跃，地域空间已从漫无方向走向定向扩展，但三者地域形态是相同的，都局限于“点状中心、团状外形”。

只有当城市的定向扩展进入高级阶段——极轴扩展时，这种状况才能从根本上改变。极轴扩展是指城市沿某一特定中心轴向两端发展。极轴扩展有两种情况，一是某些城市本身拥有优越的天然伸展轴，二是两个或两个以上的大城市距离较近，各自扩展造成地域上的衔接，形成发展轴。

从漫溢扩展→蔓生扩展→飞地扩展→极轴扩展是城市地域形态变化的普遍现象，其形态的演化有 4 个基本过程（图 4.1）：①从单核心同心环状向多心放射状进化；②从点状中心向线状中心进化；③从多向扩展向定向极轴扩展进化；④从团聚紧凑式向疏散流畅式进化。

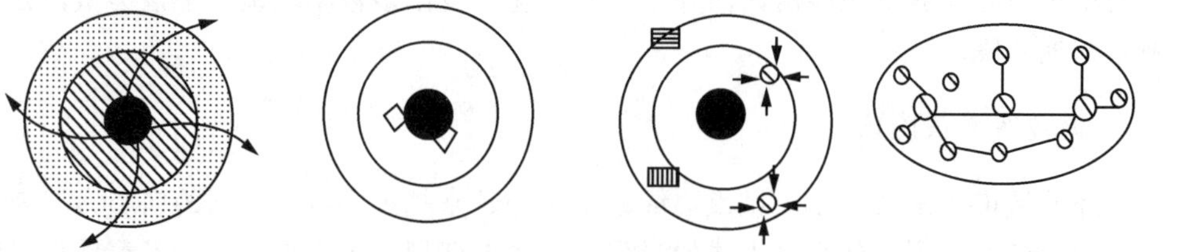

图 4.1　城市地域形态演变阶段

3. 城市地域形态的演变规律

均衡、非均衡扩展是指城市在各方向伸展的距离有等距和不等距两种情况。当交通线路、自然环境均匀时，城市在各个方向上的位移大体上是均衡的，表现为同心环状扩展。当周围环境和交通干线分布不均匀时，城市在各个方向上产生非均衡位移，形成城市伸展轴，多表现为轴带或星形扩展。均衡是相对的，是一种理想化状态，不均衡是绝对的，是现实中普遍存在的。

经济扩张时期，城市沿对外交通干线放射、沿伸展轴带扩展和延伸，轴带间有大量未开发的土地，建成区边缘呈非均衡的星状形态。经济萎缩时期，城市向外扩展的节奏减慢，城市发展重点转向内向填充，轴间空地得到开发，各方向伸展的非均衡性得到缓解，城市趋于均衡的环状形态。

均衡与非均衡扩展存在自组织关系，两者交替进行。当沿交通线的非均衡位移超过一定限度时，城市的扩展因远离中心市丧失了交通便捷的优势，加之大量人口、产业涌入沿线地带而导致的地价上涨，使轴向扩展受到抑制而转向轴间填充。

当内向填充到一定程度，均衡蔓延造成地域膨胀，导致环境、交通问题，沿交通线非均衡扩展的优势又显示出来，城市转向轴向非均衡扩展，城市形态又趋于星状。

五、城市的地域结构

城市地域是指景观上已经完全城市化及城市功能要素地域扩散直接影响作用的空间范围。城市地域结构是指城市功能地域的空间分布及多种功能地域的空间整合关系，是城市经济、社会、职能结构在城市空间上的投影。城市地域扩展是指城市功能要素的扩散及城市空间范围的扩大、城市景观的延伸，是城市化的空间表现侧面。

1. 城市地域结构的构成

城市地域结构的构成要素一般包括：

(1) 商业用地，按其性质又可分为零售商业、批发商业和专业性服务业。零售商业大都位于交通最方便、行人众多的地方或主要交通交汇点上。专业性服务业需要交通方便，商业活动频繁的区位，但不一定接近行人众多的地区。批发业的由于需要较大空间储存货物，占地多，多位于非市中心区。

(2) 工业仓储用地，可分为小型工场仓储和大型工业仓储。后者往往占地面积大，所以很难在租金或土地使用费昂贵的土地上立足。小型工场的主要生存条件是劳动力和市场，土地租金的影响相对次要，因此它在城市中的空间位置更为灵活一些。

(3) 政府机关用地。政府往往是土地的支配者，在法律上它可以强行收购和征用所需要的土地，交通方便及邻近其服务对象是其主要的区位选择因素。

(4) 住宅用地。几乎每一个城市超过一半的土地都被用来作为住宅用地。决定城市中住宅用地区位的因素非常复杂，包括居民收入、生活水平、交通条件、居住面积以及其他的非市场因素。例如，居住区域的邻里关系，住宅是否由工作单位或其他房屋管理机构统一提供等，都会影响住宅用地的区位。

(5) 休憩用地及绿化地带。城市中的各种公园、游园等，也在城市地域结构中占有重要地位，但它的区位因素主要不是市场机制，而是通过社会对市民的关心，确定它的存在。

(6) 交通用地和其他公用事业用地。与休憩用地和绿化地带相似，它们也是公共财富之一，不过它们同时又具有生产性质，如码头、飞机场和自来水厂等。

(7) 农业用地和水面。在城市的郊区，会有少量的耕地、林地、菜地、水泊，它们能够保障城市居民的日常生活和城市生态环境。

2. 城市地域结构的类型

1) 中心-外围结构

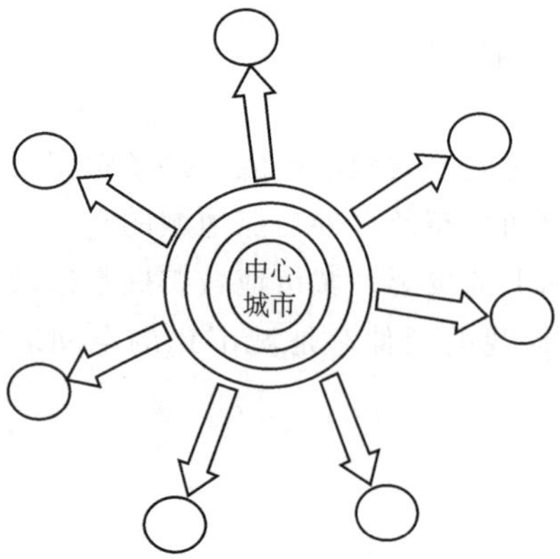

图 4.2　中心-外围结构

中心-外围结构是一种经典的城市地域结构，主要分为单核心城市和多核心城市，在前工业化时代和工业化前期、中期，只要没有地形条件的限制，城市一般都是这种地域结构（图 4.2）。

在城市发展的早期，单核心的地域结构能够满足提高城市发展效率的必须要求。但是，随着城市规模的扩大和职能的增加，单核心城市产生的一系列问题，如交通堵塞、人口过剩、热岛效应等，也就是人们常说的“大城市病”，使城市的运行效率和生活质量下降，目前，我国的北京等城市就深受单中心结构的困扰。

多核心城市的优势明显强于单核心城市，多核心城市利于分散居住，从而促进宜居环境的形成，多核心城市还能够有效地减少通勤时间和通勤成本。在西方国家，很多城市通过发展多个城市中心有效缓解了“大城市病”问题。

2) 中心城市-边缘城市结构

发达国家在 20 世纪 80 年代以后，产生了边缘城市，边缘城市是位于原中心城市周围郊区新发展起来的商业、就业与居住中心，这些新的中心具备了城市的居住、就业、交通及游憩功能，但建筑的密度比中心城市要低。

从边缘城市的生成机理看，可以概括为三类：在原有郊区中心重新发展的基础上进一步完善形成的边缘城市；在城区外围生长起来的新中心依托强有力的生长点（如机场和大学），推动城镇范围不断向外区延伸而形成的边缘城市；统一规划和新建的边缘城市，其形成及职能类似于“卫星城”。

中心城市-边缘城市结构的形成对城市地域结构而言是一个革命性的变化，它标志着城市真正由单体城市走向了区域城市，使城、乡的界限完全泯灭，人类“田园城市”的理想成为现实（图 4.3）。

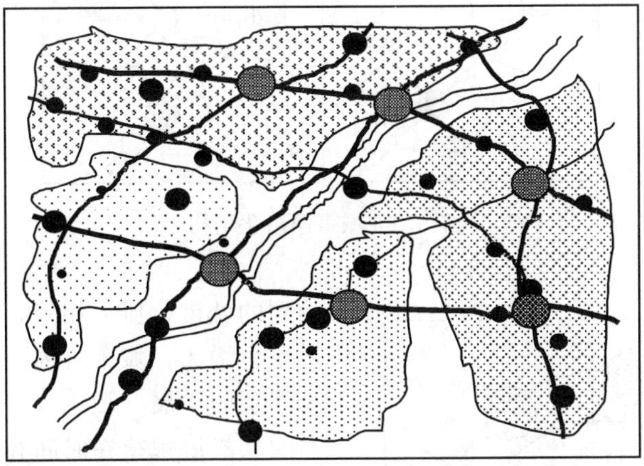

图 4.3　中心城市-边缘城市结构

3）网络化结构

随着电子信息技术与高速交通技术逐渐普及，一种完全替代传统城市地域结构的新形式——网络化城市开始出现，这种结构的城市中心被网络的节点所代替，城市中心等级体系逐渐朝扁平化方向发展。在传统发展模式的城市中，城市土地使用强度从市中心向外逐渐减弱，而在网络城市，各地区土地使用强度基本平衡，随着信息时代的到来，城市经济活动在空间上更加分散，城市的地域结构将逐渐向更加均衡的方向发展（图 4.4）。

3. 城市地域结构的扩展

1）圈层扩展规律

圈层扩展是城市理想的基本扩展方式。圈层扩展是指在不考虑地形起伏、交通线路走向的均质条件下，城市在各个方向上的伸展是等距的，城市外圈同一距离上

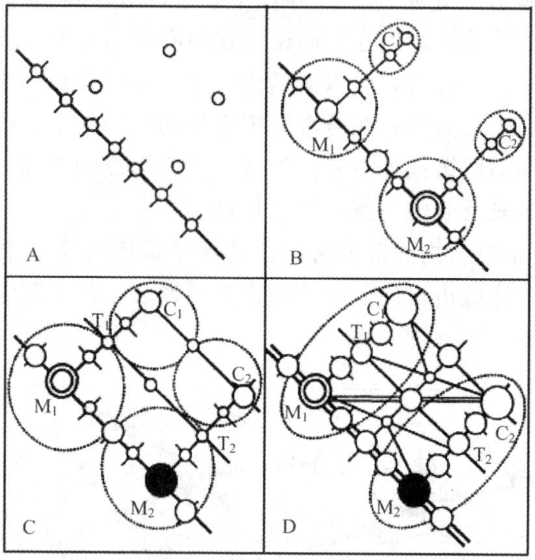

图 4.4　城市网络化结构

所受到的城市化压力相等，随着城市人口和用地压力增大，城市自内向外不断扩展，表现为圈层的扩展（图 4.5）。

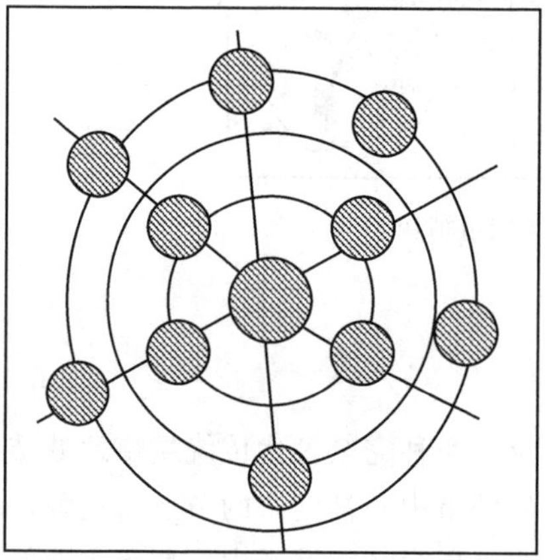

图 4.5　城市圈层地域空间扩展

圈层扩展规律在时间和空间上的表现有以下 3 个方面。

（1）同一城市某一时刻，自市中心向外随距离增加，人口和经济活动呈指数衰减，即市区、边缘区、乡村地区存在明显的梯度势差，城市要素扩散有明显的梯度差异。

（2）同一城市不同时期，自内向外圈层状扩散效果不同。城市扩散是一个渐变的过程，表现为近郊、中郊、远郊、郊县的扩散与城市化过程。

（3）不同城市同一时期，所处扩展阶段有所不同，扩展距离和圈层重点有别。当前，我国多数城市仍处于向心集中阶段，少数城市处于近郊城市化阶段。

2）*点→轴→面扩展规律*

在城市地域扩大过程中，由于交通线路或地形的作用，使城市扩展方向产生非均衡位移，形成若干个生长点、伸展轴、生长面。破坏了圈层扩展的规则性，表现为城市扩展空间的多维指向性(图 4.6)。

在极化效应推动下，经济要素在“点”上集聚，产业活动不断循环累积，发展成为城镇，“点”的要素、产业聚集及城镇发展到一定程度，通过扩散效应首先沿交通线路扩散，形成城市伸展轴，随后城镇向周围扩散，从而产生面上的扩展效果。

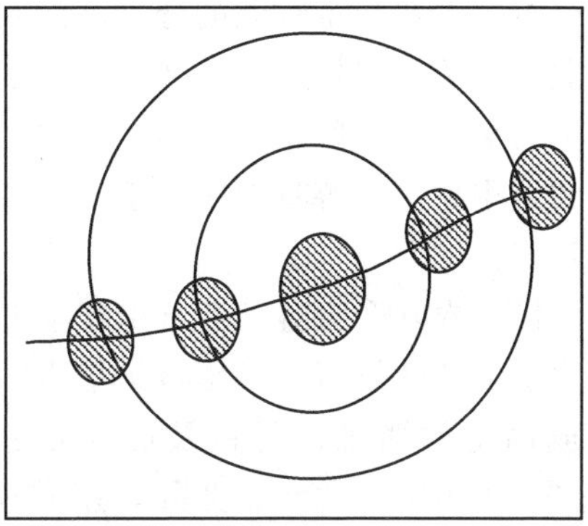

图 4.6 城市点→轴→面地域空间扩展

点的区位过程有 4 种情况：①由生长核发展而成，这类结节点多是历史形成的；②由某些区位的聚集效益吸引而成，如港口、公路、铁路枢纽；③由大型公用设施派生而成；④新区人为规划的节点。

轴的区位多是沿交通线路和地形舒展方向伸展而出。沿轴扩展使城市空间距离拉大。轴向扩展的内容是多方面的（工业走廊、产业带、城镇密集带），轴向扩展的距离并不是无限的，当轴向扩展效应低于横向扩展时，城市扩展转向轴带之间的填充。

第二节 村 落

一、村落的产生与发展

村落是以农业人口为主的居民点，是相对于城市（或城镇）的一种聚集类型。与城市相比较，村落具有人口、建筑密度低，基础设施落后，服务职能水平低，人口构成以农业人口为主的特征。在我国，村落地域是指建制镇以下的地域，村落由村庄（中心村、基层村）和集镇构成。

从发生学的角度来看，村落先于城市形成，是社会生产力发展到一定阶段的产物。

在原始社会，人类为了生存必须建立适当的居住地，以防寒暑风雨和避免野兽袭击。原始村落多建在森林茂密的低山林区，便于狩猎和采集。此外，也建于海边、河边，便于人类进行着原始的捕鱼活动。由于人们的生存完全依靠天然食物，如兽、树果、草类等，这些天然食物易枯竭，食物的获取也具有强烈的季节性和地域性，因此，人类活动经常大范围移动，居住地流动不定。原始村落有两种基本形式。一种是在树林丛生处利用树木捆扎而成，建筑一般呈环形布置。另一种在无树木处用石块堆砌而成，称“蜂巢居”。今天，东南亚的古亚洲族人、非洲的布须曼人仍然保持这种原始村落的居住状态。

进入奴隶、封建社会后，随着社会生产力的发展，人类逐渐走向饲养家畜、栽培作物、生活安定的定居生活。人类历史上的三次社会大分工成为村落发展的核心动力因素。

首先农业与畜牧业的分工，使农业被分离出来，这样，在耕地附近便产生了以农业为主的固定村落。6000年以前的西安半坡村氏族公社就是大型的固定农业村落。村落由居住区、制陶场和墓葬区三部分构成。此外，山区形成了固定的越冬村落和夏季村落。游牧地区由于以其特定的放牧生产方式，建设了可移动的蒙古包和帐篷式住宅。

第二次社会大分工后，出现了一些人口相对集中，规模大小不等，以产品交换为主要活动的场所——集市。集市的特点是有固定的交换地点和交换时间，但没有形成固定的店铺、货栈及服务设施。各种集市在我国北方称“集”，在南方称“墟”、“场”、“会”。此外，还有一年一次或几次的庙会、香会、骡马会等大型集市。

“集市”的发展促进了集镇的形成。在位置适中、交通方便、规模较大的集市上，人们为交易者的方便，开设了酒馆、客栈等服务设施，并逐渐在集市内外定居经营，集市逐渐演变为具有一定人口规模的居民点——集镇。集镇的出现标志着乡村经济出现了商品经济的萌芽，为城镇的形成奠定了基础。

城市的兴起加速了村落的发展进程，提高了村落的发展水平。较早出现的商业性城市对村落的发展发挥着农产品集散和物质供应中心地的作用，极大地促进了乡村的经济发展及村落数目的增加和规模的扩大。工矿业城市的出现，带来了服务于城市的郊区农业村落的发展。加工业城市的发展，尤其农产品加工业的发展，促使了专业性村落的出现，如加工棉花、麻类、蚕丝、甘蔗、茶等农产品的专业性村落，随加工业性城市的发展而不断发展。

现代村落的形态、功能、空间已经发生了深刻的变化。主要发达国家实现了农业现代化，农村的落后面貌得以改变，原来的砖木结构房屋已被现代化的庭院所代替，不仅居住宽敞，多数农家有汽车库、现代化农具室，联系城乡的道路大部为柏油路，形态上的变化逐渐地缩小着城乡的差别。美国是世界上农业机械化最发达的国家之一，它的农村聚落大多经过规划，在大农场中布局有现代化的住宅区。

在我国，村落由过去的高度分散形态逐渐向集中形态转变，人口密度不断提高，中心村落和集镇建筑格局由过去分散的一家一户的庭院式形态转变为集中、整体布局形态。村落职能向多样化发展，农产品加工业及其他的工业、商业、集贸、服务等职能日趋突出，单纯农业职能的中心村落已不存在。村落结构体系逐渐完善，以道路为空间骨架，居住区、服务区、生产区相结合的现代村落布局体系发展迅速。在经济发达地区，如珠江三角洲地区、长江三角洲地区，中心村落较高的人口、建筑密度，高层化的建筑格局，突出的商饮服务业，完善的内外交通道路格局和基础设施等村落特征，使村落与城镇的差异日趋减少。城乡一体化是现代村落发展的必然趋势。

二、村落与环境

1. 自然环境与村落

自然环境对村落影响十分显著。各地降水量的大小影响到房屋的建筑形式。一般情况，降雨多的地区，屋顶坡度大，以利泄水。在干旱地区，可修建小坡度屋顶建筑，并可利用屋顶曝晒粮食。

山区建筑房屋多采用石料砌墙、建筑门楼，甚至用板岩铺设屋顶。山区建筑往往依山就势，傍山而筑，高矮参差，错落有致，形成立体建筑景观。山区村落较分散，村落规模相对较小。平原地区村落集中布局，且规模较大。华北平原千人以上的大村到处可见。

水分条件往往成为村落形成与布局的关键因素。早期的村落诞生于河流两岸，水源地的位置、供水量决定着村落的选址和村落的规模。我国西北地区总体上人口密度较小，但绿洲却是人口高密度地域。

植被影响到村落建筑材料的选取。草原地区主要用草（小叶樟）做屋顶铺盖材料；林区用树木捆扎叫做“马架子”的建筑；云南西双版纳地区人们多用竹木作为建筑材料，傣家竹楼是云南民族风情旅游的重要景观。

2. 社会经济环境与村落

由于受村落的职能因素的制约，土地资源，尤其耕地规模决定着村落的发展规模。人均耕地或人均土地资源占有规模是评价村落发展规模潜力的重要指标。

交通条件对村落形态、功能的形成有明显的导向作用。村落早期发育主要沿过境公路伸展，条带状村落是依托单一方向过境公路发展起来的；团块状村落往往依托“十字”形过境公路发育。区域性道路网络影响到宏观村落地域结构形态。交通网络的建设与村落兴衰息息相关。

工商业的发展对村落建设起到十分重要的加速作用。工商业的发展不仅可以对当地资源进行深度加工，提高资源转化效率，而且可以吸收丰富的劳动力，促进农业剩余劳动力的转化，从而提高农村经济的整体水平和农民的实际收入水平。转换剩余劳动力→发展非农业产业→非农产业地域集中→建设小城镇→实现乡村城镇化，是具有中国特色的农村聚落及农村经济发展道路。

3. 政治、文化环境与村落

乡政府所在地的集镇发展速度显然要快于其他村落。中心村落的行政地位提高同样对村落发展起到加速作用。

风俗习惯影响村聚的特色。传统观念，如乡土观念、宗族观念，对村落人口流动有明显的作用，“叶落归根”就是这种作用的表现。宗教意识影响村聚的形式。

如伊斯兰教地区，清真寺是村落的重要组成部分。此外，迷信思想与村落也有一定的关系。

三、村落的类型

从村落职能、村落形态与规模、村落布局三个角度分别考虑，村落可划分为如下类型。

1. 村落职能类型

（1）农业村落以从事耕作业为主，兼营动植物饲养和其他农副业。该类型多分布于平原与河谷、三角洲地带。

（2）牧业村落包括固定的、半固定的、流动的三种村落类型。随着生产力水平的提高，牧业村落转变为固定村落为主。与农业村落相比较，牧业村落活动半径较大，规模小而分散。

（3）渔业村落包括内河（湖）和沿海渔业村落两种类型。现在的渔业村落以淡水养殖和沿海滩涂养殖为主。渔村的居民点布局包括水上和陆地两部分，但以陆地居民点为主。

（4）林果业村落以生产各种水果、经济林为主要经济活动。该类型多位于海拔相对较低的山地和丘陵地带。村落布局受自然环境严格限制，呈现主体村落布局景观。

2. 村落形态与规模类型

（1）聚集型村落。该类型村落的特点是集中布局，房屋住宅连片分布，村落布局整体功能明显，有统一的道路网络和基础设施，土地利用效益较高。该类村落规模差异较大，又可以细分为大村、中村、小村三种规模类型。我国大村的人口规模在1000人以上，有相对完善的道路和基础设施系统，具有一定的中心地职能。大村多分布在耕地密集、地少人多的中原地区。发展、完善大村是节约土地，提高土地利用效益的有效措施之一，是现代村落发展的主要趋势。中村人口规模在400～1000人，是我国数量较多、分布广泛的村落规模类型。中村布局的地域类型多样，但相对集中于平原和盆地。小村人口在400人以下，是我国数量最多的村落类型，但总人口数量在全国所占的比例不高。规模小、布局分散、设施落后是小村的基本特点。

（2）分散型村落。在我国，该类型属发育水平较低的村落，村落沿公路或沿河呈带状分散布局。东北的拉拉屯属于典型分散型村落。这一村落类型不利于居民的生活。随着经营条件、交通条件的完善，今后应加强对分散村的改造，使其集中布局。

（3）特殊类型村落。在美国中西部和大平原地区，由于农业生产的机械化水平较高，农业生产效率高，常见一种单户型的聚落景观。在原苏联，东欧国家和以色列，政府组织形成了集体农场型的聚落，这种聚落做了较为详细的规划，村落内部有整齐的街道，生活、生产的服务设施齐全，社会组织健全，较大的农场俨然是一个小集镇，在我国东北、新疆、甘肃、云南等地也有这种集体农场型的村落。与集体农场类似的村落是经营性农场，也是一种非自然形成的聚落，这种农场的经营性较强，生活服务设施较差，居民的社会组织程度较低。

3. 村落布局类型

（1）主轴型村落：村落主轴由一个带状的大村构成，伸展轴较长，人口规模大。村落房屋、商店、饮食服务设施均沿伸展轴两侧布局。

（2）子母型村落：村落由一个大村和若干个小村构成。大村常是行政、服务中心，具有中心村的性质。小村围绕大村不规则分布，小村布局往往受耕作半径、地形阻隔、河流分割等因素制约。

（3）串珠型村落：若干规模大体一致的村庄，由于受地形因素影响，形成串珠状分布形态，该类型常见于河谷、沼泽、高地、山麓等地区。

（4）均衡型村落：在某些平原地区，均衡分布的一些规模相近的村庄，共同构成一个行政村，并且有一定的服务设施。

（5）星点型村落：在许多山区、丘陵地带，村落由若干个分散的村庄构成，村庄之间相距较远，缺乏中心村和中心地服务职能，村庄分布无规则。该类型属于发育水平较低的村落类型。

四、村落社区的形成与发展

1. 村落社区的功能和类型

村落社区是指在乡村地区，具有密切亲缘关系，共同的生产方式、社会地位、社会认同感的人口聚居的地域。社区内部差异而形成的次级社区单元被称为邻里。

1）村落社区功能

生产功能是社区最基础的功能。社区生产包括农产品生产及非农业生产，随着生产水平的提高及社区规模的扩大，农产品加工业、商业、建筑业、交通运输业等非农业生产所占比重逐步提高。

生活功能是社区的另一主要功能。社区为人们提供生活、居住空间，社区空间规模和社区环境影响着人们生活的质量。在我国发达地区，人们越来越注意社区空间设计和社区环境治理问题。

社区具有服务功能。社区的服务功能由商业、服务业、医疗卫生、科技、文化教育、行政管理等部门来履行。社区各种服务设施的配套规模和供给能力决定着社区服务功能的完善程度。

2）村落社区的类型

根据社区服务范围可将社区分为中心社区和普通社区。中心社区指服务范围不仅限于社区自身，而且在相对较广的范围里，具有组织众多低一级层次社区活动的中心地职能。普通社区多具有自给自足的色彩，服务活动仅限于社区本身，且其服务能力要低于中心社区。

根据社区的空间形态，可将社区分为集聚型、分散型和条带型。集聚型社区多分布在平原地区，环境条件均质性较强，规模较大，社区要素集中布局，规模效益明显。分散型社区多分布在地势复杂的山区，复杂的地形制约着社区的聚集，导致社区分布规模较小。条带型社区的往往沿河流两侧或环山体、湖水体分布。

2. 村落社区的形成与变化

人类聚居行为是社区形成的内在因素。人类历史上，原始人类聚居产生的原因是为了保护财产、抵抗野兽的侵袭和其他部落的侵略。社区人口构成受家族、宗教因素制约，社区成员属于同一家族或具有同一宗教信仰，共同的利益及共同的价值观、道德观和文化习俗。

随着社会的发展，民族构成、社会地位、职业构成、社会权力成为社区形成的主导制约因素。社会地位相近的人们往往因具有相近的生活习惯、道德标准及价值观念而聚居形成社区。职业相同的人们由于生产技术的关联、经营活动的联合而形成社区，呈现出耕作业社区、养殖业社区、手工业社区等类型。虽然社会因素在社区形成中的作用日益明显，但人们的血缘关系、宗教、民族关系仍然发挥着基础作用。

村落社区与城镇社区相比较，具有相对稳定、保守性强的特点，但随着社会的进步及社区形成环境的变化，村落社区的规模、类型及性质将发生变化。

城镇化是村落社区变化的重要动力之一。一方面，大城市通过近域扩展和广域扩展方式向乡村地区侵入，通过城市功能的影响，促使地域内的村落转变为城镇。另一方面，村落社区非农产业规模逐步扩大及空间聚集，导致村落农业人口转为以非农产业人口为主，村落转变为城镇。上述两种方式的城镇化促进了区域城镇化的发展，导致区域村落、社区数量的减少和规模的缩小，使得村落社区性质发生根本性的转变。

区域村落社区之间矛盾运动是村落社区变化的另一动力。从历史上看，由于不同社区具有不同的利益目标，社区之间为了生存和发展必然出现争夺空间的局面。每个社区都尽可能凭借自身实力去拓展空间，扩大社区规模，竞争的结果是实力较弱的社区被吞并、蚕食，成为强大社区的组成部分。通过社区之间的竞争、融合，社区分布格局不断变化，个别社区规模扩大，区域内社区数量减少，实现了社区的空间优化重组。

社区内部发展水平提高及产业结构变化是社区内部变化的动力。随着村落发展水平的提高，非农产业逐步发展壮大，导致社区非农业土地数量增加，带来社区土地利用结构转变，社区的功能也随之变化。非农产业在社区中心地域的聚集吸引着区域人口、生产要素转向社区中心，促进了社区中心地域的发展及基础设施建设，带来了社区空间结构的演变。

第三节　城市与区域的关系

任何聚落不可能脱离区域而独立存在，聚落与区域存在着相互作用、整体协调发展的内在关系。与城市相比较，村落对区域的作用程度小，且村落存在着向集镇、小城镇、城市转变的必然性，区域城市化才是聚落演变的必然趋势。因此，我们在研究聚落与区域的相互关系时，往往侧重于研究城市与区域的相互关系。

一、城市与区域相互作用原理

区域是城市形成发展的基础，城市是区域的中心，区域哺育城市、城市反哺区域是被人们广泛接受的具有哲学意义的城市与区域相互关系原理。城市与区域在空间、结构、功能、景观、发生等方面存在着客观整合关系。

1. 城市与区域在空间上的“点”、“面”作用关系

从地表空间整体上看，城市是“点”状地理单元，而区域则是“面”状地理单元。这种“点”、“面”结合构成的空间内涵体现了城市是区域的中心及结点，区域是城市的作用腹地范围，两者在“线”状地理单元的整合下，形成结节性地域的原理。由于城市规模大小及经济能量的差异，导致了不同级别城市作用范围的差异，从而形成不同规模的结节性地域。

2. 城市与区域在地域要素和条件方面的相互作用关系

区域自然、社会、经济、环境条件是城市形成发展的基础，资源、产业结构、功能类型等区域要素对城市要素的构成产生制约作用，并直接参与城市要素体系的构造。

在不同的历史时期，各种区域要素对城市形成发挥着不同的作用。在生产力发展水平低下的时期，区域农业资源的供给能力及农业发展水平是早期城市产生的主要制约因素。随着生产力水平的提高，区域矿产资源及资源开发技术水平成为工业化发展初期城市形成的主要制约要素。世界近代城市多产生于资源富集的区域。在工业化进程的中后期，区域技术因素和非生产性因素在城市形成发展中的作用日益重要。随着区域交通条件的改善，资源因素对城市发展的限制程度逐渐减弱，资源利用规模的扩大及利用效率的提高更加依赖于技术体系及层次的成熟、完善与否和新技术的开发应用程度。在现代大城市的职能构成中，商贸、金融、保险、信息、房地产等非生产性职能的地位已超过工业生产，成为主导部门，因而，区域市场因素、区域信息与交通网络、区域消费水平等是现代城市发展的主要制约因素。

城市的形成与发展对区域条件与区域要素体系产生深刻的影响。城市的发展将对区域社会经济条件起到明显的改善作用。城市第三产业的发展将明显促进区域人口质量的提高和科技、教育、文化条件的改善。城市经济发展将促进区域整体性经济实力及基础设施供给能力的增强，提高区域的市场能力。与此同时，城市污染使区域环境条件迅速恶化，增加了区域环境、生态压力。实践证明，城市污染是恶化区域环境的主要途径，消除城市污染是改善区域生态条件、提高环境质量的重要保障。

3. 城市与区域在结构与功能上的相互作用

(1) 结构关联、功能一体是城市与区域相互作用的重要表现方面。城市产业结构在区域产业结构的形成、发展演变过程中发挥主导作用。从城市与区域的产业关系上看，城市与区域产业体系的关联程度是衡量城市产业体系合理与否的重要标准，城市与区域产业关联体系的表现形式是城市产业的技术、资金、人才、信息等经济要素向区域的不断扩散，扩散的结果是区域形成以城市产业为主体，垂直分工和水平分工相结合的一体化产业结构体系。从城市与区域的空间关系看，城市是区域空间体系中产业集中、功能齐全、社会经济要素高密度的地域单元。城市是区域空间结构体系的结节点，不同等级城市的地域组合构成区域的节点体系，区域是不同等级结节地域的有序组合空间体系。城市在区域空间体系中的节点地位决定了城市是区域空间体系的中心，是区域非农产业的主要空间载体、区域要素的流动与社会经济空间运动的枢纽，具有经济要素规模聚集机能，空间结构组织协调机制，产业结构空间转换与优化机能。

(2) 区域为城市的形成与布局提供控制空间。区域范围制约着城市的数量、分布密度、离散与均匀程度；区域要素构成与功能影响着城市类型体系；区域内部的空间分异格局及等级体系制约着不同等级城市的分布体系。

(3) 区域为城市地域类型的形成与分布提供空间载体。区域要素与结构的空间分异为不同职能类型城市体系的形成提供空间布局基础。区域交通运输干线地域是城市布局的优势区位，因此，交通干线地域上的城市往往得以优先发展，城镇密度增加，城市之间相互作用频繁。城镇沿交通干线带状延伸展布，形成了城市轴带，城市轴带的形成不仅改变了传统的分散城市分布格局，而且成为经济地带的核心组成部分，促进了经济地带形成与发展。任何城市都是具有一定服务能力的区域中心地，具有特定的影响作用空间。城市的影响作用力越强，影响作用所波及的范围越广。城市对周围区域影响力与城市规模正向关联，当城市能量聚集到一定程度时，城市核心区职能不断向乡村地域扩散和侵入，乡村地域的性质逐步转变，城乡产业系统日趋融合，从而导致大城市地域或都市化地域的形成与发展。大城市地域是由城市核心区、外围区（或称边缘区）和吸引区三部分构成的城乡一体化地域，属于一种高层次城市地域类型。大城市地域是依托一定的区域优势和区域背景，在城市职能扩散机制作用下形成发展起来的。由于大城市地域客观上存在着从核心区向外围地域的人口、经济密度的梯度差异，使大城市地域空间结构表现为明显的同心圆状的圈层结构特征。大城市地域是区域社会经济发展达到较高水平，中心城市经济高度发达，城乡社会经济完全整合的产物。

（4）城市密集区是区域与城市相互作用而形成的另一种高层次城市地域类型。城市密集区的显著特点是区域社会经济步入整体、快速的发展阶段，区域城镇、人口数量及城镇数目迅速增加，城镇密集、城市化水平高，出现区域城市化的发展格局。目前，我国有京津唐、辽中南、沪宁杭、珠江三角洲四大城市密集区。由于世界各地城市密集形成的区域背景、城市化方式及进程的差异性，世界各地城市密集区的特征、形成机制各具特色。

4. 城市与区域在景观上的相互作用

城市景观是指由城市轮廓、道路格局、建筑、风景点、绿地等要素有机结合而形成的城市视觉系统。特色鲜明是城市景观的重要特征。如何形成具有地域特点的城市景观是城市景观规划设计成功与否的主要标志。千城一面，是我国城市景观构建中存在的一个共性问题。

构筑具有特色的城市景观的关键在于城市景观与区域环境、区域景观的有机整合。城市与区域景观的相互作用，一方面表现为城市景观是区域景观的集中体现，城市景观充分体现出区域自然、人文景观的主体内容。另一方面，城市景观的形成将改变区域景观的结构，增强区域景观质量。现代城市建筑，立体交通网络，产业景观都可增加区域人文景观要素，增添区域人文景观的容量与氛围。

城市景观设计，要以区域景观为背景，根据区域景观特色，选择城市景观要素，构筑景观要素体系，要结合城市功能布局和经济文化发展的要求，重点塑造城市景观背景及景观轴线，并对城市建筑的整体高度，城市建筑风格，重要的景观节点进行全面合理的布局协调。

二、城市与区域的协调发展

国内外社会经济发展的实践已经证明，一体化是城市与区域协调发展的重要途径。城市与区域一体化发展主要体现在下列几个方面。

1. 城市与区域的空间一体化

城市与区域的空间一体化是指二者空间布局与空间结构的整体发展。发挥城市，尤其是中心城市在区域发展中的作用是加速我国社会经济发展的重要方式。改革开放以来，我国实行市带县行政管理体制的实践表明，通过中心城市组织地区经济活动是加快地区经济发展经济改革、步伐的有效手段，而城市与区域的空间一体化发展则是形成城市-区域社会经济系统的基础。

城市与区域空间一体化发展的主要途径包括以下几种。

（1）根据城市发展与布局的区域背景及区域供给能力，确定区域城市的数量和进行城市区位的选择。城市人口数量及城市数目的不断增加是区域城市化的必然发展趋势。这一趋势的变化结果是实现区域城市化。目前世界上许多国家区域城市化的趋势十分明显。但是，城市数量的增加必须与区域社会经济发展水平相一致，与区域发展水平不符的城市数量的迅速增加则是消极型城市化的表现，不但难以发挥出城市在区域发展中的带动作用，反而还会带来巨大的区域压力。

（2）综合考虑各种区域要素，确定城市区位。由于区域要素的地域差异，城市与区域的空间整合关系表现出不同的形式，即城市位于区域的几何中心；城市位于区域社会经济地域的重心；城市位于区域交通网络中心及主要节点等。

（3）合理布局重点城市是实现城市与区域空间一体化发展的另一个主要途径。在一定区域范围内，要根据城市经济能量和对区域作用的能力，确定重点城市，建立区域增长极体系。在发达地区，作为区域增长极的重点城市，其主要功能是加速城市功能要素的地域扩散，充分发挥其对区域社会经济发展的带动作用。而落后地区的发展重点则在于建设重点城市，培育区域增长极。

2. 城市与区域的产业一体化

城市与区域产业一体化是在城市对区域产业的吸引和城市产业向区域的地域扩散的双向机制作用下实现的。在区域社会经济水平低下的时期，人口、区域要素向城市聚集，培育了城市产业，加速了城市产业体系的形成，此时城市对区域产业的吸引是区域运动的主导方向。随着区域生产力水平的不断提高，城市规模的扩大及城市经济能量的增强，城市要素及城市职能不断向区域扩散，发挥出城市反哺区域、带动区域社会经济整体水平提高的功能。

城市职能扩散首先表现为对外交通设施的延伸，高速公路、铁路作为城市对外联系干线是城市职能扩散的基础和有力导轨。

紧随城市对外交通职能扩散的是工业与居住职能的扩散。现代城市工业扩散的主要动因是核心区内工业职能的土地竞租能力低于第三产业职能，在产业土地竞争机制作用下，城市核心区的工业企业只能向城市边缘区或卫星城镇迁移。作为高新技术产业载体的新兴工业园多布局在环境舒适、地域开阔、临靠区域交通干线的小城镇。随着区域交通运输及信息传递能力的提高，现代工业布局（尤其是运输量小的电子工业）出现分散化的趋势，公司总部大多布局在大城市，而大量的子公司、分厂则散布在范围广泛的区域内。

城市核心区用地布局的高度商贸化和工业职能的扩散化，必然导致城市居住职能的地域扩散。高收入阶层趋向于选择远离闹市区环境幽雅的郊区别墅区位，而低收入阶层多选择地价较低的城市外围居住地域。

城市居住职能的扩散又进一步带动城市商贸、教育、文化、旅游及基础设施职能的扩散。

3. 城市与区域生态环境建设的一体化

生态环境质量的提高是城市与区域可持续发展的基础和重要标志，处理好城市与区域的生态环境相互关系是城市与区域社会经济协调发展的关键环节。

从城市发展与区域的生态环境变化的关系看，城市污染已出现明显的区域化发展趋势，即城市成为区域环境的强污染源，城市污染迅速向周围地区漫流扩散，与点多面广的乡镇企业污染复合叠加，构成以城市环境污染为核心的区域性环境污染扩展态势。同时，区域水土流失、土地沙漠化、酸雨、河流污染、植被覆盖率下降等问题进一步加剧了城市生态环境恶化程度。

因此，城市环境污染治理是解决区域环境问题的关键。城市与区域生态环境整体建设的主要途径包括：

（1）严禁将城市强污染型工业向乡村地域转移。乡村地区在承接城市工业扩散项目时必须将环境污染问题作为重要的因素考虑。

（2）加快技术进步，推广清洁生产工艺，实行全过程控制，建立清洁型闭合城市工业生产体系。重点开发新型能源利用方式和技术，如煤炭脱硫、除尘技术等，消除传统能源生产所带来的污染问题。推广废物回收与综合利用技术，包括废水、大气污染治理，固体废弃物无害化处理等技术。对现有技术水平尚无法全部利用并以污染物形式排放出来的各生产环节物质实行全过程控制。

（3）加强乡镇工业的环境治理。一方面调整产业结构，严格限制小造纸、小化肥等高污染性工业生产。另一方面，集中布局乡镇工业，建立乡镇工业小区及重点工业乡镇，统一建设环境保护工程，改变乡镇工业点多面广、污染严重的状况。

（4）制定城市区域生态环境总体规划。通过规划，确定区域生态环境整治方向，明确生态环境重点整治区域，运用生态经济系统理论方法，建立生态、经济、环境协调的发展模型，通过建立生态环境整治示范区，带动区域生态环境的整体治理。

（5）开展区域性生态环境工程建设，将城市生活垃圾处理、工业“三废”处理、河流及湖沼综合治理、水土流失治理、土地沙化盐渍化治理等作为重点建设生态环境工程。通过重点工程建设有效地改善区域生态环境质量。

4. 城市与区域基础设施建设的一体化

加强区域以交通运输、信息通信为重点的基础设施建设，是加强城市与区域联系，实现城乡与区域自然、社会、经济环境一体化发展的根本前提。城市与区域基础设施整体建设的主要途径包括以下两种。

制定以城市为主体，以区域为空间载体的城市-区域基础设施整合规划，从区域人口增长、经济发展、生态环境建设的总体出发，确定基础设施的发展规模及投资结构，进行基础设施布局。

城市与区域基础设施布局整合的关键，在于处理好城市与区域基础设施的空间衔接关系，突出城市作为区域基础设施枢纽的作用与组织区域基础设施建设与运行的职能。区域基础设施与城市内部基础设施既要相互独立，避免过境设施运行对城市内部功能的干扰，又要合理布局城市内部设施与区域基础设施的接口和联系通道，使城市能够充分利用区域基础设施。

5. 建立低碳城镇

20 世纪 80 年代以来，随着环境变化加剧，碳减排问题已被提上国际社会的重要日程。碳排放主要集中在工业生产和人口集中的城镇地区，城镇作为温室气体的主要产生源，无疑成为实现低碳减排目标的关键，基于这样的共识，产生了建立低碳城镇发展理念，即通过降低碳排放来减少人为活动对环境的干扰与资源节约和高效利用的城镇发展模式。

包括我国在内的很多国家，低碳发展已成为具有约束性的政策或法规，承担一定的碳减排目标。欧美等很多发达国家，针对低碳目标，推行新的城镇规划策略，城镇规划进入低碳时代。我国城镇化正处于快速发展与转型发展的关键时期，更要重视低碳城镇的建设。

三、城市与区域相互作用的地域类型

根据城市-区域相互作用的地域条件特征，可以把城市与区域相互作用形成的经济地域类型划分为农业为主的经济地域、大城市经济地域、枢纽型经济地域、环境脆弱型经济地域和工矿型经济地域 5 种类型。

1. 农业为主的经济地域

农业为主的经济地域城市发展水平较低，区域经济以较发达的农业为主，城乡二元结构比较明显。

1）基本特征

农业为主的经济地域城市发展水平较低，区域经济以较发达的农业为主，区域产业结构转变迟缓，区域社会经济发展及城市化水平低，城市与区域的联系不够紧密，城市对区域的带动作用较弱，城乡之间的关系还处在对立状态，城乡二元结构比较明显。

2）动力机制

城镇化的快速发展成为城市与区域相互作用的主要动力机制。传统农业地域快速发展的重要途径是加速城镇化进程和中心城镇的发展，形成较强的聚集效应，使中心城镇成为传统农业地域城市化的主体空间，为农业地域的要素、产业聚集提供载体空间。

3）发展方向

首先，应以农业产业化为基础，把发展农产品加工、农业服务业作为产业增长极；其次，大力发展乡镇企业，有效吸纳农村剩余劳动力；再次，合理布局乡村工业，使其产生集聚经济效益和规模经济效益；最后，不断完善城市中心的职能，进而促进城市与区域的快速发展。

2. 大城市经济地域

大城市经济地域是在中心城市聚集到一定程度后，中心城市向周围空间不断疏散人口、产业及职能，周围腹地接受来自中心城的辐射，逐渐发展形成的产业与空间体系。

1）基本特征

大城市经济地域城市与区域相互作用的程度高。中心城市作用突出，区域发展水平及产业结构层次水平高。城市与区域相互作用的内容丰富。城市对区域的带动作用明显，明显的产业发展聚集规模优势及区域发展水平、区域市场容量和市场消费层次优势，使大城市地域产业结构转换效率高。

2）动力机制

大城市的溢出效益是城市与区域相互作用的主导机制。主要体现于首位城市的要素与产业的高度聚集及聚集到一定程度时的功能扩散与空间扩展，伴随着城市区域化进程的是大都市区产业与空间结构体系的形成与完善。

3）发展方向

大城市经济地域应以更新与强化都市区的发展动力，促使中心市区产业结构服务化，加快城市（中心城市）要素、产业及职能向周围地域的扩散，加强和完善中心城市辐射功能体系，加速具有特色的卫星城镇的建设及卫星城镇体系的形成。

3. 枢纽型经济地域

枢纽型经济地域城市利用其交通枢纽地位，可带动其周围地区（区域）发展，形成经济发展的“增长极”和“发展轴”。

1）基本特征

枢纽型经济地域的交通、通信比较发达，各种物流、人流、信息流等能够快速地在城市与区域间自由流动，城市与区域相互作用领域宽广。枢纽型经济地域类型的发展是以完善、发达的交通通信网络为基础的，为城市与区域的相互作用奠定了基础通道。

2）动力机制

交通运输条件的优越与否，决定了城市与区域相互作用的程度。枢纽型经济地域利用其发达的交通体系和现代化通信网络，形成了一个巨大的枢纽经济结节点。这个枢纽不仅关系到区内各经济体的交流，更重要的是利用其枢纽功能实现与广大腹地之间的物质和能量互换。

3）发展方向

科学制定交通运输网络和枢纽的建设布局规划，通过各种交通方式的合理分工和各部门的通力合作，搞好各类配套设施建设，加强联运环节管理工作，推动综合性交通枢纽的发展。依托交通枢纽城市特有的便利条件，大力发展制造业和第三产业，有效增强城市经济实力，优化城市产业结构，提高城市工业化水平。

4. 环境脆弱型经济地域

生态环境脆弱地域是指地域生态系统抗干扰能力差的生态敏感区。

1）基本特征

生态环境脆弱、农业自然灾害频繁，使得该地域以低层次农业生产为主体，经济实力集中于少数乡镇，基础设施建设滞后，城市与区域相互作用程度较低，城市化质量不高，工业化的推动作用尚较薄弱，某些重要城镇过分依赖区外服务职能，城市对区域的辐射带动作用程度较低。

2）动力机制

环境脆弱地区城市与区域整合的基础是区域生态环境恢复与整治，所以生态环境脆弱地域的资源利用、产业发展、城镇建设的协调等问题显得尤为重要。资源开发与产业发展应建立在生态技术系统的支持下，根据市场对绿色生态产品需求及地区生态位状况，选择适应地区生态基底的生态产业，依据循环经济理论，建立全封闭、零排放的循环生产系统。

3）发展方向

该类型地域的发展方向应以恢复与整治生态环境为前提，选择区域生态环境结构完善、抗干扰能力强的地区集中布局人口与城镇，要实施生态城市发展战略，建立生态化的产业结构体系，强调人与自然协调发展。

5. 工矿型经济地域

工矿型地域是在矿产资源富集地区，由于矿产资源开发与资源加工体系的形成而产生的区域产业与城市化地域。

1）基本特征

工矿型地域空间结构形态表现出明显的松散性特征，大部分城市是“缘矿建厂、缘厂建镇、连镇成市”规律作用下的产物，城市随资源开发的地域扩展，往往呈现“点多、线长、面广”的松散形态，城市也因此被分成若干大小不同的不连续散点单元。城市与区域的关联度较低，城市与区域相互作用强度较弱。由于企业与城市呈现出分离的板块式结构，城市规模效益和极化效应不佳，突出地表现为“大工业、小农业”，“大企业、小市政”，“大国有经济、小民营经济”，“离城建厂”和“独立建区”，致使城市与区域相互作用强度较弱。

2）动力机制

资源开发是工矿型地域城市与区域相互作用的主要动力机制。这一地域类型城市因资源开发而兴起，城市的发展历经矿区小城镇→县城→小城市→中等城市，甚至大城市的发展过程。同时，区域产业结构单一，产业构成以资源采掘和粗加工为主。

3）发展方向

工矿型地域城市建设应采用集中城市化模式，强调主导资源开发达到规模水平阶段后，产业发展重点及时转向资源加工业，建立以资源采掘为基础，资源加工业与资源替代产业相结合的多元化产业结构体系。应促进工矿型地域要素、产业的城市聚集及城市空间体系完善，强化城市职能与“区”“城”一体发展，逐步形成多样化的现代城市职能体系，有效增强城市的综合服务能力，扩大城市的辐射、组织效应。

复习思考题

1. 分析城市的形成和发展与地理环境的关系。
2. 分析村落的类型及空间结构特征。
3. 阐述城市与区域相互作用的原理。

主要参考文献

金其铭，等. 1990. 乡村地理学. 南京：江苏教育出版社
李诚固. 1987. 我国乡村地理学若干问题研究. 经济地理，(4)：71～73
李诚固. 1998. 中国城市密集区比较研究. 地理科学（英文版），(2)：20～23
周一星. 2003. 城市地理学. 北京：商务印书馆

第五章　文化活动与地理环境

自世界上有了人类便有了文化，文化是在人类从适应到利用、改造自然环境的过程中形成、发展的。人类的文化活动必然产生、发展于一定的地域空间，必然与地理环境息息相关，就此而言，原始社会与现代社会没有天壤之别，有的只是深度和广度的不同。从这个意义上说，文化是人类社会对属于他们的那部分地域加以组织、利用和加工的结果，可以被视为“环境的人为部分”。也就是说在一定的地域空间中人、文化、环境共同构成人类活动的地域文化系统。在此系统中人-文化-环境是三位一体的有机整体，研究地域文化系统的组成、结构、功能、空间特性和时间动态，以及系统要素之间与系统内发生的各种过程之间相互作用机制。系统的相互作用关系包括：文化与文化之间、文化与环境之间、各种过程之间的相互关系（图 5.1）。

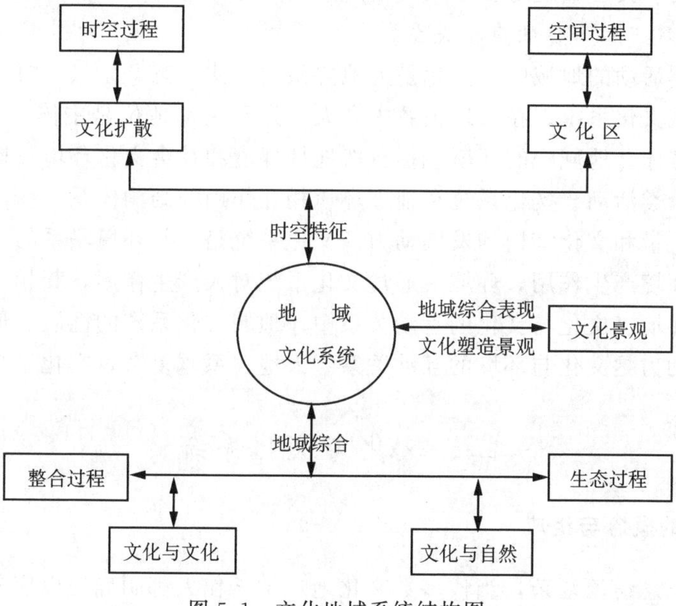

图 5.1　文化地域系统结构图

在一定的地域内，自然地理环境是文化系统形成、发展的基底，社会文化环境是文化系统演进的动力，文化影响人们对环境的作用，使环境发生不同程度的变化。文化与环境的双向关系是地域文化系统中最基本的、也是最重要的关系，本章以文化与环境的关系为主线对地域文化系统形成发展机制进行分析。学习本章将要掌握：地域文化系统的地域综合——文化与自然地理环境生态关系的生态过程，文化与社会文化环境的整合关系的整合过程，以及地域文化系统的形成、发展、演变的文化扩散——时间动态过程、文化分布与文化区的空间性质特点和空间作用机制，地域文化系统的环境综合表现——文化景观，并用此理论和方法分析地域民族文化现象。总之，在分析地域文化系统时要以人地关系为核心，用空间、时间、生态的观点综合分析文化现象与地理环境的关系。

第一节　地域文化系统的构成

一、人、文化系统和环境共同构成地域文化系统

世界各地的住宅在设计上千差万别。在中东，为克服高温天气，住宅的顶板建得很高；在南太平洋，住宅的设计充分利用常有的微风；在阿拉斯加，因纽特人的圆顶小屋能有效地保存热量并能抵抗凛冽的寒风。通常，自然环境不同，人们住房设计的思想理念也会有所差异，但有时也有例外，如 19 世纪英国人在印度建造的传统英式别墅和大厦，就与当地的气候是不适应的。通过以上的例子我们便可以看到人-文化-环境三位一体的有机关系。

在有人类活动的地域中，文化是人地关系的具体形态，“人、文化系统和环境”共同构成地域文化系统。在人地关系中“人”处于主动地位是主体，“地”则处于被动地位是客体。地域中的环境包括自然地理环境和社会文化环境。地域文化系统的结构就是人类活动、文化系统和地理环境相互作用的结构体系，在此结构体系中产生了文化力量和文化结构的发展动力。文化系统是人与环境联系的纽带，人通过文化系统对环境产生作用，环境又通过文化系统对人产生作用，其相互作用机制表现在文化与环境、文化与文化的互动关系中。地域文化系统的性质、形成、发展机制的基本推动力是文化与环境的互动关系。人地关系越复杂，文化系统越先进。

二、文化与文化系统

1. 文化的概念与组成

文化的概念纷繁复杂，当代多数文化地理学著作大都明确地以广义的文化领域为研究对象。例如，美国斯宾塞（J. E. Spencer）和托马斯（W. L. Thomes）的《文化地理学导论》，再版于 1978 年，其章节安排即是：①文化地理学概论；②更新世的居民和人类的发展；③文化系统的萌芽；④文化系统的成长和扩散；⑤文化领域扩张的中断；⑥文化型的辐合；⑦资源增进系统；⑧空间转化；⑨人口盘旋；⑩20 世纪的地面；⑪地貌和生物对人类的影响；⑫文化环境的未来质量。以上 12 章包括政治、艺术、科学技术、宗教、建设、民族、人口、生态、组织机构和体制等内容，也涉及能源、采矿、加工工业、农业、渔业、牧业、林业、运输和城市、

农村等领域。可见，该书以物质、精神、行为制度因素为对象，也就是说，它是以广义的文化概念为对象的。不过它并不是从生产布局、生产发展的条件、地域生产综合体等角度对以上部门或区域进行研究，而是从文化的特性、复合性、系统性、地域性等方面来研究以上诸要素。这就使它严格区别于经济地理学，作者认为经济地理学研究生产过程，文化地理应研究文化过程。

广义的文化概念是指人类社会历史实践过程中所创造的物质财富和精神财富的总和，它包括 3 个组成部分：物质文化、精神文化、行为文化（社会文化）（图 5.2）。

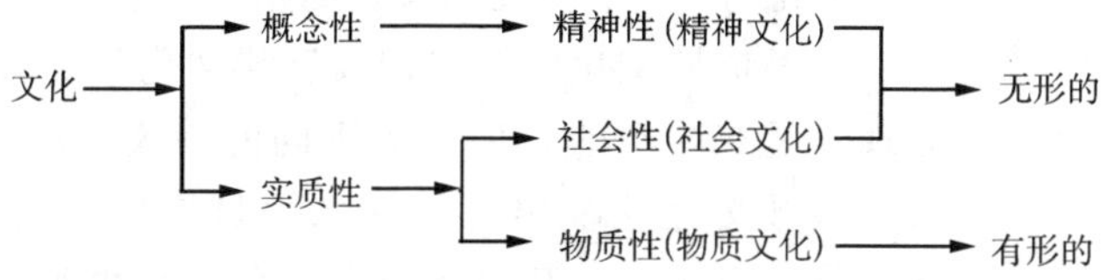

图 5.2　文化的属性

物质文化指满足人类物质需要的那部分文化产物，包括人们创造的各种物质和精神产品。它是人类生活和生存的物质基础，是人类利用自然物质加工而成的人为创造物，物质文化体现一定的生产力发展水平，反映劳动工具和劳动者的工艺技术相结合的程度。

行为文化（社会文化）是人类处理个体与他人、个体与群体之关系的文化产物，它包括人际关系和规范化了的社会制度。例如，社会的经济制度、婚姻制度、家庭制度、政治制度等。

精神文化是人类的文化心态及其在观念形态上的反映，它包括人们的价值观和观念指导下的行为规范等。

从结构上看，文化的三个组成部分之间是相互渗透，相互影响的有机整体。制度文化与物质文化的关系和上层建筑与经济基础的关系相类似。而精神文化对制度文化和物质文化的影响则集中地体现于文化结构的特征。

人类的文化活动是在一定地域条件下进行的，地域的地理环境条件影响物质文化，从而影响制度文化和精神文化，而文化又综合作用于地理环境、改变地理环境。一定地域空间文化与环境的相互作用形成了人类文化活动的地域系统。

2. 文化系统

地域文化中最小的要素是文化因子。因子具有相对的独立性，它既可指某个行为因素，也可指某种生产工具，某种思想、观念等。相互联系的文化因子于一个有机统一体中构成文化丛。在各种不同的文化系统中，文化丛拥有数目不等的文化因子，所以文化丛有大小之别。例如，饲养奶牛是一个人类文化因子，生产和消费奶制品则构成奶牛饲养文化丛。在一个地域内，各种具有地域特性的文化丛的集合组

图 5.3　地域文化的层次关系

成了一个文化系统。文化系统在空间分布上具有地域整体性。不同社会以不同的方式将因子和文化丛组合成文化系统，各文化系统所具备的特殊结构决定了该系统内容要素的功能发挥。从属于某一系统的人们所居住的特定地域称为文化区。一组相关与相似的文化区在空间上连续或不连续的分布构成文化圈（图 5.3）。地域文化系统主要研究在一定的地域空间中的文化系统的不同组合、形成机制和特征，并综合研究文化与环境、文化与文化的相互关系。

人类地域文化的纵向构成反映文化系统层次结构的地域表现，是有层次的，表现为不同的规模大小。从横向来看，人类地域文化反映出各层次的地域空间上的差异性和相似性。每个层次中，几乎都包含着众多的并列系统，每个系统都可以作为我们研究的对象。地域的文化因子、文化丛是形成地域特性的关键因素，地域的文化系统形成地域的特性。文化系统是地域综合体、地域文化系统研究的主要对象，地域文化系统也研究文化因子与文化丛，但是从文化系统的角度去研究的，强调综合的地域文化整体，强调文化的地域整体性。

3. 地域文化系统的特性

地域文化系统的特征可以从不同的角度来阐释。我们主要从环境、作为个体的个人、作为群体的集体、社会整体角度来阐释其特性。

自然地理环境是地域文化系统形成的基础。无论地域文化系统发展到何种状态，地域的自然地理环境特性都不同程度地影响文化的发展，原始人对环境的图腾依赖、现代人类社会征服自然所导致全球环境问题的凸现，以及当代人类社会与环境和谐共处的需求，都从不同层面展现了文化与自然环境的休戚相关。

从人类的个体角度而言，地域文化系统对个人的信念和知觉、价值观和准则及行为有塑造作用。地域文化系统通过群体或者社会意识影响个人对事物的认识、判断，以使个人适应属于他们的生活与环境，个人的认识、判断、价值观，以及适当的行为方式共同构成地域文化系统的特征。反映在个体按照一定的群体意识和个体意识，认识环境并塑造地理景观。

对社会而言，地域文化系统对社会起着整合或非整合的作用，文化的社会整合是某一社会群体认同共有的观察世界和行事方式，但这并不意味着，他们在各方面都一致，而只说明了他们拥有一致的认同核心，从而构成社会价值、社会规范和社会结构的协调。文化对社会的整合作用是民族团结和社会秩序稳定的基础。文化对社会具有正、反双向作用，也就是说文化也可以导致社会的非整合状态，文化对社会整合的作用保持了社会体系的均衡与稳定，文化对社会非整合的反向作用破坏了社会系统的均衡与稳定，导致社会的四分五裂。

第二节　文化与地理环境的互动关系

地域文化系统的结构就是文化与环境的双向关系，包括两方面的相互作用，即，文化与自然地理环境之间、文化与文化（社会文化环境）之间的相互关系。

一、文化与自然地理环境

文化与自然地理环境之间的互动关系，也就是文化生态关系，其中的功能过程为生态过程。文化生态是应用生态学的观点研究人与自然环境之间的相互关系，既研究自然地理环境在文化发展中的作用，也研究人的文化作用对自然地理环境的影响。对文化生态的研究主要有以下 4 种方法。

1. 直链型文化生态关系

早在 19 世纪末和 20 世纪初，环境决定论与地理学发展中的地理环境决定论学派得以发展。环境决定论学派认为，“人基本上是自然环境的消极产物，人是可以由自然塑造的泥土”。该观点把人和自然对文化的关系看成是单向的，是完全由自然决定的，具有片面性。因此，一些文化生态学家采用 J. W. 贝里的“强”式文化生态关系说来解释文化与自然地理环境的关系。其基本观点是：“环境（自然环境）现象对所研究的文化行为的起源和发展在一定程度上起主导作用。”这一研究方法认为环境以单向因果关系的过程强有力地决定着文化，环境对文化的作用是因果直链型关系，即 A－B－C……

在炎热多雨的非洲和南太平洋的某些岛屿上，男孩有发育期施行割礼的风俗。按文化生态直链型关系提出假设：物质环境条件的变因——气候——实行割礼风俗。其因果推理为，在热带气候条件下，食物供应常是低蛋白（多半是果实和根茎）—人们常患有严重的蛋白质缺乏症—母奶含丰富蛋白质—禁止性生活可以保证喂奶期—一夫多妻制，母亲与小孩同住—男性接近青春期、与母亲分开，开始男性角色认同—发育期施行割礼的风俗，起到加强男性角色的作用，并为中断男孩和母亲之间的长期心理联系提供了一种戏剧性的媒介。

2. 网链型文化生态关系

与环境决定论不同，文化生态观点强调人的选择能力，在重视自然对人的影响的同时，也重视人的作用，把二者看成是双向影响的，认为尽管自然环境为人类文化发展提供了各种可能性，但只有经过人的选择，才能在特定环境下创造最佳文化。从文化生态的角度看，J. W. 贝里称这种关系为“弱”式文化环境关系，即网链型文化生态关系。其观点是：在环境与文化的变因之间存在着“作用的相互依赖性”，把文化环境作为一个相互依赖的生态系统的一部分来考察而不是确定确切的原因与结果。文化与环境的关系是一个相互联系的因素网络，即 A－B、A－C、B－C……

非洲扎伊尔东北部伊图里森林中的姆布蒂族俾格米人生活在茂密的雨林中，他们靠采集和狩猎为生，但不同的俾格米人群队之间狩猎方式不同。有些群队的狩猎是合作安排的，多人参加，用大网捕捉动物，而另一些群队则使用弓箭，以小群体形式狩猎，两种狩猎方式所处的环境（地形、气候、食物来源）完全相同。之所以产生这两种狩猎形式，是因为环境十分慷慨地允许有可供选择的狩猎方式，丰富的植物性食物来源这一共同基础使有选择的而且是同样适用的狩猎方式成为可能。

3. 社会体系中的文化生态关系

此种方法注重人类环境关系中人对环境物象、观念的研究。其目的是探索和环境有关的人类行为动机。因此，只要揭示出人类对其生存环境的观念，对自然提供的可能性的选择，就可以解释人对环境所产生的知觉决策的行为激励。美国的欧·奥尔特曼、马·切默斯在其《文化与环境》论著中称这种方法为“社会体系的研究方法”。

图中每一个变因与另外任何一个变因都可能是因果关系。在变因网络中任何一部分的变化都会对整个体系产生影响。变因之间的多方向因果关系，并不排除在某些特殊研究课题中追寻特定因果关系的需要（五类因果对理解环境之间的关系是非常重要的）（图 5.4）。

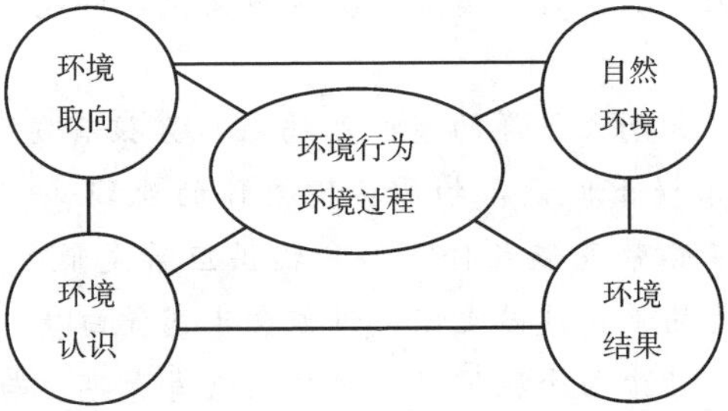

图 5.4　社会体系研究方法

在西双版纳的优越的自然条件以及传统价值观念基础上，傣族对环境的理解是以人为中心的地域环境印象，他们认为人的生存以环境为基础，在环境层次中，森林自然环境是最基础的，它为水稻文化涵养水源。而水资源是水稻文化必不可少的自然条件，有水才有水稻田。此外，水稻耕种需要丰富的土地资源。傣族的生存环境必须是：森—水—田的生境。他们以这种环境理解方式，选择聚居区并形成独特的傣族人类整体生态经济系统。傣族在对自然环境价值观及环境理解基础上确定他们的地域意识行为，对傣族来说主要活动地域是：家庭—村寨—农田。次要活动地域是：森林地域。他们的活动地域与生产和生活密切相关，主要地域对傣族生存起重要的作用，也是地域文化系统集中体现的主要地域，是傣族获得物质能量、信息的主要生存空间，在此地域上，人类文化最显著，人类整体生态系统网络最复杂，物流、能流、信息流最旺盛。次要地域人类活动的频度减小，人类与物质环境的物流、能流、信息流减弱。傣族主要的地域意识行为规模为：家庭—村寨—农田—山林。

4. 和谐文化生态关系

这是一种新型的人地关系论。第二次世界大战后，人与自然的矛盾日益尖锐，人们已认识到作为地球改造者的人类对自然环境利用的主动性在日益增加。而自然对人类文化活动的影响也更加明显。人类利用、开发自然应以不破坏生态平衡为原则，应把人看成自然界的一部分，追求人与环境的和谐的最佳境界。人地协调遵循的原则：动态协调、综合协调、长远协调、全球协调、科学协调、主导协调。协调论不仅强调环境对文化的影响，更强调文化对环境的影响，强调文化与环境双向作用的协调性。

美国独立后到19世纪末，对西部地区进行的大规模的移民拓殖和开发建设，激发了美国人的创造力和经济的活力，极大地促进了整个美国国民经济的腾飞。在短短100年左右的时间里，美国由一个地处一隅的小邦，发展成一个举世公认的泱泱大国，工农业生产总值超过英、法、德而跃居世界首位，这不能不说是世界经济史上的一个奇迹。然而，美国的经济发展是以对生态环境的巨大破坏，甚至是不可弥补的损害为代价而取得的，这在农业领域上表现得尤为突出。美国历史虽然不长，但破坏的土壤比任何一个国家都多。“争先开发，不顾后果”是当时人们对待土地的传统态度，这就必然给土地资源造成了无法补偿和越来越大的损害。如南部长期种植单一作物——棉花，使土壤肥力迅速耗竭，然后弃之不用，再向西推进，如此步步破坏生态环境，是造成南部在历史上长期贫困落后的重要原因之一。西北部也有大量耕种过度、随意抛弃的农田，造成严重的水土流失、土壤沙化。西部大片平原沃土在盲目开拓后变成了沟壑纵横的劣地，以致贻害至今。在西部开拓中，人们对森林毫无节制地乱砍滥伐，引起水土严重流失；大规模捕杀珍贵野生动物，如野牛、羚羊、鹿等，使北美多种野生动物资源基本灭绝；对西部矿产劫掠式的开采，使矿区自然生态严重失衡；随着西部工业的发展，工厂不断增多，排放出的废气、废尘随之增加，空气污染严重，“酸雨”不断；随着西部城市发展，人口增长惊人，城市住房、卫生设施严重不足，废物被随意倾倒，河流污染严重。这种漠视自然环境和不加思考地滥用自然资源的开发建设，使生态环境急剧恶化，最终导致了1934年发生的美国历史上一次破坏力最大的“沙尘暴”。它席卷了美国2/3的国土，带走的尘土达3亿t，毁坏农田无数，导致作物严重减产。

教训是惨痛的。美国政府通过了多种立法，付出相当大的人力、物力、财力去保护资源、保护环境，也取得了一定的成效，但很难恢复到破坏前的状态。近代美国西部大开发中重经济发展，轻环境保护的开发模式很值得我们引以为戒。生态环境是人类生存和发展的基本条件，是经济和社会发展的基础。生态环境一旦遭受破坏，即使付出很大的代价在很长时期也都难以恢复。生态学家认为，自然选择垂青于对生态系统的稳定作出贡献的物种，而不断破坏它自己参与的生态系统的物种却在严重威胁自己的生存。人类文化要与生存环境相协调。

以上是文化与环境关系研究的不同角度和方法，在实际研究中可根据实际研究的需要进行选择和综合运用。

二、文化与社会文化环境

文化与社会文化环境的关系也就是地域文化系统中文化与文化的关系，其相互作用过程是文化的整合过程。

文化整合是指文化系统内各种文化因素、文化丛之间的协调平衡关系。各种文化因子、文化丛之间是协调的，就是整合，否则就是不整合。各种文化因素或文化丛整合关系构成文化系统或称文化地域综合体。文化地域综合体在空间上是个整体，只有研究地域文化的整合关系才能揭示地域文化的空间分异、地域性规律。地域文化系统的文化整合包括两层含义：首先是地域文化系统中物质文化、精神文化和行为文化三成分的整合关系，即内整合。地域文化系统内文化整合的关系就像自然环境中各种自然要素之间相互作用协调的关系，如果某个要素的变化超出了限度，就会导致彼此之间的不协调或不平衡，结果就会带来灾害。如现今工业化、现代化席卷全球，可是现代技术、现代生产就需要现代化的管理制度和体制以及与此相适应的上层建筑。只有物质文化的变化，没有社会和意识文化的变化，地域文化也得不到协调发展，反而会产生一系列的矛盾、问题。只有当三者的变化都协调、平衡，才能使工业化、现代化顺利进行。其次是地域文化综合体文化与新文化的整合关系，即外整合。文化是随时间不断变化的，地域文化系统在时间发展过程中形成自身的文化传统，当外来文化影响时，总是经过一定时间与原文化传统相整合（不是照搬）这种地域文化的新整合，促进地域文化系统的发展。

西双版纳傣族原信仰自身的原始宗教。至中唐时期以后，小乘佛教开始在云南和东南亚传播与形成。小乘佛教在西双版纳傣族中的传播，起初由于与傣文化不相符而受到抵制，随后小乘佛教根据傣文化进行适应性改变，形成一整套较符合当时傣文化特征的西双版纳傣族佛教文化体系，使小乘佛教与傣文化相整合。佛教文化丰富和深化了傣文化，同时傣文化也使佛教文化有所扩展。西双版纳傣族佛教文化越来越为傣族所接受，成为傣族固有的心理意识，也成为傣文化重要组成部分，当地傣族普遍信仰小乘佛教。

地理学家在研究地域文化综合体时，为了弄清文化整合的原因和方式，必须解析文化因素，分析其特征和作用。由于地域文化系统中文化因子多样而复杂，在诸多因子中删繁就简，排列出某个因素来研究其他因素的关系和作用，这种方法就是建立模型，此方法可检验文化如何在综合体中运行，也称模型构造法。这种模型方法常以假定的理想状态为前提条件，以便利用某些观察到的孤立因子来模拟实际状态。如杜能的农业区位论、韦伯的工业区位论、克里斯泰勒的中地理论等。20 世纪 50 年代，瑞典地理学家哈格斯特（T. Hagerstrand）在关于文化扩散的研究中运用了统计模型方法，取得了令人瞩目的成果。除模型方法外，地理学家还采用定性分析和定量分析方法。与自然科学不同，文化不能做实验，只能通过观察分析，设想在理想情况下，各文化因素的相互关系中主导因素的影响和作用。在文化整合研究中要注意环境因素作用的研究，以免走入文化决定论的极端。

第三节　地域文化系统形成和发展的时间和空间特征

一、文化扩散

文化扩散是文化现象的空间移动过程和时间发展过程的特征。文化源地是文化移动的起点，文化分布是移动的结果，文化扩散将文化起源和分布联系起来，通过对这一过程的研究，上可探知文化源地，下可遍查文化空间分布格局。三者在地域上存在着图 5.5 所示的关系。

图 5.5　文化扩散演进

对文化扩散的原因，不同的文化或文化因子有不同的解释。

1. 文化扩散的类型

文化扩散的方式主要有两类：扩展扩散和迁移扩散。

（1）扩展扩散：指某种文化现象以一地的居民为中介在空间上从一个地方传到另一个地方……这样连续不断地传下去，其所占据空间越来越大。此类扩散的特点是某种文化现象由于从原分布逐步向外扩大，使其分布区覆盖的面积越来越大，其地理空间是连续的，旧的分布位于新的分布范围内。

（2）迁移扩散：当具有某种思想、技术的人或集团，由于某种原因迁移到另一地，其原有文化便随之在新的居住地传播开来。迁移扩散由于是由具有该文化的人带去的。所以它有两个特点：①扩散比较快，比其他扩散方式快；②带去的是地道的原本文化。例如，欧洲移民在新大陆发现后，大批迁移到南北美洲、澳大利亚等地，不仅把物质文化、社会文化带到新的地区，还把意识文化也带到新的地区。由于移民长距离迁移，迁移扩散过程中，在新的定居地所出现的文化现象与其原有分布区往往并不相连而成为一种孤立的分布现象。

2. 文化扩散过程

1）扩散的动因

文化扩散是人与人之间的文化交流，其扩散的动因主要有：①一种文化特征，一个文化因子，甚至一个文化系统，只要它有价值、有意义，便会为人学习、仿效、接受；②人类对幸福（体现为物质财富和精神财富）的不懈追求，即是创造文化的原动力，正是它促进了人类的相互交流；③每一次具体的扩散过程都有其具体的原因。

2）文化扩散的阻滞

文化扩散阻滞可分为自然阻滞和文化阻滞两类。文化扩散往往是在不同文化群体间进行，两文化群体间自然环境的障碍，如高山峡谷、荒漠海洋等，阻滞了文化的扩散，任何自然分隔因素都是造成文化空间分异的原因之一。随着人类社会文化的发展，文化扩散的自然阻隔因素的作用日益减小，人为阻滞因素日益增加。两文化群体间文化差异（文化距离）影响着文化扩散，文化差异小，两文化群体间相似性大，联系紧密，相互交流时，扩散容易发生。反之，扩散就难以发生。如今，人为阻隔因素超过了自然阻碍，成为文化扩散的主要障碍。随着人类社会文化发展，文化扩散阻滞因素作用逐渐减小。

3）文化扩散过程中的文化接触

文化接触或文化涵化，指两种完全不同的文化相接触，经过一段很长的时间，两者相互采借、适应，彼此发生了改变。这种文化的改变对两文化群体是不对称的，通常情况下文化态势强的文化影响、改变着文化态势弱的文化。文化涵化的关键特征如下。

(1) 两地域文化接触的变数：①文化相异程度；②接触时环境；③优越和卑下；④接触媒介人物。

(2) 地域文化改变的方向（方式）：①代换；②附加；③混合；④退化；⑤创新；⑥抗拒。

(3) 地域文化改变的结果：①“混合”或“同化”；②合并；③灭绝；④适应。

文化接触是在两文化群体的文化扩散过程中引起地域文化系统的改变情况，可透视文化扩散的结果。

语言和文字是人类智慧的伟大杰作。语言是一个约定俗成的符号系统，它将人类欲表达的意思用语音及其固定的组合表达出来，全世界用于口头交流的语言经过确定有数千种之多。这些语言的历史极其悠久，不断发展演化是语言最突出的特点。随着欧洲的殖民扩张，几百年间欧洲的一些主要语言的使用范围不断扩大，形成了一个新的世界语言分布格局。15 世纪时讲英语的人只有 300 万，范围也仅限于英伦三岛，而今天有几亿人以英语为母语。此外，法语在非洲某些国家、西班牙语和葡萄牙语在南美洲国家都取得了官方语言的地位。由于文化接触的结果，一个地区的文化群体在同其他地区的文化接触中，必然受到影响。这些文化群体可能会采借或适应几种字母体系、数字和书写形式。欧洲主要字母体系的分布归因于宗教的影响。东正教信徒使用的是西里尔字母，而西欧天主教徒所使用的字母主要承袭于古希腊的 23 个拉丁字母。西方人使用的字母属于古希腊伊特斯坎-罗马字母的变体，而希腊字母又是由北闪米特人在吸收了更早文化中的非拼音文字的基础上创造的。

在中国，为了提高教育水平和大众通信的效率，推广了以拉丁字母为基础的汉语拼音，作为汉语书写体的补充。这样一来，世界上越来越多的人对拉丁字母比其他任何字母都要熟悉。纵观全世界，在信息交流和娱乐等众多活动中，使用最多的是拉丁化书写体系。据有关权威机构估计，2/3 以上的书面印刷品是用英文、西班牙文、德文、俄文和法文出版的，而其中英文又占了绝对领先地位，甚至在一些使用法语的国家里，也有 70%的研究人员使用英文资料。世界语言发展的这一趋势，正在强烈地影响着各个国家在语言教育方面的选择和定向。

二、文　化　区

文化区指某种文化特征或属于某一文化系统的人在空间上的分布。文化区大体上有三种类型：形式文化区、职能文化区、乡土文化区。形式文化区指一种文化因子、文化丛、文化系统分布的地理范围。在文化区内文化特征的性质具有大致的均质性，但又不完全等质，中心区文化特征的性质与边缘区文化特征的性质有一定差异，这种不规则性因被划分区域的大小、指标的性质不同而有所差异。形式文化区的划分具有主观性，是根据研究者设定的指标划分的。

形式文化区的空间特征为，文化区在空间上总有一个核心区，即该文化特征表现得最为标准或最为典型的突出地方。在核心区外，是文化边缘区，其文化特征和标准性或典型性随距核心区的距离增加而逐渐减弱，遵循距离衰减规律，直到完全消失，其消失的地方就是该形式文化区的边界。实际上，这种减弱和消失的过程是缓慢的，边界是不明显的，往往是具有一定宽度的过渡带。当两个相邻文化区并存时，过渡带出现附属于两文化之间的亚文化。在文化的共存带，文化更加复杂多样，有利于新文化的产生。形式文化区的边界在一般情况下是模糊的，不明显的。也可根据指标确定具体的边界。每一种文化特征都有其形式文化区，多种文化特征的形式文化区是根据单一文化特征的形式文化区的重叠来确定的，往往采取其重叠性较大的地段，权衡轻重，折中取舍，划分边界。其边界划分的任意性就更大。

职能文化区：是以该文化特征受政治、经济、社会等职能影响的空间范围。一个职能文化区不要求文化特征全面的一致性，而常常是政治、社会、经济职能的辐射区，如一个城市、一个独立的国家、一个选区等。职能文化区都有一个节点，它对其文化现象的分布区起着协调式指导作用，如国家的首都、教区的教堂等。职能区一般具有明显的边界与执行其职能的某些机构。但是也有些职能文化区其边界并不明显，如主教文化区信徒的分布。

乡土文化区（感性文化区）：这是一种在居民头脑中存在的区域意识，而且这种区域意识的名称和作用易被他人所接受。这是具有特殊历史与文化含义的文化区。

“Dixie”是美国南北战争时，南方流行的一首歌曲，出征时士兵多唱这首歌。尽管南北战争已过去百年，但是“Dixie”已在人们的思想上留下深刻的影响。所以，在该地区内许多商店的店名、电话本上私人电话号码、甚至汽车牌照上都出现“Dixie”字样。

乡土文化区与功能文化区的差异在于既无功能中心又无明确边界，与形式文化区的区别是缺乏文化上的一致性。它往往在群众为某种利益的运动中而产生，扎根于流行文化或民间文化之中。

目前最适用的是形式文化区，即通称的文化区。文化区的划分可对文化区进行文化区空间位置研究、文化空间结构分析，文化区内或文化区之间空间流分析研究等。

第四节　地域文化系统的综合表现——文化景观

地球上每个地区都有其独特的景象，使它有别于其他地区，这种区域异质性，除了表现为山川、河流、森林、雪原等自然风光的迥异外，还表现为建筑、人物、服饰、交通工具等文化景象的差异，据此体现了区域的个性。

不同地区有不同的人类活动景象，在北非，妇女的活动中心是井，男人的活动中心是咖啡屋；在纽约的波多黎各人聚居区，杂货店是人们的活动中心；在法国，咖啡馆和餐馆是人们的活动中心；在意大利，广场、画廊和餐馆是人们的活动中心。不同文化形成不同的地区景象，建筑在景观中极为突出，特别是宗教建筑把其功能、技术、艺术、思想、信仰结合在一起综合体现于景观之中，伊斯兰教的清真寺，佛教的寺庙、佛塔、石窟，基督教教堂的高塔和尖顶，美洲阿兹台克文化和更早的玛雅文化建造的巨大美洲金字塔等。

人类文化群体在各自所占据的地球表面，在文化的发展过程中依托自然环境，在文化与自然环境，文化与文化的综合作用中，创造各种人文景象——文化景观，可以说，文化景观是人类文化综合作用的地域表现。不同地域文化形成不同的文化景观，每种文化景观都是特定文化的反映，是地域文化在空间上的差异和时间上的继承的景观表现。

我们今天所看到的城市格局，如建筑结构、街道布局和土地利用格局都是过去和现在文化的综合产物，它们反映了居住者的需要、思想、技术和组织。

文化景观十分形象地反映了人类最基本的追求：衣、食、住、行和娱乐，也反映了人类对改造地球的不同态度。此外，文化景观还包含着有关文化起源、扩散、形成与发展的特征，体现地域文化区域差异。正是这种潜在的作用吸引了众多地理学家去研究文化景观。

一、文化景观及其构成

1. 文化景观的概念及特征

1）文化景观的概念

文化景观概念的提出源于德国。19 世纪下半叶，德国地理学家弗·拉采尔（F. Ratzel）在《人类地理学》、《民族学》等著作中第一次系统地说明“文化景观”的概念（当时称为历史景观），并强调了种族、语言和宗教景观的研究及文化传播的意义。德国地理学家奥特·施吕特尔（O. Schuluter）认为，景观可以分为两类：一是原始景观，即在经过人类活动重大改变前的景观；二是文化景观，即原始景观经人类活动改变后的景观。1906 年他提出了“文化景观形态”的概念，认为景观既有它的外貌，在它背后又有社会、经济和精神的力量。在 1925 年，美国地理学家卡尔·索尔（C. O. Sauer）发表了《景观形态学》，他继承和发展了德国人的文化景观概念，主张以解释文化景观作为人文地理学研究的核心，强调地理学中的文化研究，创立了景观学派，标志着美国地理学中文化地理学作为一个独立的分支正式出现。他认为：“人类按照其文化的标准对其天然环境中的自然和生物现象施加影响，并把它们改变成文化景观。”他在 1927 年对文化景观下的定义是：“附加在自然景观上的各种人类活动形态。”在美国，斯宾塞（J. G. Spencer）、霍华斯（R. J. Horvath）、乔丹（T. G. Jordan）、德伯里（H. J. De Blij）等分别从农业、文化、行为不同角度研究了文化景观。乔丹认为：“文化景观是文化集团在其居住地域上所创造的人为景观。”德伯里认为：“文化景观包括人类对自然景观所有可辨认的改变，包括地球表面及生物圈的种种改变。”我国人文地理学家李旭旦认为：“文化景观是地球表面文化现象的复合体，它反映了一个地区地理特征。”总之，文化景观是人类文化综合作用于地表的地域文化的综合体现。

2）文化景观的特征

综上所述，文化景观具有以下特征：

(1) 文化景观是人文化景观，是客观存在的一个地域单元，反映了人文现象的总特征。

（2）文化景观反映了人文现象与环境的特定关系。

（3）文化景观是能够观察和感觉到的事物现象，它包括物质文化景观和非物质文化景观。

（4）文化景观随时间发展不断变化，人类按其文化标准对自然环境施加影响，并把它改变成文化景观，每个历史时代都对文化景观发展有所贡献。

（5）文化景观完全不同于自然景观，自然景观是文化景观产生的基础、背景和依托。

（6）文化景观具有一定的话语体系，能直观地反映一定的景观内涵，具有易读性的特点。例如，豪华居所——有钱人的住宅；高楼大厦——现代建筑。

2. 文化景观的构成

文化景观由物质文化景观和非物质文化景观构成。物质文化景观是指具有色彩和形态，可被人们肉眼感觉到的有形的文化景观，如聚落、建筑、服饰、人物、街道等。物质文化景观较为具体，人们比较容易观察到。例如，欧洲的市镇和中国的市镇在形态上显然不同；又如，法国式的长条地块，东亚丘陵弯弯曲曲的水稻梯田等。

非物质文化景观是不被人们直接感知的、无形的，但对景观的发展有重大作用的文化景观，如思想意识、生活方式、风俗习惯、宗教信仰、生产关系等。除此之外，非物质文化景观还包括一种可以感觉到而难以表达出来的“氛围”，它像区域个性一样，是一种抽象的感觉，是某地各种文化特征的综合感受，只有靠心灵感受和领悟才能真正深刻体味到、感受到。对非物质文化景观的研究，可以透过文化景观的物质外貌，深入文化景观内部，了解文化景观的深层内涵和本质特征，使文化景观的研究不断深入。

文化地理学家对文化景观的研究主要集中于：聚落的布局、土地利用的格局、建筑风格。三者是文化景观中最显而易见的，是一个地区文化景观的主体。聚落中各种形式的房屋、道路以及其他特殊建筑物的排列在空间上的差异。土地利用格局反映了人们为经济和社会用途而划分土地的方法。这种方法在各地有很大不同，一个依赖于现代技术的美国农民很可能拥有大面积农田，种植同一种农作物，而一个只使用简单农具的摩洛哥农民，则仔细耕种着许多块种植了不同庄稼的小块田地。也许地面上的任何一种文化景观都不会像建筑风格那样形象鲜明：白色朴素的新英格兰教堂，壮观而虚无缥缈、豪华而形式夸张的巴洛克风格的宗教与世俗建筑，大都市中直插云霄的摩天大楼，依山傍水而建的全木结构的农家房舍。这些建筑物都反映和记录了居住地的文化特征。

二、文化景观的研究

对文化景观的研究最具代表性的是斯宾塞和霍华斯在1963年《农业的起源》

一书中对三个近代农业区的农业文化景观的研究和惠特尔西在 1929 年提出的“人类相继占用说”。

斯宾塞和霍华斯在比较研究 3 个近代农业区——美国玉米带、菲律宾椰棕区、马来西亚橡胶生产区的农业景观时，提出形成农业景观的 6 大要素：心理要素（对环境的感应与反映）、政治要素（对土地的配置与区划）、历史要素（民族、语言、宗教与习俗）、技术要素（利用土地与工具的能力）、农艺要素（品种和耕作方法的改良等）、经济要素（供求规律与利润等）。并认为，对这些要素进行综合分析，就可以划分出农业文化区。

惠特尔西（D. S. Whittlesey）在 1929 年曾提出“人类相继占用说”，美国地理学家鲍觉民把它翻译成“文化史层说”，认为地理学应去描述和解释人类的居住空间，研究一个地区人类社会占用的历史演变过程。文化景观是人类文化长期发展演变的结果，各个历史时期都对文化景观有所贡献，每个时期的人都按各自的文化去感知、认识、评价景观并对景观施加影响，创造文化景观，同时一个地域各个时期创造的文化景观具有强烈的继承性。各文化按照时间序列在特定地域上不断沉积与融合，形成多层文化叠置的、具有多重文化属性和特征的文化景观，文化这种历史过程又称为文化的“沉积过程”。

我国许多城市文化景观既带有中国传统文化特色，又带有前殖民地和半殖民地国家的城市景观特色。例如，大连城市建筑景观既有中国传统文化特色，又兼有浓厚的日本风格。青岛则以诸多德国式建筑著称，被称为“万国建筑博览会”的上海更是集古今中外各种建筑风格于一域。总之，任何一种文化都会在地域上留下文化沉积的痕迹。

“文化史层说”可通过文化层位对比方法和文化沉积层位再构的方法再现各时代文化沉积的特征。拉采尔在研究民族问题时提出文化景观应从历史和动态的观点来研究。拉采尔的学生弗罗奔蓼斯（L. Frobenius）把地域的一组文化要素作为复合体研究，提出文化空间分布的“文化圈”概念。格莱伯纳（F. Graebner）进一步引进了文化层，认为任一文化均有面的扩展，都会在地域上留下文化印记，即文化层。而后来的新文化可能覆盖其上，生成后文化。任一地域上的文化景观皆为多重文化沉积的结果。若取某一区域文化沉积的时间断面，必定存在具有不同文化特征综合于一体的文化层位。与自然地理岩层沉积不同的是，岩层新老关系体现为层位的上下沉积层次，而文化沉积是新旧文化在同一层位上的综合。早期文化完全被晚期文化“淹没”的情况极为罕见。假如旧文化层完全被覆盖，即完全被另一文化所取代，成为一均质文化层，那么对旧文化层就不可能再构。

文化景观的发展方向既受制于自然规律，又受制于文化。文化创造了景观，同时景观又巩固了文化。

第五节　文化塑造地理景观

文化地域系统是人类文化（符号）的空间化系统。人们对空间的意识又可以分为空间观念和空间知觉，前者是对空间的看法，后者是人对自身和周围事物相对位置的观感结构，这种观感结构可理解为文化在空间观念基础上形成的空间感觉结构，进而形成地方复合整体的地方感。空间感觉结构反映人们思想中对空间方位、上下、高低所代表的地位和价值观。生活在不同地域空间的民族不仅表现出物质文化景观的多样性，而且由于他们对环境空间的认识与感觉、价值观的差异以及观感结构的不同，形成不同的地方感。“地方感”（sense of place）的产生是人与环境所建立的各层次的关系。一定地域的文化按照自我的意识体系和地方感塑造景观，并赋予景观以意义。我们不仅要关注不同民族物质文化上的差异，同时也要关注思想观念的不同。本部分主要从个体的角度研究人们对环境的认识与感觉，对文化空间的价值观、地方感，进而塑造景观。我们将文化地理环境空间看做一个价值观念的象征系统，通过对文化空间感觉结构的探讨，分析地方感的形成。从这个意义上说，研究文化的地方感就是解读阐释文化空间价值观念的文本。

一、文化的空间观念

我们通过观察道路、地物、界限和其他环境特征获取某一地方的信息。世界各地的人对事物各有不同的复杂认识，他们的认识与所处环境的各部分对他们的重要性不同。例如，因纽特人能比亚利桑那州图森市的居民区分更多种雪的类型。对图森市的居民来说雪是罕见的东西，只有一两种类型。但因纽特人，对雪的类型较为敏感，并将其分为：重雪、粉末雪、碎雪、冰雪、“蹩脚”雪、新雪等。不同的人和不同的群体对环境的认识是不相同的。人们对环境的认识常常是不确切和不完全的，表现在这些认识并不是实际具体环境的确切的复制品。人们对环境的认识是有选择的，包括那些对人来说是重要的或者人能加以区分的因素。因此，对具体环境的认知性表述常常是失真的和程式化的。例如，业余爱好者所画的地图对某些场所的特征不是强调过分就是强调不够。距离和方向可能画错；通道和路线可能画得过分突出；放大后与它们原来的大小会失去比例；或者可能画错了地方。我们在认识环境时也有忽略某些因素的趋向。结果，误认为，梵蒂冈就是罗马；雅典的卫城就是希腊；多石的山就是美国西部地区。所以，简单化、标签化、程式化是对环境认识的典型特征。对环境认识的另一特点是夸大，常常包含着多余的信息。例如，委内瑞拉一个城市的居民画的地图中一条铁路被画到一个特定的地方，尽管这条铁路还没有延伸得那么远。人们好像认为它应该到那里，于是在他们对该市的认识形象中就有了这条铁路。在对环境的认识中，我们推断某些事物的存在，以完善我们的信念和感觉，使它们合理、连贯。

总而言之，对环境的认识真正是“心理上的”，我们在心理范围内解释环境，在认识与感觉环境时是有选择的、不完全的。我们通过自己的感觉器官接收环境信息，以对我们和我们的生活有意义的方式处理和组织信息，其处理结果储存在我们的脑子里。凡是有意义的、连贯的和合适的，当然都深受我们的文化经历的影响。

二、透视环境价值观

在不同的历史时期和不同的文化中，人们对环境有不同的态度。对这些环境常常有互相对立的态度。对同一种环境特征，人们有时候持肯定的态度，有时候持否定的态度，有时在感情上体现为互相矛盾的态度。如果我们看一看英国18世纪写实派画家康斯坦布尔的作品，画中的枯树、破门或者是无人看管的羊群足以让当地人为之气愤，而这些景致是为了迎合当时的城市情调，这些作品现在被用来促进旅游业，它象征着远离现代都市喧嚣的田园诗般的生活。我们常常既谈城市生活的优点也谈城市生活的缺点，一方面是城市生活的方便和刺激性，另一方面是噪声、污染和拥挤。我们常常谈论独自待在荒野、远离我们日常生活的喧闹是如何美妙，但我们也十分需要与他人交往。因此，我们对人文环境、自然环境的态度是肯定和否定感觉的混合，这种或那种感觉在不同的时期居主导地位。所以人们对环境的态度与不同历史时期的文化政治、社会经济具体情形紧密相关。因此对文化的研究需要把文化置于现实生活的具体情景中，研究文化在现实中的作用。

在不同的历史时期和不同的文化中，人们对荒野、城市以及村庄和乡村地区的景色持有不同的态度和价值观。对这些环境常常有互相对立的态度。

伊甸园理想是不同历史时期出现过的一种价值观。圣经中的伊甸园、寺院是这种价值观的实例。这里，经过修整的自然就是美好的景色，如田园景色中的花园、农场和有组织的社区。未受控制的、野性的和原始的自然，对照之下就是“坏的”。

另一种取向出现在城市和自然的“并列理想”中，这种理想对两者都关切或者说在一段时间中肯定和否定态度交替变化。例如，在中古时代的中国对城市和乡村有一种混合的感情。那个时期的大城市提供一种文化和政治的生活；乡村生活提供学习和反省的机会。这一时期的许多领导人部分时间在城市过，部分时间在乡村过，按政治和个人的需要而往返于城市与乡村。18世纪和19世纪的英国作家也对城市和乡村有褒有贬。城市提供刺激、友情、艺术、美食和振奋人心的生活，但城市又显得杂乱、喧闹、令人心烦意乱。乡村则质朴宜人、隐蔽、宁静并接近自然，但乡村无刺激性、寂寥，并且落后。

再一种取向是所谓杰斐逊理想，这种理想对城市和荒野都抱强烈的否定态度，而认为乡村、花园、田园式“中间景色”是理想的环境。托马斯·杰斐逊用简明的文字阐述了这一价值观：“在地球上劳动的人是上帝的选民……大城市里的暴民加之于纯洁政府的负担犹如溃疡对人体力量的损害。”

通过以上例子让我们看到人们对自然、田园式环境和人造环境的肯定和否定价值观之间的不同情况。人们随时间的发展，对环境理解存在差异，从而依据一定的价值观塑造适合自我价值标准的景观。

(1) 各种文化在其对环境的取向上有很大的差异。造成这种差异的因素很多，如环境自身的特性，宗教的和社会的价值观，以及实际应用的技术。此中的任何一个因素都极不可能单独是世界观存在差别的“原因”。这些因素组成一个网络共同影响对环境的取向。

(2) 对环境的认识不是固定不变的。由于我们自己的文化对环境的认识范围有限，对环境的空间观念是有选择性的。人们对环境的取向是变化的，而我们这些生活在快速变化的现代社会中的人很可能会不断看到环境价值观的戏剧性变化。

(3) 不同的地域文化或地域文化系统的不同时期，它们的特征是复杂的、变化的，有的时候也呈现相对稳定的特征。例如，在历史的某一时期或对某一种特定的文化来说，对荒野的否定态度可能占有绝对优势，但仍然有可能同时存在着肯定的感觉。因此，世界观很可能是肯定和否定态度的混合，虽然一种感觉在历史的某一特定时期在一定程度上占支配地位，而在另一时期可能它又变成次要的，甚至是否定的部分。

三、文化的空间观感结构

不同文化在理解环境空间时有不同的空间观感结构，一般情况下的空间认识线索，即按或上或下、或高或低的垂直空间向度，以及按距离它们或近或远的中心和边缘的水平空间向度形成对环境的观感结构。

1. 垂直空间向度

在大多数宗教意识中，天堂、尘世和地狱代表宇宙的垂直度空间。我们生活在地球上，地球整天就在我们身边。地狱并不是能明显看到的，但我们把垂直度空间延伸，因此，对人来说，宇宙有一个垂直度空间。我们趋向于把“上面”和“好”相等同。凡是在上面的就是自由的地方，有美好的生活，可能是鸟的自由飞翔给人以这种象征；太阳升起来能提供温暖并帮助大自然为我们提供食物。“下面”则是典型的“坏的”。太阳一落山，寒冷、恐怖的黑夜就降临，洞穴和地下常常被看做预示不祥之兆和藏祸的地方。因此，对许多文化来说，垂直度不仅重要，而且对这一范围的两极有着截然不同的价值观。关于“上面”被理想化了的垂直度空间的重要性，在我们讨论不同历史时期人们对高山所持的敬畏态度中已经包含了这层意思。对高处的肯定含义在人们生活的其他方面也有明显的反映：在办公室的安排中，在大楼的设计中，以及宗教建筑中都有所反映。中世纪欧洲的大教堂的设计都有塔、尖顶和尖拱，给人以“直上云霄”的感觉。如前面已经提到的，埃及的金字塔和卫城上的古希腊寺庙等都说明，在全世界和全宇宙有关自然的文化信念中垂直度的重要性。

山在许多文化的宗教和宇宙观中起着重要的作用。对某些宗教来说，山是地球的中心轴，天地在这里相会合，人的精神可以在这里感到最接近天，最接近上帝，最接近宇宙。摩西在西奈山上接受十诫并与上帝会见；在希腊，奥林匹斯山被认为是诸神之家；富士山对日本人有相当大的宗教意义。把山视为地球的中心轴，视为与上天的连接点，这种思想出现在许多文化中——中国、朝鲜、伊朗、印度、德国等。甚至一些小山丘和隆起点也被用来象征山的宇宙和宗教的意义。希腊人把他们的寺庙修在雅典的最高点——卫城上。其他城市也修在类似的地点。此外，人们还常常建造山的象征物，一如中东的阶梯形金字塔，苏美尔的亚述古庙塔，以及埃及的大金字塔。此外，西欧的大教堂和寺庙常常是社区中的最高建筑，也许是为了象征通向上天，山的上层垂直向度使很多文化把山看做神圣与权力的象征。

高度还同地位和肯定的事物联系在一起。许多现代机构的“高级”官员都把办公室安置在最高的地方，如“楼上”“塔楼”“顶楼”。例如，在盐湖城，摩门教的领导机关就设在27层高的宗教办公大楼的最高一层（碰巧该楼本身是这一城市中最高的一幢楼，所以该教会领导机关占据了整个地区最高的地方）。国王坐在抬起的高于其臣民的宝座上。在有些文化中，处在地位较高的人的上面被认为是不礼貌的。所以说垂直度空间已经以许多方式织入人类社会的网络中。

但并不是所有的人都对垂直性空间赋予重要含义的，如生活在茂密雨林中的俾格米人。由于森林长得太密，俾格米人朝任何一个方向的视距难以超过100码(91.44米)，在他们的生活中垂直度空间是看不见的或是无关紧要的。

垂直度空间的存在在许多社会中是明显的；“天空、太阳、月亮和星星”的存在表明有一个看得见的永远存在的垂直度空间。由于这些物体在某种程度上具有无法抵达的特性，加强了垂直度空间的象征含义和宗教性质。而生长沿垂直向进行这一事实——树木和花草、小孩和其他有生命的东西都向上生长而且越长越壮——进一步加强了对垂直度的敏感。此外，重力这一简单的事实增加了“上面”难以到达的想法，因为物体总是落回到地球，而不是无限地上升。

2. 水平空间向度和中心概念

对许多文化来说，地球的水平空间向度在日常生活中是非常重要的。关于水平空间的非常普遍的观念是“中心”和“边缘”的思想，许多文化是围绕着“中心”和“边缘”的思想来组织水平空间世界的，此外，还存在着一个普遍的认识，认为中心——通常指自身周围或某个社会或某个国家的周围——总是“好的”。因此，在有关世界上什么受欢迎、什么不受欢迎这一问题上，以自我为中心的观念是与自我中心主义和民族中心主义联系在一起的。

目前关于儿童的认知和感觉发展的理论有一种初始自我中心的观点。儿童的世界起初是以自我为中心组织起来的，以后才逐渐以更灵活的观点组织他的世界。但是每一种文化似乎都有一种有关世界的水平空间概念，而又以他们自己的文化和地理位置作为事物体系的中心。而且中心地点——如一座寺庙、一座宫殿、一块基石、一条河流或一个山谷——常常是神圣的对其人民具有宗教或神话的重要性。

民族中心主义出现在古希腊地图中。有些地图（公元前5世纪）把世界描绘成被一个水带所包围。这些地图有不同的画法，有的被地中海和黑海分成几个地区；有的被欧洲、非洲或亚洲分成几个地区；有的被南面的尼罗河和北面的多瑙河分成几个地区。但不管哪种画法，希腊基本上总是在文明世界的中心（有些地图还把圣城德尔斐或奥林匹斯山画在希腊的中心）。

克勒斯普埃布洛族印第安人的宇宙观，把地球看做宇宙的中心，而把他们自己的社区所在地看做地球的中心。而纳瓦霍族印第安人有更自我化的中心，他们把自己的茅屋看做中心。前面提到过的蒙古游牧群体也持有这种看法：每一顶帐篷是一处中心场所的象征，所以他们的中心与茅屋和帐篷一样多。

现代中心和古代文明一样，也与宗教和象征性意义联系在一起。华盛顿的美国国会大厦既是该市的象征性中心也是地理位置的中心，所有街道的设计都始于国会大厦。许多其他城市和社区也是这样，都把政府所在地当作中心。此外，许多中心都具有神圣的性质，只限于某些人使用。例如，在古埃及、苏美尔和中美洲，只有特殊的神职人员和重要人物才能进入中心寺庙和圣祠。没有入场券我们就不能进入美国国会大厦的中心：众议院和参议院。

这并不是说自己的地方一定是中心，或总是受欢迎的。世界各地许多正统的犹太人和犹太复国主义者认为以色列是他们神圣的中心，而不是他们所在的国家。现代人在他们的宇宙观中，有着许多不同的中心。对爱流动的美国人来说，华盛顿是政治中心；出生地和早期的家可能是另一个中心；公司的办公室又可以作为一个中心；现代人可能可以选择许多个中心，每一个中心是他们生活中的一个不同方面，而技术上不怎么先进或较少流动的社会的成员只有较少的和地理上更邻近的中心。

四、地　方　感

我们将采用一种更加整体的探讨方法，并考察各种文化是如何通过同时利用几度空间来安排它们的活动的。一种文化结构常常相当于一个丰富的混合体，其中有垂直空间向度、水平空间向度基础上所形成的环境意识与价值观。这里环境、文化和心理过程作为一个整体起作用，你不能简单地确定哪些因素“造成”某些结果。常常是这样，你所能知道的只是各种存在的变因之间一个有条理的关系的格局。而地方感正是这一混合体的总体表现。地方感导源于内在熟悉的知识，导源于“在一个实质环境中关怀领域，人与人之间相互关怀的网络”的建立；导源于情感紧系的物质环境，以及意识可觉察到的环境的认同和空间界线；导源于长久以来“经由听觉、嗅觉、味觉、独觉”所强化的亲切的关联性；导源于“连续发展、庄重而快乐的庆祝活动”的传统复现，或“与其他聚落居民之间的竞争”；导源于“周围环境的整体经验”。

古埃及人的地方感，在古埃及，南北流向的尼罗河，由于灌溉上的需要对人的生存至关重要。尼罗河流域土地肥沃，而在这以外则是沙漠，这一情况产生出具有强烈对称价值的宇宙观。地球被认为是宇宙的中心。地球上面的领域是天空女神，下面是下界——每一边都像一个对称的盘，而地球居中。太阳对埃及人的生活是非常重要的。太阳神学和对尼罗河的尊敬一同发展。结果产生了一个南北轴（尼罗河）和一个东西轴（太阳的运动）。这种强烈的对称倾向渗入埃及的建筑中。例如，金字塔是由会聚到同一点的四个等腰三角形组成的。它的底座是个正方形，准确地指向四个基本方位。准确的指向强调了金字塔和宇宙之间的相互作用。正方形基座和等腰三角形突出了对称的强烈愿望，这在埃及人生活的其他一些意味深长的领域中也有发现。

在埃及人的文化中有着丰富、有条理的宇宙观，既牵涉环境的垂直空间向度和水平空间向度，又与自然环境的特征紧密联系。这一宇宙观是文化对环境因素复杂格式的感觉结构，是古埃及人独特的地方感。

所以，文化对环境的阐释是复杂的，人们以自身的文化为基础，以一定的社会价值和情感从环境的垂直空间和水平空间向度理解和阐释环境、利用环境。所有这一切汇合在一个有条理的格局中，使人们能更好地理解这个世界，更好地生活在这个世界上，塑造自我认同的地景。

复习思考题

1. 试比较在热带雨林和热带沙漠自然带中人类活动的不同，并以此阐明其不同的文化生态关系。
2. 人类文化活动与地理环境的关系并不限于至今还保留着古老文化的地区，如何看待现代文化与地理环境的关系？用本章所学的思想讨论地域文化的分异与趋同。
3. 结合本土文化具体分析文化在塑造地理景观中的作用。

主要参考文献

奥尔特曼 O，切默斯 M. 1991. 文化与环境. 骆林生，王静译. 北京：东方出版社

德伯里 H J. 1988. 人文地理·文化社会与空间. 王民，等译. 北京：北京师范大学出版社

金其铭. 1987. 人文地理学导论. 南京：江苏教育出版社

克朗 M. 2005. 文化地理学. 杨淑华，宋慧敏译. 南京：南京大学出版社

李蕾蕾. 2004. 从新文化地理学重构人文地理学的研究框架. 地理研究，(1)：15～24

李润田. 1992. 现代人文地理学. 郑州：河南大学出版社

邵培仁. 2006. 论媒介地理学的发展历程与学科建构. 徐州师范大学学报（哲学社会科学版），(1)：22～30
汤茂林，金其铭. 1998. 文化景观研究的历史和发展趋向. 人文地理，13 (2)：41～45
王恩涌. 1995. 文化地理学. 南京：江苏教育出版社
王星，孙慧民，田克勤. 1990. 人类文化的空间组合. 上海：上海人民出版社
杨小彦. 2005. 景观镜像：一种物质-视觉-心理相互置换的过程. 博览群书，(3)：32～34
詹姆逊. 2000. 文化转向. 胡亚敏，等译. 北京：中国社会科学出版社
周尚意，等. 2004. 文化地理学. 北京：高等教育出版社
周尚意. 2004. 英美文化研究与新文化地理学. 地理学报，(1)：20～23
Johnston R J, Gregory D, Pratt G, et al. 2000. The Dictionary of Human Geography. 4th ed. Oxford: Blackwell
Sauer C. 1962. Land and Life: A Slection from the Writing of Carl Sauer, ed. John Leighley. Berkeley: University of California Press
Zelinsky W. 1973. The Cutural Geography of the United States. Berkeley: University of California Press

第六章 旅游活动与地理环境

第一节 人类的休闲活动与旅游活动

一、休闲活动

联合国《世界人权宣言》中指出，“人人都有休息和休闲的权利”。人类社会、经济发展到今天，休闲活动已成为人们生活方式的重要组成部分，休闲业（包括旅游业）已成为世界经济中一个重要产业和众多国家新的经济增长点。

休闲（leisure）是指人们扣除谋生活动时间，满足饮食、睡眠等生理活动必要时间，家务活动时间之外剩余的时间，即指个人不受其他条件限制，完全根据个人意愿去利用和消磨的时间。休闲活动是指人们在休闲时间所进行的各种活动。它包括的范围极广，从家庭阅读、看电视到户外体育活动，乃至外出度假。由于休闲活动是由休闲者自己来选择和参加，因而它具有自主性、自由性、消遣性和参与性的特点。我国著名经济学家何光伟还强调休闲活动的文化性。他认为，休闲是人们闲情所致，是不断满足人们多方面的需要而处于一种文化创造、文化欣赏、文化建构的一种生存和生命状态。它是通过人群共同的行为、思想、感情，创造文化氛围，传播文化信息，构建文化意境。休闲实际讲的是休闲文化。

在休闲活动中虽然存在着赌博、色情、迷信和吸毒之类的行为和其他低级趣味的活动，但提倡健康的文明生活，提高自身的文化素质，促进社会的祥和、交流和进步，是休闲活动的主流。

休闲与旅游既存在联系，又有区别。闲暇时间是旅游和休闲的必要条件，旅游是在闲暇时间所从事的休闲活动的一部分，在异地进行的观光、度假、娱乐、健身等活动都既属于旅游活动，又属于休闲活动；而在异地进行的公务、商务、会议、文化、修学及专项考察等旅游活动也带有一定的休闲色彩。旅游与休闲的关系，如图 6.1 所示。

二、旅游活动

1. 旅游的概念

“旅游”是由“旅”与“游”共同组成的，是随着人类社会的发展而产生的，具有悠久的历史。古代把“旅”与“游”分开，“旅”即旅行，是一项受天灾人祸影响、有生命危险的事，因而用“travail”一词表示。随着社会经济发展，“travail”一

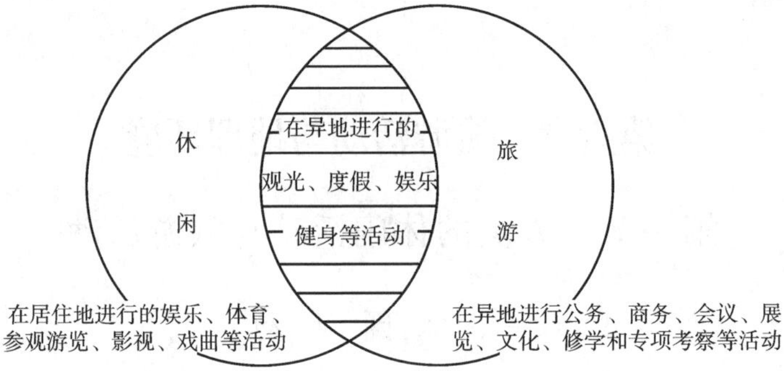

图 6.1　旅游与休闲的关系

词演变成“travel”(旅行)。1811 年，英国出版的《牛津词典》中首次用“tourism”(旅游)来表达一种以旅行为手段，以游览为目的的社会经济文化活动。在我国文献中“旅游”一词最早出现在魏晋南北朝时期，而对其进行的研究则出现在 20 世纪 60 年代。

关于旅游的概念，全世界尽管没有形成统一的认识，但各国学者都强调：①旅游是在一定的社会经济条件下产生的一种社会经济现象；②旅游已日益成为人们新的消费方式，是人们物质文化生活的一个组成部分；③旅游是暂时的在异地的活动，不会导致在异地的长期性居留；④旅游的主要目的是游览、求知和娱乐；⑤旅游涉及政治、经济、文化、民族、宗教、生态和就业等各个方面。因而，大多数学者认为，旅游是在一定的社会经济条件下产生的一种社会经济现象，是以满足人们休息、消遣和文化需要为主要目的的非定居者的旅行和暂时居留所引起的一切现象和关系的总和。

2. 旅游活动的类型

由于人们对旅游的理解不同，对现实中旅游活动所表现出来的若干不同形式，即旅游类型的划分也不尽一致。从旅游活动的产生看，它以激发旅游者的旅游动机为前提，以可开发的旅游资源为基础，以旅游经营组织管理者提供的与旅游者需求相适应的不同旅游活动方式为产物，因而旅游活动的类型具有上述三方面的综合特征，有以下分类方法：①按旅游者的旅游动机和主要目的划分，旅游可分为观光型、保健型、文化型、公务型、宗教型、购物型和综合型等；②按旅游资源特征划分为海滨旅游、山地旅游、温泉旅游、冰雪旅游、名胜古迹旅游、社会风情旅游等；③按地域划分为国内旅游，国外旅游（跨国旅游、洲际旅游、环球旅游）。此外，还可以旅游者的社会特征、年龄或旅游的交通工具、旅游活动形式等划分。

3. 旅游活动的构成

在旅游活动的构成中，旅游者是旅游活动的主体，其数量规模和消费水平是决定旅游业发展的基本因素；旅游资源是旅游活动的客体，是发展旅游业的基础和重要组成部分；旅游业是旅游活动的媒介，是联系旅游者与旅游资源的桥梁。

所谓旅游业，是指以旅游资源为凭借，以旅游设施为条件，为旅游者提供服务的综合性产业，是由旅行社、旅游饭店、旅游交通、旅游景点、旅游购物和旅游娱乐等组成的产业群体。旅游业属服务行业，它涉及游客的接待、旅行、翻译、导游、膳宿、游乐、安全、邮电、购物等各种服务，是当今最庞大的产业之一。

4. 旅游活动的地域分布和空间移动规律

1）*旅游目的地与客源地的空间相互作用*

旅游活动首先是人的活动。游客的迁移，伴随着物质流、信息流、文化流和经济流，促使旅游目的地与客源地之间发生空间相互作用，冲击着旅游目的地的人地关系；使旅游者本身得到身心满足的同时，反作用于客源地的社会经济文化发展。旅游目的地与客源地空间相互作用的大小，取决于相互间的互补性、替代性和可达性，遵循空间组织的距离衰减规律。

互补性是指客源地与目的地之间在旅游资源、旅游服务设施及服务水平、历史文化背景等方面存在着明显的地域差异，能建立起旅游供需关系。地域差异越强，旅游需求越强烈，客源地与旅游地的空间相互作用力也就越大。在客源地与目的地的社会文化经济地域差异中，由旅游资源时空分布不均所产生的互补性，成为人们旅游的最强大动力，构成客源地和目的地空间相互作用的基础，导致了游客的移动。但随着离客源地距离的增加，旅游空间竞争和其他干涉日益加强，旅游流强度和流向发生转移，出现空间相互作用的替代性。替代性可以节省交通费用和时间，减轻旅途疲劳，而旅游目的地的置换，也减少了长距离的相互作用。因而，距离因素仍是影响目的地和客源地空间相互作用的重要因素。距离越长，产生相互作用的阻力越大，最终会耗尽两者之间的互补性，中断相互作用的可能。不同的旅游目的地，对距离的敏感性不同，通常人们用感知距离代替实际距离来衡量距离对旅游可达性的影响。目前，由于运输设施进步，交通费用下降，人们收入和消费水平提高，闲暇时间增多，支付交通费用的能力和通过旅游寻求新环境的欲望不断增强，感知距离大大缩小，从而拓展了旅游的可达性，增加了客源地和旅游目的地相互作用的空间。

客源地和旅游目的地之间的可达性也是语言、经济、政治、文化联系的函数。语言相通，减弱了旅游的阻碍；发达的经济既能产生大量的旅游需求和旅游者，又能营造高质量的旅游目的地；国际之间友好往来，政局稳定，社会安全，政府鼓励旅游政策等，构成了两者之间可达性的桥梁。人文地缘因素更是导致旅游流空间运动的重要因素。如欧洲的许多国家与它们的原殖民地之间，英联邦之间，欧美之间，外籍华人、华侨及港澳台胞与大陆之间等都有大量的旅游者在空间上流动。

客源地和目的地空间作用的关系可表示为

$$DA_{ij}=\frac{M\times T\times F\times W}{R}$$

式中，DA_{ij}表示从i地到j地的旅游流量；R表示各种原因的阻力，如距离、费用、竞争、政局的不稳定，恶劣的印象、缺乏合理的设施等；M、T、F、W分别代表人、时间、财力和意愿。

2）旅游流地域分布特点

流动是旅游的本质特征之一，在一定时间内旅游者的流动具有一定的规律性。旅游流包括了游客流、物质流、信息流、文化流和经济流，可通过旅游活动的流量和流向来衡量。旅游的流向和流量互为条件，只有一定流量才能构成流向，只有一定流向才能形成流量，二者共同反映了单位时间内旅游流地域分布特点和发展趋势。

从世界旅游业发展变化及其地区差异看，旅游流地域分布具有以下特点：

一是区内旅游流大于区外旅游流，区外旅游流有逐渐增加的趋势。近距离旅游仍是现代旅游活动的主流。美加两国间的旅游流量占其总流量的70%以上；西欧旅游流的75%以上限于欧洲范围；我国国际旅游流50%以上来自亚太地区。同时，区外旅游流的比重不断增加。

二是主要的国际旅游流始于、也终于发达国家和地区。从2004年世界前16位旅游高收入的国家和地区情况看，国际旅游流的流向和流量集中在欧洲、北美洲和东亚太平洋地区的发达国家和地区。特别是美国、意大利、法国、西班牙、英国等发达国家，一直保持着旅游业强国的地位。同时，国际旅游流有向东亚太平洋地区转移的趋势。

三是在大尺度范围内（省级以上），旅游者一次旅游走遍几个国家或地区，旅游流向也围绕着旅游路线在多个国家与地区之间呈闭环状流动；在中小尺度范围内（省级以下），旅游路线呈现出节点状特征，即游客从客源地到旅游目的地后原路返回。

四是旅游流向和流量集中在级别较高的风景名胜区（国家公园）和文化特色显著区。这些地区旅游特色突出，吸引力强，旅游设施较齐全，能与人们主要的旅游需求相吻合，因而成为旅游流向的集中地，如埃及金字塔、中国长城、麦加、梵蒂冈等。

五是流向大城市。大城市是一个国家或地区的政治、文化、经济中心，其强大的经济实力、便捷的交通、优越的物质条件、理想的生活方式、齐全的娱乐设施等成为该国或地区的象征。同时，会展旅游、商务旅游等新型旅游活动的出现，也加强了大城市对游人产生的巨大吸引力，如纽约、巴黎、开罗等都是旅游者云集之地。

3）旅游流的空间移动规律

为了研究旅游流流向和流量规律，美国学者威廉斯和捷林斯基用一组连续图解研究旅游流的模式。他们在自己的模式中选用了占世界旅游流流量绝大部分的 14 个国家和地区作为研究对象，根据各国和地区的相关资料编制了由 14 个方形组成的连续图解（图 6.2）。在方形上表示出每个国家和地区接收的和派出的旅游者的比例。考查相关系数就可知道各国家和地区在一定期间旅游流的异同。相关系数可由既定国的年旅游内向流和年旅游外向流的相互关系而求得。

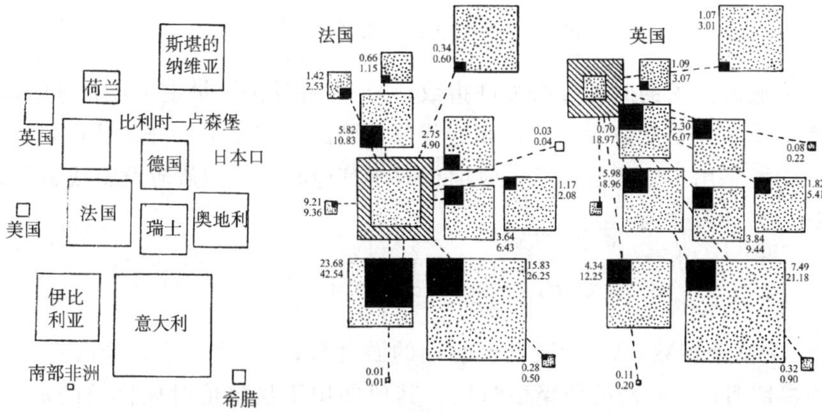

图 6.2　14 国（或地区）旅游流正方形图解（部分）（卢云亭，1988）

点画方块代表指定国从其他 13 国接收的旅游者的总数；黑方块表示指定国旅游者在其他 13 国的分布

影线大方块代表标有名字国家派往其他 13 国的旅游者总数

图中标出了这些国家或地区间旅游流的绝对量和方法。点画方块代表指定国从其他 13 国或地区接收的旅游者的总数；影线大方块代表标有名字国家派往其他 13 国或地区的旅游者总数，按比例绘制的黑方块表示这些旅游者在其他 13 国的分布。虚线把客源地和资源地联系起来。各方块旁有两个数字，上面一个表示游人绝对数，下面一个是该国派往其他 13 国或地区的旅游者数在总数中分别所占的百分比。

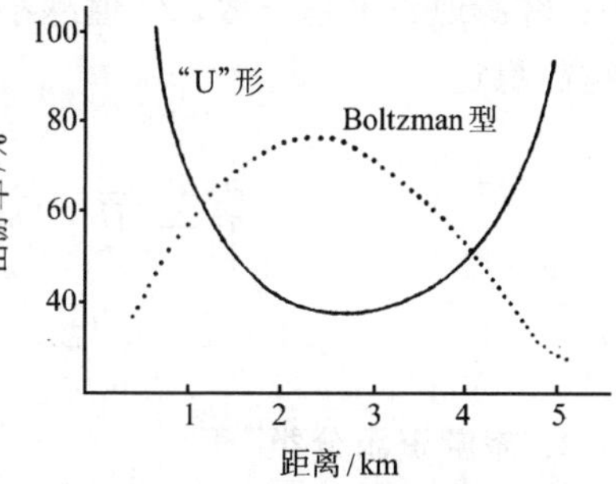

图 6.3　空间使用曲线

国内学者对旅游流地域分布模式和空间移动规律也进行了有效的探索，他们从不同尺度区域出发得出了旅游流分布的一些规律。吴必虎通过对上海市游憩者流入、流出及游憩设施使用状况，得出空间使用曲线（图 6.3）。他认为游憩活动空间存在着空间不连续现象，如果用使用曲线来表达，则呈某种“U”形曲线。而不连续地带，往往是规模较小，吸引力不大的设施。“U”形曲线与 Smith S. L. J. 所述的 Boltzman 曲线正好相反，Boltzman 曲线描述了随距离增加，人们外出旅游的欲望增加而使出游率上升，到距离足够大时，距离和消费的阻力将使出游率下降。两种模型反映了流动行为背后不同机制的作用。

4）旅游流的时空分布集中性

由于旅游流的时间分布集中性是由旅游活动的季节性所引起的，因而可以用季节性强度指标来衡量。其计算式为

$$R=\sqrt{\sum_{i=1}^{12}(X_i-8.33)^2/12}$$

式中，R 为旅游需求的时间分布强度指数；X_i 为各月游客量占全年总量的百分值。R 值越大，季节性变动越大；R 值接近零值，则旅游客流全年分布越均匀。

高峰指数是用于度量游客某一时期相对于其他时期利用旅游设施或游览某旅游地的趋势。其计算式为

$$P_n=\frac{(V_1-V_n)}{(n-1)V_1}\times 100\%$$

式中，P_n 为高峰指数；V_1 为最繁忙时期的游客数；V_n 为在第 n 个时期内的游客数；n 为参照时段，1 表示最繁忙时段，其值即用于最繁忙时期比较的那一时段。当旅游流量在所有时期都相同时，P_n 等于零，当游客集中于某些时期时，P_n 值会增大。

旅游流的空间分布结构主要指旅游者的地域来源和强度，其集中性可以用地理集中指数度量。其计算公式为

$$G=100\times\sqrt{\sum_{i=1}^{n}(X_i/T)^2}$$

式中，G 为旅游流来源地的地理集中指数；X_i 为第 i 个客源地的来客量；T 为旅游地接待游客总量；n 为客源地总数。游客来源地越少，越集中，G 值越接近 100；客源地越多越分散，G 值越小。对任何一个旅游地，客源地越分散，旅游经营越趋稳定。

第二节　旅游活动与地理环境

一、旅游资源

1. 旅游资源分类

旅游资源是构成旅游活动和旅游业最基本的要素，它是指凡能激发旅游者的旅

游动机，为旅游业所利用，并由此产生经济效益和社会效益的现象和事物。

对旅游资源进行科学分类，是认识评价旅游资源，开发利用旅游资源的客观需要。目前，关于旅游资源的分类系统很多，反映着不同的目的。具有代表性的分类方法与类型如下：

（1）以资源特性作为分类标准，可分为自然旅游资源和人文旅游资源。进一步细分又有各种不同的方法。

（2）按旅游资源利用角度，可分为可再生性旅游资源与不可再生性旅游资源。前者指那些在旅游过程中被部分消耗掉，但仍能通过正当途径再生产补充的旅游资源。后者指那些自然生成或在长期历史发展过程中的遗存物。

（3）根据旅游活动的性质，分为观赏型、运动型、休（疗）养型、娱乐型及特殊型旅游资源。

（4）按旅游资源特性与游客体验，可将旅游资源分为三类：利用导向型游憩资源，主要满足人们的日常休闲需求，如球场、动物园、一般性公园等；资源基础型游憩资源，主要在旅游者的中长期度假中得以利用，如国家公园、州立公园等；第三类为中间型游憩资源。

2. 旅游资源的评价

旅游资源评价的目的在于全面、系统、准确地认识和掌握旅游资源的开发、利用价值，论证其开发、建设的必要性和可行性，确定旅游资源开发、建设的顺序、步骤、重点等，为制定旅游发展规划奠定基础。旅游资源评价内容十分丰富，涉及内容除旅游本身各个组成要素外，还有资源组合状况、适应范围、环境容量和开发条件等各方面。到目前为止，尚无一套为大家所公认的比较完整的旅游资源评价内容体系。根据近年来各地旅游资源的开发经验和理论探讨，旅游资源的区域开发评价内容基本可归纳为：①旅游资源的要素评价，包括旅游资源的类别和性质评价、价值评价、旅游资源的特色、密度、旅游容量；②旅游资源开发条件评价，包括区位条件、客源条件、投资条件、建设施工条件；③旅游资源效益评价，包括经济效益、社会效益和环境效益三方面，是衡量一个地区旅游资源是否具备可开发性的重要指标。

旅游资源的评价方法，有定性评价和定量评价之分。定性评价是指评价者在对资源考察之后，根据个人的看法所做的评价。定性评价在评价过程中是必要的，但应避免主观性。定量评价是从定量分析的角度进行评价，可以避免主观想象和脱离实际，评价结果比较客观、准确，但因数据取舍、采集的限制，评价结果也会有偏差。

目前所采用的评价方法大致具有指标数量化、评价模型化和评价标准公众化的特点。以定量化、模型化代替定性化是评价方法发展的趋势，但若用纯粹的定量评价也是不可取的。具有代表性的评价方法有以下 3 种。

（1）一般体验评价。一般体验评价是由公众（旅游者、各方面专家、居民）根据自身体验，对旅游资源就其整体质量进行定性评估。评价的目的多着眼于推销或宣传，评价的结果可提高旅游资源（地）的知名度，对旅游需求产生诱导作用。如《中国旅游报》1985年主持的“中国十大名胜”评选；国家旅游局1991年主持的“中国旅游胜地四十佳”评选；2005年，中国国家地理杂志社组织的“中国最美丽的地方”评选等。

（2）旅游资源的要素评价。对每一项旅游活动，都会有一个或几个旅游资源要素对活动的质量起决定性的作用。因而可用关键的旅游资源要素对确定的旅游活动进行适宜性评价，也可就某种旅游活动所要求的各种旅游资源要素的组合状况进行评价。如气候的适宜性评价，森林旅游资源潜力评价和海水浴场适宜性评估等。

（3）旅游资源的综合评价。对旅游资源的综合评估，建立评价模式的方法很多，主要有以下两种。

风景资源的模糊评价法：该方法采用模糊数学概念，采用特尔斐咨询法进行评价。风景资源开发评价可分三个层次，即风景点的质量评价、风景区质量综合评价、风景区开发的技术经济可行性评价。

在进行风景点质量评价时，选用4个参数作指量（美感指量 I_1、特殊指量 I_2、规模指量 I_3、科学性指量 I_4）进行模糊数学的十分数列记分（表6.1）。根据以上4个指量的模糊数学给分及其权重，用以下公式计算即可：

$$P_m = \sum_{i=1}^{n} I_i W_i$$

式中，P_m 为风景点质量的评价值；n 为4，表示4个参数作指量；I_i 为第 i 个指量的得分值；W_i 为第 i 个指量的权重值；i 为指量。

在进行风景区质量的综合评价时，可选用4个参数（风景区的风景资源质量评价 P_m、风景地的绿化率 G_r、风景的离散度 D_i、环境质量指数 E）进行模糊数学记分（表6.2）。根据以上各参数得分情况，用下式计算得出风景区的质量综合评价（P_{la}）。

$$P_{la} = P_m + D_i + G_r + E$$

表6.1　风景资源质量模糊记分表

参数	权重	记分等级				
		10～8	8～6	6～4	4～2	2～0
美感度 I_1	40%	非常美	极美	较美	美	不美
特殊度 I_2	20%	罕有	少有	较少	普遍	极普遍
规模度 I_3	20%	宏大	很大	较大	中等	不大
科学价值 I_4	20%	极高	很高	较高	中等	不高

资料来源：杨汉奎，1987。

表 6.2　风景区质量综合评分表

参数	记分数				
	10～8	8～6	6～4	4～2	2～0
离散度 D_i	＜5km	5～10km	10～15km	15～20km	＞20km
绿地率 G_r	＞60％	60％～40％	40％～20％	20％～10％	＜10％
资源质量 I_m	10～8	8～6	6～4	4～2	2～0
环境质量 E	优	良	中	差	劣

此外，风景区要开发，除有资源优势外，还需进行技术、经济、社会与环境影响的论证与评价。

旅游资源供需评价法：该方法首先利用层次分析法拟定出“旅游资源定量评价”模型树（图 6.4）。通过对旅游者或专家广泛征求意见，确定旅游资源需求的各个方面的权重指数体系。在此基础上，对旅游者的需求进行调查，包括对某种旅游资源需求数量、旅游者构成、逗留时间、消费趋势、季节分布、感知程度等，弄清现状与发展趋势，即可进行供需评价。通过此法，可综合表达旅游资源的性质、旅游需求与旅游资源的关系。

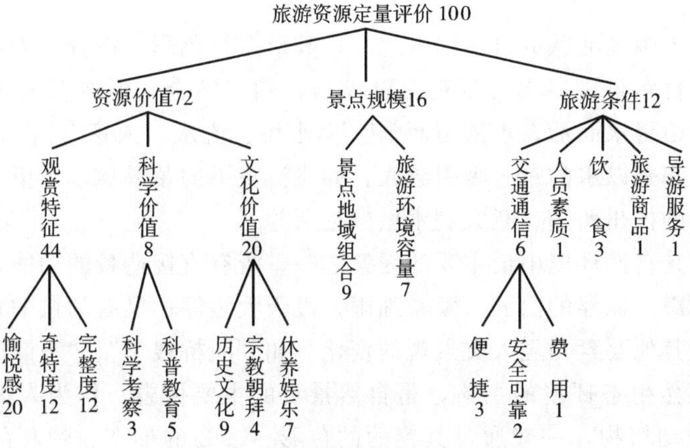

图 6.4　旅游资源定量评价模型树

二、旅游与地理环境的关系

1. 地理环境对旅游的影响

1）地理环境的差异是旅游动机产生的基础

自然景观的千差万别和民族文化差异形成的旅游引力梯度，吸引着游客、物质、货币在空间上的移动，产生旅游活动。一般而言，生活在城市的人，希望到远离城镇的乡村山野享受自然美景与农作之乐；生活在内陆的人们总希望看看大海。1997年全国海外旅游者抽样调查表明，外国旅游者对我国的自然风光、历史古迹和民俗风情有浓厚兴趣，反映出地理环境地域分异越显著，越能吸引旅游者。大尺度的地域分异最能吸引有条件的旅游者作长时间、长距离的旅游；中小尺度的地域分异也因能满足受时间、经济限制的游客需要而具有吸引力。佛教有较强烈的出世观念，向往幽静促成“天下名山僧占多”局面的形成。

2）地理环境造就和烘托了旅游资源

地理环境中各组成要素，既相互影响，又有其独特性，它们来源于环境，构成环境，又以其美学、科学、文化和历史价值突出于环境，形成富有特色的旅游资源。

就地貌而言，可通过其形态特征给人以各种美感，如高山给人以雄伟、险峻之感，峡谷给人以幽深之感，怪石林立的山地给人以奇特之感。地貌还可作为其他旅游资源依存的场所，共建佳景，如山地泉流、瀑布、积雪组建成山水相连的动景；山地可见云海、日出、佛光、旗云等奇景；山地的动植物可营建良好的生态旅游地。

水是自然界中最活跃的自然因素之一，其形态、色彩、声音、光影、气味等美学特色和其他自然景观、人文景观交融渗透，相互结合，形成多姿多彩的旅游景观，所以有“山得水而活，水依山而幽”、“小桥、流水、人家”。世界上不少著名的风景旅游区都是以水的魅力吸引游人，如飞流直下的黄果树、千里画廊的桂林山水、美如西子的杭州西湖、意大利水城威尼斯等。

气象气候是自然环境中最主要的因素之一，既有直接造景的功能，如明媚的阳光，灿烂的朝霞，飘浮的白云，蒙蒙细雨，漫天大雪等；又有间接的育景功能，影响着自然环境其他要素乃至人文景观的变化，如“断桥残雪”、“三潭印月”等。

生物是自然生态环境的主体，是自然景观的主要标志。作为人类旅游活动观赏对象的风景动植物，一般通过其艳丽的色彩、多姿的形态、悦耳的鸣声、悠久的历史、奇特的现象、广泛的用途、宗教崇拜及科学考察对象等体现其强大的旅游吸引功能。目前，世界许多国家都重视绿色旅游、生态旅游，在生物资源丰富的典型区域建立一系列自然保护区、森林公园、国家公园，成为旅游业发展的一支生力军。

地理环境中各组成要素除了突出于环境，形成旅游资源外，还营造了良好的旅游环境，烘托旅游资源。例如，人们的旅游活动都是在一定的天气、气候条件下进行的，气候变化为游人营造了季节性生物景观等。植物净化空气、调节地区小气候的功能，可为人们创造良好的旅游环境。

3）地理环境的地域差异，导致旅游资源分布的区域性

自然地理环境的地域差异，导致自然资源的分布具有明显的区域性；人文景观受自然环境的影响很大，也具有明显的区域性。如我国民居建筑为适应和取材于当地自然环境，形成了羌族“邛笼”，侗家吊脚楼、鼓楼，傣家竹楼，布依族的石头寨等特色建筑。为适应环境，我国南方园林建筑轻巧纤细、玲珑剔透，内外空间连贯，层次分明；而北方园林平缓严谨，粗壮拙朴，内外空间界线分明。在石窟与摩崖造像类旅游资源中，西北地区气候干旱，缺乏坚硬岩石作为雕刻对象，因而以壁画艺术见长；而在中原和南方，岩石质地较好，宜于精雕细刻，气候潮湿，壁画难以保存，便发展了雕刻造像艺术。至于风土民情、菜肴饮食、服饰等，也随着各地物质条件、生活习惯的差别而具有明显的区域性。

旅游资源供给的季节性及分布的区域性，产生了季节性、区域性的旅游活动与行为，深刻地影响着旅游业的发展及旅游效应的产生。

4）地理环境的渐变和突变改变着景物的形态，影响区域旅游业发展

自然界每时每刻都在发展变化。春、夏、秋、冬四时寒暑，风吹雨淋日晒，风化侵蚀溶蚀，都会逐渐地改变景物的形态。自然环境的突变，如地震、火山、山崩、海啸、台风、水旱灾害等，又会直接改变一个地区的自然面貌，甚至毁掉部分或一切景物。东南亚金融危机使外出旅游的人类剧减；战争与政局不稳等政治环境也会中断旅游业的发展。正因为如此，旅游业是非常脆弱的行业。

2. 旅游活动对地理环境的影响

人类的旅游活动深受地理环境的影响和制约，而旅游活动对地理环境又具有反作用。人类为了发展旅游，使旅游业取得良好的社会、经济效益，往往在地理环境质量较高地区，充分利用旅游资源和环境从事旅游建设和旅游活动，使地理环境向着更有利于旅游活动的方向发展（图 6.5 中的“＋”）。与此同时，在旅游开发过程中，人类又有意或无意地破坏了环境与资源（图 6.5 中“－”），恶化的环境又反过来作用于人类社会，引起旅游活动的变化。这就是旅游活动与地理环境的辩证统一关系。

1）旅游活动为保护资源和环境提供了推动力

旅游不仅通过其自身的活动促进、刺激环境保护，而且直接提供经济、技术手段使保护措施得以实施。如许多国家都致力于自然保护区、国家公园（风景名胜区）的建设工作。20 世纪 80 年代初，东非和南非已建立了 20 172km^2 的国家公园，是世界上庇护野生动物数量最多的地区之一。美国保护区面积占国土总面积的 10％，日本为 15％。

为了保护旅游区的地理环境，一些国家和地区还采取了立法和规划等手段。特

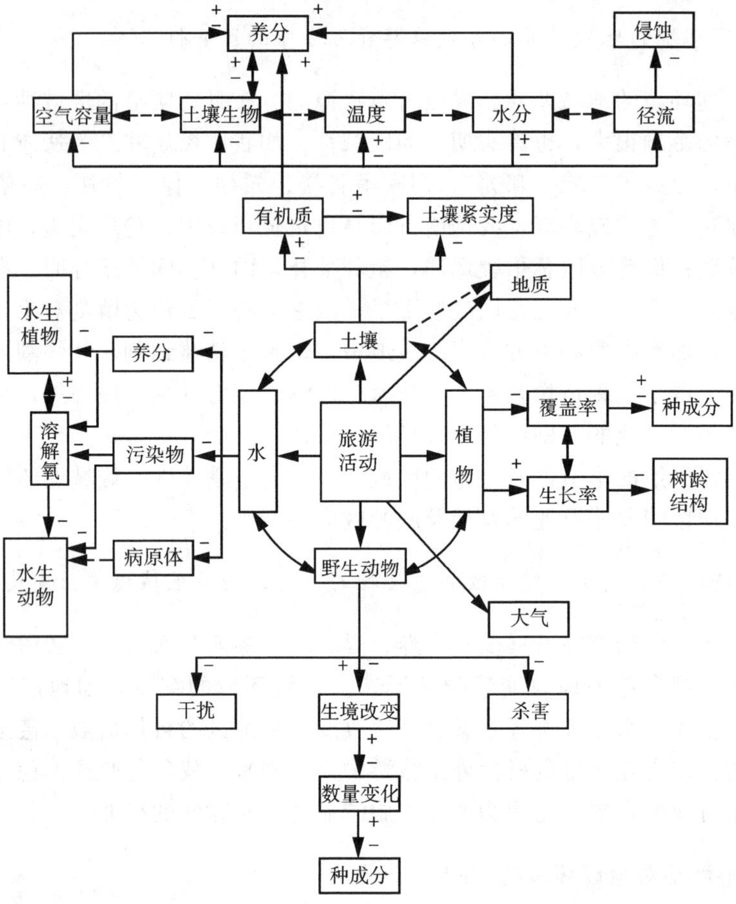

图 6.5　旅游活动对自然环境影响的内部关系（保继刚，1999）

别是第二次世界大战后，在世界范围内成立了许多国际机构，从事自然保护区的宣传、协调和科研工作，如“国际自然及自然资源保护联盟”、联合国教科文组织的“人与生物圈计划”等。目前全世界自然保护区的数量和面积不断增加，并成为一个国家文明与进步的象征之一。

1956 年，全国人民代表大会通过一项提案，提出了建立自然保护区的问题。同年 10 月林业部草拟了《天然森林伐区（自然保护区）划定草案》，并在广东省肇庆建立了中国第一个自然保护区——鼎湖山自然保护区。20 世纪 70 年代末、80 年代初以来，中国自然保护事业发展迅速。到 2006 年年底，已建立各级自然保护区 2349 处，其面积约占国土面积的 15%。其中 28 处国家级自然保护区已被联合国教科文组织的“人与生物圈计划”列为国际生物圈保护区，有 107 个地质公园被列入世界地质公园。中国国家级自然保护区截止到 2009 年 9 月共有 323 个，其中“长江上游珍稀、特有鱼类国家级自然保护区”为跨省（区、市）国家级自然保护区，涉及云南、贵州、重庆、四川三省一市。

1872年美国国会通过了《黄石法案》，立法保护黄石公园。黄石国家公园早在1978年就被列为世界自然遗产，1872年被评为自然保护区，是世界上最早的自然保护区，总面积达8956km^2。

在规划方面，世界旅游组织的专家编写了《旅游业可持续发展——地方旅游规划指南》指导旅游区规划，我国出台了《旅游规划通则GB/T18971—2003》、《旅游区（点）质量等级的划分与评定（修订）(GB/T17775—2003)》等国家标准，明确规定了保护旅游区资源与环境的内容。2002年我国出台的《中华人民共和国环境影响评价法》进一步明确了在规划编制过程中组织进行环境影响评价，要求编写该规划有关环境影响的篇章或者说明。

2）旅游活动对地理环境的污染和破坏

（1）对水体的污染。大量未经适当处理的生活污水，粪便、垃圾等废弃物及游船快艇的漏油、废气等进入水环境，污染水质，破坏水生态环境，影响水上旅游项目，危害旅游者健康。

（2）空气、噪声污染。由于旅游区的“都市化”，空气污染超过了规定的标准。大气中含有的有害物质及酸雨等情况比较普遍。湘西武陵源风景区空气中SO_2含量高达0.62mg/m^3，超过国家一级大气标准3.68倍；杉木大片枯黄，酸雨pH达4.44，并出现酸雾酸雨。溶洞中游人呼出的二氧化碳与空气中的水化合生成的碳酸，对石钟乳、石柱等各种岩溶沉积具有腐蚀作用，使晶莹剔透的自然景观大为失色，降低了观赏价值。

（3）对生物资源的破坏。旅游区开发建设中，由于设计、施工不当，也会造成建筑污染，破坏生物资源和自然环境。如20世纪80年代，在贵州樟江风景名胜区小七孔风景区水上森林景区开发建设初期，用水泥在其入口处砌石铺出一块平地，安上石桌、石凳作休息地，保留平地中的树种——河滩冬青。但建设者们万万没有想到，水泥有较强的碱性和腐蚀作用，休息地建成不到一年，这些河滩冬青全部死亡。在全国保护动物总数（257种）中占63%的云南，1989～1990年发生捕杀野生动物案件178起，损失野生动物829头（只）。有的宾馆饭店甚至以野生动物作为美食招徕游客，使不少珍稀品种濒临绝境。旅游区游人的增加，限制了野生动物的生活空间和时间，使许多禽兽被迫迁徙他乡。

3. 可持续旅游发展与环境保护

旅游活动与地理环境的辩证关系及其在实践中出现的一系列环境问题，推动了可持续旅游发展理论的产生和实践。1995年4月24日至28日，联合国教科文组织、环境规划署和世界旅游组织在西班牙加那利群岛的兰沙罗特岛召开了“可持续旅游发展世界会议”，会后通过了《可持续旅游发展宪章》（简称《宪章》）和《可持续旅游发展行动计划》。《宪章》指出，“旅游是一种世界现象，也是许多国家社会经济和政治发展的重要因素，是人类最高和最深层的愿望。旅游具有两重性。一方面旅游能够促进社会经济和文化的发展；同时，旅游也加剧了环境的损耗和地方特色的消失”，“可持续旅游发展的实质，就是要求旅游与自然、文化和人类生存环境成为一个整体；自然、文化和人类生存环境之间的平衡关系使许多旅游目的地各具特色……”这就要求旅游者的增加量、旅游业发展的规模以及旅游开发要与资源承载量、环境保护相协调，形成动态的良性循环。

为了实现与环境相适应的可持续旅游发展，世界旅游组织（UNWTO）、世界旅游理事会（WTTC）与地球理事会（Earth Council）联合制定了《关于旅游业的21世纪议程》。该文简要地分析了旅游业在实现《21世纪议程》的目标中可以发挥的作用。对政府部门、国家旅游管理机构和有代表性的行业组织来说，首要目标是确立能够体现以决策步骤为核心的可持续发展动机的系统和程序，确定为实现可持续旅游发展应采取的行动。对公司来说，主要的目标是使可持续发展成为核心管理职能的一部分，并确定为实现可持续旅游发展应当采取的行动。

从国际趋势来看，保护已经从消极保护和绝对保护走向积极保护和相对保护。判断一个旅游地是否保护得好，不仅要看它动了什么，没动什么，而且要看它的价值的“完整性”和“真实性”是否得到切实有效的保护。

围绕着可持续旅游发展，国内也做了大量研究。肖洪根试图从旅游景点周期循环演变中推导出景区旅游环境保护周期循环模式；崔凤军等论述了旅游环境承载力是可持续旅游发展的判据之一。

在实践中，生态旅游这一全新的概念和旅游方式风靡世界。如在百度网上以“生态旅游”为词条搜索，有关生态旅游的相关网页达211万余篇；许多旅游区更是以“某某生态旅游区”来命名，表明与其他旅游区的差异。在旅游产业中，增长最快的部分是生态旅游，据估算，2000年以来生态旅游年增长率为10%～15%。

1）旅游环境保护周期循环模式

旅游景点历史发展演变模式由加拿大西安大略大学Buller博士1980年提出。他按时间发展和游客到达人数，以及旅游设施的发展状况，把一个旅游区的发展演变归纳为三大阶段。第一阶段，吸引的游客以少数先锋型旅游者为主，旅游对环境尚不构成威胁；第二阶段，基础设施建设以及游人大量涌入对环境的威胁日益明显；第三阶段为产品的更新开发阶段，游客仍以大众旅游者为主，旅游环境质量和景点的吸引力明显下降，旅游发展或重现活力或衰亡。可见，一个旅游区的发展演变、景点的质量和吸引力都与该区的环境保护状况密切相关。对应于旅游区的发展演变，旅游环境保护呈现环保开端、系统保护措施实施、持续保护三大阶段。环保开端阶段是通过科学、合理地预测，估计可能造成环境破坏的程度。系统保护措施实施阶段是采用行政的、规划开发的、管理的、经济的、技术的和宣传的等手段进行保护，确保旅游区的旅游持续发展。旅游区的发展历经了萧条后，无论是重现活力还是衰亡，环境保护应持续下去。

2）旅游环境承载力

旅游环境是一个包含了社会、经济、自然环境在内的复合环境系统，可称之为旅游环境系统（图 6.6）。旅游环境承载力是指某一旅游地环境的现存状态和结构组合在不发生对当代人及未来人有害变化（如环境美学价值的损减、生态系统的破坏、环境污染、舒适度减弱等过程）的前提下，在一定时期内旅游地（景点、景区）所能承受的旅游者人数。在本质上，旅游环境承载力是旅游系统组成与结构特征的综合反映（图 6.7），而可持续旅游发展的首要标志是旅游经济与环境的协调。作为旅游环境系统与旅游经济联系的中间环节的旅游环境承载力，历史地成为判断旅游是否持续发展的一个重要指标。此外，环境旅游承载力还具有以下功能：是进行旅游规划的基础，并可寻求影响总体承载力发挥的限制性因子，为拓展旅游承载力提供突破点；根据旅游承载力的时空差异，寻求解决季节性分配不均、景点冷热程度不一的途径，为制定空间分流和季节调配方案提供依据；根据旅游景点的承载力利用程度，解决因超载而出现的旅游环境系统的破坏，和因景点游客过度稀疏导致的旅游资源闲置、浪费、经济效益低下的问题。

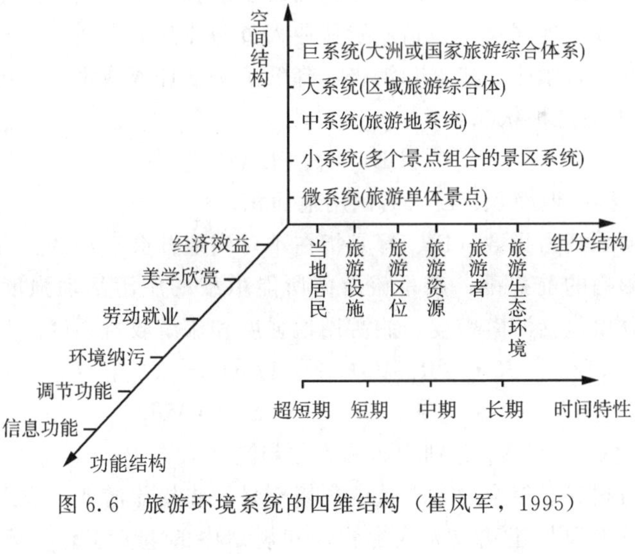

图 6.6　旅游环境系统的四维结构（崔凤军，1995）

（1）影响旅游环境承载力的因子主要有：①社会文化环境因子。反映旅游者对当地社会冲击大小，可用游客密度指数（VDI）即游客人数与当地居民人数的比值来衡量。相同大小的 VDI 在不同的旅游区内的社会文化影响力有所不同。②社会经济环境因子。反映当旅游地居民和政府的经济收益达到某一临界值时所容纳的游

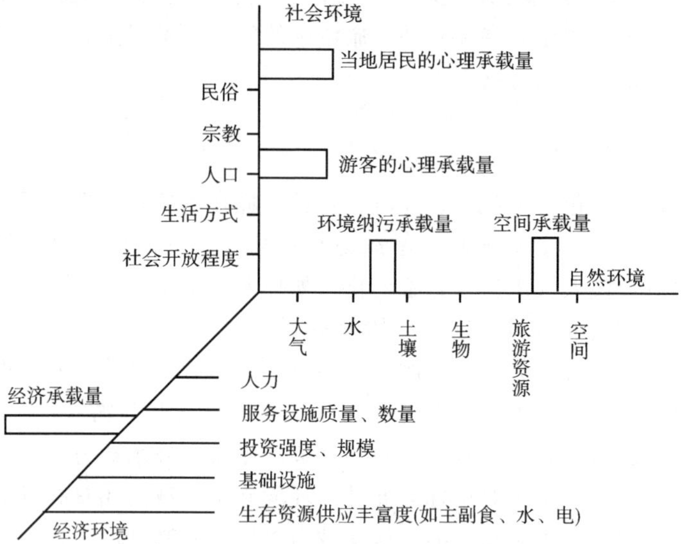

图 6.7 旅游环境承载力组成体系与相关指数（崔凤军，1995）

客人数，可用旅游经济收益指数（ELI）来衡量。其中：ELI＝1/L，式中，L 为漏损率，$L=1-\mathrm{mpc}$，mpc 为边际消费倾向。③生态环境因子。旅游区内的旅游用地面积越大，旅游活动规模空间越大，居民用地就越少。当居民用地面积缩小到一定极限时，导致当地居民（包括旅游从业人员与非从业人员）的心理抗拒——生活秩序被打乱，导致紧张、焦虑和沮丧，降低了生活环境质量。可用土地利用强度指数（LII）来表达这种状况：

$$\mathrm{LII}=L_{uA_t}/L_{uA_r}$$

式中，L_{uA_t} 为旅游用地面积；L_{uA_r} 居民用地面积。

（2）旅游地承载力指数（IBCI）是指在不对当地社会、经济、自然环境、公共设施产生不利影响的前提下，某一旅游区所能承载的旅游活动强度的无量纲表示值。这种强度分项包括游客密度、旅游用地强度和旅游收益强度。其函数关系：

$$\mathrm{TBCI}=K\cdot(R_{\mathrm{p}}/V_{\mathrm{p}})\cdot(1/L)\cdot(L_{uA_r}/L_{uA_t})$$
$$=K\cdot R_{\mathrm{p}}\cdot L_{uA_r}/(L\cdot L_{uA_t}\cdot V_{\mathrm{p}})$$

式中，K 为常数；R_{p} 和 V_{p} 分别为居民人数与游客人数。

旅游饱和与超载必然会导致严重的环境后果，将给旅游业造成致命的打击，因而设法消除旅游饱和与超载成为旅游管理和规划中的重要工作。解决的措施主要有：①通过大众传播媒介宣传，影响旅游者选择旅游目的地的决策行为，减少旅游地旅游旺季的高峰流量，使其在旅游饱和点内。②提高旅游供给能力，或调控旅游供给的内部结构，对旅游者实行空间上的分流。③通过科学研究，确定旅游地开发建设的一系列“最小参数”，衡量和控制超载的程度。例如，游人对各类游览地所需的最低面积；公路、停车场到游览区的最小距离；风景区和游览区所必须达到的最小绿化覆盖度指标；各类建筑物之间在各类游览地的最小间距或最高建筑密度；与游人最相适的最低旅馆床位数，以及其他对人工建筑、构筑物的长度、高度、密度、视觉角度等的各项指标规定。④采用科学定价方法，如季节价、地区价、服务价等，人为调节游客时空分布，防止旺季过旺，淡季过淡。⑤严格控制手段，如严格限制日游人数、年游人数、游览时间和游览方式；制定游人到旅游地的预约制度等。

3）生态旅游

生态旅游是在传统旅游业发展受到挑战时应运而生的，是旅游业可持续发展的良好形式（表 6.3）。生态旅游一词虽已得到广泛应用，但是对其概念的定义仍存在很大差异，归纳起来，主要有三种观点：①生态旅游是指为了解当地自然环境、文化、历史知识，有目的的到自然区域所做的旅游，这种旅游活动的开展在尽量不改变生态系统完整性的同时，创造经济发展机会，让自然资源的保护在财政上使当地居民受益。②生态旅游是指倡导爱护环境的旅游，或者提供相应的设施及环境教育，以便旅游者在不损害生态系统或地域文化的情况下访问、了解、鉴赏、享受自然及地域文化。③生态旅游是一种专项旅游产品，是向旅游者提供没有或很少受到干扰和破坏的自然或原生文化遗存旅游环境。

表 6.3　传统旅游与生态旅游的比较

项目	传统旅游	生态旅游
1. 目标	利润最大化	适宜的利润与持续环境资源的价值
	享乐为基础	以生态为基础的享受
	文化与景观资源的展览	环境资源和文化完整性展示与保育
2. 受益者	开发商和游客为净受益者	开发商、游客、当地社区和居民分享利益
3. 管理方式	游客第一，有求必应	生态景观第一，有选择地满足游客要求
	分片分散项目，空间拓展无序	功能导向的景观生态调控，有计划地安排使用空间
4. 影响方式	追求经济利益，创造就业机会	寻求经济、社会、生态效益的融合，创造持续就业的机会
	促进交通、娱乐和基础设施的改善，交通管理松散	交通、娱乐和基础设施的改善与环境资源保护相协调，交通受到管制
	旅游活动可能打扰居民和生物的生活规律	旅游活动必须以不打扰当地居民和生物的生活为前提

从以上几个典型的定义来看，生态旅游是一种有目的的旅游活动，从事这种旅游活动的目的是“了解当地环境的文化与自然历史知识”、“欣赏和研究自然景观、野生生物及相关文化特征”等。从事该项旅游活动的原则是“不改变生态系统的完整”、“保护自然资源使当地居民在经济上受益”。因而，生态旅游与传统旅游在追求目标、受益者、管理方式和影响方式等方面具有不同的特征。

生态旅游的提出和迅速发展（我国已在 1999 年推出“生态旅游年”），为发展旅游、保护环境注入了活力。自然保护区、森林公园、典型少数民族文化区等成为我国开展生态旅游的热点地区。但生态旅游在实际应用中依然存在着许多障碍，主要有：①观念障碍。相当一部分人残存的高消费、高增长、高污染的粗放生产方式的旧观念，势必影响旅游地走可持续发展之路的进程。②利益障碍。市场经济下，由于利益的刺激使一些地区和部门为赢得一时之利，不顾对环境造成严重污染，对自然资源造成极大破坏。③体制障碍。我国到目前为止，还没有一个比较完整的保护资源和环境的体制，现在的管理基本上还是依赖于强制性的行政命令，但由于执法渠道不畅通或执法手段不严，使资源和环境不断遭到破坏的现象时有发生。④素质障碍。由于从业人员的文化水平及知识结构的局限，认识不到位、执行力度不够的现象时有发生。⑤资金障碍。生态旅游开发需要大量的资金注入，特别是在建设清洁生产的生态景区或用循环经济理念指导下建设的生态景区，更需要大量的资金注入。我国是发展中国家，资金短缺一直困扰着景区建设。

据此，应：①强化生态旅游的可持续意识。②建立生态旅游实验区，为开展生态旅游提供规划标准、评价体系和管理模式。（在建立生态旅游实验区中，要慎重对待生态环境脆弱地区的旅游开发，协调自然保护区、森林公园在生态旅游发展中的开发和保护的关系，防止由于对生态旅游认识的偏差而造成旅游资源的破坏。建立不同环境管理条件和环境管理技术下的环境容量评估体系，以及确定环境破坏和资源消耗的指标体系，寻求建立旅游和环境之间的良性循环关系，尽可能地减少旅游对景观和环境造成的破坏。建立旅游投资的效益评估体系，进行替代产业的经济、环境影响比较，确定旅游业的产业优势度。探索建立具有维持可持续发展功能的旅游管理模式，确定相关组织机构的职能、权利和义务；建立对旅游企业和当地居民的约束机制、环境补偿机制与管理体系，替代目前旅游区多头管理、职责不清的管理模式。）③加强生态保护宣传教育。④增加环保经费。

三、世界遗产与旅游环境

1. 世界遗产的概念

“遗产”一词在各类词典中借指“历史上遗留下来的精神财富或物质财富”。“世界遗产”一词首先出现在1972年11月16日，在联合国教育、科学及文化组织制定并通过的《保护世界文化和自然遗产公约》中，指在历史、艺术、人类学、科学或保护等方面具有突出普遍价值的，人类罕见的、目前无法替代的财富（图6.8）。

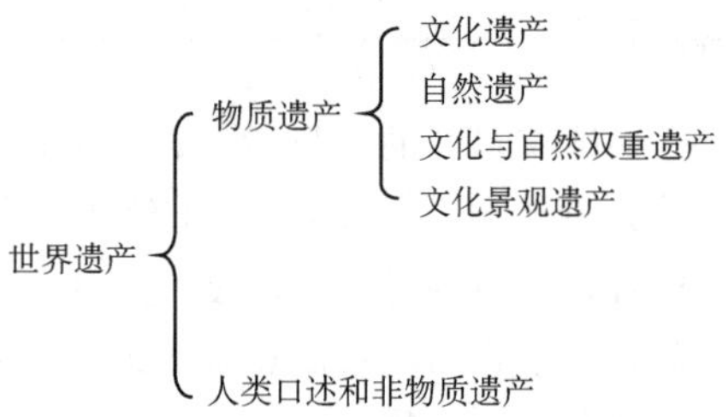

图 6.8　世界遗产分类图

世界遗产概念的产生是由于人们注

意到文化和自然遗产越来越受到破坏的威胁，一方面因年久腐变所致，同时变化中的社会和经济条件使情况恶化，造成更加难以对付的损害和破坏，考虑到国家一级保护这类遗产的工作往往不很完善，因而必须将具有突出的全球性价值的文物古迹和自然遗迹列入《世界遗产名录》，作为全人类共同的遗产加以保护，其实质是“通过采取公约的形式，建立一个根据现代科学方法制定的、永久性的、有效的保护制度”。

世界遗产具有三个重要的功能。首先是教育功能，世界遗产往往是一个国家或地区的标志性形象，各国纷纷利用世界遗产对游客和公众进行科学知识的普及教育。其次是科学功能，世界遗产蕴涵着自然与人文科学研究的巨大潜力，特别是对和自然有关的世界遗产而言，科学研究应该是世界遗产最重要的功能。最后是游览、启智和创作体验等功能，世界遗产都是独一无二的，其本身就是少有的自然或人文景观，而且申请遗产的过程本身就有广告效应，申遗成功意味着其旅游功能更加凸显，但为了保护世界遗产原貌的真实性和完整性，有些国家限制本国的世界遗产的旅游用途。

2. 世界遗产与旅游环境

由于世界遗产集中了地球上文化和自然遗产的丰富性和多样性，其高品位的自然和文化资源在世界各地都是最具魅力的旅游吸引物，许多世界遗产地已成为世界旅游胜地，成为当今旅游开发的热点之一。截至 2012 年 7 月，我国有 74 处世界遗产（表 6.4），其中，有 22 个是全国首批 4A 级景区，有 21 个分布在全国优秀旅游城市中，列入世界地质公园的有 22 个（表 6.4）。

表 6.4　中国的世界遗产（截至 2012 年 7 月）

遗产种类	遗产名称	遗产数量/个
文化遗产	长城，明清皇宫，陕西秦始皇陵及兵马俑，甘肃敦煌莫高窟，北京周口店北京猿人遗址，西藏布达拉宫，河北承德避暑山庄及周围寺庙，山东曲阜的孔庙、孔府及孔林，湖北武当山古建筑群，云南丽江古城，山西平遥古城，江苏苏州古典园林，北京颐和园，北京天坛，重庆大足石刻，四川青城山和都江堰，河南洛阳龙门石窟，明清皇家陵寝，安徽古村落：西递、宏村、山西大同云冈石窟，高句丽王城、王陵及贵族墓葬，澳门历史城区，安阳殷墟，开平碉楼与村落，福建土楼，河南登封天地之中古建筑群，元上都遗址	27
自然遗产	湖南武陵源国家级名胜区，四川九寨沟国家级名胜区，四川黄龙国家级名胜区，云南三江并流，四川大熊猫栖息地，中国南方喀斯特，江西三清山，中国丹霞，中国澄江化石地	9
文化与自然双重遗产	山东泰山、安徽黄山、四川峨眉山-乐山风景名胜区、福建武夷山	4
文化景观遗产	江西庐山风景名胜区、山西五台山、杭州西湖	3
人类口述和非物质遗产	昆曲，古琴，新疆维吾尔木卡姆艺术，蒙古族长调民歌，书法、篆刻、剪纸、医针灸、京剧、雕版印刷和端午节等	22

世界遗产是旅游活动的基础。①世界遗产门类齐全，内容丰富多样，从文物、建筑群、遗址、自然地带、风景名胜、濒危动植物物种生态区、珍稀或濒危动植物种的栖息地，到民间文学、戏曲、舞蹈、音乐、绘画和工艺品以及民俗民风，皆可构成遗产内容。正是由于遗产内容的这种多样性，为区域旅游资源的多样性构成打下了坚实的基础。②遗产的地域性是区域旅游资源独具魅力且不可替代的前提。遗产是特定的人文或自然要素在特定的区域环境中长期演变所积淀下来的，不同的地域内，由于人们相互之间的传承方式以及自然演化规律的不同，就导致了不同遗产的差异性，使得各种遗产有着独自的特色和魅力。③遗产的文化性为自然风光的深度拓展提供了广阔的空间。自然风光的美丽，是人的一种内心体验，而这种主观感受，在很大程度上会因为人们所赋予的文化蕴藏而出现较大差异，而遗产的文化性为自然风光的深度拓展提供了广阔的空间。④世界遗产的标签是遗产地巨大的旅游品牌。如黄山申报成功后，旅游收入由每年数百万元增至2亿元；2000年，山西平遥的国内游客、门票收入、旅游综合收入分别是申请世界文化遗产前的1996年的6.3倍、7.5倍和6.2倍。世界遗产就是一个地区响亮的旅游品牌，体现一个地区的特色，是一个地区人文价值的亮点。一个地区要想立足于世界，立足于市场，很大程度上依靠的是一个地区旅游的特色品牌，品牌效应是十分明显和重要的。

由于世界遗产是人类珍贵的、独一无二的、具有不可再生性、不可替代性和破坏后的不可逆性的一种特殊的稀有公共资源，因此，在旅游开发中，人们应充分认识到旅游热是把双刃剑，各世界遗产单位应该履行保护的责任，保护遗产的真实性和完整性。

第三节　旅游业对区域经济和社会文化的影响

一、旅游活动与旅游业的经济作用

旅游活动是人类社会经济发展的产物，是旅游经济活动的前提。旅游业是国民收入的重要来源之一，同其他经济行业一样创造经济收入。旅游不仅创造直接收入，其间接影响更加广泛。

1. 赚取外汇，改善国际收支平衡

扩大国家外汇收入有两条途径：一条是通过外贸途径赚取外汇，另一条是通过非外贸途径创汇，如发展旅游业和劳务输出创汇。旅游业作为一种无形出口产业，它既不像初级产品出口那样受制于关税壁垒、贸易保护主义等不利因素，而且旅游业提供的是服务性产品，不需付出很多物质产品和消耗很多能源，不破坏资源即可创汇；旅游产品和服务的价格由本国控制，旅游接待国可以通过价格调整来刺激旅游者；旅游收入是现汇收入，资金可马上投入周转使用；换汇成本低、获利高等。

作为非贸易外汇收入的国际旅游收入是国际贸易中最大的项目之一，国际旅游业在世界经济中的地位逐步加强。我国 1978～1993 年外贸逆差总和达 384.2 亿美元，而同期旅游外汇收入达 272.9 亿美元，旅游外汇收入弥补了外贸逆差总额的 71%，对我国经济建设起了重要作用。2004 年，中国入境人数已达 1.09 亿人次，入境旅游外汇收入达到 257 亿美元。

2. 积累资金，回笼货币，促进财富再分配

商品和服务回笼，财政回笼，信用回笼是国家回笼货币的三大渠道。积极发展国内旅游业，不仅能适应我国人民不断增长的物质文化需要，而且能刺激人们对商品的消费欲望，扩大商品的零售额，加速货币回笼。2004 年中国国内旅游人数超过 11 亿人次，国内旅游收入达到 4711 亿元人民币，约合 570 亿美元。

发展旅游业，还可以缩小国家之间、地区之间存在的极大经济差异，促进财富的再分配，为贫困地区经济发展提供一个新的经济增长点。

3. 扩大劳动就业

旅游业是一项劳动密集型产业，就业者的专门技术较易掌握，有利于吸收剩余劳动力。据一项投入产出研究表明，国际上每投入 9 万美元，旅游业相应产生 41 个就业机会，石油工业仅产生 16 个就业机会，电气工业仅产生 8 个。2005 年中国旅游业直接从业人员 649 万人，间接从业人员 3244 万人，直接、间接从业人员占全国就业总量的 5.2%，预计“十一五”期间，每年将新增就业岗位 50 万个以上。我国人口众多，劳动力充足，就业问题尤显突出，发展旅游业是解决我国就业问题的重要途径。

4. 促进产业结构合理化和综合发展

旅游消费涉及食、住、行、游、购、娱等方面。为了与旅游者的消费结构相适应，必须调整国民经济的产业结构，特别是直接提供旅游消费资料的各部门，如交通、通信、轻工、农业及建筑等，随着这些部门的发展，又要求各重工业部门相应发展，促进产业结构调整及合理化和综合发展。

5. 促进区域经济的发展和贫困地区脱贫

旅游业可为当地居民提供较多的就业机会，促进当地各种基础设施的建设和完善，整体上促进了区域经济的发展，目前，我国贫困人口达 800 万人。贫困地区有众多的价值高的旅游资源，发展旅游业不仅可以增加贫困地区经济收入，更重要的是促进当地居民思想观念的更新。在此基础上，旅游扶贫应运而生。“十五”期间，贵州省旅游扶贫工作取得了显著的成效。据统计，全省开展旅游接待活动的单位有 66 670 家，通过旅游活动获得的收入为 47.32 亿元，旅游税金 8.68 亿元，有

63.03 万人依托发展旅游业摆脱了贫困，走上了致富之路，成为旅游扶贫的受益者。

旅游活动和旅游业对区域经济发展影响的大小取决于自身的经济结构和供给能力，如果不顾自身条件，片面地强调积极作用，会产生适得其反的作用。表现为：

（1）旅游是一个创汇行业，也是一个用汇行业。外汇漏损削弱了旅游业在国际收支中的作用。如何减少漏损，是发展旅游业的国家急需解决的重大问题。

（2）经济欠发达而旅游资源充足的地区，旅游过度超前发展，旅游业配套设施投资巨大，旅游门槛高，对区域经济没有起到应有的推动作用。

（3）旅游是一项极不稳定的出口产业，经济危机、战争、自然灾害、社会时尚等因素发生突变，致使旅游需求大幅度下降，旅游业及其相关产业将遭受致命打击。因此，过分依赖旅游业会影响国民经济的稳定。

（4）旅游发展会使旅游目的地的文化受到外来文化的冲击，甚至损害当地居民文化传统和利益；旅游的季节性也会造成大量设备闲置浪费和劳动力的季节性失业。

总之，要正确认识旅游活动与旅游业的经济作用，对旅游业的发展要加强宏观调控和总体规划，扬长避短，使其发挥应有的作用。

二、旅游活动与旅游业对社会文化的影响

旅游活动是人类文化活动，旅游业是文化性的产业。旅游活动和旅游业对社会文化有积极影响。

（1）促进不同地区、不同民族乃至不同国度社会文化的交流。旅游是人类的和平交往，是人类文化最理想的交流方式。通过人群之间的直接往来，有利于消除一些社会、民族偏见，促进相互理解，有利于世界和平。旅游的发展，还伴随着科学技术的交流，尤其是科学考察旅游、会议旅游、生态旅游等，可使人们及时了解许多先进的科学信息。此外，旅游业的发展还会对科学技术尤其是在交通、通信和服务设施与设备方面提出新的要求，从而推动这些领域科学技术的发展。

（2）促进民族传统文化的保护和复兴。旅游活动和旅游业的发展，使人们加深了对各民族文化的了解，提高了保护本民族文化的自觉性。受旅游产业经济优势的带动，各国及地方政府重视民族文化的开发和保护，并采取一系列挖掘和利用措施，如动员社会各界力量维护、修复文化遗址，资助传统艺术团体活动，开放博物馆、科学馆、大学校园，举办国际艺术节、音乐节，建造主题公园等。因此，世界旅游组织指出，具有文化价值和旅游价值的东西，旅游有能力保护、拯救和复兴它们。

（3）发展旅游业能提高人们的生活质量。随着现代生活节奏的加快，竞争的激烈，人们紧张工作之余，迫切需求利用余暇时间改变一下生活，到清新幽静、

赏心悦目的大自然中去疗养、休养、度假、娱乐，使紧张疲劳的身心得到放松和调节。同时，旅游也是一种审美活动，有利于人们得到美的陶冶，培养和提高道德情操。

(4) 改善基础设施，促进社会文明。旅游资源的开发就是改善旅游地的“可进入性”，使现代化的交通、通信、住勤、游乐设施优先发展。旅游的发展能弘扬民族优秀传统文化、传播文明、美化环境，使游客对国家、民族、大好河山、悠久的历史文化产生情感上的交流，会启迪和提高民族自豪感，增强民族自尊心。旅游业以优质、高效的服务，展示民族精神和民族风貌，成为宣传精神文明的窗口和创造精神文明的阵地。

旅游活动和旅游业也有消极影响。

(1) 使历史文化遗产遭到不同程度破坏。在经济利益的驱使下，不少旅游地超负荷接待游客，或乱建滥造旅游设施而使得一些有珍贵历史文化价值的古迹或独特、协调的自然、人文景观遭受破坏。因游人乱刻乱画，随意触摸文物、丢弃废物等直接或间接导致的文物古迹的破坏，更是不胜枚举。

(2) 传统文化简单、粗糙的舞台化、商品化，导致其文化内涵消失和艺术形式的退化。为了获取经济效益，迎合旅游者猎奇的需要，各旅游地多放弃传统文化的社会、精神意义及艺术含义，随意改变其传统艺术设计形式，使传统文化粗糙、简单地舞台化、商品化。传统民俗、庆典活动等再也不按特定时间、地点、方式进行，而由“旅游需求”随时随地举行。地方特色的工艺品制作转向面对大众市场，机械化批量生产，并逐渐走向粗制滥造，失去传统的艺术形象和价值。

(3) 直接或间接导致旅游接待地社会道德水平下降。来自世界各国的旅游者有着各自己不同的道德观念和生活方式。旅游者消极颓废的意识和生活方式，极易使旅游地部分居民失去淳朴的美德，诱发唯利是图的拜金主义欲望，从而败坏当地的社会风气，影响社会秩序的安定。

总之，要正确认识旅游活动与旅游业在社会文化中的作用，增强自我保护和自我发展能力，适度发展旅游业，充分调动其积极因素，引导旅游业健康、有序地发展，造福于全世界。

复习思考题

1. 试分析休闲与旅游的关系。
2. 分析旅游地与客源地空间相互作用的原因。
3. 课堂讨论：在未来几年里，你认为我国的旅游活动会有哪些变化?
4. 社会调查：①资源保护与旅游开发之间的冲突是可以避免的吗? 自选一地区，对这类冲突的事例进行认真研究。②设计调查表，从旅游者、经营者、当地居民三方面，调查某一旅游目的地旅游开发对该地区的经济、社会、环境的影响。

主要参考文献

保继刚，等．1999. 旅游地理学（修订版）．2版．北京：高等教育出版社
陈天培．2006. 非物质文化遗产是重要的区域旅游资源．经济经纬，(2)：124～127
楚义芳．1991. 旅游地开发评价研究．地理学报，(4)：396～404
崔凤军．1995. 论环境承载力——持续发展旅游的判据之一．经济地理，15 (1)：105～109
邓明艳．2005. 国外世界遗产保护与旅游管理方法的启示——以澳大利亚大堡礁为例．生态经济，12：76～79
卢彩萍．2005. 处理好保护世界遗产与发展旅游之间的矛盾．苏南科技开发，(12)：1～3
卢云亭．1988. 现代旅游地理学．南京：江苏人民出版社
孙文昌．1998. 现代旅游学．青岛：青岛出版社
孙文昌，等．1989. 运用旅游地理学．长春：东北师范大学出版社
王桂梭，等．1996. 黄山旅游与环境研究．北京：中国科学技术出版社
文学菊，朱创业．2005. 科学发展观：世界遗产地实现可持续旅游发展的新思路．西南民族大学学报·人文社科版，(8)：181～183
杨汉奎．1987. 论风景资源的模糊评价．自然资源学报，(1)：49～57
张文奎．1989. 人文地理学概论．2版．长春：东北师范大学出版社

第七章　政治活动与地理环境

政治活动作为人类文化的一个有机组成部分，同地理环境之间的关系十分密切。当第一个人类社团形成以及竞争成为人类生活的一部分时，个人、集体、社团和国家为了追求权力和势力，以求达到个人和公众目的的政治活动也就随之开始了。

人类的任何政治活动都必须在特定的时间和空间范围内进行，因而也必然有其空间分布和活动中心。地理环境为人类政治活动提供活动空间与各种各样的资源，各种地理因素通过影响人类的政治和经济行为从而对政治活动产生不可忽视的影响，因而地理环境与人类政治活动相互关系的考察，也就成为人类思维活动的一部分。

第一节　政治活动概述

一、政治、政治活动、政治系统

政治是一个十分广泛的概念。孙中山先生曾说：“政是众人之事，治就是管理，管理众人之事就是政治。”① 这是从广义上来说的。马克思主义认为，政治是经济的集中表现，是伴随着国家的出现而产生的，是一定阶级或社会集团围绕着一定的国家政权为实现自己的利益而展开的种种活动。

政治活动是人类行为的组成部分。从小的方面讲，有个人的政治活动，如选举、参加政治交流、组织政治利益集团、缴纳捐税等；从大的方面讲，有国家乃至国家集团的活动，如国家政治管理、国家之间乃至国家集团之间的对立冲突与合作等。

政治系统是指在特定的空间范围内，由合法机构以及它们实际和法定形式的政治行为与政治过程组成的一个时空系统，其地域范围小至一个地区，大到一个国家、一个洲，乃至整个世界。不同的地域政治系统，其内部结构和相互作用不同，表现出不同的系统功能。如由若干政治实力强大的国家组成的跨国集团和由不结盟运动组成的国家群体所形成的地域政治系统，就有不同的功能特征。前者往往以经济上的高技术输出和工业原料的大量输入、政治上的势力竞争和控制为特征；而后者职能体现在一种资源保护型的民族经济和政治上维护国家主权和独立的抗衡力量。地域政治系统具有动态性和开放性，一定历史时期形成的地域政治系统既具有内部结构层次性和构成要素的有机联系，又存在整个系统的外部开放性（图 7.1）。

---

① 孙中山选集，下卷，北京：人民出版社，1956，第 561～562 页。

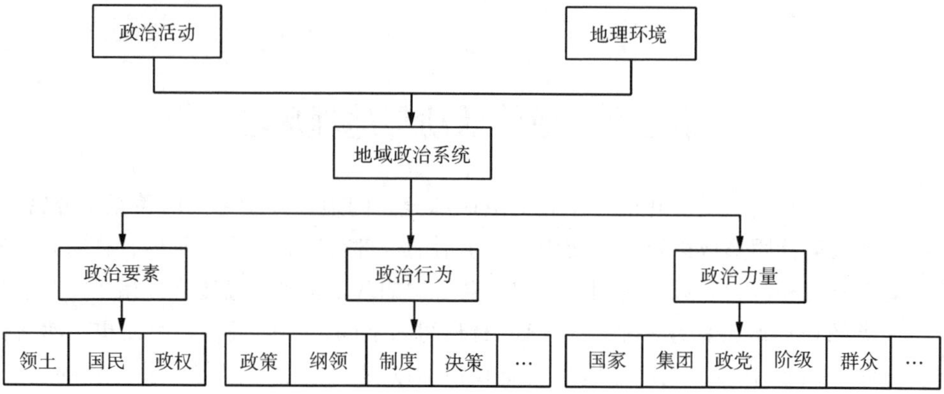

图 7.1　政治活动的地域系统示意图

二、当代政治活动与地理环境关系的研究

世界上的政治经济制度、资源条件、宗教、文化差异，必然引起各国对世界利益的分享和世界责任的承担采取不同的态势，从而产生国家之间的盟约关系，形成国家政治集团并构成世界的地缘格局。全球资源分布和国家间的空间分布关系，又可能使不同的国家处于不同的战略地位，这种战略地位与地缘格局的配合，构成了世界的地缘结构。

当代政治地理学对政治活动与地理环境研究，就是强调要辩证地看待地理环境与政治活动的关系，一方面要看到地理环境对政治活动的重要影响，它既是政治活动的外部环境，又为人类的政治活动提供活动空间与各种各样的资源，而且地理环境在不同的历史时期对人类的政治活动具有不同程度的制约作用；同时更要看到政治活动对地理环境的巨大影响和作用，政治活动可以通过多种途径影响人类生存的地理环境，如可以通过战争、掠夺性生产、鼓励人口增加等方式对资源实施掠夺性利用，从而加速破坏地理环境。当今世界的环境污染、生态环境恶化与破坏、人口爆炸、资源的日渐枯竭、现代病的滋生与蔓延、社会风气的弱化与衰落等一系列问题无不与政治活动有直接或间接的联系。因此，要从政治活动的角度制定有关政策措施，改变人们对地理环境的态度和认识，切实保护自然环境和自然资源，达到人与地理环境的和谐共处，实现政治活动与地理环境的协调统一。

三、国家及其空间政治行为

1. 国家的基本概念及其组成要素

国家是指在一定范围内的土地上，具有一定的统治权，并拥有一定的国民而组成的社会实体，是统治阶级对被统治阶级实行专政的工具。国家由 4 个基本要素组成：①拥有一个能够行使主权、统治领土和组织国民的政府，政府代表国家主权，对内进行管辖、联合与实行阶级专政，对外保卫国土、实行外交活动；②国家必须有由公认的国界所划定的领土；③领土上必须住有定居的国民；④国家必须具有主权。

此外，国家还需要一种思想意识，或文化传统上的共性，以及在固定领土上长期定居所形成的一种共同感情和心理状态，把他们联系在一起所形成的一种强大内聚力。

2. 主权及其制约

"主权"观念来源于西方，法国哲学家让·博丹（Jean Bodin）1576 年将主权定义为"国家支配其公众和臣民的不受法律约束的最高权力"。这一界定受到了后来的国际法和国际惯例的挑战：①从国内法的观点表现出来的主权，作为最高的、原初的权力，并作为决定国家管辖范围内的排他性职权，究竟在何种程度上是与国际法和国际组织的正常运行和发展相适合。②国际法作为"不问各国国内法律与立法而对各国一律有拘束力的行为规范的总体"这个观念本身就含有各国受国际法支配的意思，因此就不可能接受各国在国际范围内享受绝对主权的主张。③从长远看，国际法的进步、国际和平的维持，以及随之而来的独立民族国家的维持，都必须以各国交出一部分主权为条件，这样才有可能在有限的范围内进行国际立法，并在无限范围内实现具有强制管辖权的国际法院所确定的法治。

在当代，主权的观念受到了来自多方面的挑战，其制约因素主要有：

（1）民族与国家的不重合。一个国家有多个种族、民族或部族，一个种族、民族或部族又分布在多个国家。这种民族与国家的不重合，一方面造成在"民族统一"、"领土完整"等旗号下不少地区持续不断的摩擦、冲突和混乱，另一方面也使人们对主权产生了不同的看法。民族或种族成分单一的国家愿意甚至坚定地捍卫主权的至高无上，而在许多民族与国家不重合的地方，则把主权观念作为一种宣传舆论看待（如"热点"地带的那些少数民族），甚至要求重新定义领土、人民、政府、主权等概念。

（2）政府能力和责任感的强弱。对一个缺乏足够的政府能力和责任感的政府来说，其本身就很难判定它是否合法或是否得民心，因而它本身是否能够代表国家主权、行使国家职能尚难以确认。像这样的国家，其主权的确认就变得相对困难。

（3）资源多寡和外交质量。资源状况是制约主权能否坚持、如何坚持的自然条件，外交技巧则是化潜能为现实利益、使国家在世界舞台上发挥作用的人为手段。主权原则不可能保证各国资源天然分配的平等以及由此造成的国家潜能与实力的平等。

（4）国际干预的加强和国际法的硬化。日益增多的国际干预对传统的主权观念不断地进行冲击和约束。在过去的柬埔寨和索马里，由联合国派遣的机构早已超越了传统的单纯的“维持和平”使命，变成了掌握当地军事、外交、财政、治安、情报大权的“太上皇”。在今天，当联合国的决议生效时，就意味着当事国主权的部分丧失。

(5) 国际组织的多种作用。当代国际组织对世界或地区事务有广泛的介入和影响。首先，国际组织被赋予了一种广泛的道义职责，人们希望用它们处理或解决各国之间、甚至各国内部无法解决的问题；其次，政府间组织能把各国官员召集到一起，确定共同的国际议题，引起世界舆论的重视并导致国际社会的一致行动，如1992年在里约热内卢召开的世界环境与发展问题的各国首脑会议，使人类对生存环境的认识达到了前所未有的深度。国际组织使本来不可能发生接触的各国政府机构把潜在的或隐蔽的联盟转变为明确的、以直接接触和合作为特点的跨国联盟。有时候，国际组织还产生一种吸引力，使人们产生非国家的效忠，典型的如某些苏格兰人宁愿以欧共体为依托，而反对本国政府以英美“特殊关系”为借口疏远与大陆欧洲的联系。各国在日益相互依存的国际体系中的运作，一方面赋予它们新的机会、利益和权利，另一方面也限制了它们的部分自主性，甚至以侵蚀它们的主权为代价。

(6) 非政府力量的壮大。当代一些非国家的行为主体正越来越多地卷入国际事务之中，发挥着不断增长的、对国家主权起着某种约束、侵蚀或抵消的作用。这些非国家的行为主体大致有以下三类：各国内部的反叛势力、跨国公司以及国际间的非政府组织（如宗教团体、体育机构等）。

(7) 经济的“无国界行为”和各国的相互依赖。当今世界，货币、商品、人员、信息和技术都以一种加速度实行跨国界、无领土的流通，市场经济正向全球的每一个角落推进，并且造成了越来越明显的经济一体化。这种趋势造成了各国间的相互依赖不断加深，所有国家都具有敏感的相互依赖，这必然造成有的国家会比另外的国家更脆弱，或者说更容易受制于他人。

(8) 全球性危机的加深。“全球性问题”的日益严重化，是20世纪末主权国家面临的一种新的综合性挑战。人口、粮食、环境、能源、艾滋病、核扩散、恐怖主义等问题，没有一个是可以归结为局部的、民族国家的、特殊制度和意识形态下产生的问题。全球性问题不是哪一个国家所能单独应付、处置和解决的，危机的全球性质要求有全球性的努力，这种解决过程自然也会涉及主权的牺牲或者捍卫的问题。

(9) 人类空间探索的增加和各国海洋国土意识的增强给国际法造成的难题。领空、领海在界定和划界上的困难性，使各国围绕太空和海洋主权的争吵和争端已越来越明显。

主权现象是一个历史的范畴，它随着世界体系的变迁而改变自己的作用形式。不论如何，国家必须具有主权，按照公认的国际法准则，国家的主权应当受到尊重，同时负有它国主权的义务。国家主权的行使，总会有一定的限制。主权国家为了进行国际合作，参加国际组织，按照有关组织的规则承担一定的权利和义务，它在行使主权方面也可受到一定的约束。

3. 首都

首都是国家最高权力机构所在地，是国家政治活动中心。不同历史时期，不同社会制度和管理体制的国家，由于其服务对象和目的不同，对首都位置有不同的选择。但从总体上看仍然具有一些共同的特征：①具有有利的自然条件；②有利于对全国进行行政管理；③必须考虑国内外政治经济条件；④位于水陆交通便利的地区；⑤考虑历史、文化、民族等因素。

4. 边疆与边界

边疆一般是指两个政治区域之间的过渡地带，有时也指一国国界线之内远离首都或核心区的部分。边界是一个主权国家行使其主权的界限，是国家之间相互作用、不断调整的结果。边界往往会经历定界、划界和标界过程。在长期的历史过程中，边界经过了反复的变动，所以其走向往往是不规则的；缺乏这种过程的边界，往往又太正规，这在北美洲和非洲表现得极为明显，反映出国家历史之短促。在民族、国家出现之前，并无明确的边界，相应的政治集团、民族集团的边疆地区一直处于政治真空，人类活动与联系以自然界限为“准国界”。现代的边界一般在自然界限的基础上，结合军事的、文化的、历史的、经济的等原因形成。边界是主权国家行使管理权的极限，也是不同国家交往的接触地带。

5. 国家实力

国家实力就是国家的各方面的实力的有机总和，是一个国家生存与发展所拥有的全部实力，即国家的总体力量。它既包括物质要素（硬国力），如资源、领土、人口、经济、军事等，又包括精神因素（软国力），如政府质量、政治体制、外交关系、民族凝聚力及科学技术等。它反映了一个国家在国际社会中自由行动和影响国际事务的能力，是国际地位和作用的一种衡量尺度。

国家实力是国家生存与发展、确定国际地位和发挥国际影响的基础。国家盛衰实质上就是其国家实力消长的反映。国际战略格局的变化，基本上是由国际战略力量的对比决定的，国际战略力量主要表现在各国的国家实力上。因此，在国际竞争中，准确地估价国家的实力，作出科学的战略决策，具有重要的现实意义和长远意义。

6. 国际组织

国际组织是指跨越国界的一种多国机构，是国家空间政治行为的一种表现。一般地，凡两个以上的国家或其政府、人民、民间团体基于特定的目的，以一定的协议形式而设立的各种机构，均可称为国际组织。政治地理学所着重研究的是严格意义上的国际组织——即由若干政府通过协议所设立的国家间机构。

20 世纪以来，国家与国家、地区与地区之间的接触与交往日益广泛和频繁，并且在社会生活的各个领域里互相渗透，这种世界范围内的政治、经济、文化以及其他社会生活领域的相互影响和相互渗透。如果不在寻求共同利益的基础上进行合作，单一国家的政治、经济利益似乎很难实现，于是以经济合作为目的，或以社会政策、安全政策或综合性政策的协调为目的的政府间国际组织迅速发展起来。目前，全世界国际组织达 2.2 万余个，其中国家间组织已有 3600 多个，非政府国际组织 1.8 万余个。这些国际组织日益渗透到国际社会生活的各个方面，发挥着越来越重要的作用，也使各国政府不断调整自己的对内对外政策，甚至不得不牺牲部分国家主权，达到协调国际政治经济关系、维护世界和平与安全的目的。

第二节　领土、自然资源与政治

一、领土与政治活动

国家的领土是具有一定的规模、形状并由一定的边界所限定。它既是国家主权所及之地，又是国民居住生活之地。领土也有狭义和广义之分。狭义的领土仅包括领陆；而广义的领土则包括领陆、领水和领空。领陆是指受国家权力支配的，有国际公认的国界划定的土地，是地球陆地表面上的特定部分。世界上不存在没有陆地的国家。领水是指在国家主权支配和管辖下的水域。领空是指国家陆地和领水之上的全部上空。

1. 领土位置、大小、形状对政治活动的影响

领土位置在国家政治和经济发展中具有重要的作用。新加坡处于优越的地理位置，这为其社会经济发展创造了良好的条件；波兰曾位于原苏联和德国之间，长期充当缓冲国的角色。在当代，由位置而引起的两国之间的摩擦和纠纷屡见不鲜。对临海的国家而言，由于有水上通道与外界交往方便；对内陆国来说，进出口货物都要通过另外的国家，往往必须通过谈判，一方面必然会增加费用，因而也削弱了其产品在国际市场上的竞争力。另一方面，还得承受技术事故、自然灾害、劳资纠纷、政治骚乱、甚至国际冲突的后果。

世界上的国家大小不一，大者如俄罗斯，其国土面积广达 1707 万 km^2，约占世界陆地面积的 1/6；而小的国家，领土面积尚不足 $1km^2$。一般来说，领土面积大、人口多、资源丰富，则有利于国家的强大和经济的繁荣。反之，如果国家的领

土过小、资源缺乏、人口过少，就会影响国家的发展。虽然领土大小对评价一国的实力有一定的参考意义，但也不完全如此。有的国家领土规模较小，但在历史上却起过很大的作用，如英国；有的国家面积虽大，但有史以来就一直比较落后。同时，国土广大有时还造成管理与控制的麻烦。例如，地广人稀的国土上难于建立有效的行政体系，难于控制，可能引起政治上的问题。因为地广人稀的条件往往意味着定居困难，在没有其他条件来补充时，一些分散而游动的人口可能形成一种分裂力量。

国家领土形状各不相同，彼此差异很大。

乌拉圭、柬埔寨、比利时、波兰等国，领土近于圆形或矩形，没有大的曲折，为致密型领土。它的优点是在一定长度边界线中包容了更多的国土，同时从几何中心到任一边的距离都不很长。菲律宾、印度尼西亚、马来西亚、日本等国，领土支离破碎，交往不便，为零碎型领土。越南、智利、挪威、瑞典、意大利等国是狭长形领土，这类国家的地区之间差异比较大。泰国、扎伊尔、南非、缅甸等国，国土的一端有一个突出的部分或走廊远离国土中心，为延伸型领土。莱索托与南非，圣马力诺与意大利，前一个国家的领土被后一个国家所包围，前一国家称为“嵌入型”领土，后一国领土称为“穿孔型”领土。当某国领土的一部分四周完全被邻国领土所包围，但主权仍由某国所有，如西班牙在法国境内的利维亚（Livia），这种情况也称为“穿孔型”领土，亦称“飞地”。

致密型领土紧凑，利于国家主权的行使；相反，零碎型、狭长形、延伸型领土，地区之间的联系与政府管理有一定困难，主权影响力有时难以到达，容易导致地方主义，从而造成交往与内聚的困难。嵌入型与穿孔型领土尤其是飞地，由于管理上的不方便以及特殊性，给所属国家和东道主国家都造成了诸多不便，容易影响两国正常的国际关系。

2. 领土的变更

国家必须拥有领土，领土随着国家的形成而被确定下来。但是，领土的固定性是相对的，随着国家的发展，在某些情况下，国家的领土可能发生各种形式的变化。这种变化只有在严格遵守国际法的前提下进行，否则就是侵犯国家的主权。根据国际法，国家领土的变更可以分为原始取得（包括先占和添附）和转承取得（包括时效、割让和征服等）两类。

(1) 先占（或占领）：指对无人居住的荒岛或地区、没有社会政治组织的土著部落居住的土地，以及未经他国占领或虽然占领但又放弃的“无主土地”的占有。通过这种方式为该国有意识地取得对当时不在其他国家主权之下的土地主权。先占具有以下两个特征：第一，占领的客体只限于不属于任何国家的土地，要么虽然有土著居住，但该土著社会不被认为是一个国家。公海的任何部分都不能成为占有的客体。第二，先占必须是一种国家行为，国家在占领该土地以后，必须在该土地上具有某种行政权，这种占领通常被称为有效占领。例如，当英国等国宣布南极的部分地区为自己领土时，美国曾声明，任何南极“无主地”的发现，如没有名副其实的定居人口，就不能有主权要求。

(2) 添附：指由于形成新的土地而使领土增加。它可以是自然形成的，如河口地区由于泥沙堆积形成的三角洲、海岸的涨滩、领海内由于火山喷发或珊瑚虫堆积或构造运动所产生的岛屿，这些均使一国领土基线外移，从而扩大一国领土；另一方面，人为因素也可以引起土地的增加，如海岸筑堤、围海造田等，均可使领海向外扩张。这里应注意的是，如果在界河一方筑堤而影响界河原来的分界线，则是不合法的。

(3) 时效：指对他国的一部分领土经过长期的非法占有和持续而稳定的统治，造成事实上的合法化，从而取得该统治土地的主权（国际法上对这种占领没有善恶意之分，也没有规定固定年限）。由于非法占领和无固定期限这两个因素，时效作为取得领土的一种方式是非法的。

(4) 征服：指一国用武力兼并他国领土的全部或一部分。征服作为取得领土的一种方式必须具备两个条件：一是征服本身并不一定获得被征服者的领土，只有征服之后继而使敌国灭亡，征服才是取得领土的一种方式；二是征服是一种以强力兼并他国领土，它并不缔结条约。自从反对武力征服以来，征服已经不是取得领土的合法方式，因为《联合国宪章》明文规定不得使用武力侵犯他国领土完整。

(5) 割让：指一国通过条约将领土转移给别的国家。它包括强制性的转让和非强制性的转让两种。强制性转让一般是战争的结果，而且是无代价的领土转移。非强制性转让方式是多种多样的，有赠与或自愿合并的，也有买卖、交换和抵押方式将领土转移于他国的，它是一种有代价的割让。

(6) 公民投票：即通过公民投票来决定民族分离与否和民族国家独立与否，或决定一国的某一部分领土转让给另一国与否等问题。其本质在于让人民按照自己的意愿自由地决定本民族的归属以及国家领土的命运。

二、自然资源条件与政治实力

资源是国家综合实力中影响重大而又相对稳定的因素，也是一个国家生存与发展的基本条件。一个国家能够掌握和控制的自然资源数量，业已成为衡量其国力强弱的重要的指标。一个缺少自然资源的国家，即使工业很发达，其综合国力也会受到影响。日本就是一个典型的例子。目前日本的国民生产总值居世界第二位，是仅次于美国的世界上第二经济大国，但由于许多与国家安全和发展息息相关的战略资源严重依赖进口，因此，日本的经济基础十分脆弱。从这方面看，日本虽然是超级经济大国之一，但其综合国力的排序则要靠后得多。相反，俄罗斯虽然经济不如日本，但凭其辽阔的领土和极其丰富的资源，再加上具有相当实力的军事和经济基础，其综合国力不亚于日本。

人口、资源、环境是当今世界全球性的社会政治问题，其中资源问题是最根本性的问题。所谓“人口问题”，实际上是自然环境和自然资源的社会供应量不能满足人口增长的需要；所谓“环境恶化”，本质上主要是自然资源数量减少、质量衰退从而影响着人类的生活与生存。

自然资源又是影响世界政局不稳定的一个重要因素。在近代史上，帝国主义发动侵略战争均与掠夺殖民地的资源有关，两次世界大战的爆发几乎都是从争夺殖民地资源引起的。从 20 世纪 70 年代开始，北美、西欧一些国家出现石油危机，生产下降，世界经济一度萧条，失业率普遍上升。一些经济发达国家为了摆脱这种困境，竭力采取各种手段来争夺石油开采的控制权力，这是自 70 年代以来中东局势长期动荡，直至发生海湾战争的重要根源。

三、政治活动对自然资源利用的调控和干预

人类的进步和文明，是建立在不断开发利用自然资源的基础上的。在一定条件下，资源不仅是人类生存的物质基础，还是人类的生产要素，它能给人们带来巨大的财富。资源问题又是当今世界各国面临的一个紧迫问题。无论是发达国家还是发展中国家，都把资源的有效供给和持续利用作为经济发展必不可少的条件。发达国家在经历了 20 世纪 70 年代的两次石油危机以后，更清楚地认识到资源对保证经济的持久繁荣具有无比重要的意义。因此，许多国家把资源问题的解决作为全球战略的一个重要组成部分。发展中国家在饱受贫困的长期困扰之后，也逐步认识到，合理开发利用本国资源是摆脱贫困、振兴经济的关键所在。因此，发挥本国资源优势，挖掘资源潜力，促进经济发展，已经成为发展中国家普遍追求的共同目标。如我国第八届全国人民代表大会第四次会议通过的《关于国民经济和社会发展“九五”计划和 2010 年远景目标纲要》提出：要实施可持续发展战略，加强环境、生态保护，合理利用自然资源，积极开发海洋资源，尽快完善自然资源有偿使用制度和价格体系，建立资源更新的经济补偿机制。

要实现经济的可持续发展就必须实行资源的可持续利用，而要实现资源的可持续利用，政治上的调控措施是必不可少的。就当前世界各国的情况看，对资源利用的调控主要有以下措施：①加强资源管理，建立有效的行政管理机制；②保护资源，建立资源节约型的国民经济体系；③开发利用新资源；④进行资源立法；⑤发挥市场对资源的配置作用。

一些发达国家为保护本国资源，通过政策、法令等措施，限制甚至禁止本国某些自然资源的开发，而从外国进口。如美国限制本国石油资源的开采，从中东和加拿大进口；日本保护本国的森林资源，从东南亚国家进口木材等。

第三节 文化与政治

一、语言与政治

语言既是文化载体，又是文化要素之一，它可以反映一个国家或地区的文化地理背景。世界上有单语言制国家、双语言制国家和多语言制国家三种。单语言制国家，往往经历了漫长的民族融合过程，有利于国家的团结与统一。在双语言制的国家里，处于少数的居民集团对语言很敏感，常力图维持自己在社会、政治生活中的地位，从而引起双语言制国家内部不同文化和民族背景的集团的对立，有时甚至会酿成动乱。多语言制国家内含的危机更大。在非洲，由于殖民主义中断了历史发展过程，并按其势力大小人为瓜分殖民地，这种界限往往成为后来独立国家的国界，将操不同语言、不同文化背景的部落和民族集团圈在一起，成为今日动乱的重要因素之一。由于非洲内部交往条件的困难、历史发展中断又减缓了种族融合为统一民族的进程，所以居民内部冲突可能性极大。例如，尼日利亚以三种语言为主，反映了三大集团的独立，极容易引起国家的内乱。印度共有1652种语言及方言，其中使用人数超过百万的达33种之多，在一张10卢比的纸币上，可以看到15种语言的文字并列一起，蔚为奇观。就是同一种语言，有时两村之间也有区别。1960年夏，印度阿萨姆邦由于语言问题引起流血事件，导致几十人死亡、数万人出逃。

总之，语言常常与国家领土、民族纠纷、宗教信仰、种族歧视等问题纠缠在一起，成为一个地区政治动乱、民族矛盾的因素之一。

政治对语言的影响也是十分明显的。历史上，王朝的争战，疆域领土的扩张，在伴随着政治压迫、经济剥削的同时，也进行着文化的入侵。罗马帝国的强盛，使拉丁语在亚、欧、非三洲都得到极大传播，而罗马帝国的崩溃，统治语言的丧失，又使拉丁语成为死亡语言。日本在第二次世界大战期间对占领区人民实行强制性的日语教育，但第二次世界大战后，随着日本的失败，日语在其国土以外的分布区完全消失，说明日本军国主义在这些地方推行的强迫日语教育的失败。

二、民族、民族主义与政治

民族是人们在历史上形成的具有共同语言、共同地域、共同经济生活，以及表现于共同民族文化特点之上的共同心理素质的稳定共同体。由于不同的民族在政治、经济、文化、语言文字、风俗习惯、生活方式及宗教信仰等方面存在着差异，各民族的剥削阶级除了剥削压迫本民族的劳动人民外，还总想剥削压迫其他民族，而被压迫民族又必然要反抗民族压迫，争取民族平等以致民族独立，因而民族之间往往会产生种种矛盾，出现种种问题。这种民族间在交往和联系过程中产生的种种错综复杂的关系、矛盾和问题，就是民族问题。民族问题在政治生活中占有重要地位，无论在历史上还是在现实中，民族关系都是影响国家政治生活的重要因素，民族利益是促使不同国家互相接近或敌对的基本原因。

在古代，民族之间的斗争状况往往成为国家安危和政权更迭的主要因素。例如，在中国宋、元、明、清各朝代之间，民族斗争是改朝换代、更迭政权的直接原因。

在资本主义上升时期，民族运动是资产阶级民主革命的一部分。英、法、意、德等国在资本主义的发展的初期，都要求扫除封建割据，使操同一种语言的人所居住的地域用国家形式统一起来，清除阻碍这种语言发展和阻碍把这种语言用文字固定下来的一切障碍，以建立统一的市场，保证贸易周转能适应资本主义而自由广泛发展。因而这些地区的人们在资产阶级的领导下，分别进行了资产阶级民主革命或资产阶级性质的改革，击退了其他国家或民族的侵犯和干扰，建立了民族国家，各自形成统一的民族，为资本主义的进一步发展创造了良好条件。

在近现代，多民族国家中的民族关系是决定国家政治制度和结构形式、政治稳定程度、国家统一或分裂的重要因素。单一民族的国家，除少数有特殊原因的以外，一般都建立单一制的国家。多民族的国家，往往由于民族因素而建立联邦制国家，如瑞士、原苏联、原南斯拉夫等。多民族国家中民族矛盾的尖锐、民族纷争的剧烈，必然使政治动荡，甚至酿成国家的分裂和解体，原苏联和原南斯拉夫就是这方面的典型。

在正确处理民族问题方面，中国是典范。我国是一个拥有 56 个民族的国家，由于历史的原因以及社会经济发展特点，民族问题必然存在。中国政府一直把以经济建设为中心，全面发展少数民族的经济、政治和文化作为民族工作的指导思想和根本任务，并把民族区域自治作为解决民族问题的基本政策。几十年的实践证明，民族区域自治把国家的集中统一同民族自治、民族平等结合起来，把各族人民热爱祖国统一的感情和热爱自己民族的感情结合起来，符合全国各族人民的共同利益，促进了民族团结、互助和共同繁荣，使国内各民族人民在各地能友好相处，民族矛盾极为缓和，为经济和社会的发展创造了良好的国内政治环境，也是世界上处理民族问题成功的典范。

从一般的意义上讲，民族主义表达了一种强烈的、通常已经意识形态化了的族际情感，它有时作为一种思想状态，吸引着族内每个人的忠诚和报效的热情；它有时变成一种系统化的理论和政策，引导着非暴力性的斗争，为实际的民族成长过程提供原则和观念；它有时充当一种运动的口号和象征，起着支持或分裂民族国家的巨大作用；它有时又仅仅属于无疆界、无权力的“流民及其意识”现象。

近代史上，西欧将它的民族国家形式推向世界，引发了世界范围内的民族国家化。几个世纪以来，民族主义大部分是在为建立独立的国家而服务。第二次世界大战以后，全球大大小小发生了 180 多起战争，绝大多数是由民族纷争引起的。

冷战结束后，原苏联的解体使得两极的制衡和高压同时消失，雅尔塔体制的消逝也使得西方在很多地方失去了影响力、控制力，为冷战所压制的民族矛盾、种族纷争再次加剧，加上民族分布与国家构成之间的复杂关系，各民族发展中的差异，以及一些国内民族政策的不合理，使民族主义再次爆发。在建立所谓“自己的民族国家”的口号下，东欧和中亚形成了民族重新组合、建立民族国家的热潮。一些国家提出要按民族重新划分边界，这导致了多次边境冲突和局部战争。东欧和中亚的地位十分独特，总是处于被争夺的状态中。神圣罗马帝国、奥斯曼帝国、奥匈帝国、俄罗斯帝国在这一带来了又去。在它们的铁蹄下，被统治的各族人民为本民族的生存和独立进行了漫长而艰辛的斗争。东欧的民族问题往往牵一发而动全身，成为欧洲大国之间冲突的导火索，也是全球冲突的引火索。原苏联在分裂为 15 个独立共和国后，民族问题远未结束。如俄罗斯境内，有不少民族要求独立，俄军不得不东奔西走到处扑火，车臣问题就是其中最典型的代表。俄罗斯与其他新独立的共和国以及这些国家之间的领土争端有百余处。这些争端未必都会酿成战争，然而这必然会引起动荡不安。民族纷争引发的战争最容易留下后患，民族的记忆必将长久地保留怨恨。阿塞拜疆和亚美尼亚为了区区 $0.4km^2$ 的纳卡地区的归属已打了七八年，纳卡周边已是一片瓦砾，50 万名难民逃离家园。

非洲现有 53 个国家，占到联合国成员数的 30%。部族的复杂性以及原来殖民主义留下的随意划定的边界，使非洲的战乱经久不息，如苏丹种族冲突、索马里部族骚乱、尼日利亚民族冲突、卢旺达种族战争等。

民族主义在发达国家之间亦有反映。例如，加拿大的魁北克要求独立问题，美国国内黑白种族冲突问题，英国的北爱尔兰问题等。

三、宗教与政治

宗教对政治的影响是十分突出的，在一些国家，不同的宗教与教派可以和平共处，而在另外一些国家则互相争执，成为影响国内团结甚至造成动乱的重要原因。历史上，由于宗教问题而引起的战争有许多次。重要的如十字军东征，1096～1293 年，共发动了 8 次大规模的战争。从 1980 年起，持续 9 年的两伊战争，也反映了伊斯兰教教派中的逊尼派和什叶派之间的矛盾。

一个国家如果有多个宗教集团存在，特别是在各宗教集团之间存在严重分歧的情况下，就会给国家的安全与团结带来许多灾难。黎巴嫩就是一个典型的例子。该国教派林立，在社会组织上各成一体，不但在政治上独立，并且拥有各自的武装力量，以致内战连年，给人民生活带来严重灾难，把国家推向了分裂的边缘。

宗教有时还与政治紧密结合，对国家的政治生活产生重大影响，如菲律宾、泰国、伊朗等，宗教往往与政治紧密结合在一起，使宗教不仅仅是一种宗教或社会意识形态，事实上已成为一种文明的基础和政治的因素，对国家的社会经济生活以及法律、思想、文化和艺术都有着深刻的影响。在这些国家，宗教活动往往带有强烈的政治色彩，政教难以分离，加上国内种族、民族繁多，文化多元，不同的种族和民族又多信奉不同的宗教，这往往会引起政治冲突。菲律宾国内的穆斯林居民总是表现出对政府的离心倾向，并屡次发起要求自治或独立的武装斗争，穆斯林问题不仅影响菲律宾政府，而且影响菲律宾和东盟各国的关系。

当今世界，宗教活动还形成了许多国际性的宗教组织，如世界基督教协进会、世界佛教徒联谊会、世界穆斯林大会、伊斯兰世界联盟、世界宗教和平大会等。这些宗教组织无疑将会对世界政治、经济产生一定影响。

四、科技进步与政治

自近代民族国家的世界体系诞生以来，科学技术始终对国家间的关系起着重大的作用，在今天，这种作用的范围更广、力量更强。蒸汽机的发明和使用，使资本主义确立了在世界范围内的霸权地位，使非西方文明成为隶属于西方的历史客体，使国际政治一开始就打上了西方文明的烙印。电力和内燃机的使用则使西方国家的生产社会化大大提高，国际经济联系迅速扩大，推动了统一的资本主义世界体系的形成。新的科技革命，已经并且将继续对当代国际关系发生广泛而深刻的影响：它不仅进一步加强军事的破坏力和改变战争的形式，加快各国经济水平的提高，增强不同文明和民族间的互动，而且，在扩大发达与不发达国家之间差距的同时，越来越多地制约国家主权的行使范围和改变各国政府的议事日程，加速国际关系结构的更新及实质的变迁，并使其具有全球尺度。

科学技术对政治的影响，主要表现在以下方面：

(1) 改变国际冲突或地区冲突的形式和强度。第二次世界大战后，高技术在军事领域得到了广泛的运用，使作战规模、作战方式，以及作战能力都发生了巨大变化，使有工业化国家参与的现代战争成为地地道道的高科技战争。海湾战争和科索沃战争就是最典型的实例。核武器的出现及核时代的降临，既改变了大国斗争的形式，也修正了战略家们对安全与秩序问题的见解。1945 年以来，尽管出现了多次局部战争、常规战争、“低烈度战争”，但从来未形成世界大战，尤其是拥有核武器的敌对工业化区域之间没有大战，这显然是与核武器的巨大毁灭力分不开的。另外，由于技术的改进，现在既可以造出远比从前威力强大的核武器，也可以使其精确化、小型化，便于有核国家对无核国家实施战术性核打击，从而加强了核大国的优势地位和核武器的威慑作用。

(2) 提高经济效益，增强综合国力。科学技术给各国经济发展带来了重大而积极的效应，它已经成为综合国力较量中头等重要的因素。

（3）推动各种文明间的冲突与融合。交通运输手段的发展使国与国之间人、财、物的交流可以按天数计算，而通信传播媒体的发达则使信息在瞬间完成传递任务，真正使地球变得越来越小，各地距离越来越近。这无疑会使各种民族和文化之间的交流迅速加强，从而推动各种文化和民族间的互动，推动同质或异质文明的融合与冲突。

（4）扩大发达与不发达地带的裂痕。技术和科学通常由高度组织化的研究与发展产业所控制，它们多半奠基在西方发达国家，也有相当一部分在原苏联与东欧地区，而广大的发展中国家现代科技落后，多为边缘性的、服从性的、低层次分工的技术与科学，这已经成为发展中国家实现自身工业化的巨大障碍。这种情况又进一步影响着发达国家与不发达国家间的关系以及当今世界的政治经济格局。

（5）制约各国、尤其是技术落后国家的主权。科学技术的进步对主权国家的统治权力施加了双重的限制，一方面由于国际社会对环境问题日益增大的关注，也由于各国之间不断加强的相互依赖，各国政府在能源政策、污染标准等事务上作出决定的自主性遭到了削弱；另一方面，在信息技术极大地增强政府监督本国人民力量的同时，政府控制信息扩散的能力逐渐丧失。科技的不断发展，也使传统的主权范围或扩张、或模糊、或被蚕食、或遭到限制，这本身就是历史的必然趋势。

（6）改变决策者的议事日程。科技进步必然改变着决策者对国际国内事务的看法，从而潜移默化地影响或改变各国以及国际组织的议事日程。

（7）改变国际关系格局。科技的进步必然会造成国际力量对比的变化和国际间关系的调整，从而整合和重构世界秩序，推动国际格局的变迁和国际关系的改变。

五、国际冲突与地理环境

冲突是国家间在利益相对立时所采取的行动，同时也是国家间相互作用的最重要的表现。通常，我们将在国际范围内发生的、主要以民族国家为参与者或者以民族国家为对象的暴力对抗，称为国际冲突。它通常可分为战争和非战争两种形式，但它们的区别是相对的。一般地，在国际冲突中，战争的承担者是民族国家及其常备军，非战争的使用者则往往是特殊利益的集团和个人。

1. 当代国际冲突的主要特征

从总体上看，当代国际冲突具有以下特征：

（1）国际冲突数量多、规模大、分布广。根据德国一位专家的估计，在1945～1990年，世界共发生540起冲突，其中260起是重复爆发的重大冲突。从冲突的地域分布上看，第二次世界大战结束到两极格局瓦解，战争冲突多发生在非洲南部、中东、亚洲和中美洲；目前的态势是非洲、亚洲和中东的战事趋缓，少数部族性的冲突上升；拉美一带的战事有强有弱，总体上看比从前和平的希望增大；欧洲近半个世纪以来首次出现战争，尤其是发生在原南斯拉夫、俄罗斯境内的厮杀，其范围、规模、突发性、残酷性都使其成为冷战后最引人关注的冲突焦点。

（2）民族自治、民族独立等要求导致的冲突占了相当多的数量。它们由于来势猛、规模大、影响广而特别引人注目。独联体和巴尔干的多处热点便具有这种特征，非洲和中东的冲突也或多或少与此有关。

（3）资源、边界、领土、水道等问题而造成的冲突越来越多，而且许多危机仍在酝酿、发展之中。盛产石油、地处要津的中东地区就是一个典型的例子。冷战结束后，除了原有的阿以冲突外，又增加了地区内强国与弱国、富国与穷国、小国与大国的多层次摩擦。关于水资源、石油、边界、部分领土的归属等方面的争端以及由此而派生的一系列问题，成了这一地区目前许多矛盾的焦点。

（4）内战的多边化、国际化。在当前世界上 30 起左右比较大的地区冲突中，有 25 起以上是国内冲突或直接由内部纷争引发的国家间冲突，最典型的如 1994 年卢旺达由于国内两个主要部落争斗而产生的种族残杀，使大量难民在很短的时间内涌入扎伊尔、坦桑尼亚、乌干达等邻国。大量的难民给卢旺达的邻国及那一地区造成了极其严重的食品、医疗、治安等问题，最后它们不得不拒绝接受难民，甚至出现了武力封锁边界和流血的事件。至于由于国内民族之间、种族之间、社会各派别之间等冲突引发的国际组织的介入，事例也不少。如索马里由于内乱而引起的联合国维和部队的介入就是一个典型的事例。

（5）社会制度和意识形态引起的冲突相对在缩减。例如，索马里从 1991 年反政府组织“索马里联合大会”攻克总统府和建立临时政府之后，大大小小的战争就始终发生在“在野”和“在朝”的各派游击队及其势力之间，实际上没有真正的政治和价值理念分歧。

（6）大国的介入使冲突更加复杂化。不论是何种冲突，只要大国不介入，冲突的强度就比较低；在大国有效控制的范围内，冲突相对不多且不激烈，反之，则冲突多且强度高。多数大国、强国只在本地区范围内起调解、干预或加强的作用。除了世界上唯一的超级大国——美国，包括俄罗斯在内的各世界大国，都主要是对周边地区施加影响，关心自身的安危和势力。而在各大国势力之间的缝隙地带，如非洲、中亚，冲突的热点“最热”，潜在的危机最多。

（7）冲突主要是局部的、小规模的和低强度的。由于原苏联、东欧的解体和华约的解散，几种毁灭性最大、强度最高的冲突（常规世界大战、有限核战争和全面核战争）发生的可能性已减少到最低限度；但由于世界上至少还有 10 个以上的拥有或即将拥有少量的战术核武器的国家没有加入世界核俱乐部，少量的战术核武器仍然有可能在亚非拉的易于发生冲突的地点使用。

(8) 高科技在国际干预性的局部战争中的地位越来越起着主导的、突出的作用。如在海湾战争中，伊拉克无论在武器、设备、通信、后勤等“硬件”上，还是在战略思想、训练方法、战术原则和指挥艺术等“软件”方面，都离强大的对手（以美国为首的联合国维和部队）有不小的差距，因而被打得措手不及。海湾战争给各国的当权者和军事家以极大的启发，迫使各国纷纷调整或完善原先的军事思想和装备结构。没有掌握现代先进技术的国家已越来越没有可能在正式的战争中同发达国家对峙。

(9) 联合国在处理国际冲突中的作用越来越重要。今天的国际社会，人们已越来越多地诉诸以联合国为代表的国际组织来处理发生的各类冲突，科伊边界争端和索马里内战就是这方面的典型例子。

2. 国际冲突的地理环境

(1) 历史上长期遗留的、从未得到根本解决的民族、种族与宗教矛盾，是当代国际冲突的重要历史根源。中东与南亚地区一直是第二次世界大战后动荡不安的地区之一，究其原因，除了它重要的地理位置、丰富的自然资源，以及大国的长期介入与干预外，一个重要的原因，就是这里民族与宗教的极端复杂及其民族之间、宗教各教派之间矛盾的复杂性。基于宗教信仰和血缘种族的不同而产生的敌视、怀疑和不信任，以及文化语言和生活方式的差异而造成的相互歧视和经常性的摩擦，往往是国内动乱以及由此而引发的国际冲突的重要根基。

(2) 边界争端往往是引起当代国际冲突的直接原因。现有国家疆域是历史上不断调整边界的结果。因而相邻国家对边界的看法不一致。以欧洲为例，1815～1965年，新出现的国家有27个，而消失的国家有23个，先灭亡后恢复的国家有5个，只有12个国家一直存在，其中没有经过领土调整的国家仅3个：葡萄牙、西班牙和瑞士。世界各大洲都普遍存在类似情况。诸如此类的问题，当两个国家关系尚好时，一般还可以和平解决或者避而不谈，而当关系恶化之时，则可能是引起冲突的重要原因，越南和中国、原苏联和中国、印度和中国都发生过这种情况。

领土、领海、边界争端引起的冲突，在冷战后变得更加明显。中东和南亚（印巴）的边界纠纷，以及由此而导致的国际冲突，一直是当代国际政治的热点。自第二次世界大战以来，中东地区共发生了80多次规模不等的战争，其中不少是由边界和领土之争引发的。1948年以色列建国后，就开始与阿拉伯国家发生领土争端，阿以共打了四场大规模的战争，至今以色列与多数阿拉伯国家均未实现关系正常化。伊拉克与伊朗的边界恶战一打就是八年。科威特与伊拉克之间因为边界划分问题而出现的战争，更导致了第二次世界大战后世界上最具现代化的一场局部战争——海湾战争的爆发。

海洋与大陆架边界的争端更是世界关注的问题。爱琴海两岸的希腊和土耳其之间的关系在1994年年底突趋紧张，起因是这一年的11月16日，一项国际海洋法生效。根据新的海洋法，各国有权把其领海宽度扩大到12n mile。这一规定使希腊感到高兴，但却令土耳其恼火，因为在爱琴海上，大小岛屿星罗棋布，其中绝大多数都属于希腊所有，许多岛屿同土耳其的海岸十分接近。如果希腊将其领海范围扩大，土耳其船舰在爱琴海的活动范围必将受到严重限制，甚至会因此失去一条重要的水道，从而使它在商业、贸易和军事上蒙受重大损失。所以，土耳其扬言，希腊在爱琴海将领海扩大到12n mile会被认为是一种“宣战借口”。希腊则毫不示弱，政府发言人一再声明，扩大领海范围是希腊的一项“不可剥夺的权利”。尽管到目前为止还没有发生直接的交火，但不能排除出现麻烦的可能性。

边界纠纷的种类是多种多样的，普列斯考特（J. R. V. Prescott）将边界争端分为领土争端、位置争端、功能争端和资源开发争端四个类型。

（3）资源、水源、交通要道的争夺。纵观战后所谓国际政治上的“热点”地区，如中东、中美洲、东南亚，除了内部民族、宗教、边界等导致动荡的因素之外，对交通要道、资源、水源的争夺常常成为国际冲突的重要因素。例如，中东地区，其“五海三洲之地”的重要的战略位置，是美国等大国极力干预中东事务的最主要的原因。中东拥有世界上探明石油储量的65%以上，围绕石油资源所进行的争夺及国际势力的插手非常频繁，使以波斯湾为中心的地域成了当今世界的“火药桶”。围绕水资源的斗争一直是中东地区突出的地缘政治问题。中东是世界上严重缺水的地区，各国政府都在竭尽全力保卫它们极为有限的水资源。围绕水资源问题而进行的河流和地下水的争夺，是中东许多国家冲突、争执与不和的根源。阿以冲突从实质上看就是对约旦河、约旦河西岸、加沙地带等水资源的争夺；两伊战争的重要根源也在于对阿拉伯河水源的控制；伊拉克、叙利亚、土耳其围绕幼发拉底河水资源的争端，已成为三国关系中十分敏感的地缘政治因素。关于水资源的控制甚至成为中东各国政治谈判的筹码和解决国际国内问题的关键。如果不建立一种各国都能接受的水资源分配制度，中东就很难实现真正意义上的和平。

（4）世界上日益扩大的社会经济差距。它既包括各国内部经济及社会地位上的差别，也包括发达国家同发展中国家的所谓“南北差距”。在一些国家内部，或者由于持续的贫困、落后、独裁而引起中产阶级及知识分子的不满，或者因为急速的现代化过程迅速拉大了少数富裕阶层同广大中下阶层的生活差距，使这些社会产生了各种各样的矛盾，最终发展成内战并波及邻国甚至整个地区（如非洲和亚洲一些特别贫困的国家）。

富国与穷国之间日益加深的鸿沟，是许多国际冲突的又一重大根源。20世纪80年代常被一些发展中国家称之为“被遗弃的十年”：它们的经济增长停滞不前，人均收入下降，贸易条件恶化，内外债台高筑，儿童得不到教育，民众缺医少药。经济、政治和心理的被剥夺感和绝望情绪，往往引发所谓的“失范性冲突”，即由于规范的纲常无法维系而造成的冲突。落后国家中越来越多的人愤懑地认为，国际呼吁、谈判对话、诉诸理性等，是虚伪的和无用的；暴力、反抗、革命和其他激烈激进的行为，才是在这个无望无助的不公平的世界生存下去的唯一出路。恐怖主义、核扩散、一些咄咄逼人的姿态便由此而生。这种令人忧虑的、存在于许多发展中国家的严重事态，揭示了经济差距的扩大可能带来的后果。

(5) 原苏联和东欧地区的剧变和由此而产生的两极格局的崩溃，是导致新的国际冲突，特别是小的、局部的和低强度的冲突的一个重大因素。在两极时代，主要由两个超级大国展开争夺，小国、弱国多依附于某个“巨无霸”；由于超级大国的庇护和干预，小国、弱国既没有意愿，也没有能力去关注、去纠缠与周边国家的历史恩怨。核武器的出现和核均势的形成，则加强了冷战时期特有的稳定与秩序。而在今天，我们却看到了另一幅景象：俄罗斯持续动荡，统一后的德国在中欧和西欧影响日增，日本加快了走向政治大国和军事大国的步伐，世界上唯一的超级大国美国则在相对收缩。传统的两极格局为一种新的多极格局所取代，旧的敌我友概念早已模糊不清，营垒、势力范围等概念有了新的含义，各国都在调整自己，民族主义、种族主义正在迅速抬头，地缘政治、地缘经济占了上风，中小国家不像以往那样根据大国意愿行事，以前受到抑制的许多争端又回到各国的议事日程上。此外，核武器今天与其说是一种威慑力量，不如讲是一种新的不稳定因素，它的流失和扩散越来越成为对国际社会安全构成威胁的重要因素之一，美军入侵伊拉克、伊朗核查问题、朝鲜核查问题无不说明了这一点。最后，两个超级大国之间的对抗突然消失，还造成了一些战略“真空”，鼓励和加剧了一些地区的军备竞赛。

(6) 若干全球性问题的日益突出，是导致当今世界国际冲突或潜在冲突的一个最不稳定的因素。如今，日益严重的“全球性问题”，如环境、人口、难民、粮食、能源、核扩散、毒品、失业、债务、国际恐怖主义和贸易保护主义等问题、极地与深海和太空开发中出现的问题等，尽管它们本身不一定就是暴力冲突，但任其蔓延，不采取有效的防范措施，有朝一日也可能诱发大规模的骚乱、恐慌、武力镇压和国家间的战争行为。实际上，目前这些全球性问题中有些已经是某些国际冲突的“催化剂”和“导火索”。仅就环境问题来看，由于环境问题的全球性或跨地区性的特征，它往往会导致地区性国家之间的严重矛盾，甚至冲突。例如，美国一家大的跨国性的化学公司由于未给在印度的子公司安装保险装置，造成严重的毒气泄漏，导致数十万印度人丧生或残废，给美印两国的关系罩上了一层阴影。

(7) 争夺全球共用地。所谓全球共用地，是指人类居住的空间地理环境中主权国家不能单独占领和享有主权的那部分空间。它包括外层空间、大气、海洋和南极洲四个部分。它们属于全人类的共同遗产或集体财产，理论上不能受到单独的任一国家的利用。

但是，目前全球共用地事实上被越来越多地侵蚀、污染、占用或排他式的利用，这里面既有主观的因素，也有客观的原因。例如，联合国通过的《外层空间条约》禁止在空间轨道上部署核武器和反弹道导弹，但美国和俄罗斯以空间为基地的军事研究，使外层空间非军事化成为一句空话；怎样处理太空垃圾、如何公平分配近地轨道等，也变成技术上相当困难，但形势上越来越紧迫的事情。又如，20 世纪 80 年代初各国签署的《海洋公约》宣布深海和海床是“人类的共同遗产”，可是由于某些资源（如海底油田、深海矿产）远离海岸线或具有流动性（如鱼群），履行公约有相当的难度；南极洲在 1959 年《南极条约》签订后被确定为一种特殊的共用地，所有有技术能力的国家都可以在此从事科学研究或进行探险活动，但不允许军事行动，也禁止核武器；1991 年条约签字国达成协议，50 年内禁止商业性矿物勘探，尽管如此，我们仍然可以发现不符合人类共同使用和保护这片共用地的行为和做法，如日益增多的废弃物，先进技术大国在南极上进行科学实验的垄断和信息封锁，有明显商业目的的勘探和研究等。这些都表明，全球共用地的系统性正在被破坏，全球共用地正在面临着退化的危险，围绕着全球共用地的争夺也必将越来越激烈，由此而产生国际冲突的可能也必将会越来越多。

第四节　地缘政治与地缘经济

一、地缘政治的观念与主要流派

1. 地缘政治的概念

据一般解释，地缘政治学是政治地理学的一个重要流派，是研究一个变化中的国际环境下地理学与国家外交政策之间的关系的学科，是一种说明和解释政治现象与地理因素、人类政治行为与地理环境关系的理论。地缘政治观念的根本，在于教会各国如何根据既定的自然地理条件使自己在获得权力与和平的国际斗争中处于比较有利的地位。

2. 地缘政治学的主要流派

1）海权理论

海权理论是在 20 世纪初期由美国海军史家阿尔弗雷德·马汉（Alfred T. Mahan）提出来的，认为制海权，特别是对具有重要战略意义的狭窄航道的控制，是国家力量至关重要的因素。并列举了影响国家实力的几个重要因素：地理位置、地形、疆域、人口、民族性格和政治制度，认为其中地理位置的作用最大。马汉的理论直接影响了美国的政治家和学者，尤其对美国的外交思想和政策实践具有长期深远的影响。直到目前，我们仍然可以发现美国海上力量出现于世界各重要海域，以作为其扩张的重要保证。

2）陆权理论

陆权理论的代表是英国人哈尔福德·麦金德（Halfold Mackinder）。麦金德从全球观念出发，通过历史与自然和人文地理的结合，把世界各国的战略关系与格局放在一个统一的地理舞台上进行整体研究，从全球战略的角度提出了著名的“大陆腹地”理论。认为世界历史从根本上说就是陆上国家与海上国家反复斗争的历史，而陆上力量的中心，则是欧亚大陆的中央的位于欧亚大陆与北冰洋水系之间的广大区域，即大陆“心脏地区”。

麦金德把欧亚大陆和非洲和称为“世界岛”，在这个世界岛上，从东欧到中西伯利亚高原这片内陆地区，由于地理环境的封闭性，加上其拥有丰富的人力、物力资源，因而在世界战略上具有极其重要的战略意义，麦金德将其称为“心脏地区”。“心脏地区”的外围被德国、土耳其、印度、中国等边缘国家形成的“外新月形地带”所包围。麦金德断言，边缘地带极易受到“心脏地区”的攻击，而“心脏地区”则由于庞大的天然要塞的存在，使海权国家无法进入而得以保证安全。

麦金德认为，占据心脏地区的国家能够变得异常强大并对沿海的国家构成巨大威胁，“心脏地区”国家向边缘地区扩张，或边缘国家（如英国的大敌德国）与之联合或据为己有，都将使这一新地域单元得以向海上扩张，从而取得世界霸权。在1919年出版的《民主的理想与现实》一书中，他进一步认为，海上力量为了保持自己在陆上的优势地位，一个关键性的因素就是必须阻止“心脏地区”被某个统一的力量中心所控制——实际上就是必须阻止德国和俄罗斯可能的联合。

以后的地缘政治学者对麦金德的学说有不同的看法，其中最著名的是美国学者斯皮克曼（N. J. Spykman）。他认为，“心脏地区”的作用被麦金德过分地夸大了，从地理条件看，“心脏地区”地处内陆，气候条件差，交通不便，且人口稀少，经济发展相对落后。而在“心脏地区”与海洋边缘之间的欧亚大陆边缘地带，人口稠密，经济发达，且是“心脏地区”与海洋之间联系的通道地区，因此“边缘地带”才是控制世界的关键，是世界权力争夺的要害所在。在1944年出版的《和平地理学》一书中，斯氏认为世界上存在三大力量中心：北美洲的太平洋沿岸地区、欧洲的沿海地区和东亚的沿海地区，对世界主导权的争夺，实际上就是包括整个美洲的西半球与欧亚大陆的战略性对抗。在欧亚大陆上，真正构成海上力量威胁的是“边缘地带”，因此，从全球战略的角度考虑，美国为了保证自己的实力地位，必须与英国结盟，主导三大力量的平衡，必须在边缘地带保持优势的军事力量的存在，才能有效地阻止原苏联的扩张倾向，从而维护世界的和平——这正是第二次世界大战后美国全球政策的直接理论先导。

3）生存空间理论

这是一种在纳粹时期直接为德国服务的地缘政治理论，因而臭名昭著，以至于“地缘政治学”这一名词在第二次世界大战后相当长的一段时间人们都耻于提及。这一理论以卡尔·豪斯浩弗（Karl. Haushofer）为主要代表人物。豪斯浩弗等认为，地缘政治学是一种以编排地理资料去开发地理空间的“世界思想”，在永恒的生存中，国家有很多需要，但没有什么比生存空间的需要更为根本，这种“大空间”反过来又给予国家更大的动力，而传播民族文化是征服空间的最有效的方法。豪斯浩弗认为一个国家的关键特征包括首都的位置、国家的吸引力、势力范围、文化动力，以及边远地区的成长等，小国林立的“破碎地带”往往妨碍大国的成长，因此生机盎然的大国不可避免地要“吸收”周围那些尚无能力发展成熟的政治结构的小国。

4）“多极世界”模式理论

为了反映冷战过程中全球地缘政治的变化，1973 年，美国地理学家索尔·柯恩（Saul Cohen）提出了过去基于统一性基础上的地缘政治模式不同的、多极的、区域的全球地缘政治模式。首先，柯恩认为，现实世界并不像大陆腹地理论或边缘地带理论所讲的那样存在一个统一的战略空间，现实世界是一个分裂的世界。其次，柯恩引入传统的地理区域概念来描述这种分裂的世界。他把全球分为两种等级的类型区，即战略性的地区和地缘政治性的地区，属于前者的是贸易依赖型的海权世界和欧亚大陆世界，这两大类战略性的地区有许多较小的地缘政治区域组成。其中海权世界包括盎格鲁美洲和加勒比海、欧洲沿海国家和马格里布诸国、南美洲和撒哈拉以南的非洲、亚洲沿海地带和大洋洲。大陆世界仅指连带东欧的心脏地带和东亚这两大地缘政治区域。

每一个地缘政治区域可由一个大国，亦可由一批较小的国家组成，实际的分界线不一定是特定的国界线。各个地缘政治区域都有自己的政治、经济、社会和文化的特征，来确保区域内部的凝聚力并为一体化提供依据；同时每个区域也有各自的地缘政治结构及其定居地和内陆区，前者是人口和经济往来的中心，后者是原料的来源地，还可能是未来的开发区。波恩的“多极世界”模式理论后几经修改完善（图 7.2）已成为第二次世界大战后西方著名的地缘政治理论。

5）世界体系论

20 世纪 70 年代以后，生态、资源、环境和发展问题在国际政治中的地位越来越突出，使研究者们在研究地缘政治时，不单是着眼于地缘政治中各种力量的交互作用，仅仅对现实的国际力量对比进行地缘政治学的解释，而是更多地将目光移向考察地缘政治对人本身的含义，即从某种特定的价值取向出发，对现实世界的地缘政治格局加以评判，或者提出某些新的地缘政治构想。研究的中心也开始从研究传统的大陆与海洋的对抗转向了研究富裕与贫困的对抗。

在这种研究中，美国学者沃伦斯坦（I. Wallerstein）的研究最具代表性。沃伦斯坦在他的“世界体系论”中指出，所谓世界体系，就是把世界看成是一个由“中心”与“边缘”地区构成的整体。前者包括欧洲与北美，它们伴随着资本主义经济的发展而形成，并已经成为世界的政治、经济与军事力量的中心。在“中心”地区的四周，那些资本主义经济发展较为迟缓的国家和地区即形成了“边缘”和“半边

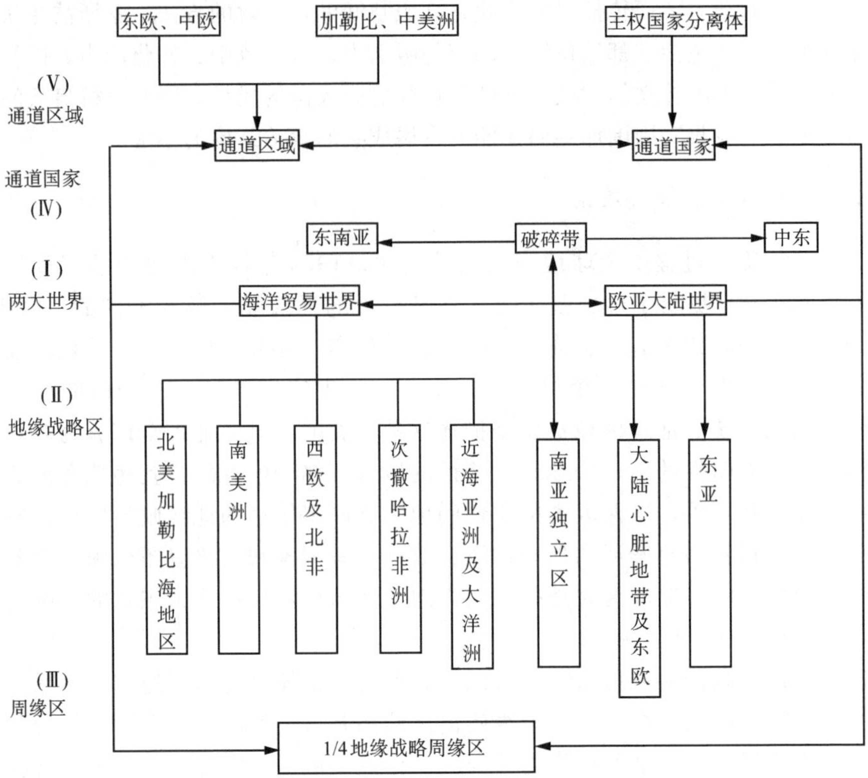

图 7.2　科恩的全球地缘政治等级结构图

缘”地带。“中心”与“边缘”由统一的资本主义世界经济体系连成了一个整体，“中心”地带的发展依赖于对边缘地带的剥削与奴役——这已由近代世界历史发展所证实。所以“边缘”地区的国家真正意义上的发展将不可能在现实世界中得以实现，他们只有通过社会主义革命才能彻底摆脱资本主义的世界体系，这是落后地区“反边缘化”的一个必然结果。

6）文明冲突论

美国政治学家亨丁顿（Samuel Huntington）在美国《外交》杂志季刊 1993 年夏季号发表了《文明的冲突?》一文，对国际政治的特征作了独特的分析描述。他认为新世界冲突的根源，将不是意识形态或者国家间经济摩擦和政治对立，文化将是截然分隔人类和引起冲突的主要根源，全球政治的主要冲突将发生在不同文化的族群之间。亨丁顿解释了冷战后文明冲突上升为主要矛盾的六点原因，预言文明的冲突将左右全球政治，文明之间的断层线（这条断层线由北往南，沿着波兰以及波罗的海三国与俄罗斯的边界，然后穿过白俄罗斯和乌克兰，再向西把特兰西瓦尼亚与罗马尼亚的其余部分、克罗地亚与斯洛文尼亚和原南斯拉夫的其余部分分开，在巴尔干半岛，这条分界线与历史上哈布斯堡王国与奥斯曼土耳其王国重合）附近将是未来世界中文明的冲突最可能发生的场所。不仅如此，他还认为，相同文明的集团或国家将在未来的全球文明冲突中团结在一起，而儒家文明将同伊斯兰文明联合起来反对西方，形成非西方文明与西方文明对抗的局面。

二、冷战后世界地缘政治格局

冷战结束后，国际政治形式正在发生深刻的变化，随着东欧的剧变和原苏联的解体，世界上众多的国家和各种政治力量的重新分化、组合，形成了全新的国际政治地理态势。与此同时，一些在冷战时期潜伏的地缘政治矛盾也日益明显地暴露出来了，从而对世界政治格局产生了重大影响。从总体上看，冷战后世界的地缘政治格局具有以下特征。

1. 多极化仍是国际战略和政治格局的长期趋势

两极格局崩溃后，国际政治格局的基本态势是一超多强，各种力量在重新分化组合。目前世界格局正处于主张单极的势力与主张多极的势力之间较量的过渡时期，美国以其雄厚的政治、经济、科技与军事实力，一直推行霸权主义，妄图建立由美国领导的单极格局，在冷战结束后的十余年间，为使其一超独霸的地位在21世纪能够继续保持下去，紧紧抓住冷战后形成的有利形势，凭借其强大的政治、经济和军事实力，为谋划和塑造新的世界地缘政治版图，甚至在条件尚不成熟时，也敢把国际社会的普遍声音抛到一边，利用时势，“制造”机遇。21世纪交替前后的海湾战争、科索沃战争、阿富汗战争和伊拉克战争是美国为塑造世界地缘政治新版图一手制造和策动的区域战争。这四场战争紧密相连，环环相扣，直接促进了冷战后全球地缘政治形势的全面调整。“9·11”事件加强了小布什主义的理念和行动，美国因本土首次遭到恐怖袭击而愤怒，开始把本国安全放在第一位而不顾世界安全，公开提出“先发制人”、“单边主义”，而置联合国于不顾，连续以反恐为由在世界上发挥美国的军事威力，以表现自己超级大国的实力：打击和更迭了阿富汗前政权；不顾全世界的反对声绕过联合国出兵伊拉克推翻了萨达姆政权；最近又在俄罗斯的后院格鲁吉亚、乌克兰、吉尔吉斯扶持建立了亲美政权。2002年9月20日美国总统布什发表了美国政府第一个《美国国家安全保障战略》报告，这份报告描画了美国建立一极地缘政治世界的梦想，具体包括“维持压倒性的军事优势战略”、“先发制人战略”、“单独行动战略”三个部分，目前处于企图独霸和称霸时期。同时，世界其他人民包括中国、俄罗斯以及一些西方国家和广大发展中国家则主张推动和建立多极化格局。多极化力量正处在提高本国综合国力、反对霸权主义、加强合作推动多极化过程的时期。冷战后的世界是动荡和不稳定的。多极化发展取决于力量对比的变化，一方面体现在美国与其他主要国家的力量对比关系，另一方面体现在发展中国家和发达国家之间的力量对比关系，因而多极化是一个长期的、不平衡的、曲折的斗争过程。美国这个单极力量并不意味着它能在世界事务中为所欲为，在科索沃问题上受到中国、俄罗斯等许多国家的抵制和反对，其避开联合国而独行其是的企图也最终遭到失败，这也表明美国左右国际事务的能力在下降。随着中国等广大发展中国家综合国力的增强以及欧洲、俄罗斯、日本等国国力的增强，必然会成为制约单极力量的主要因素，这是一种不可逆转的趋势。

2. 国内政治斗争和民族矛盾朝国际化方向发展

冷战结束后，地区冲突、民族矛盾、宗教纷争不断，成为世界安全的不稳定因素。霸权主义利用这些矛盾纷争，将其转化为国际化冲突，直接威胁世界和平。因此，如何处理好民族问题，按照《联合国宪章》的宗旨和原则，正确处理好一个主权国家内部的民族矛盾，是维护世界和平，防止地区冲突扩大的重要条件。当前，冲突的国内化与解决途径的国际化趋势十分明显。

3. 世界政治地理背景出现三条冲突带

国际地缘战略竞争的主线在美、中、俄三国之间全面展开，欧亚大陆成为世界地缘政治斗争的重心，由苏联解体引发的欧亚大陆内部地缘政治结构变化，导致新的地缘政治活跃地带的产生。新的地缘政治活跃区几乎涵盖欧亚大陆交接部位的全部，甚至包括所有的“大陆边缘”区域。三条冲突带或者三条危机弧没有根本改变。

第一条是沿原苏联集团的重要势力范围，即波罗的海、中欧和巴尔干分布的“破碎地带”。这一狭长的弧形地带有约 20 个中小国家，各国人口从一百多万到几千万，面积从几万平方千米到几十平方千米，居民成分错综复杂，天主教、东正教和伊斯兰教的几十种教派林立，多数国家同其他邻国都有民族矛盾和边界争端，有些已成为有名的“火药桶”，历史上曾经引发过多次欧洲战争，20 世纪两次世界大战也爆发于此地带上。它影响到俄罗斯统一后的德国及英、美、法等国之间，中西欧列强及其附属之间，一体化的欧洲同唯一超级大国美国之间为争夺势力范围而进行的斗争。

第二条冲突带是沿阿富汗、伊朗、巴基斯坦，到土耳其和新成立的某些中亚国家（如塔吉克斯坦），直至近东和阿拉伯半岛，最后到达阿尔及利亚、苏丹等国的伊斯兰教“新月形地带”。这一地带正在成为国际局势动乱的新“震源”，它不但威胁欧洲侧翼，也对美国构筑冷战后国际新秩序的企图提出了挑战。综观世界，伊斯兰教地区大都动荡不安，当今世界流血冲突最严重的地区多数与穆斯林有直接或间接的联系。阿以争端、波黑战争、阿富汗和塔吉克斯坦的内乱、索马里内战、库尔德人的独立运动等，皆属此类。这一条冲突带所以显化，简单地说，是由于维系冷战的绳索突然绷断，造成原有的、曾被掩盖的、根深蒂固的问题一下子暴露出来，导致历史上形成的不同民族、宗教和文明的冲突加剧。

第三条冲突带是南亚次大陆的印度、斯里兰卡及巴基斯坦等国的新一轮残酷厮杀争斗造成的“热点群”。南亚是世界上人口最稠密的地区之一，又是种族、宗教、文化最多样最复杂的地区之一，历史的和现实的种种原因，使这里再度成为全球危机的重大策源地。在这一地区，既有宗教、文化和种族差异，更有边界、领土争端和政治的、军事的对抗与竞争。1998 年印度和巴基斯坦争相进行的核试验，就是一个极好的例子。

4. 世界出现三种文明互动的趋势

世界三种文明的互动是指以欧美为基地的基督教文明、以阿拉伯世界和中亚一带为活动范围的伊斯兰教文明、以东亚地区为中心的儒教文明之间的相互作用。这种相互作用既包括竞争、摩擦和冲突，也含有合作、融通和妥协。这三种文明所依存的三大政治地理板块，可能会构成未来一段时间内以民族国家为基本单位的人类政治活动的主战场。

以美国为首的“北约”1999 年 3 月 24 日至 6 月上旬，打着“维护人权”和“消除人道主义灾难”旗号，出动飞机 32 000 多架，投入舰艇 40 多艘，对只有 1200 万人的南斯拉夫联盟进行了长达 78 天的轰炸，扔下炸弹 13 000t，耗资数十亿美元，造成了自第二次世界大战以来对欧洲惨绝人寰的战争浩劫，不仅给南斯拉夫经济造成了难以估量的损失，也给巴尔干地区和东欧国家经济造成了巨大的破坏。此举的目的，一方面是为北约扩大战略空间，进一步钳制俄罗斯，以达到美国维护其世界霸权的目的；另一方面，则是要用基督教文明长期支配世界体系，要将基督教西方文明的制度、法制和价值观念等强加于世界文明之上，这无疑会造成三大文明的激烈碰撞。

5. 多边合作与双边合作并存

“冷战”后的世界，无论是大国还是小国，在处理国际关系的时候，基本都不再以政治画线，不再分哪个国家属哪个“阵营”，而是出于本国利益的需要，在政治、经济、军事等各方面，与他国进行多边合作或双边合作，合作的目的是增强自己的综合国力。如在“反恐”方面的多边合作；美国、日本、欧盟在军事上的多边合作；美国、日本在东亚军事上的双边合作；中国与欧盟、俄罗斯等在经济上的合作；特别是今年中国总理温家宝出访印度双方达成的共识与合作，将对亚洲乃至世界地缘政治经济格局产生重大影响，近年出现的以平等互利、发展合作、不搞对抗、不结盟、不针对第三国的各种大国间的“伙伴关系”，则是大国合作的最新表现。

应当看到，由于“一超多强”国际形势的形成，在各国关系问题上，实际上是既互相合作又互相钳制。由于“一超多强”，各大国都在进行综合国力较量，合作的目的都是为了加强自己的实力，在不利于自己利益的领域，各大国之间仍然纷争不断，摩擦不断，有时甚至表现得很激烈。如在经济、贸易上，美、日、欧矛盾重重，有时甚至动用制裁手段，美国就曾对欧盟、日本钢材进口加以制裁。在军事打击伊拉克问题上，法国、德国、俄罗斯就曾激烈反对，迫使美国绕开联合国对伊采取单边行动；中国与欧盟的解除对华武器禁运谈判由于美、日的干扰而迟迟不能达成协议；中、日之间近年出现“政冷经热”情势，致使小泉首相多次意欲访华终未成行。最近又因台湾问题、中国东海油气田、钓鱼岛等问题大有演化为“政冷经凉”的趋势。

三、当今世界地缘经济格局

冷战后，世界经济一体化、经济区域集团化、经济体制市场化、经济关系政治化、经济力量多元化，标志着世界经济发展到一个崭新的阶段。经济利益和经济地位已成为世界各大国首要追求的战略目标。随着国际关系重心从政治和军事领域向经济领域的倾斜，世界经济的政治效用空前强化。当今世界的地缘经济格局表现出如下的特征。

1. 经济安全已构成当今国际安全形势的重要内容

冷战后安全问题部分非军事化，使得经济因素走出国际关系的幕后，成为制约安全的独立力量。随着全球信息时代的来临及经济生活全球化趋势的出现，当今的国际关系已不再是单纯的政治对抗和军事攻守关系，而是政治、经济、军事、科技文化等多层次关系而形成的相互依存网络。当今的国家战略归根到底在于国家的经济发展战略，经济安全已成为国家安全的决定因素，能否在世界经济中占有一席之地直接决定着国家的命运和民族的前途。冷战后，无论是发达国家之间、发达国家与发展中国家之间，还是区域集团及集团内部各成员方之间的矛盾，几乎均以经济为中心展开，经济利益的最大化已经成为各国对外战略的根本选择。经济安全对国际安全有着重大的影响。

(1) 经济安全问题改变着国际战略格局。首先，冷战时期主要以意识形态为标准划分的国家集团不复存在，而代之以按经济利益、经济安全需要组织起来的地区及区域性经济集团。同一集团内包括不同意识形态、不同政治体制、不同经济发展阶段的国家，经常围绕不同的经济问题，组成不同的阵线，敌友变换频繁，连美国也很难使盟友与自己统一步伐。因为经济利益，发达国家间同室操戈的现象屡见不鲜。如美国经常以贸易摩擦而“敲打”日本，以赫尔姆斯-伯顿法威胁欧盟国家；日本、欧盟国家则与之相抗衡。欧盟在赫尔姆斯-伯顿法通过后，向世界经贸组织(WTO)提出诉讼，并声称要报复，迫使美国政府不得不两次宣布延缓执行有关条款。区域性经济集团的出现，促进了区域性的安全合作，使有关国家在增加军备透明度、战略目标调整等方面更加考虑区域的共同经济利益和各国在区域内的经济利益。其次，经济安全改变着地缘战略格局。冷战中，地缘战略格局的重心在沿中欧划分的军事对峙线，冷战后，地缘战略的重心则分散到若干个与经济安全密切相关的地区。

（2）经济安全问题成为各国制定国家安全战略的基本依据。冷战结束后，经济利益、经济安全对各国国家安全战略的制约大大增强。由于爆发大的军事冲突的可能性减少，各国政府、政治家在决策时很难回避经济利益、经济安全方面的挑战。各国都更为重视本国的经济利益。各国人民在经济上的需求，成为政治家们在制定国家安全战略时不能不极为重视的因素。经济利益、经济发展战略引导着安全战略的制定，经济利益已成为国家安全战略的首要目标。如美国在冷战后的安全战略就明显体现了其在全球的经济利益，在欧洲、远东、中东这几个对其经济利益至关重要的地区保持了美国的军事势力。

（3）经济安全问题改变着国际对抗的形态。冷战后，发生国际冲突与对抗时的形态和有关国家采取的手段发生了很大变化。以经济利益为讨价还价的筹码，成为冷战后国际冲突与对抗的鲜明特色。经济手段在对抗中越来越受到重视。以美国为例，冷战后几乎每一次重大冲突与对抗中，都使用了经济制裁手段，或以经济利益为交换条件与对手抗衡，如制裁伊拉克、制裁伊朗、制裁朝鲜等。遇到危机时，美国的第一个反应往往就是宣布对敌对国进行经济制裁与封锁。冷战后的经济安全问题大多属于全球性问题，这些全球性问题日益得到了各国政府的重视，并试图探索全球性的解决途径。虽然取得的进展有限，但毕竟促使各国在经济安全的某些重要领域采取大致相同的行动，走向合作安全和集体安全。20 世纪 90 年代后半期，粮食、环境、金融等方面的国际高层次会议接连不断，就表明了这一点。冷战后的大国利益也更加注意利用国际组织来实现自己的战略意图，这样既有利于获得自己的利益，也可以使自己的行为带有更多的国际道义的色彩。

（4）国际经济安全问题改变着各国安全力量的行动方式和目标。出于经济安全方面的考虑，冷战后各国的安全力量围绕经济利益、经济安全，纷纷对行动方式与目标作出了较大的调整。美国在冷战结束后，明确表示了要维持在东亚的长期军事存在的战略意图。除安全方面的因素外，深层原因是美国在亚太地区经济利益的增大。进行调整时最明显的是各国情报机构。冷战结束后，西方大国之间的经济情报战愈演愈烈。美国、法国、俄罗斯的高级政府官员都曾公开宣称，本国的情报部门要为本国的经济利益、本国企业的利益服务。

2. 经济手段已成为实现国际政治目的的重要方式，并直接导致了国际政治经济化的趋势

冷战后，随着和平与发展世界潮流的再度深化，东西方关系的全面缓和，及世界新秩序的构建，单以政治强制和军事高压为手段的强权政治已难奏效，世界各国均以经济活动作为推行其对外战略的重要手段。

海湾战争后，西方国家对伊拉克的经济制裁，西方以经济援助向原苏联、东欧地区进行政治渗透，美国对华最惠国待遇与人权问题挂钩，日本频繁使用“日元外交”向政治大国迈进等，均是国际政治经济化的重要表现。

3. 经济力量的多元化是推动国际政治格局转型的主导因素

纵观以往国际政治格局的生存，无论是维也纳体制、凡尔赛-华盛顿体制，还是雅尔塔体制，基本是经过剧烈的军事角逐而最终形成的。冷战后，新的国际格局的再造，将最终取决于各大力量在经济竞争中的地位。以经济和科技为主导的国际竞争所导致的经济力量多元化，将是推动国际政治格局走向多极化的深层动力。

4. 世界经济的全球化和经济区域集团化，削弱了传统意义上的国家主权，增强了国际组织等非国家行为主体的政治协调功能

世界经济的全球化及区域经济的集团化，是以生产、交换、分配及消费的国际化为表征的；全球性及地区性经济的运营，是以参与国若干让渡或转移为条件的。在特定的领域内，主权国家必须服从国际机构的领导，它势必在某种程度上对传统的国家主权形成挑战，与之伴生的则是国际组织政治协调能力的强化。市场经济体制的全球化趋势也有不可忽视的政治影响。冷战结束后，体制改革与转轨之风盛行，完备的市场经济体制已成为多数国家的追求目标，市场经济体制的公平竞争、平等交易、自愿互惠、市场准入等原则的奉行，将会促进政治生活的某些公开化和透明度，但也会助长西方化倾向。

5. 世界出现三大地缘经济区及其附属地区

当代世界已经形成或正在形成三大经济区，它们是：以西欧国家为核心的欧共体经济区和未来可能的全欧经济圈，以美国为核心的北美自由贸易区和未来可能的美洲自由贸易圈，以日本（可能加上中国）为核心的东亚（包括东北亚和东南亚）经济区和未来可能的亚太经济圈（包括美国和太平洋沿岸的部分美洲国家）。地缘经济的这种构造，必然会决定新的实力中心的分布格局和新的地缘政治的走向。

所谓“附属地区”是指那些由于经济发展水平较低、国际分工不合理所决定的依附于上述一体化区域的各国和地区，以及一些一体化程度较低的经济集团和合作组织。

四、中国的地缘政治、地缘经济背景

亚洲金融危机以来，随着全球及亚太地缘政治力量对比及地缘政治格局明显改观，欧亚大陆在全球地缘政治格局中的重心地位更加突出，中国愈益靠拢亚太及全球地缘政治舞台中心。20 世纪 80 年代初期开始的经济体制改革，使中国经济建设成就举世瞩目。2000～2010 年，中国 GDP 从 1.3 万亿美元增长到 6.1 万亿美元，占世界经济总量的比重从 4.2%增长到 9%。2010 年，中国 GDP 超越日本，成为全球第二大经济体。按照比较正常的发展速度，到 2020 年，中国 GDP 将超越美国。10 年间，进出口总额增长 6 倍，从 2001 年的 5000 亿美元增长到 2010 年的近 3 万亿美元；贸易顺差从 2001 年的 300 亿美元增长到 2008 年的 3000 亿美元。经济、社会的发展，使中国在亚太及全球地缘战略格局中的分量大大加重。受金融危机影响，环绕中国北、东、南三面巨大的亚太马蹄形区域地缘实力平台大幅沉陷，中国在亚太地区的大国地位进一步凸显，中国对国际事务的参与度不断加深，其影响力已超出地区范围，同时中国经济有望维持 6%～8%的较高增长率，届时中国综合国力在全球位次将进一步提升，在亚太的经济重要性及综合国力优势就会进一步加强，对全球事务的参与度和影响力也将进一步增强。

中国在亚太地缘格局中处于中心地位。中国周边地缘范围与亚太地区基本重叠。中国虽有一定的全球利益，但主要地缘政治利益是在亚太地区。在世界上近 200 个国家中，中国是边界线较长、相邻国家最多的国家之一，而且周边国家人口众多，政治制度、经济发展水平差距很大，这是中国地缘政治与地缘经济的最突出的特点。中国国土面积、人口总量皆居亚太第一位；背倚亚洲内陆，面朝太平洋，兼具陆海大国的双重优势；周边有大小国家 20 余个，是与亚太各主要力量中心发生直接地缘联系的唯一国家。欧亚大陆桥以中国为东端点，欧亚美之间最繁忙的海空运输线经过中国左近水域、空域；中国还控制亚洲内陆丰富资源的东南出口，俄罗斯及中亚的能源、矿物、木材等须经中国过境才能与太平洋沿岸市场发生最便捷的联系。中国本身又是面向亚太，辐射力极大的中心市场，区域内各国已不同程度地对中国市场形成一定依赖关系，因此，亚太各国在考量其经济及安全战略时，不得不以中国的发展方向为重要定位点之一。

从总体上看，中国当代地缘政治和地缘经济背景具有以下基本特征。

1. 中国周边地区是世界上大国最集中的地区

在中国的周边几个大国中，俄罗斯是一个拥有大量尖端科技武器和核武器的世界大国，又与中国有着约 4300km 的共同边界，在过去、现在和将来都是中国应当考虑的一个重要因素。日本是一个经济大国，与中国有着历史文化和经济的密切关系，又是一个曾经对中国进行过侵略并且其统治者至今对此没有明确反省的国家，还是一个拥有发展核武器巨大潜力的国家。尤其是近年来，日本不仅巩固其经济大国的地位，而且谋求政治大国的地位，甚至对军事大国地位也并未完全放弃。印度是仅次于中国的最大的发展中国家和人口最多的国家，也是南亚最大的国家，其政治军事潜力也很大。印度尼西亚也是一个值得特别关注的国家，它不但有近 2 亿人口，而且最近几年来经济发展相当迅速，其在东南亚的地位不断提升。世界最强大的国家美国虽然与中国没有直接的地缘关系，但由于其一向自命为世界领先国家，认为它在东亚有很重大的战略利益，因此对东亚地区一直不断加以干涉，对中国的许多近邻国家和近海国家都有很大的影响，与中国的政治、经济、军事和未来的发展也有密切关系，是一个比其他与中国相邻国家对中国更有直接关系的国家，是中国地缘政治中不可忽视的一个因素。因此，在当今世界上发挥主要作用的国家和地区中，除了西欧与中国没有直接的地缘政治关系外，世界其他的大国和准大国，都是中国的地缘政治必须要考虑的因素。中国作为一个大国，在地缘政治的问题上必须处理好与这些大国的关系。

2. 中国周边安全环境在总体上呈现出稳定与缓和的势头

中国的地缘政治形势自 1978 年改革开放以来有了很大改善，中国与周边国家的关系在合作与友好的道路上迈开了很大的步伐。表现为：中俄成为友好国家，中俄，以及中国与哈萨克斯坦、吉尔吉斯斯坦、塔吉克斯坦等国的边界问题已基本解决；中国与越南在柬埔寨问题上的冲突已经解决；中越边界的争议也有缓和；中日经济关系发展平稳；中国与东南亚国家在经济上相互依赖的因素在发展；中国与印度的关系得到了很大的改善，在边界划分上的冲突退居次要地位；中国先后与韩国、新加坡、印度尼西亚、文莱等国建立了外交关系，与原苏联各成员国，即哈萨克斯坦、吉尔吉斯斯坦、塔吉克斯坦等国在 1991 年原苏联解体后顺利地建立了外交关系。

3. 中国的地缘政治和地缘经济中有许多不安定因素在发展

1）中国的周边国家存在着核扩散的潜在危险

从技术上说，日本和印度都已拥有了随时进行核武器试验的条件。日本虽然宣布不会拥有核武器，但他却拥有许多用来制造核弹的钚铀等物质。印度政府近年来一直声称保留核选择的权利。朝鲜半岛的无核化也有较大的问题，1994～1996 年曾在国际上引起很大的风波，朝鲜 2006 年所进行的核试验，更是引起了世界各国的广泛关注。巴基斯坦为防范印度对核试验问题也有一些保留。中国周边国家的核扩散对中国的地缘政治将会造成更加复杂的地缘安全、地缘环境等方面的局势。

2）中国周边国家存在不稳定的因素

在朝鲜半岛，朝鲜与韩国之间关系有所缓和，但如果朝鲜核问题得不到妥善解决，将有可能引发危险的军事对峙局势。在南亚地区，印度和巴基斯坦之间的矛盾和冲突也没有在近期内解决的前景，而且近年来双方都在加强军备，小冲突不断，在克什米尔地区的主权争端上双方的立场仍是对立的，更危险的是，双方一旦发生战争，可能会引发核军备竞赛，甚至可能发生核冲突。这种地区性冲突从表面上看与中国无关，但实际上会使中国或多或少地受到其影响。

3）民族、宗教矛盾上升为困扰中国周边安全环境的突出问题

在中国国内，存在着众多的民族和宗教。由于历史的原因，这些民族和宗教多年来往往又是跨国、跨地区而存在的。这样，民族、宗教问题也就必然具有跨国性和跨地区性。近年来，随着中国“沿边”开放步伐的加快和国际交往的日益频繁和扩大，境内外反华的分离主义势力乘机进行破坏活动，叛逃到印度的达赖集团问题、“东突”恐怖组织问题都是十分突出的民族与宗教矛盾，尽管中国与有关国家采取了不少行动，但尚难以从根本上解决问题。也就是说，民族、宗教矛盾将上升为困扰中国周边安全的突出问题。

4）南海、东海问题可能成为中国最大的隐患

在中国与邻边、邻海国家的关系中，领土争端是一大问题。中国作为一个幅员辽阔的陆地大国，不仅与14个国家直接接壤，与另外十余个国家邻近，潜伏着复杂的陆地边界和海域划界方面的主权争端，而且国内还存在着诸如“台独”、“疆独”、“藏独”之类的分裂主义威胁。

在可预见的将来，中国无法改变世界上陆海边界最长、邻国最多、边界纠纷最复杂的地缘政治与安全环境，边界问题将长期困扰中国的地缘政治与安全战略。主权独立和领土完整在今后相当长的一段时间内，仍将是制约中国国家安全的一大因素；捍卫国家主权和领土完整、实现国家统一，依旧是中国政治家、外交家和军事战略家时刻不可掉以轻心的关键战略目标。中国的陆地边界问题，经过几十年的努力，大部分已经解决，特别是1996年4月中国与俄罗斯和中亚三国签订了边界条约，使中国与俄罗斯等国的边界问题基本解决。但中国尚有与不丹以及印度的部分边界未定，特别是中国与印度的边界，长达2000km都处于不稳定状态，涉及领土面积达129 000km^2。

如果说陆地边界在未来的几十年中不会成为中国与周边国家发展关系的主要问题的话，那么，中国在南海问题上与东南亚国家的争端则可能成为中国地缘政治中的大问题。南海对中国的地缘战略的重要性不言而喻。它本身蕴涵着极为丰富的石油资源，更是西太平洋地区的咽喉之地，向东北可以穿越台湾海峡，伸入日本海；向南可覆盖南太平洋地区，削弱美澳、美新南太平洋同盟体系；向西可穿越马六甲海峡，经印度洋，关系到波斯湾地区的安全与稳定；向北更是可以使中国的势力向南拓展、呼应台湾海峡与日本海，扼住日本能源的生命线，中国现在和可以预期的未来，最为重要的地缘问题除了台湾海峡，就是南中国海的主权争议问题。早在公元前，中国人民就已漂洋过海发现了东沙、西沙、中沙和南沙群岛，并对其进行命名和开发经营，中国对南海诸群岛拥有无可争辩的领土主权。但目前南海局势并不平静，南海水域作为国际经济重要通道的战略价值日益为人们所重视，尤其是随着

世界石油储量日益减少，而南海水域拥有丰富的油气资源。

自20世纪70年代以来，南海周边国家纷纷提出对南海群岛的主权要求，使南海水域的主权争端日益复杂化和国际化。中菲、中越等国家在南海岛屿主权问题、南海海底资源问题等方面都存在着尖锐的矛盾。在南沙群岛，提出所谓“主权”要求的有越南、菲律宾、马来西亚、文莱，提出海域分割要求的有印度尼西亚。目前，除中国控制的9个岛礁以外，南沙群岛共有43个岛礁分别被越南、菲律宾和马来西亚、文莱占据，形成了中、越、菲、马、文五国对南沙群岛的主权争夺态势，其中越南提出对南沙群岛拥有全部主权。2012年4月以来，中菲关于黄岩岛的公开对峙，使南海局势变得更加复杂。南海问题无疑是中国与东南亚国家利益矛盾的核心问题。南海方面是中国防御体系中防卫能力相对薄弱的环节，而且作为亚太战略的主要任务，美国为了实施对中国的围堵，在南海问题上日益关切，已把南海问题纳入其遏制、围堵中国战略企图中，使这一问题有可能成为中美斗争的新焦点。中国不谋求海上霸权，但中国必须维护自己的海洋国土和海洋资源，南海的得失将会直接影响到中国的国家安全和经济建设大局。另外，日本为了本国利益，也对南海问题和亚太问题表示了极大的关切，2007年3月13日，日本首相安倍晋三与在日本访问的澳大利亚总理约翰·霍华德签署了日澳安全保障联合宣言，强调加强两国在军事领域的合作，虽然两国领导人都强调该宣言不针对中国，但其用意实在是再明白不过，就是要遏制中国，这必然使得南海问题成为大国力量、意志与利益交汇的集中区域。因此，南海问题关系极为重大，处理得好，中国就可以打破美国对中国的遏制，即便将来日本有事之时也能有战略优势，也可以使中国的战略纵深向南发展，同时获取了南海资源，也保证了中国的能源安全；处理不好，上述的一切都会朝相反的方向发展。因此，这是对中国的国家战略意义至关重要的问题。

在东海，中日之间在东海大陆架资源问题、钓鱼诸岛主权归属问题等方面，中国生存空间受到了海域周边国家的严重制约。特别是日本、菲律宾处于制约中国直出太平洋的第一岛链的首尾两端，从太平洋西岸战略布局来看，日菲两国如果结盟或者相互合作将在战略上封锁中国生存空间的外延拓展。在制约中国的第一岛链中，由琉球群岛、钓鱼诸岛所构成的岛链中部区域是相对薄弱的环节，中国如要有所突破，使第一岛链失去限制中国发展的作用，必须在这部分区域有所作为。在台湾岛无法处于实际控制的情况下，突破第一岛链薄弱区域、改变生存空间被压缩局面的唯一机会便只剩下了钓鱼诸岛。这样让钓鱼诸岛的战略地位凸显，也成为与中日东海战略矛盾的核心所在。在钓鱼诸岛问题上，日本毫不妥协与让步的态度也出于封锁中国扣紧第一岛链薄弱一环的战略企图。钓鱼诸岛是中国固有领土，又是中国直出太平洋的海上通道，中国没有不据理力争的道理。中国在钓鱼诸岛行使国家主权是符合国际法基本精神与国际交往基本原则的。日本不顾国际法理，不断在钓鱼诸岛制造事端，如2012年，非法“购岛”等，有其全球战略上的现实考虑，日本在国际制造业市场和国际原材料市场与中国形成残酷的市场自由竞争，在国际竞争的环境下工业制成品价格急剧下降，而工业原材料却迅猛上升。如果能扼守住中国海上运输通道的关键节点，将破坏中国产品输入国际市场和中国获得国际市场采购的原材料，遏制中国经济发展的同时也使国际市场竞争趋于缓和，使日本可以高价输出制成工业品而低价获得工业原材料，此时日本可以控制国际市场价格，取得高额的经济利润。控制大洋，必先控制水域，控制水域，必先控制关键节点。这种层次化的制海论逻辑背后演绎出的发展趋势便是，日本控制住钓鱼诸岛，将第一岛链完整闭合，将中国困于东海，隔断了与太平洋的联系，即控制钓鱼诸岛的同时也就控制了东海，同时也就控制了西太平洋地区。

5）台湾分离主义势力的发展将使我国卷入局部战争的危险不断增大，但发生世界大战的可能性依然极小

冷战后，民族分裂主义活动的势头在欧亚地区呈上升趋势，欧洲的国家数量已从1919年的36个增加到2006年的44个。今后10年，这一趋势有进一步发展的势头，而且西方国家公开积极支持发展中国家的分裂主义活动。这将促使台湾分裂主义分子加快公开“独立”的步伐。台湾当局在20世纪90年代基本上执行的是变相“独立”的政策，但1999年7月李登辉的“两国论”使台湾当局从采取变相“独立”政策转向公开“独立”政策。2007年3月4日，在中国人都在庆祝传统佳节——元宵节的时候，陈水扁出席了“台湾人公共事务会”（FAPA）25周年庆祝晚宴，当场提出“四要一没有”，声称“台湾要‘独立’、台湾要‘正名’、台湾要‘新宪’、台湾要发展；台湾没有左右路线、只有统‘独’问题”。陈水扁还强调，以“台湾名义”加入联合国，是最好的名字。“台独”问题的公开化，使台海危机演变为战争的可能性与日俱增。另外，美日军事同盟中关于所谓“周边有事”模糊地影射到台湾问题，这是中国地缘安全的新变化。台湾问题不解决中国就难以进出太平洋，海权利益就难以保障，更重要的是只要台湾问题不解决，它就始终是大国博弈中牵制中国的一个重要砝码。台湾是中国出入太平洋，实现其海权利益的东海前沿基地。统一台湾，中国就彻底突破了自冷战以来美国在西太平洋构建的意在封锁中国的环岛锁链，北可遏制日本军事对中国东北再次觊觎的可能；南可与海南省一道对中国南沙诸岛屿主权形成巨大的钳型保护，并由此对通过马六甲海峡的中国海运安全产生有效的保障；西可扩展中国东南安全空间，对中国东南沿海黄金经济带形成前锋拱卫。台湾问题已不仅仅是中国主权问题，它更是影响中国实现其发展权的问题。因为“台独”一旦得逞，南沙地区难免有联动效应。

6）美国因素是中国地缘政治和地缘经济中最不稳定和最大的不确定因素

中国和美国自中国改革开放以来，关系发展很快，特别是在经济领域，两国的相互关系比过去任何时候都密切。两国本来隔着千山万水，没有直接的地缘关系，

但由于美国谋求超级大国的霸权地位，在世界各国到处进行干涉，因此，与中国相邻的地区，尤其是东亚地区被看成是美国利益攸关的地区，因此，中国不得不在自己的近邻地区和家门口与这个美洲大国打交道。在朝鲜半岛，美国是韩国的军事同盟者，驻有美军 3.7 万人；在日本，美国驻军达 4.5 万人，美国与日本签订有日美安保条约，尤其是 1996 年 4 月美日重新签订的条约，将其发生作用的范围扩大，明显具有针对中国的潜在目的。美国在太平洋地区还有 1.8 万海军在其军舰上服役。美国也是在东南亚地区和南亚地区有重大影响的国家，因此，美国在这一地区有何举动，对中国的地缘政治具有重大关系。另一方面，中美结构性矛盾的不断加深也使中国将面临更大的安全压力。美国与中国、日本、欧洲及俄罗斯虽然都有战略性矛盾，但它与中国的战略性矛盾最为严重和全面。1996 年大国战略关系基本定型，20 世纪 90 年代初多极化造成的大国战略关系模糊性逐渐消失。美国与日本、欧洲的战略矛盾主要是经济领域的竞争，与俄罗斯的矛盾是安全方面的，而与中国在政治、经济和安全三方面都有着严重的矛盾。台湾问题、人权分歧、市场准入、武器扩散都已成为中美之间长期无法解决的矛盾。为了牵制中国，美国将会继续执行在数量上和质量上不断提高对台武器出口水平的政策，以及政治上支持台湾参与更多国际组织“扩大国际空间”的政策。这两项政策不可避免地会促使台湾分裂主义分子加快正式“独立”的步伐，由此将导致中美因台湾问题发生军事冲突的危险上升。为了使“单极世界”的状态长期保持下去，美国决策机构认为，必须要首先控制欧亚大陆。在美国看来，能够对其霸权地位提出挑战的潜在霸权将主要来自欧亚大陆，尤其是崛起中的中国。因此美国必须高度关注欧亚大陆的地缘政治与安全格局，美国在欧亚大陆的首要目标便是，“确保没有任何国家或国家的联合具有把美国赶出欧亚大陆，或大大地削弱美国关键性仲裁作用的能力”。冷战后美国出笼的各类国家安全战略报告中，中国和俄罗斯都被看做其潜在的敌对国家。依此战略观出发，美国冷战后全球地缘战略的核心就是构筑新的地缘框架，阻止中俄的崛起，防范中俄走向新的联合。美国不仅在全球层次上把崛起中的中国定位为与之“匹敌的战略竞争者”，看做美国领导地位的潜在挑战，而且已经在亚太地区层次和中国周边层次上，通过强化联盟体系、扩大安全伙伴，从地缘上对中国形成了战略包围。美国在亚洲的战略扩张和地缘围堵对中国国家安全提出了无法回避的直接挑战。

7）大国的地缘政治对抗与地区冲突

中国的发展和安全有赖于长期稳定的国际和平环境。无论在全球层次上，还是在亚洲地区和中国周边层次上，大国之间的地缘政治对抗和各类地区冲突都将直接或间接地威胁到中国的国家安全。目前，美国、日本和印度都不同程度地与中国存在地缘政治利益冲突。中美之间的直接冲突或战略对抗对中国的国家安全来说无疑是最大的危险。2008 年金融危机后，中美的战略合作进一步扩大和深化，“中美共治”的提法一时间流传于美国朝野各界。但美国人骨子里始终坚信中国的崛起不利于美国维持全球霸权地位，中美之间的安全困境和战略对抗似乎难以避免。中日、中印对抗或潜在冲突也是中国地缘政治与安全面临的主要挑战。此外，在全球层次上还有美俄在北约东扩和反导问题上的对峙；欧俄因格鲁吉亚、阿布哈兹和南奥塞梯等问题凸显的地缘冲突；中东地区旷日持久的阿以冲突；非洲地区多国的局势动荡和地区冲突；北极地区大国的资源争夺。在亚太地区和中国周边层次上主要还有：中国与邻国在南海地区的领海争议、韩国与朝鲜之间的问题、印巴在克什米尔问题上的争端、美国在阿富汗的战争行动、巴基斯坦的国内动荡等。

4. 21世纪中国地缘政治与地缘经济安全战略构想

世界地缘政治格局正处于新旧格局交替的动荡时期，以美国、俄罗斯、中国、日本和西欧为中心的全球地缘战略多极模型，虽其“极”间关系不断发生力量消长演化，但五极共同维系全球战略平衡的基本形态在未来一个相当长的时间内不可能发生根本性的变化。以军事、经济、科学技术为主体的国家综合实力衡量，五极中首推美国为第一极；以军事力量而言，仍将是美俄两极的格局；在经济上，美国在全球经济中的统治地位将被由美国、成为西方世界第二号经济大国的日本，以及以德、法、英为中心的欧盟所构成的三极经济中心所代替；在政治上将真正出现五极政治中心，特别是当日本和德国现在正在努力谋求获取联合国新的安理会常任理事国席位成为现实时。中国作为发展中的社会主义国家，改革开放已取得了令全世界瞩目的巨大发展。经济高速增长，综合国力明显增强，人民生活水平迅速提高，独立自主的外交政策，使中国在世界地缘政治格局中的地位更显举足轻重。

(1) 立足亚太，稳定周边，采取积极的态度，在建立亚太地区新的政治、经济合作体系和区域战略平衡中，发挥一个大国的作用，以维系亚太地区的和平、安全和经济发展。日本作为中国的近邻，两国友好合作关系的发展，不仅对两国本身，对全球经济发展最具活力的亚太地区的稳定，对世界的安全和稳定都有重要作用。中国与欧共体、西欧各国、加拿大、澳大利亚没有根本的利害冲突，距离的壁垒并没有成为中国发展与这些地区和国家长期稳定友好关系广阔前景的障碍。21世纪头10年，中国经济的大规模建设和发展，中国与这些国家的经济技术合作大有可为。中美关系的改善和发展曾对全球地缘政治格局的变化产生过巨大影响，争取中美关系的稳定发展，应该是中国今后10年地缘政治战略的最重要组成部分，中美两国应积极主动共同承担起维护全球战略平衡和稳定的责任。中俄两个大国建立和发展睦邻友好、互利合作和长期稳定的关系，不仅符合中俄两国人民的根本利益，也符合维护世界和平的利益。中国在原苏联解体后很快与俄罗斯及各独联体共和国建立了外交关系，中国的一些边沿省区分别与中亚的一些共和国、俄罗斯远东地区开展了双边、多边经济贸易往来，促进了这些地区的多边合作和经济发展，中国与这些国家或地区睦邻友好关系的前景广阔。

(2) 继续大力推进世界格局的多极化，构建地缘安全的国际环境。中国亚太政策的根本目的是为改革开放、加快经济建设创造一个长期宽松、稳定、安全的周边环境，并在亚太事务中发挥应起到的大国作用。要维护亚太的稳定，需要大力推进世界格局的多极化，这也符合包括全球的战略利益。总体来说，中国的亚太战略以美、日、俄为优先目标，继续奉行和平共处五项基本原则，与亚太国家发展睦邻友好关系。争取中美关系的稳定发展是我国下一阶段地缘政治最重要的组成部分，只有中美两国积极合作，建立在安全领域的协调机制，才能维护亚太乃至全球的战略平衡和稳定。继续奉行睦邻友好合作关系，采取“搁置主权争议，共同开发”的方针，增强与周边国家的安全交流，建立互信机制，以避免周边国家寻求北约的军事保护。注意处理中国和朝鲜半岛的政治关系，帮助朝鲜民主主义人民共和国进行经济体制改革，发展经济，鼓励其独立自主的外交政策，以阻止北约集团通过向韩国、日本扩张进而形成对我国的地缘政治包围。为推进世界多极格局的形成，在新的形势下，大国之间的协作具有突出的现实意义。科索沃战争对世界产生了重大影响，现实形势客观上要求加强世界反对霸权主义力量的联合和协调，特别是大国之间的战略协作和协调。中俄应加强协作伙伴关系，共同推动亚太集体安全体系的构建，以限制英、美、日为核心的安全体系。此外应该加强南南外交力度，重视与中亚、中东国家发展关系，使之成为抵御北约军事威胁的前沿阵地。

(3) 进一步推进沿边地区的开放与开发，加强国际区域经济合作，构建安全的周边环境。中国是一个疆域辽阔的泱泱大国，要实现面向 21 世纪的地缘安全，迫切需要阻止外部力量煽动下的台湾、西藏、新疆等地少数反动分子的分裂活动，维护国家统一和政治稳定。台湾是大陆海岸线的屏障，对中国地缘安全的战略意义怎样评价也不过分。应该借助香港、澳门回归祖国的机会，在台湾问题上采取坚决的立场，继续推进同台湾的经济、文化交流，最终实现祖国的完全统一。西藏和新疆处于我国与南亚和中亚地缘关系的敏感部位，边境线长，对我国的国防安全具有举足轻重影响。应注意民族、宗教问题对国际关系的影响，推进国家地缘安全的建设。构建全方位的开放格局，加强与周边国家或地区的区域经济合作，推动边疆地区的经济发展，是促进边疆长治久安的根本途径。要以地区经济技术合作为切入口，推动“环黄渤海经济圈”、“富春江开发区”、“澜沧江湄公河流域开发区”、“新亚欧大陆桥”的开发建设等国际区域经济合作，逐步形成和完善 APEC 经济技术合作体系；要以专业领域合作项目为切入口，形成以科技、环保等优先领域为核心，以信息交流和法律规范为基础，以具体项目为内容的 APEC 经济技术合作网络系统；要以股份制为切入口，吸引企业参与，尽快建立 APEC 经济技术合作的资金筹集、技术转让、自负盈亏、利益分配等机制，确保经济技术合作项目的良性发展。

(4) 构筑合理的国内区域经济格局，增强国际地缘安全的国内地缘保障。对国内区域经济的布局，应从国家地缘安全的战略高度来考虑。首先，在经济建设的大局下，确立经济建设与国防建设协调发展机制。在规划项目和基础设施建设时，需一并考虑国防需求和增强国防功能，使同一项目和设施在不做改动或略作改动的情况下，具有军民两种功能和两种用途。其次，通过国内经济政治体制改革，实现中、东、西部经济全面发展，使我国总体经济实力大幅度提高，从而缩小与美国、日本、欧洲等国家发展水平的差距。中国沿海地区位于太平洋西岸的中心和东亚地区的中心，今后对东亚及全球的地缘经济关系的演变将产生举足轻重的作用。沿海地区在我国国民经济发展中的地位决定了我国在今后相当长的一个历史阶段必须保持沿海发达地区经济的快速增长。要继续加强海峡两岸及内地与港、澳的经贸关系，改善投资环境，逐渐形成将以华南为开放重点扩大到以华东为中心，进而辐射到全国各地的对外开放新格局。此外，要大力推进沿海地区的国际化大都市发展进程。通过区域化、集团化来发展与有关国家、地区之间的地缘经济关系，在集团内部要逐步形成地缘经济枢纽和核心，这个枢纽应集中主要的中心城市、工商业中心、高级管理中心和技术开发中心。

（5）纵深推进科教兴国和实现产业结构升级，增强国家核心竞争力。21 世纪将以“科技-市场-经济实力”来重构国际体系，科学技术成为发达国家竞争的核心。在世界市场的全球化、区域化过程中，发达国家对科技、资本的垄断及其原有坚实的经济基础，使其能够占据世界市场的中心位置而构筑其霸权体制；发展中国家由于在资本有机构成、产业结构和经济发展水平上的差异，处于世界经济的外围。世界经济全球化和区域化的趋势，将对发展中国家产生强烈的分化组合影响：少数发展中国家将步入发达国家行列成为新霸权体系的支持者，更多的发展中国家依然是“中心-外围”体系的受害者。中国要跻身于世界经济强国，出路在于科教兴国，并要改善我国在亚太国际产业分工中的地位。迎接挑战的内容可以归纳为：第一，选择和确定具有优势或发展潜力的部门进行重点扶持，增加研究与开发投入；第二，把投资贸易自由化同经济技术合作结合起来，要求发达国家转让先进技术，提高中国企业的竞争能力。

复习思考题

1. 国家的基本概念及其组成要素。
2. 当代国际冲突具有哪些特征？其形成原因是什么？
3. 简述科技进步对政治活动的影响。
4. 领土对政治活动有哪些影响？
5. 分析冷战后世界地缘政治格局的特征。
6. 分析冷战后世界地缘经济格局的特征。
7. 结合当今世界的政治、经济形势，分析中国的地缘政治与地缘经济形势以及应采用的战略措施。
8. 从人文地理角度，分析地理环境对国家主权的影响。
9. 分析自然资源与政治活动的关系。

10. 课堂讨论：结合现实世界的政治、经济形势，分析世界和中国的地缘政治与地缘经济形势以及中国应采取的国家安全战略措施。

主要参考文献

王恩涌，等.1998. 政治地理学. 北京：高等教育出版社
王国梁.1993. 世界政治地理. 北京：海洋出版社
王逸舟.1995. 当代国际政治析论. 上海：上海人民出版社
王逸舟.1999. 全球化时代的国际安全. 上海：上海人民出版社
叶自成.1998. 地缘政治与中国外交. 北京：北京出版社
张文奎.1993. 人文地理学概论. 3版. 长春：东北师范大学出版社

第八章　自然资源的利用与保护

第一节　人文地理学的自然资源观

一、自然资源的概念

自然资源是人类赖以生存和发展的物质基础。学术界给自然资源下定义的比较多，但比较有代表性的有两种，一种是1970年联合国出版的一份文献中指出的："人在自然环境中发现的各种成分，只要能以任何方式为人类提供福利的都属于自然资源，从广义上说，自然资源包括全球范围内的一切要素，它既包括过去进化阶段中的无生命的物理成分，如矿物，又包括其他如植物、动物、景观要素，地形、水、空气、土壤和化石资源，后者是我们这个地球进化的产物。"这是广义的自然资源定义。另一种定义是1972年联合国环境规划署（UNEP）提出的，即"所谓资源，特别是自然资源，是指在一定的时间条件下能够产生经济价值的，以提高人类当前和未来福利的自然环境因素和条件的总称"。这是狭义的自然资源概念。近年来，我国有学者认为，自然资源是指存在于自然界中能被人类利用或在一定技术、经济和社会条件下能被利用来作为生产、生活原料的物质、能量。也有人定义为"在现有生产力发展水平和研究条件下，为了满足人类的生产和生活需要而被利用的自然物质和能量"。

从以上定义中，我们可以看出，广义的自然资源是指存在于自然界的人类赖以生存和发展的自然物质和能量，既包括人类经济社会所必需的具有稀缺性和经济价值的经济资源，又包括一般的自然物质和能量。这种理解，侧重于人与资源的关系，"有用就是资源"是这种理解的核心。狭义理解的自然资源主要是指经济资源，具有数量上的稀缺性，分布上的差异性，经济上的有价值性。在狭义的理解中，自然资源的构成部分是动态的，现在不是资源的，随着技术进步会逐步成为资源；现在没有经济价值的部分随着资源数量的减少，也会演变成经济资源。广义理解自然资源对人类的长期生存和发展具有重要意义，狭义的理解在经济分析中具有较强现实性和实用价值。

1. 自然资源的分类

（1）按自然资源的物质组成划分，自然资源分为矿产资源、水资源、生物资源、土地（土壤和空间位置）资源、气候资源五大类。矿产资源主要存在于地壳之中，包括各种金属、非金属和化石能源；水资源存在于陆地、海洋和大气之中，包括淡水资源和水能资源；生物资源主要存在于陆地表面和海洋之中，包括动物、植物和微生物；土地资源存在于地球表层，包括空间位置资源和土壤资源。气候资源既包括光、热、水、气等物质资源或热量资源，也包括光、热、水、气在运动中形成的大气现象和气候条件（光、热、水、气的质量及时空组合）以及风能资源。

（2）按资源存在的空间范围划分，自然资源又可分为陆地资源、海洋资源和大气资源。陆地资源包括位于陆地表面及其地下的多种物质与能量，如矿产、生物、水、土地等资源。海洋资源则主要是存在于海洋之中的矿产、生物、化学物质、水等海洋物质以及潮汐等海洋能源。大气资源主要是光、热、水、气等气候资源。由于人类对陆地资源的开发历史悠久，资源的认识与资源概念的形成均源于陆地，故人们所称的资源大都是指陆地资源，但随着陆地资源的逐步枯竭和海洋开发的逐步深入，海洋资源的重要性日趋增强，海洋资源在自然资源中的地位也因此而逐步提高。

（3）按资源的增殖能力划分，自然资源则可分为可再生资源、可更新资源和不可再生资源。可再生资源如太阳辐射（光、热资源）、风、水力、潮汐、地热等能连续反复地供应，其数量不因使用发生减少，可不断再生。可更新资源主要指生物资源，在一定的条件下在较短时间内可以繁殖更新从而保持资源数量的不减少。可更新资源的资源更新需要一定的条件和时间，只是速度较快，时间较短，人类能驾驭控制。不可再生资源主要指各种矿产资源，由于这类资源的形成时间常常以百万年计，因此对人类而言是用一点少一点，在短期内无法更新或再生。这三类资源的划分是相对的，不具绝对性。如土地资源，从其空间位置、承载力属性看，它具有永久性，无论如何使用数量不会减少，可划分为可再生资源；但以其生产能力而言，则会因利用程度和利用方式不同而产生生产能力的下降或提高，属可更新资源；但如从其面积看则是不可再生资源。

（4）按资源利用能否被人类社会加以控制为依据，自然资源可分为两大类：专有资源（可控资源）和共享资源。专有资源（可控资源），是通过法律或所有权的形式可以加以控制或自行调控的资源，如属于某一国家的领海，属于某一农场、公司的土地等，由于他们对资源拥有所有权，就能对自然资源的利用方式和强度进行调控。共享资源是任何集团或个人都可以自由享用的资源，如空气和公海。这种分类在不同的国家也有差异。某些多森林的国家，森林可能成为共享资源；某些国家的内陆湖泊可能是共享资源；几个相邻的县，如果有一个共同的湖泊，这个湖泊可能成为共享资源。国家对本国自然资源采取什么样的管理政策，影响着自然资源的利用方式。

（5）根据资源的可回收利用性，将自然资源分为可回收利用资源和不可回收利用资源。如能源的使用具有一次性，使用后不能回收利用，属不可回收利用资源；而铁矿、木材、水等则属于可回收利用资源。

关于自然资源的分类还有很多不同的划分，如根据资源的物质形态、经济部门的流通状况或用途等。自然资源的分类，有助于加深对自然资源的认识和理解。

2. 自然资源的特征

自然资源作为自然环境的一个组成部分，不可避免地具有自然环境的显著特点，但由于自然资源是人类生存发展和社会经济活动的基础，又使得它具备了不同于一般自然环境的特征。充分认识自然资源的特点，对科学合理的开发利用资源具有十分重要的意义。

1）具有使用价值

资源的使用价值是资源对人类的需求而言的有用功能，也就是资源的用处。任何自然资源都具有使用价值，这是自然资源之所以成为资源的一个前提。没有使用价值的自然环境和物质，对人类而言绝非资源。值得注意的是自然资源的使用价值具有隐蔽性，并与人类科学技术的进步密切相关。自然资源的使用价值只有通过人类的不断探索，分析认识才能予以揭示。以前不是资源的，现在已有许多成为十分重要的资源，现在尚未认识到有使用价值的自然物，也会随着科技的进步成为具有十分重要价值的自然资源。因此，我们在对自然资源使用价值的判断上也应持谨慎态度，不可随意否定自然物的资源属性。

2）多用途性和可替代性

自然资源系统由诸多要素组成，除了构成系统的整体功能之外，大部分自然资源都具有多种功能和多种用途。如煤既可作为燃料，也可作为化工原料；树木可用于旅游（风景林），也可作为建筑材料（木材），还可以用于化工造纸等。资源的这种多用途性要求在资源开发利用时必须进行生态经济效益评价，择优使用，以便做到物尽其用，发挥资源潜力，以达到最佳的生态经济效益。

自然资源还具有可替代性，即一种资源可以替代某种或某几种其他资源。有些资源在某项功能上是相同或相通的，可以互相替代而不会造成使用效果的不同。例如，作为能源，煤、石油、天然气、水能、光能等均可以用于生产电能，供人们使用。自然资源的可替代性为人类解决资源短缺和枯竭提供了前提条件。

3）空间分布的差异性

各种自然资源的分布，大都要受到自然地理环境地域分布规律的制约和影响，因此，所有的自然资源在地球上的空间分布都是不均匀的，具有明显的空间差异性。自然资源分布的空间差异性主要表现在两个方面：一是地域分布的不均衡性，有的地方资源种类多、数量大、质量好，有的地方种类少、数量少、质量差；二是同一地方不同的垂直空间资源具有不同组成，富集程度也不一样。资源的空间差异性是影响人类空间活动的重要因素之一。

4）有限性

不仅不可再生资源存在资源的有限性，就是可再生资源和可更新资源也存在同样的问题。其有限性主要表现在两个方面：资源数量的有限性和资源结构组合的有限性。自然资源从总体上看，存在数量有限的特征，在一定的空间范围内，自然资源的种类、数量和分布是确定的，不会因为时间的变化而改变，这是资源形成的客观性决定的，属于资源的绝对有限性。此外，即使不存在数量有限，在一定的历史条件和技术水平下，人类开发利用资源的数量会受技术和生产能力的限制，资源的供应能力和数量在一定条件下和一定时间内也是有限的。例如，气候等自然资源具有可再生、可更新的性质，但这种可再生、可更新是有条件的和有限制的，也是需要时间的，在特定的区域、特定的季节，其数量是有限的；太阳光能，从总量上看，在人类历史中不会存在数量限制的问题，但在特定的时空范围内，太阳辐射数量却具有相对确定性，在利用时也就存在有限性问题。又如空气，在相当长的时间内是取之不尽、用之不竭的，然而如果利用不当，空气污染导致质量下降，空气作为人类赖以生存的资源也就出现了相对缺乏，新鲜空气的稀缺性在许多大城市已然出现，正是这个原因。换句话说，地球上可更新资源的总量是基本确定的，更新能力是有限的。当然，不可更新资源更具有明显的数量有限性特征。

自然资源的有限性还表现在资源的结构和组合上。任何一项生产都是多种生产要素的组合，并要求资源的结构与其相适应。在多种资源的组合中，如果某种资源短缺而又无其他资源可替代，该种资源就会成为限制因素，并影响对其他资源的利用。例如，我国西北干旱地区，尽管有的地方光照和热量资源以及土壤都适宜发展农业，但是水资源比较缺乏，成为制约农业发展的限制因素。随着南水北调工程的兴建和实施，必然使水的稀缺性得到改善，其他资源的生产潜力就能发挥出来。自然资源结构和组合上的有限性，是由于自然资源分布、组合的地域差异性造成的。随着科学技术的不断进步，自然资源的范围、种类和数量将不断扩大，生产中某些短缺资源将得到弥补。

5）动态性

自然资源同其他任何事物一样，都处于永恒的运动变化之中，每种自然资源都是自然界长期演变发展的产物，且依旧处于不断变化之中。在人类的不同历史时期，自然资源的种类、数量都随时间的变化而变化。在自然界，多数自然资源的发展变化过程是缓慢的、渐进的，不易为人类觉察，但人类一旦对其施加了影响，则其变化可能会十分迅速，有的变化甚至是十分剧烈的。人类对自然资源可能施加有利影响，促进其良性发展；也可能施加负面的影响，导致资源退化和枯竭。不管正面影响还是负面作用，都将影响自然资源运动变化，造成资源种类、数量分布等的情况随时间而改变。总的来说，资源种类是随着人类科学技术的进步而不断增加的，而某种资源的数量，虽因开发利用的时间长短、利用程度以及相关资源的开发而有增有减，但总的趋势是不断减少的。当然，有的资源在一定时间内可能因资源考察的深入不断有新的发现，从而使资源探明数量增加。如果发现新储量的速度大于消耗的速度，则资源的数量会随时间的流逝不减反增。因此，自然资源的动态性不能机械地理解为数量的减少，而应根据实际情况进行具体分析。

6）自然、经济双重属性

自然资源作为自然界的有机组成部分，具有自然属性，它不仅是构成自然环境的物质，也是自然界不断运动变化的结果，自然资源的形成和运动变化严格遵循其特有的自然规律。同时自然资源作为人类生存和发展的基础，是联系人与自然的纽带，并把人类社会与自然界有机地联系在一起。自然资源不仅有很大部分已进入社会经济系统，参与了社会经济的循环，具有十分明显的经济意义和社会意义，而且人类对自然资源的开发利用这一经济活动还对自然界造成了巨大而深刻的影响。自然资源既是自然界的组成部分，是自然物，又是人类不断认识自然的结果，是社会经济活动的产物。自然资源的这两重性，使得自然资源有别于纯粹的社会经济资源，又不同于完全的自然物。人类在开发利用时要特别注意自然资源所具有的这种自然、经济双重属性，以使自然资源的开发利用更加科学合理。

7）不可缺少性

自然资源是人类生存和发展的物质基础，也是人类社会物质财富的源泉。没有自然资源，人类将无法生存，其他一切资源也无从依附，一切社会经济活动也将无从进行。自然资源尤其是生存环境，是不可缺少的，也是其他资源不能取代的。为此，我们必须认真保护我们赖以生存和发展的物质基础，以确保人类社会的长期发展。

8）整体性

自然资源并不是孤立地存在于自然界的，而是通过内在的相互联系、相互影响和相互制约，在功能上互相耦合形成一个整体——自然资源系统。自然资源的整体性也就是系统性，主要体现在相互的联动性上，因为各种资源作为地球的组成部分，通过物质流、能量流而联系起来。任何资源的形成发展都离不开其他自然资源，任何资源的数量、状态的变化也将引起其他资源的变化。如陆地水资源的形成和变化既与气候状况有关（大气环流、光照热量等均影响水的输送、蒸发等过程，从而使水资源状况与气候密不可分），又与地形等土地要素不可分离，如地形条件可以促使地下水或地表水在特定的空间区域富集，地形变化可引起河床比降的变化，这是水能资源、瀑布等旅游资源形成的主要原因。水资源的循环运动变化反过来又对气候资源和土地资源的形成和变化产生巨大影响。

3. 环境资源的概念和特征

《辞海》中把资源概括为：财富的来源。即人类在生产、生活和精神上所需要的物质、能量、信息、劳力、资金和技术等“初始投入”均可称为资源。环境是资财的隐形来源，一种间接投入。

有一定纳污能力的水体为工厂解决排污问题，给工厂带来财富与清洁、安静的生活和工作环境，保障人群的健康和良好的工作状态，是社会财富的隐形来源。优美的自然风光，壮丽的河山，四季如春的气候，作为旅游资源，直接带来财富。可见，环境是一种资源，是人类任何一项活动都需要的一种自然资源。对环境的破坏或污染，可看做是对环境资源的不合理开发和利用。洁净的空气环境是一种宝贵的资源，农业生产利用这种宝贵的资源种植庄稼、饲养牲畜、创造财富；如在这个环境中有一家工厂因排放废气而严重污染空气，可能使庄稼无收、牲畜死亡、农牧业财源断缺。表面上看是污染损害，实质上大气环境资源被工厂利用而转化成工厂财富，相当于资源开发业主的“悄悄变换”。这一事例同时也说明，环境资源也是一种有限资源。

环境资源是指“某个标准或某种要求的环境状况与环境背景值或环境现状之间的环境容量”。这里的环境容量不单指环境所能容纳的污染物数量，也包括其他一切非污染型的环境容量。①根据环境要素，环境资源可分为大气环境资源、水体环境资源、土壤环境资源等不同形式。②根据分布范围，环境资源可分为：区域环境资源——一个地区、一个国家或全球范围内的环境资源；局部环境资源——建设项目所占用的环境资源。③根据利用条件可分为：潜在资源——一个地区所具有的环境资源总量；可利用资源——一个地区能够被利用的环境资源总量。④根据形成条件可分为：天然环境资源——自然形成的环境资源；人工环境资源——某些工程等所改变的环境资源（不在讨论之列）。人工环境资源往往都是利用别地或其他形式的环境资源作代价的。

环境资源具有自然资源的属性和特征：①具有效性和稀缺性两种本质属性。环境资源能被开发利用，促进社会环境发展。环境资源的利用是一个消耗过程，会导致某种形式的暂时或永久性稀缺。②质和量是环境资源的根本属性，其数量可以用环境容量测量，其质量表现为环境状况的优劣。③有可恢复性和可再生性特征。④有层次性和整体性。⑤有相对有限性和绝对的无限性。

环境资源与一般自然资源又有区别：①它是有形载体和无形内涵的统一，环境资源赋予环境介质，以环境介质为载体，没有具体的环境介质就谈不上环境资源，但它又不是环境介质。例如，大气环境资源并不是大气资源，而是指大气能为生产和生活所提供的环境潜力，它是环境介质的内涵。②具有鲜明的社会特征。它是人群生活标准和社会发展的函数，环境标准低，环境资源量大，反之环境资源量就小。

二、正确的自然资源观

人类对自然资源在社会经济生活中的作用，对自然资源开发利用的态度以及人与自然资源的关系的认识和看法，就是所谓的自然资源观。人类的自然资源观，经过无数代人的不懈努力，才逐步从错误走向正确。这种观念的变化对自然资源本身及其开发利用均产生巨大的影响。各种资源危机、环境问题的产生，与过去不正确的资源观有密切关系。树立正确的资源观，并以之指导我们的资源开发利用行为，对创造良好的社会经济效益，确保人类社会的持续发展意义重大。

迄今为止，曾出现过的自然资源观，主要有以下几个方面：

第一，在资源的数量方面，出现过两种观念：一是认为自然资源是十分丰富的，不会存在数量枯竭的问题，因而可以随意使用；二是认为资源的数量是有限的，既有绝对意义上的有限，也有相对意义上的有限。显然，第一种认识较片面，是一种错误观点。在这种观念的指导下，人类对自然资源进行掠夺式开发，资源的破坏和浪费十分严重，并引发了资源危机、枯竭。后者则较客观和全面地分析和认识自然资源的数量问题，特别是承认资源的有限性，使人类对自然资源开发不得不注意节约和合理利用，资源开发利用的数量受到限制，从而保证了自然资源的永续利用和人类社会经济的持续发展。

第二，在自然资源的价值方面，存在两种认识，即自然资源无价论和自然资源有价论。在传统的经济价值观中，一般认为没有劳动参与的东西没有价值，或者认为不能交易的东西没有价值，因此认为天然的自然资源是没有价值的。资源无价值论的产生与对马克思劳动价值论的片面理解、资源价格确定的市场机制不合理等有关。无价值论认为价值指的是商品的价值，是凝结在商品中的一般社会劳动，价值所反映的是商品中的人与物的关系，自然资源的生成是自然力的结果，不存在人类劳动（商品化的自然资源例外），故无价值。资源无价论在观念、理论、政策上的表现，导致了人类对资源的无偿占有、掠夺开发，造成了资源损毁、生态破坏和环境恶化，成为社会经济发展的制约因素。具体来说，资源无价论的危害主要有：

（1）导致自然资源的破坏和浪费。由于自然资源不计价格，可以随意使用，因此自然资源的使用者都力图多占多用，无视资源利用的经济效益，没有节约资源、提高资源利用效率的主动性和积极性，造成资源的恶性破坏和浪费。

（2）导致财富分配不公和竞争不公平等。由于自然资源没有价格和价值，其所有权和使用权就不能通过市场竞争获得，而是通过权力、关系、偶然因素等获得，这样获得资源的单位或个人比没有获得的单位或个人就处于有利地位。

（3）使资源的物质补偿和价值补偿不足，导致自然资源财富枯竭。资源无价论，导致自然资源在开发利用过程中，不能得到相应的保护、改善、补偿和整治，而这笔费用也被视为非生产性投资，是无法收回的，资源补偿不足，造成资源的消耗量远远大于生产量。

（4）造成国民财富核算失真，使一项重要的国家收入变成乌有。有价值论者则认为自然资源具有价值和价格。自然资源价值的源泉包括天然价值、人工价值（劳动价值）和稀缺价值。天然价值是自然资源本身所具有的，未经劳动参与的价值。之所以具有这种价值，是因为自然资源具有使用价值和稀缺性。自然资源的天然价值主要取决于自然资源的自然地理位置及其丰饶度和质量。自然资源的人工价值指自然资源上附加了人类劳动，就是自然资源的劳动价值，即马克思经济学中的价值。附加的人类劳动越多，价值越大。自然资源的稀缺价值由自然资源的稀缺性构成，越是稀缺的资源，其价值越高。

第三，在自然资源的开发利用与保护方面，有以下观点：

（1）纯利用不保护。这是资源无限论和缺乏科学知识的具体表现，也与只注重局部利益、眼前利益，而忽视全局利益、长远利益等人类共同利益有关。

（2）只保护不准利用。这种观点有些矫枉过正，是保护主义者的基本观点，带有一定的悲观主义色彩或宗教色彩，这种观点在生物资源保护方面比较流行。

上述两种观点都有偏差，只用不保，必然会导致资源枯竭、环境恶化；而只保不用就会失去保护的动力，也失去社会基础和民众的支持，同时也不可能真正保护好自然资源。因为资源的平衡机制不允许只保护不利用行为的长期存在。生态失衡也有因过度保护而产生，而生态失衡则会导致资源的破坏和环境的恶化。

（3）合理利用与科学保护。这是较客观和科学的一种态度，能较好地指导人们对资源开发利用与保护。对自然资源的开发利用的同时要有保护资源的意识，不要竭泽而渔，应合理分配短期利益和长远利益；在资源保护时也要允许一定程度的开发利用，才能以利用促进保护，真正做好保护工作。一句话，既要禁止当代人的资源透支行为，也要给当代人合理开发利用资源的权利。

第四，在资源整体性方面存在着正确与不正确的看法。一些人对自然资源形成、自然资源系统、各种资源之间密切联系的整体性认识不足或不够重视，从而在开发利用时不顾对自然生态系统和其他资源的影响，盲目开发。正确的认识应该是自然资源是自然生态系统的有机组成部分，自然资源本身又是一个复杂的系统，自然资源的开发利用必须充分考虑对自然生态系统的影响和因此可能产生的生态后果。否则，资源的开发利用极有可能引发一系列的生态问题，甚至产生人类难以预料的生态危机。

第五，对环境是否属于一种自然资源，存在多种不同的认识。一种持否定态度，另一种则赞同把环境看做一种资源。由于否定环境是一种自然资源，或对环境资源的认识不足，在环境资源的开发利用上采取盲目的无意识行为，导致资源转化率低，环境破坏或环境污染严重。把环境看做是一种自然资源，人类活动对环境的影响可看做是对环境的开发利用，实行资源管理，征收资源开发费，将消耗环境资源的代价转化到建设项目的经济预算中。这有利于增强建设者的环境成本观，并利用经济杠杆控制和管理环境破坏严重的建设项目，确保环境的可持续性。

综上所述，正确的资源观应该是：在数量方面，自然资源存在数量有限性；在价值方面，自然资源具有价值，其价值与其他商品或物品并无本质差别；在利用与保护方面，坚持开发利用与保护并重的观点；在系统性方面，承认资源的整体特性及其与自然环境的密不可分；在处理人与自然资源的关系方面，持协调论观点，把环境也当作自然资源。概括而言，正确的资源观是一种将长期利益与短期利益相结合，人与自然协调统一，保护与利用并重，经济自然一体化，注重循环利用的综合观念，是正确的人地关系在资源方面的体现，也是人类对资源开发利用历史的科学总结。

第二节　世界资源问题

一、资源问题产生的背景和原因

世界资源问题的产生是人类对资源利用的历史积累，也是人地矛盾发展的必然结果。人类的生存和发展，必须从自然界取得食物、水以及其他各种资源。随着人类社会的不断进步和人口的不断增长，人类对资源的需求也越来越大，而资源的供给却越来越困难，供需缺口不断加大，导致了世界资源问题的产生。

目前，我们所谈的资源问题，产生于20世纪50～60年代的第一次石油危机。从蒸汽机的发明应用引发工业革命到第一、第二次世界大战爆发，人类开发利用自然资源的技术和能力越来越强，资源开发促进了经济的发展，而经济发展对资源开发利用提出了更多的要求。然而由于资源分布的差异性、勘探技术的限制以及世界政治经济动荡等各种原因，资源的供给与需求失衡，资源危机便择机产生。例如，60年代美伊政治冲突导致了美国等世界经济大国的石油供给产生危机。石油危机是世界资源问题的首次集中爆发。

资源问题产生根本原因是人口的迅速增长导致人类对各类资源需求的快速增长，而世界可供给的资源数量、时空分布等的有限性构成了供给的有限性。尽管人类不断提高资源利用技术和不断发现新的资源储量，但资源供给的增长远远落后于资源需求的增长。当然，人类通过新的技术，可不断发现新的可替代的资源和增加资源储量，逐步解决世界资源问题，但是在一定的时间、一定的区域内，矛盾却不易解决。从长远看，人口问题不解决，资源问题难以彻底解决。

资源分布的不均衡性，导致了区域资源供给能力的差异。如海湾地区石油资源十分丰富，而日本等国石油资源匮乏。这种分布的不均衡，在世界贸易受多种因素影响的现实条件下，世界资源供给和需求的矛盾必然不可避免。

发展中国家与发达国家社会经济发展的不平衡导致世界资源问题的不断加剧，并引起世界资源供需的时空失衡。发展中国家一般资源丰富，他们较多地以资源去换取发达国家的先进产品、资金和技术，从而导致资源的过度开发和浪费问题产生。发达国家的社会经济较为发达，为追求高环境质量和高生活质量而不愿开发本国可以开发利用的资源，从而产生对外部资源的严重依赖，且发达国家资源消耗远大于发展中国家，因而出现资源的过度消耗和浪费问题。

当然，世界资源问题是多方面的，引起资源问题的原因也是多方面的。不同地区，不同的国家，不同的时代，资源问题及其产生的原因均不会相同，但所有问题的核心都在于供需矛盾。

二、资源的主要保护和防治措施

1. 臭氧层的主要保护措施

1985年，在联合国环境署的组织协调下，国际社会制定了《保护臭氧层维也纳公约》，确定了国际合作保护臭氧层的原则；1987年又制定了《关于消耗臭氧层物质的蒙特利尔议定书》（简称《议定书》），表明了这些国家保护人类健康和环境、消除臭氧层破坏带来的不利影响的决心，确定了全球保护臭氧层国际合作的框架。《议定书》制定了控制消耗臭氧层化学物质生产和消费的淘汰时间表。《议定书》签署以来，已经增加了许多修正案，制定了更快减少和淘汰消耗臭氧层物质的时间表。到2000年年底，175个国家已经批准了《蒙特利尔议定书》，其中115个国家已经批准了1992年的《蒙特利尔议定书》哥本哈根修正案。到2006年8月为止，签署《维也纳公约》的国家共有176个；签署《蒙特利尔议定书》的国家共有175个。

根据《蒙特利尔议定书》的规定，各签约国分阶段停止生产和使用氟氯碳化物制冷剂，发达国家要在1996年1月1日前停止生产和使用氟氯碳化物制冷剂，而其他所有国家都要在2010年1月1日前停止生产和使用氟氯碳化物等破坏臭氧层的制冷剂，现有设备和新设备都要改用无氟氯碳化物制冷剂。

我国政府也于1989年和1991年分别签订了《保护臭氧层维也纳公约》和《关于消耗臭氧层物质的蒙特利尔议定书》，成为缔约国。1993年元月国务院批准出台了《中国逐步淘汰消耗臭氧层物质国家方案》（简称《国家方案》）。中国是氟氯碳化物类制冷剂生产和消费大国，氟利昂保有量达50万t余，其消费量占全世界总量的一半以上。作为缔约国之一，中国政府向国际承诺：将与世界各国联手拯救臭氧层。为此，中国政府计划用10年时间，在生产和消费领域淘汰氟氯碳化物类物质，直至2010年在中国完全禁止使用氟氯碳化物。按照有关条款，中国已从1999年7月1日起冻结了氟氯碳化物制冷剂的生产和消费，在此基础上逐步削减，并将在2010年1月1日前完全淘汰氟氯碳化物制冷剂。日前，环境保护部环境保护对外合作中心透露，我国含氢氯氟烃淘汰整体战略和行业计划已获批，这意味着我国正式启动含氢氯氟烃的淘汰行动，根据《议定书》的要求，中国需要在2013年将含氢氯氟烃物质生产和消费分别冻结到2009～2010年的平均水平，2015年削减冻结水平的10%，到2030年除保留少量维修用途外将实现全面淘汰。

保护臭氧层，是迄今人类最为成功的全球性合作。《议定书》已成为一个非常成功的环境条约，各国都在寻找代用品，限制使用氯氟烃等破坏臭氧层物质，加速氯氟烃等物质的淘汰，以保护臭氧层，在议定书的作用下已经淘汰了数万吨的消耗臭氧物质的生产和消费，特别是在工业化国家。然而，我们不要满足，因为还有许多工作要做，来减少和淘汰现有的消耗臭氧层物质。我国也已签署了上述两个国际公约，并制订了国家行动计划。

2. 酸雨的主要防治措施

各国采取的酸雨防治对策主要有以下两种。一是调整能源战略，一方面节约能源，减少煤炭、石油的消耗量，以减少二氧化硫、氮氧化物等大气污染物的排放量；另一方面开发新能源，尽快地利用无污染或少污染的新能源，如太阳能、核能。二是发展植物净化，植物具有调节气候、涵养水源、保持水土、吸收有毒气体的功能，可以在大面积、大范围内，长时间连续地净化大气，也是解决二氧化硫污染的有效途径。

加强宣传，提高全民防酸雨意识。媒体应加大防酸雨的宣传，提高我国人民防酸雨意识，做到公众参与；动员各种力量，开展对酸雨区的治理工作，早日恢复当地的生态环境；加快开发新型清洁能源的速度，从根本上解决酸雨问题。

3. 生物多样性保护的主要措施

生物多样性保护基本方法有就地保护、迁地保护和离体保护遗传物质资源。就地保护是生物多样性保护最有效的措施。全世界已建成1000 hm^2 以上的保护区4500多个，覆盖面积约占地球陆地面积的5%～6%。我国已建成自然保护区700多个，总面积占国土面积的5.54%，另外还有480个风景名胜区和510个森林公园，总面积已超过6500万 hm^2。

4. 森林的主要保护措施

（1）对森林实行限额采伐，鼓励植树造林、封山育林，扩大森林覆盖面积；

（2）根据国家和地方人民政府有关规定，对集体和个人造林、育林给予经济扶持；

（3）提倡木材综合利用和节约使用木材，鼓励开发、利用木材代用品；

（4）征收育林费，专门用于造林育林；

（5）煤炭、造纸等部门，按照煤炭和木浆纸张等产品的产量提取一定数额的资金，专门用于营造坑木、造纸等用材林；

（6）建立林业基金制度、开展林权改革，落实资源保护主体调整林业产业结构。

5. 水土流失的主要防治措施

水土流失的防治主要从地表径流形成地段开始，沿径流运动路线，因地制宜，步步设防治理，实行预防和治理相结合，以预防为主；治坡与治沟相结合，以治坡为主；工程措施与生物措施相结合，以生物措施为主。只有采取各种措施综合治理和集中治理，持续治理，才能奏效。

开展水土保持的科研和技术推广工作，建立稳定的水土保持科研队伍，加强高新技术的攻关、推广和应用工作，注重引进国外的先进技术，提高我们水土流失治理的水平。

6. 土地荒漠化防治措施

防治荒漠化的主要途径是建立以当地农牧民为主体的综合防治体系，其主要内容包括：

（1）制定经济发展和资源保护一体化的政策，把保护和合理使用资源作为经济发展的前提条件；

（2）逐步建立合理的土地使用权制度体系，合理规划土地利用，增强农牧民保护土地的经济动力；

（3）合理管理和使用水资源，控制上游过度利用水资源和盲目灌溉，建立流域管理体系和节水农业体系；

（4）合理规划和使用耕地和草地，营造防护林和薪炭林，保护植被，防止水土流失；

（5）改变过度放牧和过度垦殖的状况，限制载畜量，退耕还牧，有效改善退化的土地。

7. 大气污染的主要防治措施

（1）控制污染源，治理二氧化硫及酸雨污染，治理汽车尾气污染；

（2）绿化造林；

（3）加强环境监测和人群健康监测；

（4）开展环境保护和环境卫生知识教育；

（5）开发利用其他清洁能源。

8. 水污染防治措施

（1）建立水质监测体制，完善对市政污水管网，整治引用水源，实施污水深度处理工程，因地制宜地建设污水生态处理系统。

（2）完善排水治污法规假设，建立长效的管理机制。

（3）调整产业结构，关闭或转移污染严重的企业。

（4）建设科学合理的用水排污价格体系，运用价格杠杆进行调节。

（5）加强监督管理。

9. 海洋污染的主要防治措施

（1）加强污染源控制，制定入海河流全流域水质目标，建立重点海域排污总量控制制度，确定主要污染物排海指标，严格限制超过规定数量的排放。

（2）加强海洋污染调查、监测和管理，完善污染监测网，健全飞机、船舶、岸站立体监视和执法体系。

（3）逐步建立排污收费制度，鼓励社会各方面发展海洋环保技术和产业。

（4）加强海洋监测和灾害预警系统建设，建立观测网、数据采集与通信网、预警和服务网，以及资料质量控制系统等。

（5）加强国际合作，由于海洋环境的全球性，在海洋污染防治方面，各国必须进行广泛密切的合作，通过合作采取共同的环境资源保护措施，实现保护国际海洋环境的目的。

综上所述，人类盲目开发利用造成的资源稀缺，已经带来了严重的环境问题。因此，科学合理利用资源，保证人类对自然资源的永续利用，走持续发展道路，是我们当代人应尽的责任和必要的选择。

第三节　自然资源的永续利用

一、资源永续利用的基本原理

资源开发利用是资源研究的核心内容，如何科学合理地开发利用资源是这一研究的出发点和归宿。资源开发利用是十分复杂的社会、经济、生态活动。它将资源与社会经济联系在一起，使资源的自然属性与社会经济属性相互耦合，形成资源生态经济系统，因而资源的开发利用必须遵循资源生态经济原理。同时，资源开发利用作为市场条件下的经济行为，其生产、交换、流通、消费均受到市场机制的强烈作用。科学合理利用资源，必须严格按照生态经济原理和市场机制，遵循生态经济规律和市场经济规律，才能确保其科学性，既保证资源开发利用的经济效益，又不至于破坏资源和生态环境，以达成资源的永续利用。

自然资源的永续利用，对自然资源的开发利用作出了新的限定，即要保证人类未来也有自然资源可以利用，使后代人生存和发展的资源和环境不因为当代人对自然资源的开发利用而丧失。因此自然资源的永续利用是一种更科学、更符合人类社会长期发展的特殊资源利用战略，是人类持续发展思想在资源利用中的反映和要求。作为一个概念，资源永续利用是增加了约束也就是压缩了外延的资源利用。很显然，要保证资源的永续利用，传统的资源开发利用理论已经不适合其要求，在生态经济原理、持续发展思想和市场经济理论指导下进行资源开发利用，是保证资源永续利用的前提和条件。

资源开发利用从其共性来讲，都是一个经济过程。自然资源是地球自然生态环境系统的一个组成部分，资源开发利用也涉及生态问题。从系统论出发，资源是一个系统，是自然与社会经济交织耦合而形成的生态经济系统，同时也是动态的和具有耗散结构的复杂系统。因此，保证资源永续利用的资源开发利用原理，包括资源开发利用的生态经济系统原理和持续发展思想指导下的市场原理两部分。

1. 生态经济系统原理

生态经济关于资源开发利用的原理是比较复杂的理论体系。概括而言，该理论着重从系统性，平衡观，效益统一原则和永续、循环利用目标 4 个方面阐明资源永续利用应遵循的原则和思想。

1）系统性

从生态经济系统原理出发，资源生态经济系统是由自然生态系统和社会经济系统相互耦合而形成的具有一定结构和功能的有机整体，该系统是一个复杂的开放系统和循环系统。所谓自然生态资源系统是指参与人类生产生活过程的各种自然生态要素的总和，它是自然环境的重要组成部分，并与自然生态系统存在千丝万缕的联系。该系统又由土地、大气、水、矿产、环境资源等子系统构成。自然生态资源系统是资源生态经济系统的主体和基础。社会经济资源系统是由参与社会经济的各子系统（各要素）相互联系，相互依赖，相互作用形成的有机整体，包括劳动力、生产工具、生产原料、资金、技术装备等（图 8.1）。

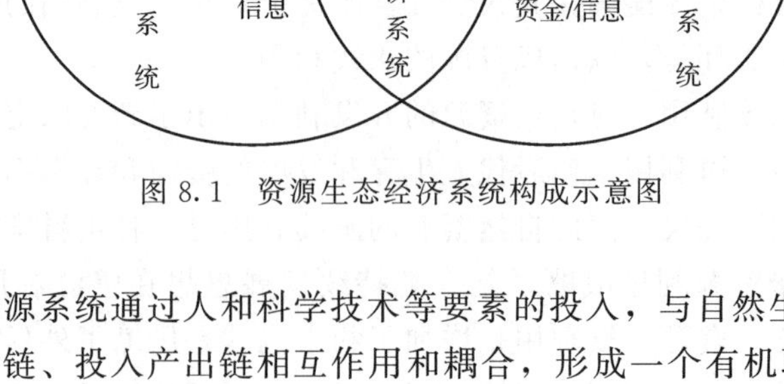

图 8.1　资源生态经济系统构成示意图

社会经济资源系统通过人和科学技术等要素的投入，与自然生态资源系统的各种要素通过食物链、投入产出链相互作用和耦合，形成一个有机联系的复合系统。

在这个复合系统内，从资源投入到产品产出不再是一种单向的线性过程，而逐渐演变成一种循环的利用过程，且随着循环经济思想和技术的日趋成熟、完善，资源循环使用的力度和范围将逐渐加大。

资源生态经济系统具有一定的结构和功能，并表现出区域差异性、整体性、开放性、动态性、层次性、稀缺性等特征。资源生态经济系统各部分之间联系十分紧密，在功能上相互耦合，其耦合方式主要是通过物质、能量、信息、资金等的流动而形成食物链和投入产出链的相互交织，形成复杂的链状结构和网状结构。自然资源的开发利用，实质上就是人类社会经济系统渗入到自然资源生态系统，从而耦合成资源生态经济复合系统的过程（图 8.2）。

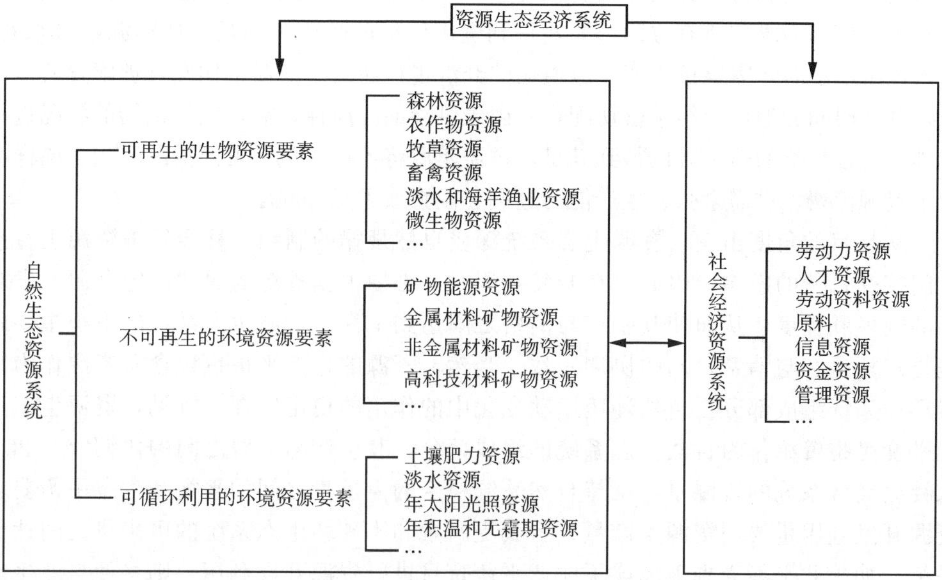

图 8.2 资源生态经济系统联系示意图（马传栋，1995）

由于自然资源是具一定结构和功能的复杂系统，开展资源的开发利用就必须充分重视资源的系统性及系统的循环性，如果忽略了资源生态经济系统的系统性，不顾自然资源与社会经济资源耦合成为一个整体的客观事实，就资源而资源，必然会带来严重的资源问题和生态、环境问题，最终威胁人类的生存和发展。如不把它视为循环的系统，不注重资源的节约和再利用，保持过去高投入、低利用、废弃物的高排放和环境的高污染来维持经济高增长的方式，必然导致生态环境的破坏和自然资源的日益枯竭。因此，在资源开发利用中，要注意资源开发利用可能引起的对整个资源生态经济复合系统以及各子系统（自然资源生态子系统和社会经济资源子系统）的影响和破坏，摈弃过去的不合理的经济增长方式。只有处理和协调好各种关系，才能实现资源科学合理的开发利用。

2）平衡观

平衡观是生态经济学的又一基本观点，这里所指的平衡包括资源经济系统的平衡，资源生态系统的平衡和资源生态经济系统的平衡三个方面。资源经济系统的平衡是指在经济过程中经济需求供给在质、量、时、空四个方面的平衡，以及资源种类、规格、质量、数量在供需上相互匹配，在时段上相配合，在空间上相协调。这种平衡是资源开发利用这一经济过程必须满足的要求，否则会造成资源的浪费和经济系统功能的失调，造成对资源的破坏，经济效益损害和生产能力闲置浪费，以及供需紧张和配置不当等问题。经济的平衡一方面体现在总供给与总需求方面，另一方面体现在资源与资源的搭配和行业分配方面。从总体平衡来看，社会经济资源总体在供需上要保持平衡，资源需求的所有方面都要能得到资源供给的呼应和满足。从资源配置来看，投入经济活动时，需要按生产等应遵循的经济规律所决定的需求比例合理配置所需资源，并在时间和地域上给予密切配合。由于供给的先决性，需求应按供给的状况进行安排。超越供给的需求难以得到满足，供需矛盾将不可避免。资源搭配不当，同样会带来资源浪费、供需紧张、生产能力过剩、闲置或不足等问题。

从自然的角度出发，资源生态系统深受自然规律的制约，社会经济资源也直接或间接受自然的影响。因此，在开发利用时，必须根据资源的属性决定资源开发利用的规模和程度，从而使其生产与消费之间达到平衡。资源生态系统的平衡主要就是指资源生产与消费之间的协调一致。当然，资源的生态平衡也包含着资源作为自然环境系统组成部分在自然环境运动变化中的作用的稳定发挥。可见，资源生态系统平衡是指资源作为自然生态系统的组成部分，其生产与消费之间的协调统一和进入社会经济系统的资源量与维持自然系统稳定的需求量之间的平衡。生态平衡要求资源开发利用量要同资源生产量、自我更新量和不破坏生态系统的可采量之间达成平衡。如果此平衡受到破坏或不顾此平衡盲目进行资源开发利用，则将使自然生态系统和资源系统失去稳定，资源的供给量将产生波动（主要是衰减），从而不利于整个资源生态经济系统的运行。生态平衡对自然资源和与之有密切联系的那部分社会经济资源意义重大，而对与自然关联较少的那些资源则较不重要。生态平衡的数学表达式如下：

$$P_y \leqslant P_{x\max}$$

式中，P_y 为资源可采量；$P_{x\max}$为生态上限，即保持资源生态经济系统稳定时的最大可供应量，“在一定经济技术条件下，自然资源能保持一定的再生能力，其所属生态系统能够输出经济产品的最大产出量”。

资源生态经济平衡是指资源生态经济系统在生产、消费、供给、需求之间的平衡。这种平衡是该复杂系统内部的功能正常维持的需要。没有这种平衡，资源生态经济系统运行就会紊乱。该平衡的建立取决于经济系统的需求量和生态系统的生产量与可输出量之间的对比关系。

根据资源生态经济原理，资源生态系统的资源供给不是无限的，在生态上存在可输出量上限。该上限的含义是从某资源生态系统中开发输出一定量的该资源，这一数量不影响该系统的正常功能和资源自我更新，是该资源系统的最大可输出量。等于或低于此值进行资源开发利用，资源生态系统可运转正常，资源能够自我更新；若超出此值开发利用则会破坏资源生态系统稳定，减少其生产量和可供给量，甚至导致系统的崩溃。该上限即资源的生态上限。从经济角度看，经济活动必须讲究经济效益，资源开发利用同样如此，因而存在经济下限，即成本与产值相等时的资源开发量，这是经济上的最低值，若开发量低于此则会出现经济亏损。因此，生态经济平衡点在：当经济下限与生态上限相等时（当经济下限在生态上限以上时，则不存在平衡点）。在经济下限之上，生态上限以下的资源产量称为可持续产量，即

$$y_e \leqslant y_m \leqslant y_z$$

式中，y_m 为可持续产量；y_e 为经济下限；y_z 为生态上限。

因经济效益最大时的资源产量不一定等于生态上限时的产量，故只有当最大收益的产量 $y_e = y_m = y_z$ 时，生态、经济效益达到最佳，也是生态经济的真正平衡点。

显然，从生态经济角度看，资源的经济平衡不纯粹是经济问题，而是涉及生态领域的问题。同样，生态平衡也并非与经济毫不相干。在人类与环境关系越来越密切的今天，自然界的大部分区域已经或多或少受到了人类的干扰，自然的生态平衡也不再是纯粹的自然过程，人类社会经济活动已经在很多方面渗透到自然生态过程之中。尤其明显的是，作为联系人与自然的纽带，资源将经济行为与生态过程不可避免地联系在一起。因此，在资源的开发利用中，注重生态与经济的平衡以及经济与生态的平衡已成为资源开发利用的基本准则。

3）效益统一原则

资源的开发利用涉及自然、社会、经济三大领域，对自然、社会和经济系统也将产生或好或坏的干扰和影响。这种对自然、社会、经济系统的作用与影响一般称为效益，即常说的生态效益、社会效益、经济效益。资源的生态效益是指有助于资源和自然环境系统组成的多样化，结构稳定优化和生产能力持续提高，以及有助于人地关系改善，能促进人类生存环境条件的优化和持久的结果。生态效益与绿地面积、生物多样性、资源再生产能力、环境质量等有关，如果资源开发利用在这些方面有增加作用，则称其生态效益好，反之则差。生态效益是从人类的长远利益出发进行思考和提出的，所强调的是人类生存与发展的持续性和久远性，而不是短时间的经济上的得失。如不顾生态效益，短期经济效益在未来会被更多的损失所抵消，甚至得不偿失。这是开发利用资源必须时刻牢记的准则，也是生态经济的基本观点。

经济效益同生态效益类似，一般是指在资源开发利用过程中的经济收益的多少

以及对整个经济系统运行的作用的好坏。它强调的是经济活动的投入与产出的关系。一般来说，能用较少的投入而获取较多的产出是经济效益好的体现。当然，经济效益也与资源配置的好坏和是否充分发挥资源的作用或是否造成资源浪费等有关。经济效益通常用投资收益、劳动生产率等指标予以反映。目前，随着污染排放等已被纳入经济核算，并征收有关费用，所以经济效益实质上也与生态效益联系在一起了。

社会效益是指对社会的有益程度，强调社会公平、道德、健康、和谐等内容。社会效益一般建立在经济效益和生态效益之上。

生态经济学认为，开发利用资源将生态、经济、社会三种效益联系在一起，三种效益是在资源开发利用过程中产生的，具有等同的重要性。三者关系如图 8.3 所示。

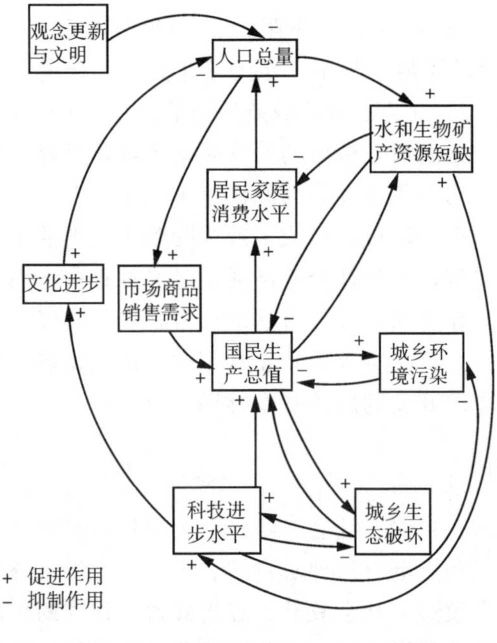

图 8.3 经济、生态和社会效益关系图（马传栋，1995）

只注重经济效益，而忽视生态效益或社会效益是不可取的，这样做只会造成只顾眼前利益和唯利是图的经济行为，并将引起资源浪费和破坏、生态破坏、资源枯竭、环境衰退等一系列恶果。当然，只注重生态效益或社会效益也是不可取的，也会产生资源浪费等现象。将资源的三种效益协调统一起来，使三种效益达到最佳，是资源生态经济学的基本追求，也是资源开发利用的基本要求。要实现三种效益的最佳结合，在生态和社会效益优先的约束下，追求经济效益最大化是基本的途径。由于生态效益涉及人类的长远利益和生存发展问题，因此，必须把现阶段的资源经济活动限定在生态上限以内，资源的开发利用量必须少于生态最大允许量。在资源开发时加强环境影响评价和环保投入，加强环境、资源保护，减少对环境的破坏、污染，具有十分重要的意义。在工艺设计、生产流程设计等各个环节加强科技投入，尽可能形成资源的循环利用和污染物的零排放，充分发挥资源的作用和提高环境质量，十分必要。

4）永续、循环利用目标

人类社会经济的发展目标，按生态经济原理应该是持续发展。要保证社会经济的持续发展，资源供给必须长期稳定且丰富充足，资源短缺必将引起发展的波动，制约社会经济发展，甚至引起社会经济的倒退。为保证资源长期稳定和充足的供应，资源的开发利用应建立在永续利用和循环利用目标的基础之上。这一方面要对当代的资源利用进行科学分配，合理利用，另一方面要求不能引起资源环境的破坏。为使资源能永续利用，对可再生的资源要科学地确定开发利用的数量和程度，以生态上限为约束条件，并注意保护资源得以维持的环境条件。对不可再生资源要节约利用，循环利用，在积极寻找新的资源产地和探寻新资源储量的同时，还要积极开展资源替代研究和推广使用数量较丰富的资源代替即将枯竭的资源，从而保证资源供应的持续稳定。对资源的循环利用，是在资源节约和资源再利用的基础之上，通过运用现代科学技术手段和循环生产方法，实现资源的低投入、低排放、低污染和高利用，把人类社会经济活动对资源环境的负面影响降到最低，实现人与环境的和谐发展。

以上 4 个方面是生态经济学的基本内容和核心理论。这些思想不仅要贯穿资源开发的整个过程，而且要以此为基础从技术上建立完善的分析评价方法，使资源开发利用严格按生态经济原理的要求进行，避免各种不科学的行为产生。

2. 市场经济理论

自然资源开发利用从经济角度看是一个较为复杂的商品经济过程，涉及资源的生产（开发）、交换、分配、消费各个环节。作为商品，资源具有价值和使用价值，并受到价值规律的严格制约，因此，资源开发利用还必须以市场经济理论做指导，并遵循市场规律。

1）自然资源的价值与使用价值

资源的使用价值是资源固有的品质。从用途看，资源具有生态、经济和社会价值。资源的生态价值就是资源在地球生态环境中的作用，如森林具有蓄积降水、防风固沙、增加空气湿度、进行 CO_2 与 O_2 的交换、改善大气质量等多方面的生态作用。资源的经济价值就是资源在人类经济活动中的作用，也就是常说的使用价值，如森林可以提供木材，木材具有造纸、制造家具等众多的经济使用价值；旅游资源可以满足人类的观赏、休闲需求等。资源的社会价值是指资源对人类文明的作用，如陶冶性情、教育作用等。

资源的这三种使用价值往往同时存在，共同赋存于资源本身，是资源的固有性质、属性，任何资源都是多种使用价值的有机结合。资源使用价值的多样性决定了资源的多用途性，在开发利用时，一方面要充分考虑资源的多用途性，协调好各种用途的关系，另一方面必须进行适宜性评价，从中筛选出最佳利用方式。应弄清资源的主要利用方向和协调好各种用途之间的关系。

资源的使用价值可以是自然赋予的，也可以是人类创造的。对自然资源来说，在没有被改造之前，它的使用价值是大自然赋予的，但如果经过人类的改造，将资源的使用价值进行组合，则形成新的资源使用价值，这时的资源也相对地发生了变化。使用价值是资源价值的基础，没有使用价值就不可能产生价值。

2）自然资源的价格

价格是价值的货币表现。这里仅从资源定价的角度分析资源的价格问题。资源的定价也就是资源价格的制定，涉及资源的质量、数量、供求状况等因素，资源的价格便是这些因素综合作用的结果。从资源的合理利用角度出发，资源价格至少应由以下四个方面构成。

（1）资源开发利用中的劳动补偿。资源开发利用中的人类一般劳动，包括资源的发现（科学研究与试验）、勘查过程中所花费的科技人员和考察人员的劳动，开发生产资源商品时所花费的各项劳动以及管理等方面的劳动。劳动是资源使用价值实现的基础，也是商品资源价值形成的前提。资源的价格必须包括这部分劳动的补偿在内。由于资源中凝结的这类劳动难以定量衡量，因此进行资源定价时，一方面应计算可计量部分的劳动，另一方面应按比例增加计入一定的其他劳动量。这样既可以比较准确地衡量可计量部分，又可包括在资源发现等过程中人类所花费的劳动量。

（2）资源开发利用造成的环境损失的价值补偿。资源开发利用必然或多或少要影响自然环境，人类如对这些环境进行“修复”，必然要付出一定的劳动和耗费其他的资源，因此，资源价格中应该包括这部分价值补偿，提前预留以便为资源开发利用产生破坏后予以修复创造条件。

（3）资源开发利用中的资本补偿。进行资源开发，需要投入一定的物质财富和资本作为生产的成本投入。因此，在资源定价时，计算这部分投入并在价格中进行补偿，是极为必要的。

（4）资源开发利用者应获的利润。经济活动必然要赚取利润，如果无利可图，经济活动将会难以开展。资源开发利用本身是一项经济活动，当然也需有一定的利润作为投资者的报酬。利润一般无确定的比例，但可以有行业标准和平均利润。在市场经济条件下，市场会自然规范和调整利润水平，并最终使各项利润达到行业认可和统一。

以上四个方面是资源开发利用中资源价格的基本构成，但并非所有的资源价格都必须包括这几个方面，也不是资源价格仅有这几个方面。当然，资源价格包括的方面越多，定价也越高，包括的方面越少，价格就会越低。在自然资源定价时，如果面面俱到，考虑因素过多使资源价格过高，不利于资源的开发利用。但如果考虑因素过少，甚至忽略一些十分重要的因子，定价过低，不能弥补资源开发的种种投入和破坏损失，也不利于资源的节约使用和永续利用。政府必须根据实际，恰当地制定资源价格。恰当的价格既有利于促进资源开发，也有助于资源保护和环境整治，从而既发展了经济，又达到了资源永续利用的目的。

在市场经济条件下，资源的价格的确定往往比较复杂，但供求格局和垄断是决定价格的根本原因。一般来说，供不应求，或者人们预期将供不应求，资源的价格将呈上升趋势，反之则会下降。从长期看，由于资源供应数量总体呈不断减少、开发利用条件具有总体呈现不断恶化的趋势，因此，世界资源价格总体呈上升趋势。但投机、战争等对资源的短期价格也将产生较大影响，有时甚至是决定性影响。

3）资源开发利用中资源配置的经济原理

资源的配置是人们为了达到一定的生态经济目标而进行的资源种类、数量的组合和时间的搭配，以便获取最大的生态经济效益的一种经济活动。进行资源配置的目标是通过合理组合和搭配使用资源，从而使资源利用达到最佳组合状态，以使产出最优。另外，通过资源组合，促进资源系统结构优化，稳定运行。要达到以上目标，必须遵循若干准则，并应用科学的方法。自然资源的配置，不仅包括静态配置——结构调整，也包括动态配置——时间分配。资源配置是资源经济学研究的核心任务。

进行资源的静态配置，一般利用生产函数分析方法实现，主要分两个方面：一是单一资源的配置，二是两种以上资源的配置。单一资源的配置，主要适用于资源开发利用只涉及一项资源投入的情况。

设资源产出量为 y，产品价格为 P_y，生产投入量为 x，其价格为 P_x，生产利润为 R，固定投入量为 C，则有

$$R = P_y \cdot y - P_x \cdot x - C \tag{8.1}$$

根据数学原理，若要使 R 最大，则须有 $R'=0$，由于产出量 y 是投入量 x 的生产函数，则式（8.1）可写为

$$R = P_y \cdot f(x) - P_x \cdot x - C$$

故当

$$R = \frac{\mathrm{d}R}{\mathrm{d}x} = P_y \cdot f'(x) - P_x = P_y \frac{\mathrm{d}y}{\mathrm{d}x} - P_x = 0$$

即

$$\frac{\mathrm{d}y}{\mathrm{d}x}=\frac{P_x}{P_y}$$

即边际成本等于边际收益时，资源利用的利润最大。成本最低目标时类似。这一规则被称边际均衡原理。

两种以上资源的配置情况与单一资源的配置情况相似，故分两种情况论述。

A. 最低成本目标配置

设生产函数为

$$y=p_1x_1+p_2x_2+C$$

式中，x_1、x_2 分别为投入的两种资源；p_1、p_2 为对应的价格；C 为固定投入；Y 为生产函数。

因 x_1 和 x_2 是相互制约的两种资源投入，x_1 与 x_2 之间存在数量变动的函数关系，设

$$x_1=f(x_2)$$

则

$$f'(x_2)=\frac{\mathrm{d}x_2}{\mathrm{d}x_1}$$

$$y=P_1f(x_2)+P_2x_2+C$$

如果生产成本最小，则有 $y_{\min}$存在。根据数学原理，当 $y'=0$ 时，$y_{\min}$存在，即

$$\frac{\partial y}{\partial x_1}=0，\frac{\partial y}{\partial x_2}=P_1f'(x_2)+P_2=0$$

$$P_1f'(x_2)=-P_2$$

$f'(x_2)=-\dfrac{P_2}{P_1}$时，$y_{\min}$存在。

当

$$\frac{\mathrm{d}x_1}{\mathrm{d}x_2}=-\frac{P_2}{P_1}\text{ 时}$$

成本最低。此式又称为边际替代原理。多种资源配置时类推。

B. 最大利润目标配置

显然，利润方程应为

$$R=P_y\cdot y-P_1x_1-P_2x_2-C$$

如果要使 R 最大，则须有

$$\frac{\partial y}{\partial x_1}=P_y\cdot\frac{\partial y}{\partial x_1}-P_1=0$$

$$\frac{\partial y}{\partial x_2}=P_y\cdot\frac{\partial y}{\partial x_2}-P_2=0$$

可改写为

$$\frac{\partial y}{\partial x_1}=\frac{P_1}{P_y}$$

$$\frac{\partial y}{\partial x_2}=\frac{P_2}{P_y}$$

也就是说当两种资源的边际产值分别等于它们各自的价格时，资源配置获取最大利润。多种资源配置时，与此相似。

资源的动态配置即自然资源在不同时期的数量分配，根据资源经济学原理，资源的跨时间分配，就是寻求不同时间资源利用效益的净现值最大化。最简单的是二期分配问题。

假设有一种资源要在两个时间内分配使用，而在两个时间内的资源的边际开采成本不变，MC＝200 元/t；假定资源总供给量不变为 1600t；资源需求也不变，保持常数，且人们的边际支付意愿为

$$p=800-0.5q$$

式中，p 为价格（支付意愿）；q 为资源量。

资源分配问题则转变为求边际净效益现值的数学问题。有两种情况，一种是供给数量比较充足，供需平衡或供过于求，两个时期的资源都能满足最优分配，资源分配不存在问题。另一种是供给不足，即供不应求。在供给不足的情况下，假定需求为 2000t，贴现率取 0.1，则两期分配就是使 1600t 资源在两个时期进行合理分配以使两个时期的净效益现值之和最大。

如图 8.4 和图 8.5 所示，假定分配给第一期的资源数量为 1200t，则第二期只有 400t，那么，时期 1 的净效益现值为图中的阴影部分：

$$B_1=0.5\times600\times1200=36(\text{万元})$$

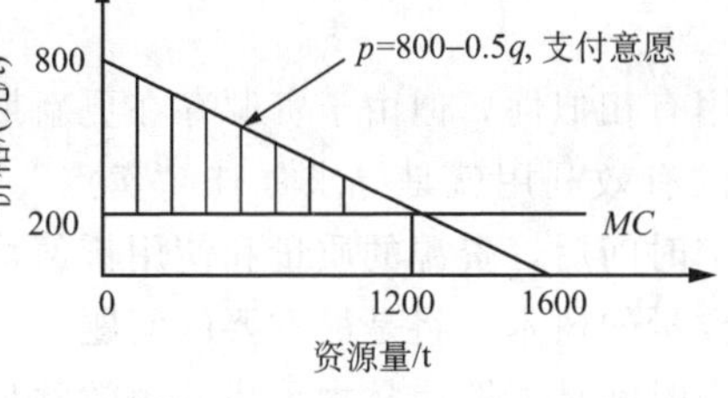

图 8.4　可耗竭资源的两期分配——时期 1

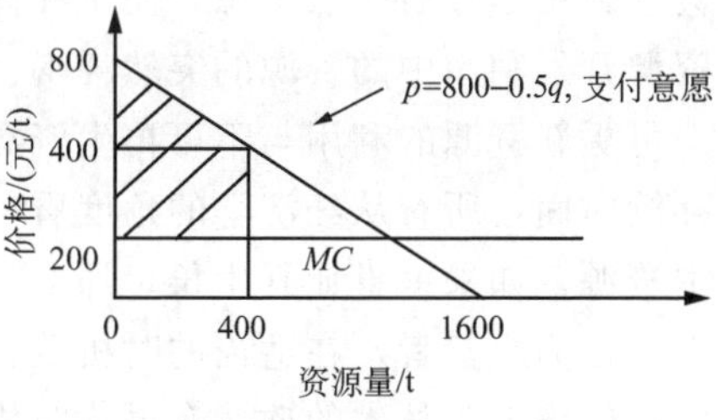

图 8.5　可耗竭资源的两期分配——时期 2

时期 2 的净效益现值等于图中阴影部分面积除以 $1+r$（贴现率）：

$$B_2=16/1.1=14.55(\text{万元})$$

两期净现值之和等于 50.55 万元。

为使两期资源配置的净现值之和最大，可以找出所有的可能分配方案，如

(800，800)，(900，700)，(1400，200) 等，然后取最大。根据帕累托最优原理，净效益现值最大化的条件是：时期 1 的边际效益等于时期 2 的边际效益。据此，可以构建图 8.6。

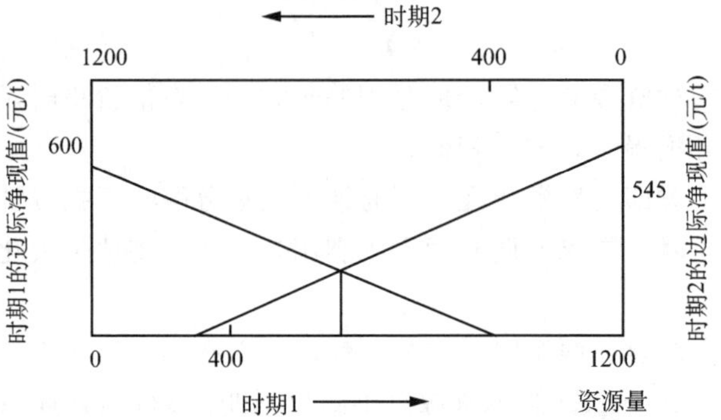

图 8.6　可耗竭资源不同时期资源的高效配置

如图 8.6 所示，两个时期的资源分配净效率现值最高的点在时期 1 和时期 2 的边际净效益曲线的交点。根据相似三角形原理建立二元一次方程，可以求出该点对应的资源量为 819.21t，即时期 1 分配 819.21t 资源，时期 2 分配 1600－819.21＝780.79t 时，资源分配的效益净现值最大，资源使用的经济效益最佳。

在多个时期进行资源分配时，分析计算过程类似两个时期分配，基本条件是各个时期的边际效益相等。

但现实是即使边际开采成本不变，总边际开采成本仍然是上升的，原因是资源开发利用将使赋存条件好、容易开采，因而开采成本较低的资源首先被开采，越往后，留下的越难开采，开采成本越高。由于边际开采成本的存在，资源的开发利用不会导致用尽最后一点资源，而是在尚有一定资源的时候，开采活动就停止，避免了资源开发利用中的资源的突然耗竭。

可更新资源的利用与不可再生资源的利用有相似性，但由于资源存在更新期即有存续时间，所有从经济学的角度看，资源的有效利用就是寻求最佳“卖点”。如林木资源，如果一直让其生长，那么，到一定时间后，资源的质量和使用价值均将下降，作为经营者，在适当的时机砍伐适当数量的树木，将是最重要的问题。

在经济上，林木的砍伐有最优时机，这个时间是能够使林木采伐的净效益最大化的时间。具体的决策思路是：

$$B_{\max 1}=(P_t-C_t)/(1+r)^t-k_0-w_{0-t}=V_t-k_0$$

式中，B_1 为净现值；P_t 为时刻 t 的木材市场价格；C_t 为时刻 t 的采伐成本；r 为贴现率；k_0 表示初始投入（资本）；w_{0-t} 表示从初始到时刻 t 林场日常维护费用；V_t 表示时刻 t 的净效益。具体分析根据市场和实际投资等进行。

资源的可持续利用就是在生态经济学相关原理指导下的科学合理地利用与分配

资源。

二、资源永续利用的措施与对策

资源永续利用的措施与对策很多，其中，资源保护和对资源开发利用进行管理是关键。

1. 自然资源保护

人类有意识地进行资源保护和管理的时间与资源开发利用的时间相比还不太长，从最早建立自然保护区到现在也仅百年之遥，真正引起人类的广泛重视则是近二三十年的事。然而，作为资源永续利用的最重要的手段，自然资源保护却具有极为重要的意义。

所谓资源保护是指人类由于自身长期发展的需要、世界资源的日趋短缺，资源与人口的矛盾日益突出等原因而采取的一种旨在使自然资源长期存在，保证供应而不受破坏的社会、经济、生态措施。简单地说，就是针对资源而开展的一系列保护活动。保护不仅指对资源实行特殊政策，采取一定措施使之不受人类破坏，也包含合理利用的内容。前者为狭义的资源保护，后者为广义的资源保护。

开展资源保护是人类长期存在和发展提供资源保障的有效策略。如果不对资源进行保护，任凭个人、团体随心所欲的开发利用，则会造成资源的巨大浪费和迅速衰竭，从而对人类的生存和发展构成严重威胁。资源保护是一种十分复杂的社会经济和生态活动，涉及面广，难度较大，需要政府、团体和个人共同努力，也需要各地、各国相互配合，相互努力。单凭一地、一国和少部分人的工作，或者单凭政府行为，均难以取得较好的效果。

资源保护总的来讲首先是一个社会问题，即通过禁止人类的某些行为和规范某些活动，使人类的开发利用行为严格按有关规定进行，使资源利用程度和速度受到限制，不当利用行为被禁止，从而达到保护资源的目的。保护是针对破坏而言的，破坏主要是人类造成的，保护资源所采取的措施对策也应针对人类而言。从这个角度看，正确处理人类的局部利益与整体利益、短期利益与长期利益、个人利益和全人类总体利益的关系是进行资源保护的关键。

资源保护问题涉及生态问题。从生态方面看，资源保护的对象——资源及其环境存在于地球各生态系统之中，是生态系统不可缺少的组成部分，资源的运动变化均受生态系统的影响和自然规律的制约。要达到保护资源的目的，就必须运用生态原理，按照自然规律去制定相应的措施和对策，特别是要运用景观生态学的原理和方法，才能较好地处理资源保护的技术问题。

同时，资源保护也是一个经济活动，涉及经济系统和人、财、物的投入，受市场规律的制约，缺乏一定的经济基础和忽视经济规律也难以开展资源保护工作。

综上所述，资源保护必须将社会、生态、经济有机结合起来，严格按照社会、经济、生态的有关理论、规律，制定切实有效的措施、方法和政策，才能顺利实现资源保护的目标。简单地说，资源保护涉及法制建设、行政管理、经济投入、景观生态需求、物质能量平衡运转、投入产出效果等方面，与政策问题、资金问题、法制问题、人事问题、生态问题、技术问题等密切相关。

进行资源保护必须制定一系列的对策、措施。主要有以下几方面：

（1）建立保护区。从资源保护对象的特性出发，建立具有针对性的特定范围的自然保护区已成为各国、各地区资源保护的首选方法。由于被保护对象的不同，保护区的类型不同，常见的有基本农田保护区、国家森林公园、森林或野生动物保护区、湿地保护区、水资源保护区、特种环境保护区等。保护区还有综合的和单项的分别，前者被保护对象较多；后者以特定保护对象为目标。保护区大多针对可更新资源而设立，包括对可更新资源环境的保护。

（2）制定法律法规。通过立法和执法进行资源保护是客观的必然。依法保护是文明社会的标志，也是现实的要求。在此方面，资源法的制定和实施具有十分重要的意义。该法由于代表国家意志，具有强制性和权威性，因此是进行资源保护最强有力的手段。目前，我国已先后制定了多部资源法，如《水资源法》、《矿产资源法》、《土地管理法》等，与之配套还制定了比较完善的资源法律体系，大大促进了资源的保护。

（3）设置资源保护机构，执行保护监督管理任务。设置资源保护机构，是开展资源保护工作必不可少的。资源保护机构有专门独立的，也有隶属于其他行政管理部门的。从目前看，我国已设林业、水利、国土（土地和矿产）、建设（风景园林）等主管资源利用和行业的部门，并在其内部设立了相应的执法和监督机构，开展对各项资源的保护工作。同时，为使保护工作更好开展，还从熟悉情况的当地居民中聘用保护员，参与保护管理，从而提高对资源保护和监管的力度。设置资源保护机构，配置必要的行政管理人员，给予一定经费，在资源保护中是十分必要的，但要注意机构规模要适当，人员要精干，否则机构臃肿，人浮于事，而保护工作却难以很好开展，国家财政也难于支持。

（4）开展宣传教育，提高资源保护意识，减少资源浪费与破坏。资源保护的主体是人，资源破坏的主体也是人。因此，开展资源保护的宣传教育，提高人们对资源保护的重要性的认识，减少对资源的不合理利用、破坏、浪费行为，是解决资源保护问题的根本。当然，仅靠宣传教育是不够的，必须与其他手段相结合。

（5）建立许可证、登记、奖惩、检查等制度。从行政管理角度出发，建立一套行之有效的制度是开展具体工作的依据和前提。进行资源保护本质上也是一项行政管理事务，故可借用行政手段和措施开展工作。

许可证制度就是从行政角度规定资源开发利用单位在进行资源开发之前，必须到有关行政主管机关办理开发许可证。许可证中对资源开发的数量、位置、形式等都有较为明确的规定，开发利用只能在规定的范围内进行。许可证制度从根本上规范了开发利用资源的行为，预防了盲目开采和乱采乱用等不良行为的发生，同时也使国家对资源开发利用的企业、开发利用程度、规模、方式等有较明确的了解和控制，能够较好地制定资源政策和措施，保护资源和合理利用资源。目前，许可证制度已广泛应用到土地、水、矿产、森林等自然资源的开发利用之中，较好地促进了资源的合理利用和保护。

登记制度是将资源开发利用情况记载、建档的一种行政管理制度。该制度一方面可以及时掌握资源现状，从而为制定有关的政策服务，另一方面可以杜绝违反有关规定开发利用资源的现象发生，以便于开展资源开发利用现状的检查，及时发现违规现象并予以制止。

申报制度是与审批、登记等制度配套的一项制度，该制度规定企业必须向主管机关申报其活动情况，以便主管机关及时掌握并对照检查。

审批制度则是指设立不同行政级别权限，对资源开发利用规模数量进行审批，从而对资源开发利用规模数量给予一定限制，使资源保护目标不因局部或地方利益而受到影响。

各种制度在资源开发利用过程中，从不同的侧面对活动加以监督、管理限制，相互配合、相互协调、相互促进、共同发挥作用。建立完整系统的资源保护制度体系，从不同的方面对资源开发利用行为予以限制和约束，才能较好地保护资源。

进行资源保护还必须从法律、经济、行政、教育等方面制定相互配套、相互促进的资源保护手段，形成资源保护的手段体系，才能较好地完成资源保护的任务。从类型来说，行政手段常有表扬、批评、处分、取消资格、降级、停业等，并与行政措施一起构成资源保护的行政系统。经济手段主要是信贷和税收。法律手段则有拘留、监禁、劳教甚至处以极刑。教育手段则多通过宣传教育媒介如电视、报刊、墙报等刊载和播放有关法律法规和教育内容，让民众知晓、了解有关规定，自觉维护或不敢违背，从而达到保护目的。

以上手段必须相互结合，单纯依靠某种手段难以达到目的。同时，手段仅是保证措施顺利实施的一种条件，还必须与有关措施有机结合，才能形成全面、系统、完善的资源保护体系，进行有效的资源保护。

2. 资源管理

资源管理是经济管理和行政管理的有机组成部分，在我国属于国有资产管理体系的一个方面。资源管理一般是指国家行政机关（资源管理机关）对所辖范围内的矿产、水、森林、土地、动物等各种自然资源及社会经济资源的开发、利用、买卖、租赁、抵押等经济行为和经济过程所作的干预和约束。这种干预和约束目的在于科学合理地利用资源，规范相应的经济行为，保证资源的生产、流通、交换渠道畅通和行为规范，从而确保资源经济的正常运转，促进国民经济的持续稳定发展。很显然，资源管理在国家社会经济生活中具有十分重要的作用和意义，是国家行政管理的基本内容和经济管理的核心之一。

资源管理作为政府职能之一，其内容主要有以下几方面：

（1）资源状况的调查与统计。开展资源管理首先必须进行资源调查和统计，建立资源数据档案，建设资源管理、保护和合理利用等决策所需要的信息系统建设，加强资源的环境、经济、社会分析和评价。只有充分认识资源的种类、数量、质量、地理分布和区域组合等状况，以及资源开发利用现状和历史等情况，并以各种数据为依据，才能制定出切实可行的科学管理方法和措施。

（2）加强市场机制在资源管理中的基础性作用。建立和完善自然资源产权制度，实行资源所有权与使用权分离，以及资源的有偿使用和转让；改革自然资源管理体制，制定和建立有效的、综合的规划和管理措施；调整现行的经济和财政鼓励措施，制定资源与环境奖惩政策和税收政策，以满足可持续发展目标；大力发展资源产业，积极开展资源价值评价。

（3）资源管理机构建设和职能划分。管理机构是开展管理工作的基础，国家根据资源管理的需要，科学设置管理机构，确定人员编制、职能部门、隶属关系和管理的权限等，具体负责制定资源管理的基本要求。机构缺乏或不完善，对管理工作显然是一大制约。当然，仅有机构和人员是不够的，还必须有相应的硬件设施。在人员和机构建设方面，必须科学地分析研究资源管理的需要和财政能力的大小，从节约、精干、高效原则出发，在保证资源管理工作正常进行的前提下设置机构的大小、等级和人员规模等，并根据变化酌情调整。

（4）资源管理的法制建设。依法管理是资源管理的灵魂。因此，进行法制建设，通过立法进行资源管理，十分重要。从我国实际出发、根据资源管理的特性与要求，制定相应的法律法规并严格执行，是搞好资源管理的要求。

（5）资源开发、利用、治理、保护管理办法的制定和实施。资源管理涉及资源和人两个要素，必须分别针对资源和人提出具体的对策，并组织落实。资源的管理也不仅局限于管，还应包括扶持、促进等方面。资源管理有许多具体的方法对策，应根据具体情况进行采用，并形成全面、系统、有效的方法对策体系，从而促进管理工作，实现管理目标。

资源管理是政府职能部门的行政工作，其措施对策与资源保护具有共性，可相互借鉴、相互促进。

复习思考题

1. 正确的资源观包括哪些内容？你认为应该如何看待资源利用与保护的关系？
2. 世界的资源问题有哪些？是如何产生的？人类应如何解决这些资源问题？
3. 如何科学合理进行资源分配，以获取资源利用经济效益的最大化？

4. 社会调查：调查所在地区某种自然资源利用和保护情况，并利用资源生态经济原理，分析指出该自然资源利用中存在的问题及有效途径。

主要参考文献

蔡运龙．2001. 自然资源学原理．北京：科学出版社
鲁传一．2004. 资源环境经济学．北京：清华大学出版社
马传栋．1995. 资源生态经济学．济南：山东人民出版社
马中．1999. 环境与资源经济学概论．北京：高等教育出版社
王林霈．1992. 自然资源开发利用与生态经济系统．北京：中国环境科学出版社
王万茂．1992. 土地生态经济学．南京：江苏科学技术出版社

第九章　人类面临的环境问题

随着科学技术的发展，人类改造自然、利用自然的能力日益增强。在人们生产、生活水平不断提高的同时，环境面临着巨大的压力，环境污染和生态破坏问题日益突出，威胁着人类生活的安全和生产的可持续发展。因此，环境问题备受关注。

第一节　人类的环境观

一、环境悲观论

1. 零增长理论

关于人类未来发展的大辩论是从《增长的极限》一书的出版开始的。《增长的极限》（1972 年）是以 D. L. 米都斯教授为首的美国麻省理工学院一个研究小组，为罗马俱乐部“人类困境”的研究提交的第一个报告。报告采用系统动力学的理论和方法，对人口、粮食、工业化、不可再生资源和环境污染五个影响发展的主要因素及其相互关系进行了系统研究，对世界未来模式作了超长期趋势分析。报告认为，对人类命运有决定意义的这五个因素都按一定指数增长，人口增长需要更多的农业投资，而农业增长则需要更多的化肥和农药，这会使环境污染日益严重，并且还要消耗更多的石油、煤等不可再生资源，而环境污染和自然资源的枯竭反过来又影响人类自身。这种连锁反应和循环决定着世界体系中增长的限度，如果目前的人口和资本快速增长继续下去，世界就会面临一场“灾难性的崩溃”，而避免这种前景的最好方法是限制增长。尽快实现人口“零增长”和经济“零增长”，以便减少人口和资源的消耗。或者是有计划地抑制增长，做到均衡发展。由于《增长的极限》主张以“零增长”方式进行发展，因此被称为悲观论的代表作品。

2. 公元 2000 年的地球

《公元 2000 年的地球》（1980 年），是从全球角度出发，综合研究当前世界人口、自然资源和环境发展趋势的长期影响。主要结论是：“如果目前的趋势继续发展，2000 年的世界将比我们现在生活在其中的世界更为拥挤，污染更加严重，生态更不稳定，并且更易于受到破坏。我们面对的人口、资源及环境方面的严重压力是显而易见的。尽管物质产量会更多，但世界上的人们在许多方面要比今天更贫困。对亿万极端贫困的人们来说，粮食及其他生活必需品的前景不会变得更好，很多人的情况也许会更糟。技术上若无革命性的进展，到 2000 年时，地球上大多数人民的生活将比现在更加不稳定——除非世界各国坚决采取行动来改变当前的趋势。”

《增长的极限》和《公元 2000 年的地球》是 20 世纪 70 年代初至 80 年代初两种有代表性的著作。它是国际上首次关于世界人口、资源和环境发展趋势及其对人类未来发展的影响的研究。由于他们所提出的问题的新颖性，所得出的结论的严重性和尖锐性，引起了世界各国的广泛关注，并引出了一场全世界范围内的大争论。

《增长的极限》被称为是一个里程碑，它第一次明确提出“全球问题”概念，指出人口问题、工业化、资金问题、粮食问题、资源问题和环境问题是当代世界的全球性问题；它第一次对人类发展造成的严重困境提出警告，并为摆脱困境提出对策。它使人耳目一新，引发了人们对人类活动引起的一系列问题开始关注和重视。

然而，悲观主义者的偏激的思想不可避免地犯了片面性的错误。人们在批评《增长的极限》研究报告时指出，报告把世界发展局限在只有五个变量的简单模型中，只强调了限制增长的自然因素或物质系统，忽视了对发展起关键作用的社会因素，而且它排斥了科学技术进步对解决全球问题的重要作用。《增长的极限》提出的停止发展的论点是不能接受的。在评价《公元 2000 年的地球》时，人们认为，世界总的发展趋势是处于不断改善之中，而不是逐渐恶化，世界需要人类的共同努力去改变自己的命运。

二、环境乐观论

与悲观论的观点相反，乐观主义者对未来社会发展提出了乐观论的看法。

1. 大过渡理论

美国赫德森学院美国未来研究所所长 H. 康恩是这一论点的主要代表人物。1976 年康恩与他人联合发表《今后 200 年——美国和世界的一幅远景》一书，对世界人口增长、能源、资源、粮食和环境等问题作了长期性分析，描绘了今后 200 年的世界前景，提出了所谓“大过渡”理论。这一理论的主要内容是：人类社会过去 200 年和今后 200 年是人类社会的大过渡时期。这个时期是人类社会迅速发展的时期，会产生许多问题和困难，但人类必定会摆脱各种困境，所有的国家都将进入超工业社会或后工业社会，从而使自然环境和社会环境都充满活力。他们强调科学技术的作用，相信只要技术和经济不断增长，就会解决出现的一切问题。总之，他们对决定人类未来发展的五种基本要素所作的预测的结果是乐观的，坚信只要作出一番适当的努力，人类可以解决一切问题，人类的未来是光明的。200 年后，世界人口虽已达 150 亿，但世界总产值却可达 300 万亿美元，人均产值 2 万美元，达到人类富裕的生活水平。

2. 地球资源足够用

原苏联著名学者费多罗夫强调，必须从具体的历史观点来分析现代生态形势。1977年他发表了《生态系统和社会进步》一书，认为生物圈的资源对人类的发展是足够的。虽然人类进一步利用自然资源，使再生资源和不可再生资源有缩减的趋势，但这决不意味着满足社会需要的可能性的相应缩减。由于科学技术的进步，将不断探索新的资源来满足人的基本需要。他认为，自然资源的概念不仅具有自然的和技术的方面，而且具有其历史的方面。当其存在利用的可能性和需要出现的时候，自然环境的其他各种因素也可能成为资源。因此，地球上资源量不是现有的某种固定量，而是同生产方式相联系，这个量是不断增长的。

3. 没有极限的增长

美国著名学者朱利安·林肯·西蒙在1981年出版的《最后的资源》（后被译成《没有极限的增长》）一书中，阐述了他的乐观论的观点。他的主要结论是：①资源只是在不愿意花钱得到的意义上紧缺，衡量资源紧缺的最恰当的标准是自然劳动成本以及资源相对于工资和其他商品的价格。到目前为止所有现象都表明：自然资源短缺的状况趋向缓和。②长期以来能源价格下跌的历史表明，能源成本和短缺的情况会逐渐减少。③从经济学角度看，“新增人口的生产大于消费，对资源也是如此”。④环境污染虽然是个确实存在的问题，但总体上我们现在生活的环境与过去几个世纪相比，更卫生、更干净了。

乐观论的观点对批评悲观论的片面性思想是积极的、有价值的。但是乐观论者也犯了两个方面的错误。一是对当代面临的全球性环境问题的严重性估计不足。环境问题，无论是环境污染还是生态破坏，它都客观存在，而且严重到可以制约经济、社会发展，威胁人类生存的地步。虽然过分的恐惧没有必要，但能看到问题的严重性，从而采取果断的措施是完全必要的。二是认为只凭技术进步和市场调节就能解决人类的发展问题，没有看到任何既成的社会发展形式都会有它的极限，而极限的突破，有赖于社会发展形式的突破。盲目乐观或者认为并不需要作出根本性的变革，按照以往的做法，或按原有的发展轨迹，环境问题便可自动地得到解决，都是不对的，它会使我们无视问题的严重性，解除人们的警觉，不利于寻找解决严重问题的有力对策。

总之，这是一场世界性的争论，一场具有深远意义的争论。尽管他们所持的观点不同，研究的结果不同，但他们的争论引起了人们对世界未来前途的关注，开拓了一个崭新的全球学研究领域和人类未来发展研究的新方向。

三、环境可持续发展论

可持续发展是20世纪80年代随着对全球环境和发展问题的广泛讨论而提出的

一个新概念。它包括三个方面的含义：①可持续发展鼓励经济增长，它不仅重视增长数量，而且要求改善质量，提高效益，节约能源，减少废物，改变传统的生产和消费模式，实施清洁生产和文明消费。②可持续发展要以保护自然为基础，控制环境污染，改善环境质量，减少生态破坏，保持地球生态系统的完整性，以持续的方式使用可再生资源，使人类的发展保持在地球承载力之内。③可持续发展要以消除贫困、改善和提高人类的生活质量为目的，要与社会进步相适应。

传统的发展观追求经济增长的产值和速度，与之相应的是粗放型经济增长方式，主要表现为：在投入上，强调原材料和能源等生产要素的“数量投入”，忽视以技术创新和科学管理为核心的“效率投入”；在环境上，没有考虑资源支撑和环境承载；结果，在产出上，相当数量的原材料和能源不能转化成预期的产品，反而“异化”成为污染和破坏环境的污染物。这种以“高投入、高消耗、高污染、低产出”为特征的发展观和增长方式具有很大的盲目性，既导致环境污染和破坏，也使发展难以为继，实质上这是一条“先污染后治理”的弯路。

在全球范围内，以污染公害和生态破坏为代表的第一代环境问题尚未解决，以气候变暖、臭氧层破坏、酸雨和生物多样性破坏为中心的第二代环境问题即全球环境问题又接踵而至。与第一代环境问题具有直接性和局部性特点相比，第二代环境问题则具有跨国性和全球性。现在，发达国家已经基本走过了公害治理的历程，面临的主要矛盾是全球环境问题；而发展中国家则面临着第一代和第二代环境问题的双重挑战。因此，对发达国家，实施可持续发展的首要任务是抑制对自然资源的消耗，减少污染物的排放，主动帮助贫困国家发展经济，以维护“地球村”的整体利益。而对发展中国家，首要任务是大力发展经济，摆脱贫困。但是，发展中国家在加快发展的过程中，不能再沿用过去以大量消耗资源和能源，牺牲环境为代价，单纯追求经济增长的传统模式，而要走尽力节约资源和能源，注意保护环境的新路子，在经济发展中，逐步加大对资源和环境保护的投入，努力实现环境与发展相协调。

第二节　主要的环境问题及其类型

“环境”总是相对于某一中心事物存在的。人类最关心的环境是以人为中心的环境。

一、人类-环境系统的发展

环境问题是随着人类社会的发展而产生并加剧的。社会生产的发展，不仅是人类经济的再生产过程，而且也是自然的再生产过程。环境问题的发展与人类社会生产方式的变革是同步的，不仅具有一定的阶段性，而且也具有一定的连续性。

1. 采集和狩猎时期的环境问题

人类在其诞生以后的很长一段时期内，仅以简单的生活生产和生理代谢过程与环境进行着物质和能量的交换。当时人类的全部能力仅限于利用环境，远远达不到改造环境的水平。

然而，即使是这样低水平的劳动，也引起了人类最早的环境问题——人口的增加和愚昧无知的乱捕乱采，引起了某些物种的灭绝以及由此引起了饥荒。为了解决生存危机，人类被迫迁徙，扩大自己的环境领域。结果，这种迁徙又同样破坏了新迁徙地的食物来源。不过这时地球上人口数量很少，一个地区停止人类活动之后，生命保障系统可以慢慢地自行恢复，环境也从未遭受过超过系统阈值的重大破坏。

2. 农业和畜牧业时期的环境问题

随着生产工具的进步，到新石器时期，人类开始过着比较稳定的生活。这是人类改造自然的第一个伟大的胜利。然而，这也导致了人类迄今为止仍无法解决的环境问题——土地侵蚀。“刀耕火种”是人类最早的农业技术。随着人口的增长，反复的刀耕火种和弃耕，严重地损坏了区域生态平衡。特别是在一些干旱和半干旱地区，不科学的农业生产导致土壤退化和水土流失，使肥沃的土地变成不毛之地。

曾经辉煌过的古代三大文明（巴比伦文明、哈巴拉文明、玛雅文明），因刀耕火种掠夺式经营，使千里沃野变成山穷水恶的荒野。黄河流域是中华民族的摇篮，它孕育了我国辉煌的历史文化。然而，盲目的开发，使上亿亩的森林惨遭破坏，43万 km^2 的土地上，千沟万壑，几乎到了是山皆荒、无岭不秃的境地。

不容我们忽视的是，这一时期的环境问题一直延续到今天，土地侵蚀是当今最严重的生态破坏现象。

3. 工业革命时期的环境问题

200多年前蒸汽机的发明和广泛使用标志着工业革命的爆发，这是人类与环境关系史上的又一次伟大的变革。人们能够大规模地改变环境的组成和结构，从而也改变着环境中物质、能量和信息的传递系统，扩大了人类的活动领域，丰富了人类的物质生活条件。然而，工业文明带给人类的不只是物质的极大丰富，也带来了人类自身无法估量和弥补的环境破坏和环境污染问题。盲目的不惜代价的极度“增产”，过量的无节制的开发，带来了严重的环境污染和无可挽回的生态破坏。如果说传统的农业生产主要是生活资料的生产，那么它在生产和消费中所排放的“三废”则是可以通过物质的生物小循环而迅速净化和重复利用的；而工业生产则主要是生产资料的生产，大量使用地下矿物资源，使许多工业产品在生产和消费过程中排放出人类都不熟悉、难以降解和同化的“三废”物质。举世闻名的“八大公害”

（表 9.1）就是 20 世纪资本主义各国争相发展污染工业的结果。20 世纪 50 年代以来，不但工业“三废”排放量增大，还出现了许多新的污染源和污染物，使原本未被污染的地域也不能幸免，如远洋海域污染、山巅和极地的污染、高空大气的污染等。可以说，在当今地球上已经很难找到一块未被污染的“圣土”。与此同时，人口的骤增，资源、能源的过度消耗，生态破坏等，也日益严重地阻碍着经济和社会的发展。

表 9.1 20 世纪 50 年代前后出现的“八大公害”事件

公害事件名称	主要污染物	发生地点	发生时间	中毒情况	中毒症状	致害原因	公害形成原因
马斯河谷烟雾事件	烟尘及 SO_2	比利时马斯河谷（长 24km，两侧山高约 90m）	1930 年 12 月	几千人呼吸道发病，约 60 人死亡	流泪、喉痛、声嘶、咳嗽、呼吸短促、胸口窒闷、恶心、呕吐	硫氧化物——SO_2 和 SO_3 烟雾的混合物，加上空气中的金属氧化物颗粒，加剧对人体的刺激作用	(1)工厂集中，排烟尘量大； (2)天气反常，逆温天气时间长，雾较大
多诺拉烟雾事件	烟尘及 SO_2	美国多诺拉镇（位于一个马蹄形河湾内侧，两边山高 120m）	1948 年 10 月	4 天内有 43%的居民（约有 6000 人）患病，17 人死亡	咳嗽、喉痛、胸闷、呕吐、腹泻	SO_2、SO_3 金属元素及硫酸盐类气溶胶对呼吸道的影响	(1)工厂过多； (2)河谷盆地内适遇雾天和长时间逆温天气
伦敦烟雾事件	烟尘及 SO_2	英国伦敦	1952 年 12 月	5 天内 4000 人死亡，后又连续发生 3 次	胸闷、咳嗽、喉痛、呕吐	SO_2 在金属颗粒物催化作用下生成 SO_3 及硫酸和硫酸盐气溶胶吸入肺部	(1)煤烟中的 SO_2、粉尘量大； (2)适遇逆温和大雾天气
洛杉矶光化学烟雾事件	光化学烟雾	美国洛杉矶	每年 5～10 月		刺激眼、喉、鼻，引起眼病、喉头炎、头痛	NO_x 及碳氢化合物在阳光（紫外线）作用下产生的二次污染物——光化学烟雾	(1)汽车排气，使 1000t 余碳氢化合物排入大气； (2)适合的地理位置，阳光充足，三面环山，静风等不利的气象条件适合时
水俣事件	甲基汞	日本九州南部熊本县的水俣镇	1953 年开始发现	第一次发现怪病，有人身亡，至 1972 年有 180 人患病，死亡 50 人	口齿不清，步态不稳，面部痴呆，进而耳聋眼瞎，全身麻木，最后精神失常	甲基汞中毒，人通过食用受甲基汞毒害的鱼类而患病	生产氯乙烯和醋酸乙烯时采用氯化汞和硫酸汞催化剂，使含汞废水排入海湾，形成甲基汞对鱼、贝类的污染

续表

公害事件名称	主要污染物	发生地点	发生时间	中毒情况	中毒症状	致害原因	公害形成原因
富山事件(骨痛病)	镉	日本富山县神通川流域	1931年发现至1972年3月	患者超过280人,死亡34人	开始关节痛,后神经痛和全身骨骼软化萎缩,自然骨折,直到饮食不进,在疼痛中死亡	吃镉污染的大米,饮用含镉污染的水	炼锌厂排放含镉废水进入河流污染农田和饮水
四日事件	SO_2 煤尘重金属粉尘	日本四日市	1970年	患者500多人,其中有10多人在气喘病中死亡	支气管炎、支气管哮喘、肺气肿	有毒重金属微粒及二氧化硫吸入肺部	工厂排出 SO_2 和粉尘的数量大,并含有钴、锰、钛等重金属粉尘
米糠油事件	多氯联苯	日本九州爱知县等23个府县	1968年	患者5000多人,死亡16人,实际受害超过1万人	眼皮肿,掌出汗,全身起红疙瘩,重者恶心呕吐,肝功能下降,肌肉痛,咳嗽不止,甚至死亡	误食含多氯联苯的米糠油所致	生产米糠油中用多氯联苯作载热体,因管理不善,使毒物混进米糠油中

资料来源:刘培同,1995,环境学概论,北京:高等教育出版社,5～6。

面对如此局面，人类不得不重新审视自己发展的历程。一味地追求经济数量的增长，“先污染后治理”的传统发展模式，已不再适合今天和未来的发展需求。寻找一条人口、经济、社会、资源和环境相互协调的既能满足当代人的需求，又不对后代人的发展构成危害的可持续发展的道路是我们的当务之急。

4. 信息时代的环境问题

20世纪60年代以电子工程、遗传工程等新兴工业为基础的工业技术社会开始向信息社会转变，大量的新技术、新能源和新材料的发展和应用，使人类在利用和改造自然的斗争中增添了新的力量。它的环境意义和作用表现为以下两个方面。一方面，新的科学技术革命有利于解决以往的环境问题，新技术的应用将实现劳动生产率和资源利用率的提高。另一方面，新技术应用于环境管理、监测等方面，提高了环境保护工作的效率和质量。

但是，新技术、新能源的使用也有可能带来新的环境问题。有许多因素我们尚难以预测。我们只有审慎地迈出每一步前进的步伐，才能避免再次重蹈“先污染后治理”的覆辙。

二、主要的环境问题及其类型

1972年联合国人类环境会议以前，人们简单地认为“三废”问题是唯一的环境问题。这一观念严重地阻碍了人类保护环境的进程。如今，随着人们对环境问题认识的加深，环境问题的范围也扩展到了人地系统的各个方面。现在我们认为，“由于自然或人为因素，影响人类周围环境，周围环境又反作用于人类，有时产生危害人体健康，破坏自然资源和生态平衡，影响人类生活和生产，甚至影响人类生存的种种问题”都是环境问题。

按产生的原因，环境问题可分为两大类：自然原因引起的第一环境问题和人为原因引起的第二环境问题。对第一环境问题人们还不能抵制它的发生，只能对它进行预测和预报，减少其危害。我们也可以预言，随着科学技术的发展，人们总有一天能够控制它，化害为利。

对人类来说，现阶段更为重要的是对第二环境问题的认识。第二环境问题因人类不合理的开发和生产而产生，也可以通过人类自身的努力得以解决。第二环境问题是各国学者目前研究的重点。

1. 大气污染

1）能源消耗引起的大气污染

大气污染是环境问题中最突出的问题，它的历史可追溯到200多年前的产业革命。蒸汽机的发明和广泛使用，在促进工业发展的同时，也改变了人类的能源结构，煤炭代替木材成为人类第一能源。然而经济的飞速发展掩盖不了它带来的负面效应，各地“煤烟型”污染引起了人们极大的不安。

“光化学烟雾”是能源燃烧引起的一种大气污染。20世纪50～60年代开始，石油作为工厂和汽车的动力燃料发挥了煤炭所无法比拟的优越性，然而，石油燃烧产生的废气在大气层中经太阳光的照射生成了具有强烈刺激性的光化学烟雾。光化学烟雾最明显的危害作用是对人的眼睛和气管的刺激作用。

美国加利福尼亚州，由于光化学烟雾，曾使该州3/4的人发生红眼病。日本东京1970年发生光化学烟雾时，有2万人患上红眼病，500多人患上哮喘病。在20世纪50年代前后，“洛杉矶光化学烟雾事件”几乎每年发生一次，仅在1952年的事件里，就使65岁以上的老人两天内死亡400余人。光化学烟雾对植物的损害也是非常显著的。在美国，光化学烟雾曾使农作物的减产遍及27个州。在洛杉矶，由于光化学烟雾的毒害作用，大片的树木枯死，葡萄减产60%以上，柑橘也严重减产。

化石燃料燃烧引起的空气污染，归根结底是因为燃烧过程中能源利用效率太低，又无防治污染的设施而造成的。直到20世纪上半叶，空气污染还是区域性的污染问题，但是自中叶以来，空气污染的规模不断扩大，由区域性问题转变为全球性问题。能源消耗引起的酸雨、温室效应和氯氟烃类物质排放引起的臭氧层破坏都已是全球共同关注的大气污染问题。

20世纪50年代前后出现的“八大公害”事件，见表9-1。

2）酸雨

pH小于5.6的降水称为酸雨。酸雨主要是由于煤、石油、天然气等矿物燃料在燃烧过程中产生的酸性物质在大气中与水汽结合而形成的。从20世纪60年代起，矿物燃料的消耗急剧增加，使空气中酸性物质的排放量成倍增长。2000年全球排入大气的SO_2、NO_x分别达到15 000万t和5657万t，以致全球大气酸化。

生态系统在正常情况下呈中性、碱性，酸雨使生态环境酸化，失去系统平衡。酸雨危害面积广、范围大，对水体、土壤、植物、材料和文化古迹都有影响。①酸雨对水生生态系统的危害最为严重。它使水体酸化，改变地面水域中的水质成分，导致水生生物的组成结构发生变化。②酸雨使土壤酸化，肥力下降。酸雨使土壤中的H^+增加；使钾（K）、镁（Mg）、钙（Ca）等营养元素淋失，微生物固氮和分解有机物的活动受到抑制，从而使土壤贫瘠化。同时，酸性会使土壤中的有毒元素活化，引起土壤污染，伤害植物根系等。③酸雨腐蚀植物叶面、建筑材料及建筑物。酸性降水破坏植物表层的蜡质保护层，破坏叶绿素或使叶表面细胞畸变坏死，造成发育不良。酸雨加速建筑物及其材料表面风化过程，使世界各地许多建筑，特别是古迹损失惨重，超过了以往数千年的损坏。④经酸雨污染的水和谷物通过各种渠道进入人体，影响人体的健康。虽然酸雨对人体的危害是间接的，但也是极其严重的，只是它不易被人发现。

酸雨不仅对人体健康和地球生态系统造成巨大危害，而且也是国际纠纷的重大导火索。由于酸性物质的远距离移动，世界各国互相指责对方是造成酸雨的罪魁祸首。

20世纪70年代初，北欧认为它的酸雨是英国和西欧国家排放的SO_2越境造成的；芬兰湖泊酸化被认为是原苏联彼得格勒和科拉半岛的酸性污染造成的；意大利北部工业区排放的污染物导致南斯拉夫大片森林死亡。80年代，酸雨也影响了美加关系，美国酸雨向加拿大的转移，使其成为美加关系中的“政治污染”。

在世界范围内，酸雨已成为各国政府和人民关注的焦点。然而世界酸性物质的排放量仍在上升，酸雨范围仍在扩大。解决这一污染不仅需要环境工作者艰苦的努力，而且还需要各国政府间的协调与合作。

3）气候变化

人类活动排放的污染物，不仅已影响到大气成分的变化，而且也引起地球上气候的变化。目前气候变化已经成为影响世界各领域的全球性环境问题。

（1）温室效应。“温室效应”一词首先出现是在 1896 年，由诺贝尔奖获得者瑞典科学家 S. 阿伦纽斯提出。气态污染物质在大气中积聚，允许太阳辐射通过而阻挡地表向外热辐射，使地表和大气下层温度升高的现象称为温室效应，它是大气污染的一种表现，其恶果是全球变暖。造成温室效应的气态污染物称温室气体，主要有二氧化碳（CO_2）、甲烷（CH_4）、氯氟烃类（CFC）、氧化亚氮（N_2O）以及臭氧（O_3）等。各种温室气体对气候变暖的作用各异，CO_2 约占 49%，CH_4 占 18%，CFC 占 14%，N_2O 占 6%，其他微量气体共占 13%。温室气体主要来源于化石燃料如煤、石油和天然气的燃烧。在中国煤燃烧排放的 CO_2 占 83.2%，燃油占 15.6%，天然气燃烧占 1.2%。CH_4 的来源有：煤和石油开采过程中排出大量的 CH_4，稻田在还原性缺氧条件下土壤有机物质的分解，家畜胃肠道中的消化过程，以及粪便中有机物的分解，天然源有沼泽地、浅水湖以及海洋等。稻田施氮肥后土壤中硝解和反硝解过程释放出 N_2O。CFC 则主要来自 CFC11（CFC13）和 CFC12 在生产、运输及使用过程的泄漏等，它们被广泛用作制冷剂（占总量的 30%）、喷雾剂（占 25%）、发泡剂（占 25%）以及清洗剂（占 20%）。温室效应是人为改变地球气候，导致全球危机的重要原因，是全球性的环境问题。据科学家估算，近百年来，全球的 CO_2 浓度增加了 25%，今后 5 年还要增加 30%。世界卫生组织预测，照这个速度增加下去，到 2030 年，地球上的平均气温可增加 4.5℃，而过去 1 万年里，地球的平均气温才增加了 2℃。由于全球气候变暖，将会对全球产生各种不同的影响：海水增温而膨胀，以及两极冰山融化等导致海平面上升；海洋生态系统遭破坏；沿海或地势低洼地区的人类生存受到严重威胁；干旱、飓风、暴雨、洪水次数增多，影响农业、林业及畜牧业；也可能使热带边界扩大到亚热带地区，部分温带地区可能变成亚热带；随之而来的是热带昆虫以及与热带有关的疾病可能扩大和蔓延，这些都对人类健康直接带来威胁。

温室效应一词是 1896 年，由诺贝尔奖获得者瑞典科学家阿伦纽斯提出的，他又是第一个把温室效应和工业生产联系在一起的科学家。他曾预言：如果大气中的 CO_2 的含量增加 1 倍，地面温度将会升高 4～6℃。虽然这一结果并不十分正确，但却足以引起人们的注意。然而，100 年后的今天，温室气体的排放量仍在增加。根据大量的监测统计结果，1880 年大气中 CO_2 含量只有 284ppm，而到 20 世纪末已达到 350～370ppm。据测算，目前全球每年向大气排放的 CO_2 约为 240 亿 t。美国占首位，达 48 亿 t，占世界排放量的 22.5%。专家们预测，由于能源需求不断增加，到 2050 年，全球 CO_2 排放量将增至 700 亿 t，全球平均气温将上升 1.5～4.5℃，21 世纪海平面将上升 15～95cm。虽然这可以带给北半球更有利的气候，促使世界农业生产力的提高，但它的不良效应，仍令人担忧。

（2）阳伞效应。一部分科学家认为，由于“阳伞效应”及其他效应，全球气候不是在变暖而是在变冷。我国学者徐钦琦、高建国都支持这一观点。徐钦琦从第四纪古生物、O^{18}和米兰柯维奇效应等的分析中认为，全球气温仍然呈下降的趋势；高建国从中国东部 37 000 年海平面的分析认为，未来海平面呈下降趋势。

资料也表明，在 20 世纪 40 年代以后的一段时间里，尽管 CO_2 在继续增加，但气温却在下降。科学家们认为这是大气中的颗粒物质在起降温作用。燃烧化石燃料、焚烧热带雨林和薪柴产生的烟尘和其他有机微粒及火山喷发产生的火山灰形成遮盖地球表面的云层，起了类似阳伞的作用，挡住了阳光的照射。这就是通称的“阳伞效应”。它使云层增加 36％，气温下降 4℃。

当前有关全球气候变化的理论除“温室效应”、“阳伞效应”以外，还有“气溶胶效应”、“冰箱效应”、“气候恒温器”等理论。这些理论都表明地球是一个有生命的整体，虽然人类活动加速或改变着地球物质的运动，但只要人类活动控制在一个限度以内，上述各种作用的综合仍可使地球气温保持在一定的范围内，使地球生态系统保持平衡。

（3）臭氧层破坏。在离地面 15～50km 的大气平流层中，有一层薄薄的臭氧层，这里集中了地球上 90％的臭氧气体。它的浓度虽然从未超过 10ppm，但却可以保护地球上生物免受过量太阳紫外线的照射，因而被称为地球生命的“臭氧屏蔽”。

自 20 世纪 50 年代以来，工业的发展使人们在空调制冷、塑料发泡、电子元件清洗以及消防中大量使用氯氟烃物质。这些物质进入平流层后，在紫外线照射下分解并与臭氧发生化学反应，不断消耗臭氧。一般来讲，分解出来的一个氯原子可以消耗 10 万个臭氧分子，因此人们把氯氟烃物质叫做“臭氧杀手”。

臭氧层的破坏犹如在天空中开一个窗户，使紫外线长驱直入，造成地面生物群和生态环境的突变。据科学家们的实验，臭氧减少 1％，紫外线会增加 3％，白内障发病率增加 0.3％～0.6％，皮肤癌增加 3％。紫外线的增加还对动植物的生产力和生物量有影响，仅美国每年由此引起的谷物损失就达 31 亿美元。

目前全球不仅南、北极上空有臭氧层空洞，而且在西伯利亚、美洲南部、英伦三岛也发现了臭氧减少的现象。各国对此高度重视，联合国环境规划署制定并通过了多个臭氧层保护公约。然而，臭氧层空洞扩大的趋势并没有改变。氯氟烃类物质在大气中高度稳定，且航空航天器的高空飞行等都仍在破坏臭氧层。因此，保护臭氧层是一项紧迫而艰巨的任务。

4）我国的大气污染状况

我国是一个以煤为主要能源的国家，2000～2005 年平均每年煤炭占商品能源消费构成的 73％。我国 75％的工业燃料和动力，65％的化工原料，以及 85％的城市民用燃料，都是煤炭。全国烟尘排放量的 70％、SO_2 排放量的 90％、NO_x 排放量的 67％、CO_2 排放量的 70％都来自燃煤。燃煤是形成我国大气污染的主要原因，燃煤的主要污染物是烟尘和 SO_2。据近几年的监测，全国 500 多座城市中大气环境质量符合国家一级标准的很少，某些城市总悬浮颗粒浓度超过世界卫生组织标准十几倍。

我国自 1949～2000 年全国 SO_2 和 NO_x 排放量逐年上升，SO_2 和 NO_x 的排放量分别由 1949 年的 32 万 t 和 25 万 t 增加到 2000 年的 1980 万 t 和 1100 万 t，分别增加了 61 倍和 44 倍。根据国家环保总局污染控制司副司长李新民 2006 年 8 月 3 日在回答记者提问时介绍，2005 年中国全国 SO_2 排放总量高达 2549 万 t，居世界第一。SO_2 排放居高不下，酸雨区面积急剧扩大，已占到全国面积的 29%。SO_2 和 NO_x 的累积排放量分别达到 52 218 万 t 和 23 913 万 t。在西南地区已经出现了明显的酸雨危害，粤、桂、川、黔四省区每年因酸雨造成的经济损失高达 140 亿元。目前，酸雨已蔓延到江西、福建、山东等地。酸雨问题若得不到有效控制，我国农牧渔业就会遭受巨大的损害。

2. 水环境污染

地球是水的行星，水是生命的源泉，水给地球带来了勃勃生机。然而，地球上的 13.7 亿 km^3 的水中只有 3%是人们所需的淡水，而这些淡水中的 77%又被冰封在极地和高山上。人类易于利用的淡水约占全部淡水的 20%左右，而直接能取用的河、湖淡水仅占全部淡水的 0.3%。可见供人类直接利用而且易于取得的淡水资源是十分有限的。随着生产的发展和生活水平的提高，人类对水资源的需求量在逐年增加，目前水资源的消耗量已是工业化初期的 35 倍。在经济增长最快的 20 世纪后半叶，淡水的提取量竟以每年 4%～8%的速度增加。在水资源不足的同时，水污染进一步加重了水资源短缺的问题。

工业废水、农业回归水和生活污水是水环境的主要污染源，它们排放的不同性质的污染物在以水为媒介的条件下，作用于人体及其他生物体，造成多种多样的严重危害。

1）重金属污染

重金属污染具有潜在的危害性。因为重金属污染物具有强烈的生物毒性，它们排入天然水体或用于农业灌溉，常会影响鱼类、水生生物和农作物的生长及生存，并可通过食物链进入人体，危害人体健康，且具有明显的累积性。“八大公害”中有两件与工业废水造成的污染有关。

重金属污染无法消失，只有形态、价态的变化。通过食物链的作用，重金属逐级浓缩，可以由很低浓度达到极高的浓度，对人类和生物构成极大危害。

2）水体富营养化

“富营养化”是指由于生物营养物质过多积蓄而引起的水质污染现象。在人类活动影响下，这种营养物质的来源广泛，其中包括生活污水、农药、化肥、工业废水、垃圾等。在湖沼、水库、海湾、河口等水流较缓的区域，随着水体中氮、磷等营养物质含量的增加，将导致藻类大量繁殖，甚至有填满水域的危险，致使鱼类生活空间越来越小。同时，水体变得混浊，散发恶臭。大量繁殖的藻类可堵塞水道，并加速湖泊等水域的衰亡过程。而且有的藻类本身能产生毒素，危害人类健康。

在自然条件下，由贫营养湖演变为富营养湖的进程极为缓慢，而人为的富营养化作用可极大地加速这一过程，并在较短时期内产生严重的危害效应。

3）病原微生物污染

病原微生物主要来自生活污水、医院污水、屠宰肉类加工、制革等工业废水和垃圾等。因为动物和人的排泄物中含有细菌、病菌及寄生虫类等，污染水体后，能引起各种疾病的传染。例如，1991 年秘鲁流行与水污染有关的霍乱，除在该国造成 4839 名居民因霍乱死亡，更多的人患病和重大财产损失外，还失去了 4.6 亿美元的出口和旅游收入。病原微生物数量大、分布广，存活时间较长，繁殖速度快，易产生抗药性，很难消灭。

4）油污染

油污染主要是由工业排放，石油运输船清洗船舱、机件及意外事故而溢出，以及采油等造成的。油污染水体后，严重危害水生生物，使鱼虾窒息，可黏住鸟类羽毛，使之丧失防水、保温能力；油在鱼虾体内累积产生臭味，降低食用价值。油污染影响风景旅游区的景观，破坏地下水资源，甚至可引起火灾。

5）放射性水污染

水中杂质所含有的放射性元素构成一种特殊的污染性，称为放射性污染。人工的放射性污染主要来自核试验、核科研、放射性医疗及核电站所排放的核废物等。放射性污染物主要是核废物放出损害人体组织的 α、β、γ 等射线。通过水污染，放射性元素可转移到水生生物、粮食、蔬菜中去，进而蓄积在人体内部，促进贫血、白细胞增生、恶性肿瘤等放射性病症，严重者可产生生命危险。放射性水污染不能以物理、化学、生物等作用改变其辐射的固有特性，只能靠自然衰变来降低放射性强度，所以它难以处理和消除，比化学毒物的危害可能更大。

6）热污染

水体热污染指天然水体接受“热流出物”而使受纳水体水温升高的现象。目前火力发电站和核电站的冷却水，钢铁、炼油等使用的冷却水是产生水体热污染的主要来源。天然水体水温升高后，产生以下影响：①降低了水的冷却效应，使工业运转率下降；②降低了水体中溶解氧的含量；③水温升高，加快了有机污染物的分解速度，增大了耗氧作用，也使水中溶解氧含量降低，进而可发生厌氧分解，恶化水质；④改变水生生物群落，使原来的鱼类、水草等不适应升高的温度而死亡。

7）我国水环境状况

我国水资源总量丰富，但区域分布不均，人均占有量很低。华北、胶东、辽中南、西北地区严重缺水。全国500多个城市中有300多个缺水，其中严重缺水的为40多个。每年因缺水造成粮食减产250万t，工业产值损失近千亿元。

另外，我国的水污染极其严重。大部分废水未经处理直接排放到水体中，致使水域污染问题日益突出。全国七大水系中有近一半的河段污染严重，2004年度海河、辽河、淮河、黄河、松花江污染较重，主要污染指标为氨氮、五日生化需氧量、高锰酸盐指数和石油类；大的淡水湖泊和城市湖泊均为中度污染，巢湖、滇池和太湖的污染仍然严重，水质因总氮和总磷浓度高而均为劣Ⅴ类。水污染已严重影响到人们的生产和生活，加剧了水资源短缺的矛盾。我国的水资源浪费现象十分普遍，各大城市中工业用水的重复使用率一般只有25%，最高的才达到49%，与国际上水重复使用率70%～90%的先进水平相比相去甚远。水污染、水浪费已加剧了我国水资源危机，这种危机对经济发展的潜在影响非常严重。

3. 土壤污染

土壤是独立的、复杂的、特殊的地球外壳。它覆盖着整个地球大陆的外层，所具有的天然肥力和生长植物的能力给人类和其他生物提供了食物和生存的空间。然而，在长期的生产、生活过程中，人类无休无止的索取和破坏，不仅增加了土壤的负担，而且也损坏了脆弱的土壤系统。人为造成的土壤环境问题已严重影响了土壤功能的发挥，主要表现为：一是土壤生态破坏引起的水土流失、土质下降等问题；二是土壤污染造成的减产、中毒等问题。这里主要讨论日益严重的土壤污染问题。

1）农药、化肥对土壤的污染

农药被大量、普遍地使用，它们在杀灭病虫害的同时，也毒害着益虫、益鸟，破坏了自然界的生态平衡。同时农药在环境中逐渐累积，尤其是农药在土壤环境中，不仅改变了土壤的组成成分，而且还会向作物内转移，通过食物链进入人体，使人体细胞发生病变。

长期大量施用化肥，往往会造成土壤板结，肥力下降。在损害土地质量的同时，多施肥的增产效果往往会下降。例如，1950～1984年，世界肥料从1400万t增加到1.26亿t。这期间多施1t化肥能增产9t粮食，但在随后的5年中，多施1t化肥增产的粮食不到2t，多投入并未达到增产的效果。多施用的农药、化肥在土壤中残留，往往会随水土流失，进入江河、湖泊，造成水污染。

2）污水灌溉引起的土壤污染

农业灌溉是最普遍的农业技术之一，在缺水地区它是作物产量和质量的保障。

但是，随着工农业的发展，污水灌溉引起的土壤污染也日益困扰着当地的经济发展和人类身体健康。

被生活污水和生产废水污染过的水体中含有大量的病菌和重金属、无机盐、有机物等污染物。污水灌溉一般使污染物质集中在土壤表层，随作物根系的吸收进入作物体内，最终危害人和动物的健康。有时污染物质也可由土体上部扩散到土体下部和地下水中，污染人类水源。

3）固体废弃物引起的土壤污染

土壤是工矿业废渣和生活垃圾的堆积、填埋、散布的场所。有人计算1万t渣型固体废弃物需占地1亩多（1亩≈666.7m^2），而受污染的土地面积往往大于堆渣面积的1～2倍。据不完全统计，我国历年堆渣约53亿t，已占地5.6万hm^2，污染了1.7万hm^{2}的农田，给经济发展和人类身体健康造成了极大的危害。

在西方，土壤污染受到重视是在20世纪80年代前后。1978年发生在美国和荷兰的两起土壤污染事故使人们再一次清醒地认识到这一问题的严重性。为此，各国相继推出了许多保护土壤的法律、法规，并投入大量的资金和技术治理土壤污染。然而，土壤污染问题并没有缓解。例如，美国土壤污染地点已上升到了37 900处，而且每年仍以千百个的速度增加；在荷兰和德国这种污染地点也已达到11万和13.8万处。美、荷、德曾预算过以上污染地点的净化费用，其结果让人瞠目结舌：美国需数千亿美元，荷兰需500亿荷兰盾，德国则需300亿德国马克。我国遭受污染的土地面积已达1000万hm^2，每年损失粮食1200万t。土壤污染造成的经济损失是无法估量的，除净化费用外，还有农业减产的损失、居民医疗费用的损失等。全世界土壤污染地点仍在增加，若不及时采取措施，若干年之后其损失费用将更加庞大。

4. 生态破坏

对生态系统来说，最重要的是保持它的平衡。在地球环境中，不论多么复杂的生态系统，其自动调节能力都有极限，当外部影响超过系统阈值时，系统就会丧失其功能，这时的生态系统就无法再保持它的平衡。人类是生态系统中的重要成员，人不可能离开生态环境而独立生存。千百年来，为了生存和发展，人类在大自然中不断索取、开发、改造，并取得了辉煌的胜利，然而也带来了生态环境的严重破坏。世界已不再是鸟语花香，风沙和洪水时刻威胁着世界的每一个角落。目前，人为造成的生态破坏表现在以下几个方面。

1）水土流失

毁坏森林是造成水土流失的最直接的原因。森林茂密的林冠及林下厚重的枯枝落叶层曾是蓄水保土、挡风固沙的天然屏障。人类不合理的开发和利用已使这一屏障失去效力。乱砍滥伐和大规模的森林大火都会使地球森林面积锐减。大片森林的消失直接影响着局地小气候和地表拦蓄径流的能力，使疏松的表土层极易被大风、大雨带走，从而引起水土流失。特别是在热带地区，频繁而大规模的暴雨使疏松的风化层随地表径流消失得无影无踪。秘鲁由于滥砍盗伐，山区泥石流和山洪危害连年加剧，1925～1982 年，曾发生过较大规模的泥石流 4300 次，滑坡 193 次，直接死亡人数达 46 万人。2004 年世界表土流失达到 250 亿 t，但按美国康奈尔大学的计算，则为 750 亿 t，经济损失为 4000 亿美元。

2）荒漠化

根据《联合国防治荒漠化公约》的定义，荒漠化是指包括“气候变异和人类活动在内的种种因素造成干旱、半干旱和干旱半湿润地区的土地退化”。荒漠化是由于干旱区生态系统服务的供需关系长期失衡所引起的。目前，除南极洲以外的世界各大洲均出现了荒漠化。

20 世纪 30 年代美国西部掠夺式垦荒和放牧，导致 1933 年、1934 年和 1937 年出现前所未有的风害，许多草场退化为寸草不生的荒地。1934 年发生的黑风暴从美国西海岸一直刮到了东海岸，形成一条东西长 2400km、南北宽 1400km、高 3km 的灰黄色砂土带，以每小时 100km 的速度自西向东推进，刮起了 300mm 厚的土壤耕作层，带走了 3 亿 t 余表土，不仅使冬小麦减产 138 万 t，而且使 2000 万 hm^2 的耕地受到破坏。

不合理的垦殖、放牧及气候变化，使全世界沙漠化土地面积以惊人的速度增长。据联合国统计，沙漠化已威胁全球 1/4 的土地，其造成的损失每年达 420 亿美元。如果不采取防范措施，到 2025 年非洲人均耕地将减少 2/3。

3）耕地减少

非农业占用耕地，破坏农业生产是从 20 世纪后半叶开始的。发达国家在迅速发展时期都走了这样一条路：把最好的土地用于城市建设，占用耕地的数量每年平均有 $3000km^2$。美国在工业化初期就是由于非农业占用耕地而损失了大片耕地，现在又由于土地使用不当和城镇、道路、工厂和停车场的建设而每年损失 75 万 hm^2 的土地。日本、东亚新兴工业化国家和地区在 20 世纪 60～80 年代都重复了这一过程。现在中国、巴西等发展中国家也同样面临着重复走老路的问题。非农业占用耕地是世界性的问题，全世界每年损失的耕地已达 708 万 hm^2。

4）生物多样性减少

生物多样性是地球上所有的生物——植物、动物和微生物及其构成的综合体，包括遗传多样性、物种多样性和生态系统多样性三个部分，其中物种多样性是生物多样性的核心。

生物多样性中，每一个物种都有自己特定的地位和作用，它们生活在一个相互依存、相互制约的群落中，维持着微妙的生态平衡。某种物种的灭绝往往会引起一连串的连锁反应，甚至带来意想不到的后果。

科学家们指出，地球上的物种的自然形成和灭绝都有一定的规律，如脊椎动物在一般情况下每3000年形成一个新物种，同样每3000年淘汰一个旧种。然而人类的活动正在改变这种现象。人口的剧增、资源的不合理开发以及日益严重的环境污染和生态破坏，都将使生态系统失去平衡，生物多样性受到冲击。目前，世界上每年有5万个物种灭绝，平均每天灭绝的物种达140个，估计到2010年全世界野生生物的损失达其总数的15%～33%。现在全世界有10%的高等植物的物种面临消失的危险，3/4的鸟类在逐渐减少，北美有1/3的淡水鱼处于濒危状态。保护生物多样性及其赖以生存的多样化生态环境是关系到一个国家、一个地区乃至全球的重要事情。

5）我国生态环境恶化

我国生态基础脆弱，先天条件不足，加上长期以来人类的损害和破坏，生态恶化已经相当严重，具体表现是：

（1）森林覆盖率低，植被破坏严重。近年来，我国森林覆盖率有所上升，2004年第六次全国森林资源清查结果表明，全国森林面积达到17 491万hm^2，森林覆盖率为18.21%，但与世界31.7%的平均水平相比仍然相差很远。另外，由于过度放牧，重用轻养，草原退化严重。中度退化程度以上（包括沙化、碱化）的草地达1.3亿hm^2。

（2）水土流失难以遏制。全国水土流失面积建国初期为153万km^2，占国土面积的1/6。近年来，由于开荒、采矿、修路等多种因素，又使水土流失面积（包括风蚀）进一步扩大，根据全国第二次遥感调查结果，中国水土流失面积356万km^2，占国土面积37.1%。其中水力侵蚀面积165万km^2，风力侵蚀面积191万km^2。水土流失导致耕地贫瘠，河道淤塞，水库使用寿命缩短等。

（3）土地荒漠化不断扩大。进入21世纪以来，每年有3436km^2的土地沦为荒漠。现在，全国沙漠、戈壁、沙化土地面积已达174.3万km^2，占国土面积的18.2%。沙漠扩展又导致风沙危害日益增大，每年风沙造成的直接经济损失就达45亿元以上。

（4）野生动植物资源减少。近50年来，我国约有200种高等植物灭绝，400种野生动物处于濒危或受威胁状态。

（5）耕地逐年减少。目前，我国人口以每年1000多万的速度增长，但耕地却以每年平均30万hm^2的速度递减。40年前，我国人均耕地为0.18hm^2，如今人均占有耕地为0.11hm^2，仅为世界人均水平的43%。加之不少地区长期重用轻养，造成地力衰退，耕地质量下降，农业生态系统失调，受灾面积增加。1997～2004

年，中国耕地面积减少了 5.7%，8 年之间净减少耕地 746.7 万 hm^2。由于水土流失、贫瘠化、次生盐渍化、潜育化和土壤酸化等原因，已造成 40%以上耕地土壤退化。

（6）气候灾害严重。20 世纪 90 年代气象灾害造成的损失可占国民经济总产值的 3%～6%，而当中 70%左右是气候灾害造成。近年来，气候异常每年造成200×10^8kg 的粮食损失和 2000 亿元以上的经济损失。

5. 噪声污染

一般认为，凡是干扰人们正常休息、学习和工作，使人讨厌、受害和不需要的声音即为噪声。噪声已成为一种危害人类环境的公害。噪声属于感觉污染，与人们的主观感觉和心理因素有很大关系。它给人们的生产、生活及身体健康带来很大影响，产生了危害。

（1）损伤听力。人在较强噪声（90dB 以上）的环境下长期工作和生活，会出现听力下降的现象。如果长期暴露在这样的环境中，就会造成听力损失——噪声性耳聋，这是慢性噪声性耳聋。而当人突然暴露在强噪声的环境下，如高达 140dB 以上时，则会造成爆震性耳聋。

（2）干扰睡眠。睡眠是人消除疲劳、恢复体力和维持健康的一个重要条件，但是噪声会影响人的睡眠质量和数量，老年人和病人对噪声干扰更敏感。当睡眠受到干扰而辗转不能入睡时，第二天会觉得疲倦、易累，从而影响工作效率。久而久之，就会引起失眠、耳鸣多梦、疲劳无力、记忆力衰退，在医学上称为神经衰弱症候群。在高噪声环境下，这种病的发病率可达 50%甚至 60%以上。

（3）对人体的生理影响。噪声会引起人体紧张反应，刺激肾上腺素的分泌增加，引起心率改变和血压升高。噪声还会使人的内分泌机能紊乱，使胎儿畸形，儿童的智力发育缓慢。

（4）对动物的影响。强噪声会使鸟类羽毛脱落，不下蛋，甚至内出血，最终死亡。

（5）对建筑物的损害。超声速飞机飞行的速度可达声速的 5 倍，而且带来巨大的轰响声，对建筑物的危害很大。

美国统计 3000 架超声速喷气机低空飞行使建筑物受损的情况，其中墙壁抹灰开裂的占 43%，损坏的占 32%，墙开裂的占 15%，瓦损坏的占 6%。150dB 以上的强噪声，由于声波振动，会使金属结构疲劳，遭到破坏，而一块 0.6mm 厚的铝板，在 168dB 的无规律噪声作用下，只要 15min 就会断裂。

除以上一些危害影响外，噪声还会引起社会矛盾，造成经济上的损失。

第三节　人类与环境协调

100 多年来，现代工业文明的猛烈冲击已使生态环境遭到严重破坏，其带来的后果正迅速蔓延到世界的各个角落。正如恩格斯指出的："我们不要过分陶醉于我们对自然界的胜利。对每一次这样的胜利，自然界都报复了我们。每一次胜利在第一步都确实取得了我们预期的结果，但是在第二步和第三步却有完全不同的、出乎意料的影响，常常把第一个结果又取消了。"

人类文明带来的环境问题又使人类文明处于危机之中，使人类在人与自然的关系中处于被动地位。人地关系的重新调整给人类的文明和发展提供了一个新的机会，把握住这一机会，人类历史将翻开新的一页，人类将走向新的阶段。

一、创造新的技术形式

在传统工业文明时期，传统技术的运行模式是："原料—产品—废料"。为了追求某个单一生产过程最优化或单一产品最优化，传统工业的技术原则和组织原则是线性和非循环的。因此，传统技术以排放大量废弃物和高消耗、高污染、低产出为特征。全球环境问题表明：未来发展无法接受这种技术形式，地球也无力支持这样的技术形式的无限发展。

20 世纪 90 年代以来，各国学者和政府在实施可持续发展战略的过程中清醒地认识到，当代资源环境问题日益严重的根源在于工业化运动以来以高开采、低利用、高排放（所谓两高一低）为特征的线性经济模式；从物质流动和表现形态角度看，传统工业社会的经济是一种"资源—产品—污染排放"单向流动的线性经济；该模式中人们高强度地攫取地球上的物质和能源，又把污染和废物大量地抛弃到空气、水系、土壤、植被等"地球垃圾箱"中。线性经济正是通过这种把资源持续不断变成垃圾的运动，通过反向增长的自然代价来实现经济的数量型增长。

当环境再也无法承载文明带来的巨大压力时，人类开始不断开发应用环境技术。这时，技术被分为生产技术和环境技术两部分。生产中传统技术毫无改进，只在某一个环节中增加环境技术，恢复生态破坏和治理环境污染。应该说开发和运用环境技术对控制污染和保护环境起到了重要的作用。但是，这种方法具有不可忽视的局限性，它没有改变传统工业模式，没有改变原有的工业程序，生产和环境保护仍是两个毫无联系的部分，各自独立进行。

建立技术支撑体系的核心，一是要借助现代高科技手段开发关键链接技术。对现在不能回收利用的大宗废弃物回收利用，大力开发生态无害化技术、循环性能稳定技术以及闭路循环技术，提高这些生态技术的可行性和经济合理性。二是积极采用清洁生产技术，推广无害或低害新工艺、新技术，大力降低原材料和能源的消耗，实现少投入，高产出，低污染，尽可能把污染物的排放消除在生产过程中。推行生态工业技术要密切与产业结构调整相结合，通过清洁生产实现"增产减污"。

生态技术是人类提出的新的技术形式，它运用生物圈的发展规律，模拟自然界的物质生产过程，建设人类社会物质生产和生活装置。这时单一产品或单一过程最优化被整体最优化所替代，生产工艺的高消耗、高污染、低产出被低消耗、低污染、高产出所转换。生态技术是生态工艺的基础。由于生态工艺要求最终废弃物少量化和无害化。因此，生态技术的出发点不可能是纯经济的，而是以人和自然的整体性为目标，追求企业综合生产效益最优的技术形态。生态技术的组织原则是非线性和循环的，它的某一环节或过程虽达不到最节省的效果，但从整个生产过程上看，它因实现最优化而最经济。人类发展生态技术是为了开发生态产业，实现可持续发展。生态农业、生态工业等，就是一种可持续发展的产业。

1989 年 9 月，美国通用汽车公司研究部副总裁罗伯特·福布什（Robert Frosch）和负责发动机研究的尼古拉斯·加罗布劳斯（Nicolas Gallopoulos）在《科学美国人》杂志上发表的题为《可持续工业发展战略》的文章中正式提出了工业生态学的概念，两位作者在该文中指出："传统工业活动中，各个制造工艺摄入原材料并生产出要销售的产品和要处理的废物的简单工业模式应该转变为一种更加一体化的模式：那就是工业生态系统。在这样的一种系统中，能量和物质的消耗是优化的，而且一种过程的排出物，无论是石油炼制过程的催化剂、发电过程产生飞灰和底灰，还是消费产品后的废塑料容器，都可以用作另一种过程的原材料。"在福布什和加罗布劳斯看来，工业生产中没有绝对的废物，都是资源，工业生产和环境保护并不总是相互对立的，通过适当的处理二者完全可以实现统一。

工业生态学概念的提出，吸引了众多学者的普遍关注，在世界范围内也引起了较大轰动，人们开始用"生态"的观点和标准来审视传统工业生产过程，并模仿自然生态系统来规划人类的工业生产活动。按照自然生态学原理而建立的生态工业体系，将促进经济发展模式的改变，形成循环经济的发展模式。

生态工业的发展摒弃了传统工业发展中把经济与环保分开，使两者之间产生矛盾冲突的弊端。生态工业把不同阶段产生的废物利用在不同阶段的生产过程中，使污染在生产过程中即被消除掉，真正使发展经济与保护环境有机地结合起来，实现了两者的双赢。因此，推进生态工业建设是区域经济实现良性发展的必然选择。

生态工业是把若干工业生产活动按照自然生态系统的模式，组织成一个"资源—产品—再生资源—再生产品"的物质循环流动生产过程，这是一种循环经济发展模式。在这个经济发展模式中，没有了废物的概念，每一个生产过程产生的废物都变成下一生产过程的原料，所有的物质都得到了循环往复的利用。这种模式是可持续发展模式。

生态工业的发展并不只是立足于单一的工业企业或产业的发展，而是建立在多个企业或产业的相互关联互动发展基础上的。因此，对一个地区来说，如果能在生态工业理论的指导下，结合当地的资源优势和产业优势以及产业结构构成，通过有目的的规划，进行多个企业或产业间的链接和组合，建立起相互关联、互相促进、共同发展的生态工业体系，无疑对该区域充分发挥资源优势和产业优势，加快经济发展速度，提高经济发展质量，实现经济与环境的协调发展具有十分重要的意义。

自然生态系统的某些特性对指导人类的实践活动具有非常重要的作用，因此模仿自然生态系统、按照自然规律来规划传统的工业园具有非常深远的现实意义。从生态系统的角度看，生态工业园实际上是一个生物群落，可能是由初级材料加工厂、深加工工厂或转化厂、制造厂、各种供应商、废物加工厂、次级材料加工厂等组合而成的一个企业群，将其称为生态产业链结构。所谓生态产业链是指某一区域范围内的企业模仿自然生态系统中的生产者、消费者和分解者，以资源（原料、副产品、信息、资金、人才）为纽带形成的具有产业衔接关系的企业联盟，实现资源在区域范围内的循环流动。在生态工业园内建立工业共生网络克服了单个企业片面治理污染的问题，从系统的角度出发，提倡资源在园区范围内的循环流动，鼓励企业间副产品交换，使副产品变“废”为“宝”，在创造经济效益的前提下提高园区的环境表现和资源效率。在园区中，根据生态学的原理组织生产，使上游企业的“废料”成为下游企业的原材料，尽可能减少污染排放，争取做到“零排放”。

20 世纪 90 年代以后，生态工业园项目如雨后春笋般在世界各地出现，开始成为工业园区发展领域的新主题，并取得了令人振奋的成就，目前生态工业园区的建设仍旧方兴未艾。丹麦、美国、加拿大、日本等国家较早开展生态工业园项目，对其他国家的生态工业园建设具有积极的借鉴意义。我国一直将可持续发展作为基本的国策，在生态工业园的建设方面也进行了非常有益的积极实践和大胆探索。特别是最近几年，广西贵糖集团（制糖）、广东南海、新疆石河子（造纸）和内蒙古包头（制铝）等纷纷提出了生态工业园区规划和建设的构想，并在国家政府有关机构的参与下积极组织建设行动，同时，国内一些较早建立的大型经济开发区，如大连、天津、烟台和苏州开发区等也积极参与了生态工业园区管理试点工作。

能源是经济发展的血液。能源危机和环境危机迫使人们开发新的技术，创造新的能源结构。从长远发展的眼光上看，矿物燃料的衰竭和新能源的广泛利用是必然的，生态技术将会成为这一结构转换中的主要动力和技术。生态技术在能源领域里的应用主要表现在以下几个方面：①在矿物燃料的领域，生态技术可使能源效率成倍提高，又可以减轻环境污染；②生态技术可改变其他能源形式在能源消费结构中的比例，如核能、生物能等比较危险或难以收集的能源也可利用自如；③随着生态技术的发展和运用，水力、风力、地热、潮汐能等可再生能源将受到越来越多的重视和利用，成为“综合能源时代”里的主要能源；④在未来生态文明中，太阳能将成为人类能源结构中最主要的能源形式，而生态技术则是实现这一转变的唯一手段。

生态技术除在工业、农业和能源领域实现可持续发展外，还在第三产业进行“生态化”的生产。建筑领域里的新技术开发正是第三产业生态化的过程。建筑材料、建筑结构、家用电器等都正向节能化的方向发展。

生态技术的应用已扩展到了人类生产和生活的各个方面，并在每个领域中发挥了重要作用，因此，有人认为它是解决环境危机、实现可持续发展的唯一方法。事实上，这一想法是错误而危险的，每一项技术都有它的局限性，如果人类不能正确地了解技术的潜力和危害，技术力量的发展可能会使环境更加恶化。不论新技术多么先进，它只能是一种外在的调节机制，地球环境、人类的发展还是需要人类重新规定人与环境之间的关系，以真正平等的态度对待人与自然之间的关系。这是社会走向可持续发展的关键所在。

二、建立可持续发展的生活方式

对地球环境来说，富裕和贫穷都是威胁，富裕造成的过度消费，贫穷引起的盲目开发，都可造成资源的浪费和环境的破坏。因此，实现可持续发展不仅需要消除贫困、发展健全的经济生产方式，而且需要克服高消费社会的“过度消费”，建立“适度消费”的简朴生活方式。这种符合人类与环境之间协调发展关系的生活方式，就叫作“可持续发展的生活方式”。

可持续发展的生活方式是科学技术和生产力发展到一定阶段时的产物，是人类社会从工业文明转向生态文明时，社会生活结构从高级向更高级的必然转变。可持续发展生活方式的特征主要表现在以下三个方面。

1. 人类消费生活从纯物质消费转向知识和智慧含量高的物质消费

工业文明掀起了现代人物质消费的高潮，物质成为人类崇尚的最高目标。人类不停地对自然进行掠夺、破坏，煤、石油、生物、土壤等仍然被大量地开发出来，消耗于商品的生产中，而生产中的废弃物及生活垃圾被大量堆积在环境中。人类在这一时期创造的物质财富超过了历史上的任何时期，人类沉醉在物质消费的娱乐中。

然而，当环境问题日益严重，人类不得不重新审视自己的行为时，那种推崇物质财富和过度物质享受的行为已不再符合时代的要求。因此，具有知识和智慧含量高的商品备受人们关注。也就是说，决定消费愿望和最吸引消费者的，不再是豪华和高档的商品，而是有更高的知识和智慧含量的商品。在这种消费观的指导下，人类不是以向自然索取更多的物质和财富为目标，而是把保护和建设良好的生态环境作为己任，谋求人类与环境和谐发展。

2. 适度消费代替过度消费，人类生活从奢侈、浪费转向简朴

社会物质生产以满足人的生存、享受和发展的需要为目的，因此，人的购买力水平随经济发展而提高是必然的过程。但是，工业革命以来，在西方工业化国家兴起的高消费浪潮，并不是为生活而消费，它推崇的是为消费而消费、为地位而消费的生活方式。人们把物质消费水平作为社会地位的象征，形成了“能买就买”的畸形消费文化。

现在人们普遍认识到，地球没有能力持续支持如此畸形的生活方式。人们提出

了“适度消费”的生活方式。同过度消费相比较，它反对的不是随经济发展不断提高的消费水平，而是“为地位而消费”、“为消费而消费”的挥霍和浪费。因为这种过度消费是对资源的浪费，是对环境的破坏，同时，它也剥削了同辈人乃至后代人生存和发展的基本需求，这是不公正的。

与豪华、奢侈和挥霍相比较，简朴的生活以提高生活质量为中心，它不强调地位、声望、名誉的外在显现，而是注重生活上的舒适、便利和精神上的自由、快乐程度。简朴的生活以满足自身的需要为目的，随经济水平的提高而改善的不是物质的多量化和高档化，而是商品和服务的种类、质量和数量的多样化。随着生活水平的提高，人们的兴趣和爱好会更加广泛，对商品的技术要求和个性体现要求更高，因此，制造商们将被迫采用新技术、新工艺，生产新式样、新格调的产品，以满足各界日益个性化的需求。这时在商品的价格比例中，原材料所占比重将远远低于知识和智慧的附加值。

3. 绿色消费成为新时尚

所谓绿色消费，是指以简朴和健康的生活为目标，在物质消费中偏爱“绿色产品”的消费方式。“绿色产品”是从原料产地到生产过程再到使用均对人体健康、对环境无害，符合生态保护要求的产品。绿色产品有很多种，如绿色食品、绿色时装、绿色汽车、绿色冰箱和空调器、生态房屋、绿色家庭、生态饭店、生态银行、生态旅游等。

绿色消费成为新时尚是由于环境问题的全球化和加剧化而出现的。环境危机的严重性迫使人们的环境意识觉醒并不断提高，兴起了绿色消费的浪潮。现有贴有“环境标志”或“绿色标签”的商品成为消费者的消费目标，用“绿色”和“生态”称谓的消费生活被推崇为社会的新时尚。

世界上实施绿色标签制度最早的国家是德国，1973 年它给 3600 种产品发放了环境标签。之后陆续有许多国家开始实施这一环境保护制度。例如，1991 年的澳大利亚、芬兰、法国、挪威、葡萄牙、瑞士等国。我国的环境标签制度开始于 1993 年，到 1995 年，绿色产品中仅绿色食品就达 600 种，产量 210 万 t，产值 100 亿元。绿色商品已渗透到了人类生活的各个领域，占据了世界市场的方方面面，从而造就了一个新的市场：绿色市场。

绿色消费是生活方式上的一场大革命，它通过绿色贸易，推动了生态技术的发展和广泛应用，并使生产方式和生活方式都走向了生态化的道路。

绿色旅游是绿色消费中的一种，它通过人与自然的接触，能使人感觉大自然的美好和盎然生机。这种人与自然的交流，会使人产生对大自然的真实的亲切感和依赖感，从而改善人与环境之间的不良关系。在现代文明中，人对环境的不了解也是造成环境危机的直接原因。绿色旅游是在不破坏生态环境的前提条件下，使人们直接感受大自然，陶冶情操，增加自然知识和环境知识，增强热爱自然，保护环境的意识。

三、加强国际合作和立法

20 世纪下半叶，人类为了摆脱环境危机，一致行动起来，开始了轰轰烈烈的环境保护运动。共同的利益第一次使人们站在同一起跑线上，展开有史以来最伟大和最艰巨的环境保护工作。

环境保护运动从开展到现在，已经历了两次高潮：即 1972 年世界环境会议《人类环境宣言》的发表和 1992 年第二次世界环境会议《里约环境与发展宣言》的发表。两个宣言的发表不仅标志着政府对环境管理的参与，而且使环境保护领域各国间的合作成为可能。现在在全球层次上有世界自然保护同盟、联合国环境规划署、世界野生生物基金会、联合国环境规划理事会、基金会和协调委员会等诸多专门机构。它们作为进行环境问题国际协作的政府间组织，从事环境保护的国际事务，协调和促进世界各国在保护环境方面的对话、讨论和合作，召开各种形式的国际会议，制定保护环境的国际性文件、宣言、公约和法律，并指导全世界人民参与到保护世界环境的各项活动中。

目前国际合作遇到了许多困难。环境法规的不健全，各国间的矛盾等都成为环境保护运动向前发展的障碍。如何建立适当的法律，如何调节不同政治、文化、经济背景下的国家民族间的矛盾，成为走出这一困境的关键。

国家和国际法律落后于环境事态的发展是立法影响环境保护进程的主要表现。可持续发展的倡导者布伦特兰夫人特别指出，“认识并尊重个人和国家在持续发展方面的相应权利和义务；建立和实施国家与国家间实现持续发展的新的行为准则；加强现有的避免和解决环境纠纷的方法，并发展新的方法，是立法和国际合作迫切需要解决的问题。”现在各国家、各国际组织都在努力调整综合法律体系和国家职能机构，以适应持续发展的要求。

中国是世界上最大的发展中国家、人口大国和环境大国。同其他发展中国家一样，中国环境与发展也面临着双重挑战：一是环境恶化；二是经济快速发展和人口迅速增长对生态环境产生的巨大压力。面对艰难的选择，我国人民勇敢地面对挑战。中国的环境问题是全球环境问题的一部分，它的解决不仅影响中华民族的繁荣昌盛，也影响全世界。中国是一个负责任的国家，重视和积极参与全球环境国际合作，切实履行多项国际协议和规定，为保护地球作出贡献。

四、加快循环经济的步伐，保护资源与环境

20 世纪 90 年代之后，发展知识经济和循环经济成为国际社会的两大趋势。

随着科学技术的进步和发展，以知识的生产、传播和应用为基础的知识经济已悄然兴起。知识（特别是知识的核心——科技）从以往经济时代处于从属地位跃升

至主导地位，成为核心的生产要素、最重要的资源。经济增长已不再是建立在依靠大量消耗资源、能源的基础上，而取决于知识含量的增加、科技水平的提高。所以，随着知识经济的发展，经济的增长即将摆脱对自然资源与环境的依赖。这恰恰是对资源与环境的最有效保护，也是实现可持续发展的关键。知识经济还可以促进资源的优化配置，科学、合理、综合、高效地利用自然资源，提高资源的利用率，减少污染物的排放及其对环境的危害。因此，加快知识经济的脚步将更有利于资源和环境的保护。

从 20 世纪 90 年代可持续发展战略的提出以来，发达国家正在把发展循环经济、建立循环型社会看做实施可持续发展战略的重要途径和实现方式。我国从 90 年代起引入了关于循环经济的思想，此后对循环经济的理论研究和实践不断深入。所谓循环经济，本质上是一种生态经济，它要求运用生态学规律而不是机械论规律来指导人类社会的经济活动。与传统经济相比，循环经济的不同之处在于：传统经济是一种由“资源—产品—污染排放”单向流动的线性经济，其特征是高开采、低利用、高排放。在这种经济中，人们高强度地把地球上的物质和能源提取出来，然后又把污染和废物大量地排放到水系、空气和土壤中，对资源的利用是粗放的和一次性的，通过把资源持续不断地变成为废物来实现经济的数量型增长。与此不同，循环经济倡导的是一种与环境和谐共处的经济发展模式。它要求把经济活动组织成一个“资源—产品—再生资源”的反馈式流程，其特征是低开采、高利用、低排放。所有的物质和能源都要能在这个不断进行的经济循环中得到合理和持久的利用，以把经济活动对自然环境的影响降低到尽可能小的程度。

循环经济为工业化以来的传统经济转向可持续发展的经济提供了战略性的理论范式，从而将从根本上消除长期以来环境与发展之间的尖锐冲突。循环经济观要求遵循“3R”原则：资源利用的减量化（reduce）原则，即在生产的投入端尽可能少地输入自然资源；产品的再使用（reuse）原则，即尽可能延长产品的使用周期，并在多种场合使用；废弃物的再循环（recycle）原则，即最大限度地减少废弃物排放，力争做到排放的无害化，实现资源再循环。

工业生态学理论和实践对循环经济的发展起到了非常大的促进作用，它提倡以系统的观点看待工业生产与物资循环，鼓励企业之间的相互合作，将副产品作为资源在企业之间交换，从而减少工业产生的污染。工业生态学的思想对循环经济理论的发展与完善是一个有力的支撑。在循环经济发展模式中，没有了废物的概念，每一个生产过程产生的废物都变成下一生产过程的原料，所有的物质都得到了循环往复的利用，是一种可持续发展方式。发展循环经济是保护环境和削减污染的根本手段，同时也是实现可持续发展的一个重要途径。循环经济的实践包括从企业层次废物排放最小化实践，到区域工业生态系统内企业间废弃物的相互交换，再到产品消费过程中和消费过程后物质和能量的循环。在这三个层次中，生态工业已经成为循环经济实践的重要形态。生态工业园区（EIP）是实现生态工业的重要途径，是经济发展和环境保护的大势所趋。

我国是一个人口密度高、人均资源贫乏的国家，传统粗放型生产方式所造成的环境污染和生态破坏已造成很多疾病和自然灾害。循环经济是中国经济绿色发展模式的理性选择。它是我国实现可持续发展战略的重要途径和方式，是生态环境和人民健康与安全的重要保障，它符合我国建立现代企业与世界经济接轨的要求，是我国城市生态化、实现城市可持续发展的有效途径，同时也是西部大开发的核心，为最终实现生态与经济的协调发展提供保障。

复习思考题

1. 在人类社会发展的不同时期，存在的主要环境问题是什么？
2. 人类应如何协调人类与环境之间的关系？举例说明。
3. 调查家乡或某一区域的主要环境问题及产生的原因。

主要参考文献

丹尼斯·米都斯. 1997. 增长的极限. 李宝恒译. 长春：吉林人民出版社
邓南圣，吴峰. 2002. 工业生态学——理论与应用，北京：化学工业出版社
郭勇闻，周密. 1998. 环境学基础. 北京：中国环境科学出版社
金涌，李有润，冯久田. 2003. 生态工业：原理与应用. 北京：清华大学出版社
劳爱乐，耿勇. 2003. 工业生态学和生态工业园. 北京：化学工业出版社
李霖，鲍志高. 2000. 温室效应对生物多样性的影响及对策. 生物学教学，(10)：8～9
刘培同. 1995. 环境学概论. 北京：高等教育出版社
彭近新. 1999. 可持续发展和环境保护. 中国环境管理，(4)：5～7
钱易，唐孝炎. 2000. 环境保护与可持续发展. 北京：高等教育出版社
秦丽杰，张郁，靳英华. 2001. 论绿色消费方式与生态环境保护. 生态经济，(12)：58～61
秦丽杰，张郁，周密. 2001. 试论绿色消费与可持续发展，中国人口·资源与环境（专刊），(S2)：17～22
曲格平. 1995. 中国环境与资源的形势和对策. 中国人口·资源与环境，4 (3)：1～4
宋瑞祥. 2003. 零排放——后工业社会的梦想与现实. 北京：中国环境科学出版社
王文兴，童莉，海热提. 2005. 土壤污染物来源及前沿问题. 生态环境，14 (1)：12～14
余谋昌. 1997. 创造美好的生态环境. 北京：中国社会科学出版社
朱庆华，耿勇. 2004. 工业生态设计. 北京：化学工业出版社

第十章　区域发展与协调

人类社会经济的发展，是以区域为单位实现的。区域属性、区域资源与环境，影响着人类社会经济区域发展的时空秩序和利益关系，研究区域协调发展乃是现代人文地理学的重大理论与实践课题。区域发展是人类社会、经济、文化和技术等成分，在一定共同目标下，以区域为单元形成的共同体。区域发展的共同体的形成，是共同目标协调的结果，区际的发展则须在时空秩序创新条件下实现。本章将围绕“区域”这个概念展开讨论，并介绍有关理论。

第一节　人文地理学的区域观

一、人文地理学的区域

1. 地表充填着区域

地理学研究地球表面，并把该表面划分成由诸多自然因素和人文因素组成的物质系统，从而产生了地表的物质观。这就是人们常说的“地表充满着物质”。这个观点本身反映了地表的一个客观真实性。地理学自古就关注着地球表面的物质性，记载和描述各种物质现象的地理分布、变化、运动等。人们通过对地表物质性的实地考察和观测，积累了大量的知识，奠定了地理学深入研究的基础。

然而，地理学作为一门科学，除了需要大量的观测而来的经验知识以外，还需要有其基本理论和严密的逻辑体系。这要求地理学具有一个更好的概念化的基本陈述，它能够直接促进和推动理论化的研究。而“地表充满着物质”这个传统的、朴素的陈述，却难以有效地起到这个作用，只是对强化经验性研究更有意义。

我们认为“地表充填着区域”这个陈述要比“地表充满着物质”的陈述更具有逻辑的透视力。这有以下几个方面的原因。

(1) 区域是衡量地表基本圈层地理意义的理论尺度。通常我们认为地表是由五大类相对集中并有一定连续性的物质构成的，它们是岩石圈、水圈、大气圈、生物圈和人类圈。然而从平面图和地理意义上看，其物质连续性就要大打折扣。岩石圈是连续性最完好的，但厚度不一。山脉较厚，洋底则较薄（在此不计物质重量和质量的相对平衡性），在地图上就有陆地与海洋之分。它们对人类活动的意义也不相同。可以说，这是岩石圈的“变异”。水圈的空间变异更为明显。地表水中的最主要部分——大洋，被陆地隔开，虽然地表水循环在运动过程中把不同水体联系起来，但却不能消除差异达到均质。由于水圈尤其是海洋自身的空间差异对人类生存的影响，使得岛屿、大陆沿岸和大陆腹地社会经济的发展、文明的进程，从来都没有一致过。对水圈的理解以及水圈对人类意义的认识，不能用一种抽象的平均状态和数字表示，只能在横向物质联系上相对于大陆、半岛、岛屿等岩石圈的不同部分进行对比认识，因而也就必然地形成不同的各个区域。由于岩石圈和水圈具有相关的地理变异性，它们的关系交结在区域上，它们的性质由区域来体现。因此，区域就成为衡量这两个圈层地理意义的理论尺度。大气圈、生物圈和人类圈，除了自身的特点以外，还受到岩石圈和水圈的深刻影响。它们三者间的相互作用的空间变异性也显得尤为突出，区域特征极为明显。同样，区域是衡量各个圈层地理意义的理论尺度。

（2）地表物质系统以区域组合形式制约着人类活动。地表充满着物质，所有这些物质如地表岩层分布、地表水系、地表生物区系等都是在一定区域内的特定组合。虽然它们的区域组合形式有着复杂多样的变化，各具特色，并因其丰富的地理联系而形成了一个巨大空间系统，但人类活动尤其是作为人类集团或群体的活动，并不是可以随意从一个自然组合区域跨越到另一个自然组合区域的。自然的限制主要在于地表物质区域系统给人类提供了生存的可能程度以及它们之间形成的特定的生态关系。任何单一地表要素都不足以独自支撑人类的生存与发展，至多只能是一个聚集因素。单一要素只有在区域各种因素的组合中才体现出对人类发展的意义。在与人类相互作用的具体形态中没有什么地表因素是超区域的。人类在地表生存活动中，受到某些地理因素的直接影响后渐渐聚集起来，并以各种不同的方式开发利用资源。然而，那些具有聚集作用的个别因素还必须同其他因素结合起来，并表现出综合的意义才有可能决定人类能否在这个区域生存下来。例如，河流对灌溉农业的建立是一个必要条件，但只有在土壤、气候等条件相宜时，才能形成一定规模的灌溉农业。

（3）人类活动对地表空间的占有是个逐渐区域化的过程。人类生存活动的区域性主要包括两个方面：①由地质地貌、气候、地表水、生物等构成的物质系统控制的人类分布区域，属于人类自然区域；②由人类政治集团、经济地域实体、语言、宗教、民族和种族等分布区域构成的人类文化区域。这个区域形成的整个过程沿着区域分割的方向演变，最终由于人类的活动而使地表区域个性化。由于共同的约定及力量的均衡化，尤其是受区域自身演变规律等因素的影响，地表总是存在着区域多样性并处在区域共存的格局中。同时，地表事物的区域演变规律常使区域内部形成紧密而相对稳定的结构。

区域是地理学同时也是人文地理学的一个基本概念。从理论上讲，体现客观性的“物质”这个概念本身并不能反映地理学的基本特性，也不能构成地理学逻辑体系的要素。相反，“区域”这一概念既具有客观真实性，又可反映地理学的基本特性，它是地理学的逻辑起点。

“地表充填着区域”这个基本陈述体现了地理学的特色，符合地理学发展的逻辑，是对地理学研究对象的科学抽象，并使人文地理学研究在理论或表达上显得更加严密些。

2. 人文地理学的区域属性

人文地理学所研究的区域不同于自然地理学中的区域。自然地理学中的区域，其构成要素为单纯自然地理要素，表达自然地理要素的分布与运动。人文地理学中的区域，其构成要素既包括自然地理要素，也包括人文地理要素。它表达两大类要素之间相互影响、相互作用及分布、运动。可见，人文地理学的区域比自然地理学的区域更为复杂，除了研究各类要素自身的特性和运动规律之外，还要揭示各类要素相互作用的特性和共同的运动变化规律。因此，人地关系的协调在理论上乃是自然要素和人文要素之间的区域协调。而要做好此项协调工作就需要在理论上研究和认识区域属性。人文地理学的区域属性是多方面的，随着研究的深入，新的区域属性会被揭示出来。现概括为以下 6 个方面。

（1）系统性。系统是由多个因子构成的。各因子在一个共同的目标下形成相互联系、相互作用，并各自具有确定功能的统一体系。人文地理学的区域内通常有许多各具特定功能的地理因子。由于这些因子包括自然、社会、经济、文化等诸多方面，因而显得十分复杂。建立合理有序而高效的信息、物质与能量传输网络，是区域系统形成、稳定和协调的保障。人文地理学的区域系统是个开放的系统，就是说，系统的网络可以吸纳外部信息和物质能量，并对外部产生作用。

（2）整体性。其含义是指局部构成整体并产生新的功能，新功能又会对局部之间的关系发生影响。任何具有确定形态和相对形态以及具有一定功能关系、因子组合结构的事物和现象，都有其整体性。人文地理学区域的整体性的表现有多个方面：①区域中自然因子与人文因子之间形成的物质能量与信息联系的特殊地域运动关系；②特定自然生态系统与人类活动形成的协调运动关系；③文化、经济、政治等因子构成的特定地域关系等。从根本上看，这些都是区域时空新秩序的表现。在自然与人类活动相互关联的区域整体性中，会显示出自然与人类两类事物运动规律的平衡关系。但自然与人类因子形成的整体中，自然的稳定性是这个整体存在的基础，人类因子是这个整体存在的关键。在这样的整体中，如果自然的稳定性被持续打破，证明人类因子脱离了自然因子的限制，这个整体就分裂了。从空间角度上看，区域的整体性一般都有比较明显的地域界线的表现形式，或者存在着比较明确的地域关系。而在实际研究中，当我们把所观测到的一切区域因素联系起来时，就意味着一个整体的区域事物的诞生。

（3）层次性。人文地理学的区域的层次性主要指区域的等级结构，比如，信息传播的空间等级、经济发展的地域等级、城镇分布的地域等级。主要表现在：①区域系统由低级层次向高级层次发展，由简单层次向复杂层次演变；②自然因子与人文因子之间形成自然因子层、人文因子层和自然人文因子交叉层；③成熟的区域由不同功能、不同层次的组分构成。人文地理区域的层次间的关系有不同的空间表现，如垂直关系和平面关系等。经济系统中物质与文化之间形成基本环境层、能源和原材料供应层、加工制作层、服务消费层、管理层等区域垂直关系；高等级中心城市对低等级中心城市的支配，或者高层次区域中心对低层次区域中心的支配，是区域平面关系。人类生活和生产发展需要由功能完备的多层次构成的成熟区域，人文地理学在解决区域的层次问题上的基本价值是，揭示并体现自然因素在不同人文因素上的区域综合效益，在现代经济和社会价值观条件下，以区域特色的效益为最高，同时强调自然与人文之间的基本平衡关系。

（4）开放性。人文地理学的区域是个物质、能量和信息交换系统。具体地说，自然的物质、能量和人文的政治、文化、经济、社会等方面的信息都不断地在区域内外发生密切联系。而一个区域的存在与发展，必须在大量吸收外部物质、能量、信息的同时，还向外部释放物质、能量，输出、传播区域信息。我们所研究的任何独立的区域个体，都不是孤立的，它具有宏观层次。著名科学家钱学森曾对“开放性”的问题有过深刻表述。他提出地球表层是个“开放的复杂巨系统”，把“开放性”视为地球表层这个复杂巨系统的一个基本特征。其表现除了全球性开放之外，甚至还扩及宇宙空间。区域的开放性是协调研究的一个基本依据。

（5）复杂性。人文地理学的区域是极端复杂的，它的子系统单位数和因子数量通常是极大的。在简单的因子分类基础上建构的简单结构，往往与实际目标相差甚远。比如，一些区域规划和建设工作，在确定时期内，人们所设定的目标不能够实现，有时会发现有意想不到的事件发生，从而使规划和建设工作不得不被重新修订和调整，长远利益受到难以避免的损害。现实的情形是，规划期越长远，预期受到的复杂性的干扰则越严重。另一方面，复杂性对人们认识事物发展变化的规律会产生副作用，增大发现规律的难度。因此，认识复杂性这一客观属性，对我们研究人文地理学的区域具有重要的理论和实践意义。

（6）不确定性。人文地理学的区域，其组成因素、因素间的相互关系，如界线或边界往往是不确定的。人文因素的变化相当快，这将导致区域边界的不断改变。例如，一个工业中心和它的资源地的网络关系，常常会因为生产技术、资源情况、交通运输等条件发生变化而有所改变。一个具有一定规模的工业加工中心，在一定条件下可以实现从任何一个可能的资源地购进资源，从而使最佳区位的意义发生变化。这就是说，加工中心与资源地构成的空间网络边界会因此发生变化，具有不确定性质。由于系统具有开放性，因此，外部因素会不断地影响区域，产生新的联系。这样，新的功能、结构网络就产生了。然而，由于系统存在着复杂性，因此，什么时候、什么外部因素将以怎样的强度与区域系统发生关联，是难以确定的，具有较大的或然性。

二、区域的时空完备性

1. 区域的时空完备性的概念

区域是动态的，是地理事物时间和空间的统一形式。区域事物运动变化遵循时间与空间统一法则，地理事物有其特定的空间形式和性质，但必须与时空相辅相成，通过动态性质衡量与展示地理空间的意义。区域的任何能量的变化都将同时产生时间变量和空间变量，它们同在一个变量关系中。这也就是说区域的时间和空间都是区域能量的转化形式。当我们考察任何以区域能量为基础的独立事件时，不能说该事件仅仅是空间意义上的，而应通过一定关系分别考察事件的时空形式。一个区域事件同时在时间和空间中获得统一。如果没有时间这个概念或术语，没有关于时间的理论，地理学的真正严密的“空间理论”是无法形成的。我们的科学应当拒斥只把目光局限在单纯空间的经验的狭隘观点，坚持时空统一与时空完备性的观点。

2. 区域的时间类型

（1）自然的时间或称自然钟，是自然事物的质的规定下产生的任何形式的能量运动节奏，表现为自然事物运动的强弱变化，量度自然规律，钟是表达事物运动节奏的一种时间形式。比如，自然河流流量的强弱的节奏就是河流的自然的时间或自然钟。这种强弱变化的自身并无必然因果关联，不能认为位于之前的“弱”就是位于之后的“强”的原因，二者之间并无必然的因果性，但它们有形式上的“次序”。这种时间的发生有客观事物自身的原因：大气层的变化、下垫面因素、河床特点及径流所携带的能量等。这样确定的时间符合地理学的基本要求，在理论上属于地理学范畴，而在经验上是可观测的。人文地理学研究自然的时间，可以发现自然能量对人类作用的强弱程度，从而为人类区域发展服务。

（2）文化的时间或称文化钟，是人类文化事物的质的规定下产生的任何形式的物质能量的运动节奏，量度社会规律。人类文化活动的主要特征，是人类与自然物、自然过程相互关联、相互作用。因此，文化的时间或文化钟的基本表现，是人类按照自然物质能量和人类生存方式被技术改变的强弱节奏，以及在此基础上形成的单纯文化形式的运动节奏，也是文化能释放和转换的节奏。文化在本质上是人类同环境或自然相接触过程中发生相互作用而产生的，包括的内容十分广泛，如经济技术、创造物、语言、思维、科学信息等。有些单纯的文化形式（如纯粹语言形式、思维形式等）不在人文地理学的研究范围内。只有那些通过它们而发生能量变化、运动，并对人类的空间活动产生意义者，才为地理学所关注。比如，信息的空间传播，就需要借助经济技术、人类创造物及特定媒介来实现。又如，人类的经济活动需要能量、自然物质或经过改造的文化物质做基础才能实现。文化钟不同于自然钟，具有较突出的不确定性。任何一种“创新”因素都会改变文化钟，技术因素对文化钟的改变起重要作用。从地理学角度看，文化密集区、技术中心的文化钟较强；而文化中心的边缘区的文化钟较弱；远离文化中心的区域，其时间就会近似自然钟。

(3) 系统的时间或称系统钟，是指人地地域系统在能量支配下的运动节奏，是自然钟和文化钟的综合，是人与自然互动的、互相干涉的钟，量度自然-社会构成的系统的规律。它是人类文化活动节奏和自然运动变化节奏统一之后的一个统一的钟。系统时间或系统钟，是人地关系地域系统的最后的和最高的时间。系统的时间或系统钟的规则性不甚明显，这是它的特性之一。因为自然因子和人文因子相互影响既是复杂的、又是不确定的。有时文化能和文化力作用较强，有时正相反，自然能和自然力作用较强。这会使得系统钟的性质不断发生变化，在自然钟和文化钟的性质之间摆动。系统钟在区域系统里可以表现为区域时间发生的频率。在区域系统里，总是不停地发生着或自然的或人类的事件，这些事件反映了区域系统的运动。比如，地表区域大气的变化、降水及旱涝的变化、河流的变化等事件，自然被人类改变的事件，以及经济、政治、交通、信息变化等事件；又如，区域的企业的变化、资源的变化、能量的变化等事件。这些事件不是集中在一地，而是分散在各个不同地点。因此，可以用各类事件发生的频率来刻画该区域系统的某种运动属性。

总之，系统针对整个区域的人地系统来说，具有不确定性特征，需要人们在事先去尽量明确和把握，是一个属于预测的系统。

三、区域共同体

“共同体”这个术语常见于其他学科，比如，“科学共同体”、“自然共同体”、“政治共同体”等。这些术语的内涵及它所指称的对象虽有明显的质的差别，但仍存在着一个共性，即“共同体”是由成员组成，各成员有统一的、协同的利益和一致的目标。“共同体”中各成员之间是平等的、互利的、道德共享的。

所谓区域共同体，是指生活在地球表面的人类同所有其他的生命的和非生命的环境因子或成员组成的关系统一体，各成员实现着各自的价值、权利和义务，这个关系统一体的目的，就在于通过各部分的价值、权利和义务的合理的满足，实现协同进化，从而在整体上达到和谐。区域共同体的主要特征，就在于自然与人类各成员有着互惠互利、平等的权利和价值目标。这一特征，完全符合当前世界范围内人们普遍关注和深入探讨的“可持续发展”的思想。同时这个术语正好属于基本概念范畴，是我们这里最高的或者最终的区域观。

人文地理学研究人地关系的地域系统，有充分理由建立一个在道德共享这一价值规范约束之下的各成员平等、互惠互利、和谐共存的“区域共同体”。研究区域共同体的意义，在于帮助我们深入认识人地关系区域运动规律。建立人文地理学的区域观，需要通过一个自然与人类构成的有着共同利益关系的客观对象来体现。

建立和明确人文地理学的区域观，对推动人文地理学的基础理论建设和基本原理的形成具有重要意义。它是人文地理学逻辑分析的起点，是该学科进一步科学化、理论化的不可或缺的环节和重要步骤。经验知识是理论的补充，理论则使经验知识规范化，这正是一般科学发展的逻辑所揭示的和证实的。

第二节 区域发展与演变

一、区域发展与演变的基本问题

区域的发展与演变是个涉及区域系统的十分复杂的问题。我们在本章第一节关于人文地理学的区域观点讨论中已经明确指出，人地区域系统和人类环境的演变（即所谓整个区域共同体的演变）与运动发展方向及其和谐的根源，在于人类自身，它伴随着人类文明的进化而发生整体的改变。因此，从理论上讲，区域的变化必然包含区域中自然的变化、人类文化的变化，以及双方系统关系变化。这应当是人文地理学范畴中的区域运动变化的基本观点。这个基本观点规定了关于区域发展演变的重要理论问题：即区域的基本属性、分类，区域的基本原理，区域中人地关系基本结构、基本作用方式，区域变化的基本规律，区域的基本经验模型等。

1. 区域发展研究中的几个理论概念

关于区域地理理论问题始终被学术界关注，不断形成新的有关的思想和概念。

（1）“人地关系地域系统”的思想。吴传钧院士提出的“人地关系地域系统”的思想对区域发展和地理学区域理论的研究，具有极高的学术价值。人类活动和地理环境在地域里形成系统关系，并且具有明显的地域性和特殊的时空结构及运动过程。在人地关系地域系统概念下，人地关系的空间真实性可以获得良好的表达。

（2）微观地理方面的研究。对区域人地系统内部基本要素和微小空间尺度单元的研究。这方面的研究对区域发展内部的认识和要素的观察分析提供更精确的研究途径，包括要素作用机理、动态结构、空间节点等内容。区域发展研究可以获得基本的时空单元的意义。这可以促进区域发展研究在宏观层次和微观层次上的统一。

（3）区域的时间和空间类型。区域发展中的时间与空间概念也受到了更多的关注。讨论区域的时间和空间类型或时空要素，可以用来确切描述区域动态模型，是完整描述区域地理现象的一个理论途径，可以发现和认识时间-空间的确切意义，并增强区域研究的科学规范性，具有特殊的意义。划分不同性质或者不同类型的时间因素，将丰富人文地理学理论中时间要素的内涵，对动态描述区域现象和运动具有重要的意义。

（4）人地关系的区域信息化与智能化研究。运用现代网络技术、信息化和智能化技术，对人地关系地域系统各种成分相互影响的信息结构、智能模型等做应用性研究。它使人们对区域发展的认识提升到了一个更高水平。区域系统和作为区域系统节点的城市的信息化研究是解决区域发展问题的重要手段。这方面的研究也有了一定的进展。

2. 人文地理学区域发展的典型理论研究

1）劳动地域分工理论

陈才教授 1991 年发表的《区域经济地理学原理》虽然侧重于经济地理学，但其可贵之处在于他大胆地探索了有关基本理论并将之系统化。

《区域经济地理学原理》开门见山地推出“区域”概念，论证了“区域是地理研究的核心”的论题，从而在逻辑上规定了整个研究的格调和理论框架。区域从理论和实践上都规定了人类文化的多样性，当然也直接影响着人类经济活动的空间特征。另一个重要理论基础就是“劳动地域分工”这一概念。如果说“区域”是整个地理科学的一个理论要素，那么“劳动地域分工”便是区域经济地理学的一个理论基础。

作者从理论上分析了“地域分异论”、“人地关系”、“生产布局论”、“区位理论”等理论作用的局限性，推出了“劳动地域分工”作为基础理论的科学论据。

作者在分析经济地域的基本特征、形成发展条件、空间结构和产业结构的基础上，完整地挖掘和总结了“经济地域”这个本学科的研究对象及其特征和属性，包括“构成要素”、“一般属性”（或共同属性）和基本“空间结构”，从而形成了本学科的概念体系。

随后，作者将“经济地域”概念再次提升至“系统”的范畴，形成了该门学科的最终的概念，即经济地域系统。至此，整个研究从简单概念（区域）到理论基础（劳动地域分工），最后形成原理（以劳动地域分工为基础的经济地域系统运动理论）。应该说，这本著作基本上实现了或者说非常接近大卫·哈维所提倡的地理学研究的理论化。这对改变以经验研究为风格的地理学现状，无疑是一个好的范例。

2）区域经济发展理论的系统阐述和点-轴理论

陆大道教授 1995 年发表了《区域发展及其空间结构》。该书较全面系统地介绍了中西方关于区域发展研究方面的主要理论，这是作者匠心选择并系统论述的内容，是全书最精彩的部分。该书论证了区域开发与发展的“点-轴”理论和我国区域经济发展的“T”形结构关系。该书的一个突出特点就是理论与经验的结合，研究和讨论了一些重大的区域社会经济发展问题。这对深入研究区域问题以及反过来指导理论的发展，都具有重要价值。

3. 区域发展与演变的基本观

从上面的讨论中，我们看到涉及区域发展与演变的理论很多，其波及领域也不断扩展，因此，还有很多实际问题，包括社会、经济、文化、政治、生态、资源等一切与人类地表活动相关方面的问题，需要深入研究。综合起来看，区域的发展观和发展方式两个问题更具有基本意义。

1）区域的发展观

区域的发展观是人类对区域发展的基本态度，是在一定生产力下，社会经济发展到一定历史时期形成的关于人类地表空间活动的哲学理念。这一哲学理念对人类的地表活动具有指导意义。

第二次世界大战以来，人们的区域发展观经历了许多变化，大致可概括为生存观、生态观、信息观三种。

（1）区域发展的生存观。所谓生存观，即指人类在一个区域内以生存发展为主要目标的观念。人们大规模开发工矿、土地等各种资源，并进行大规模生产的区域发展。这种发展观大约形成于第二次世界大战以后至20世纪80年代之间。这个时期世界各地几乎都在比规模、比速度。科学技术、开发技术、生产加工技术的迅猛发展，给人们提供了良好的条件可以快速地用来解决一个地区的生存发展问题。这个时期出现了一些大规模的资源开采区、工业加工区、城镇密集带等。它的哲学基础就是，人类是区域的主宰者和改造者。

（2）区域发展的生态观。即指人们限制区域发展规模，实现资源、环境与人类发展相协调的永续发展观。这种发展观大约形成于20世纪80～90年代。在这个时期，人们越来越受到由于大规模、无限制地开发利用自然资源而带来的人口问题、资源问题和环境问题的沉重压力。尤其是经济发达区域（如北美工业带、欧洲工业带、日本环太平洋工业带等），由于发展而带来的各种问题更为严重，人们不得不重新审视以往的发展观和自己的做法。于是人们提出了解决区域环境污染、建立和完善生态平衡、有节制和有计划地发展产业等一系列对策与措施。它的哲学基础就是，人只是区域生态中的一员，人与主要自然因素是平等的。

（3）区域发展的信息观（网络观）。区域发展的信息观，是指区域的社会经济发展越来越受信息网络的深刻影响，区域发展的传统要素对空间位置、区域联系方式的影响力越来越小；相反，计算机信息网络可以改变企业的空间位置，以及创造出大量现代、高速、及时、准确的区域信息联系方式。

人类已经跨入知识经济时代，区域发展的时空观将会发生深刻改变。正如某产业集团总裁所讲："计算机业、通信业与信息业正在融为一体，这种融合的结果是市场不再以地理位置为核心而是以网络空间为核心，网络空间成为未来世界的最重要的资源。不进行信息化改造，最大的附加值就不会在我们一方，而在运用智力资本、经营网络化的公司手中。"

区域的信息观产生于20世纪末，它将是21世纪的主要区域发展观，它与生态观同时存在。

2）区域发展方式

区域发展方式是指人们以各种技术体系和理念，利用区域资源、条件实现区域发展的人类的宏观行为，以及技术、理念与资源、条件两者之间形成的基本关系。可以肯定，区域发展方式受人类生产力水平的制约，因为区域发展方式中的技术体系代表了生产力水平。生产力水平越高，一般来说，区域发展方式越先进。“刀耕火种”的生产方式和现代化大生产的发展方式的差别，用生产力因素解释是最有力的。然而，仅仅依据生产力水平解释区域发展方式，从今天人们对发展的要求来看，已经不适应了。以往的大量有关发展的事实证明，人们手中越来越先进的技术，会日益助长人们的功利主义和人类中心主义，其结果，正如我们所看到的，是环境污染、资源枯竭和人口膨胀等问题的发生。现在我们解释区域发展方式时，更应当强调人与环境在区域发展中应形成协调、和谐的基本关系。这是人文地理学解释区域发展方式时具有的特殊性。

二、区域发展与演变的影响因素

人文地理学所研究的区域，是人与自然共存的物质与文化的时空系统。在这个系统中，存在着极为复杂的变量因子，它们都以不同方式不同程度地影响着区域的发展与演变。归结起来主要有地理位置、资源与环境、技术体系和产业结构四个因素。

1. 地理位置

每个具体的区域都有确定的地理位置，这是地表区域的一个基本属性。它给我们提供了一个最简单有效地区分不同区域的方法。地理位置的优劣会显著地影响区域演变与发展的进程。通常，优越的地理位置会促进区域社会经济发展，而不利的地理位置则会相对地延缓区域社会经济发展。人文地理学中的地理位置，包括经济地理位置、政治地理位置、军事地理位置、文化地理位置等不同类型，而在地理位置概念层面下还存在着一个应用性的“区位”概念，地理位置与区位两者在内涵上有关联，但却不同。

近现代以来，我国大陆由于地理位置的差异而表现出明显不同的区域社会经济发展历程和水平。沿海地区发展快，距离海岸线越远的区域，总的来说发展越缓慢。但是，地理位置与社会经济发展水平之间的关系只是相对的。例如，世界经济一体化提高了沿海区域的社会经济开发价值，并改变了地理位置的相对意义。

日本学者梅棹忠夫运用地理位置和生态学的原理研究了人类世界，他以世界的干旱地带为轴，湿润地带为边缘勾画了一幅世界图。在这幅图上，具有相似位置的区域其发展演变具有相似性。“日本和西欧虽然东西遥遥相对，但是两者所经历的历史的类型，却极其相似。在两者的历史中，可以看到许多平行发展的现象。”

从现代社会经济发展的一些事实看，地理位置的作用似乎不像传统观念中所认为的那样强大。当代高科技、信息网络技术的发展，正在改变着人们传统的时空观，人们会利用高科技、网络技术及现代生态工程重新评价传统意义上的所谓地理位置的社会经济价值。

2. 资源与环境

资源是地理环境中提供人类生产生活的必要物质条件，包括土地资源、地表水资源、地表生物资源、地下矿产资源、大气资源等。这些资源构成了人类活动所依赖的基本环境成分。区域发展的物质基础就是资源与环境。不同环境造成了资源分布与组合不同，进而影响了劳动地域分工，区域发展产生差异。许多产业部门要消耗大量资源和能源，资源的种类、数量及其组合制约着区域的性质和发展过程。例如，铁矿石与煤炭是大型钢铁工业与机械加工工业的基础条件，有色金属与水电可以发展大型有色金属工业。此外，像建材业、造纸业、火电业等都要大量消耗资源。这些产业部门尽管对资源消耗强度大，但可以促进其他产业部门的发展，大量地增加就业岗位从而带动整个区域经济的发展。假如没有钢铁工业、化学工业，也没有纺织、印染业，区域的现代建筑业、交通业、旅游业、农业的发展以及人们日常生活将无法进行。

大量消耗资源的各种产业对区域形态的影响，还表现在空间的不断扩展，其过程往往由点到线，再由线到面，是个区域化的过程。“点轴”理论可反映这种区域的空间过程。一些新能源、新材料不断得到开发利用，为区域发展指明了新的方向。与传统的大量消耗资源的产业相比，新资源的开发利用会减少对环境造成的各种污染，有利于生态环境可持续发展。现代高科技产业消耗资源少，社会经济效益高，对空间条件或环境条件的依赖性远远小于传统资源型产业，而且布局灵活。

一般地说，环境在宏观层次上影响区域发展，影响着人类生产生活的适宜程度。一个区域可以拥有丰富资源，但如果生存条件居中下水平，那么区域的良性发展就难以实现。世界上有一些国家经济发展水平存在着明显的区域性差异，就与这些国家内部存在的明显的环境差异有直接的关系。我国东西部经济发展水平相差悬殊，就与西部生存环境恶劣和东部生存环境优越的客观现实的长期影响有关。在此，资源的分布似乎并不起决定作用。但只要我们不断改善西部生存环境，就可以宏观地带动西部经济发展。

3. 技术体系

对区域发展而言，一个技术体系要比个别技术项目的作用和意义更为重大。实际上，区域经济的发展往往依赖于互相联系而又互相补充的一系列技术构成的复杂体系。例如，原材料生产技术，半成品、成品的加工生产技术，交通运输技术，信息通信技术，环境保护或治污技术和管理技术，这是一种实际运行的、用来实现区域的时空扩展的技术体系组合方式，也就是区域的技术体系保证。

区域内技术体系除了应有一定的组合方式之外，还应当根据区域综合发展的需要，建立适当的技术等级，这样可以充分开发区域的潜力。有些需要高科技，有些则需要“中间技术”，或者仅仅需要传统的低级技术。然而，区域发展的趋势受整个人类社会经济发展总趋势的牵制，这个总趋势就是高科技作用的广度、深度越来越大，发展速度极快，几乎深入到以往传统技术的每个部分之中，而且对传统技术的改造成为必然。高技术具有团聚作用，美国学者安·马克森等的研究指出，高技术的团聚作用有两种，即“区域性团聚作用”和“大城市团聚作用”。前者指高技术出现在广泛的区域性的尺度，反映广阔区域内交通、财政和政治的外在性。后者指高技术在比较窄的范围内起作用，即大城市区域内劳动市场和商业服务的接近程度。他用两个指标确定高技术区域，这两个指标是“绝对大小”（即高技术职业数目）和“地区商”（即统计地区高技术就业占全国的份额与全国制造业就业份额之比）。结果表明，无论在新区还是老工业区，高技术都是新的团聚因子，是当代区域发展的最重要的推动力。

4. 产业结构

产业结构包括所有物质生产部门和一些非物质生产部门，既含有技术结构，又含有产品结构、企业及公司组织结构等，是一个复杂综合体。产业结构反映了不同产业部门之间的比例关系，实际上也反映了不同产业部门之间存在着物质、技术的多样性及内在统一性的关系。可能正是由于它具有这种性质，才使得几乎所有类型的区域内总是有一些不同的生产部门共存的现象，表现出良好的区域性。产业结构是现代区域发展与演变的主体。现代区域的发展演变都离不开产业的发展，因为产业既为人们提供生产和生活的基本物质条件，又是区域形成和发展的物质基础，它构成了区域的实质内容。不同的产业结构形成不同的区域经济特征。

根据陆大道的研究，基础产业（在地区国民经济中起着基础作用，如农业、原材料、能源、运输邮电业）为国民经济和地区经济发展提供了重要的物质基础。在我国，凡是农业发展薄弱的省区，轻工业必然受到不利影响；原材料和能源充足，重工业就会增长。

主导产业（能引导、带动国家和地区全部经济发展的产业）的领先发展，将会带动区域内一系列部门和主导产业链的相应发展。第二次世界大战以后，出现主导产业链的相应变化，日本工业发展先后出现三组主导产业：第一组是电力工业，带动了高耗电工业的发展；第二组是石油、石化、钢铁、造船等工业，带动了加工、组装工业的发展；第三组是汽车、家用电器等机械工业，带动了高技术产业的发展。近些年来，又出现第四组主导产业，即硅电子产业，它带动了软件、信息产业的大规模迅速发展，21 世纪信息与软件产业带动了通信、交通、物流、文化，及各种服务产业链的形成，深刻地改变着区域发展的时空结构。

三、区域演变阶段与区域发展类型

区域作为客观实体，其发展演变受资源、环境、产业结构、社会经济文化等诸多因素的影响。它要不断地消耗物质、能量、信息，并且再以新的形式释放出来，从而实现它的生存与发展。区域发展演变过程类似于一种生命过程，经历着初期阶段、成长阶段和衰落阶段。由于区域在发展中经历着不同阶段，有不同起点及不同发展状态，因此就有着不同的发展类型。

1. 区域的演变阶段

1）初期阶段

初期阶段是指区域早期发育阶段。此时，区域内的因子数较少，空间结构关系简单，区域内部人地关系基本协调。早期发育阶段往往是由个别的积聚因子的吸引作用，吸引某产业或企业，构成资源或技术与个别单独的企业的简单对应关系。在空间关系或空间结构上，呈现为个别经济增长点或个别城镇。区域性空间关系不可能形成。例如，美国北部工业地带在发展的初期，就有像匹兹堡这样的拥有丰富资源的工业中心的诞生。后期发展成为庞大的工业带，是世界最重要的加工工业带之一。拥有近万家企业并成为美国硅电子工业的区域中心的“硅谷”（位于加利福尼亚州），发展初期也只有几家至几十家小企业。

这个时期，区域资源对生产来说是充足的，而环境短期内也不会受到明显破坏。因此，一般地说，人地关系基本协调。

2）成长阶段

成长阶段是指区域的中期发展和成熟阶段。在区域的中期发展阶段，区域因子数大量增加，空间结构和产业结构复杂化，人地关系变化大，物质、能量会大量地输出输入。因此，该时期区际关系开始建立并形成区际的物质、能量与信息交换的空间网络。环境因子可能发生深刻变化，区域内生态关系往往明显不协调。在这个阶段，原先初期阶段的个别经济增长点或个别城镇已开始向周边扩展，形成由点到面的发展局面。“点轴系统”理论提出的空间结构演变模型即可表达由区域发展的初期到成长期的一种变化模式。克里斯泰勒的中心地理论则是表达区域演变的另一种形式。劳动地域分工理论可以揭示区域产业分工演变。F. 佩罗克斯的增长极理论，亦可揭示这个过程，即扩散过程。

美国东北部工业区的成长阶段，就体现了由初期的匹兹堡、伯利恒等个别中心向东、向西的全面扩展，诞生了芝加哥、底特律、克利夫兰、布法罗等许多工业中心。在生产结构上，也复杂化了，出现了多种机械加工工业、化学工业、纺织工业等工业部门。各种资源被大量开采使用，并从国外进口资源以满足迅速增长的加工能力。区域和区际关系网已经成熟。各种大量的污染物被排放出来，本区环境（包括五大湖水）遭到严重破坏，人地关系十分紧张。这就是导致后来工业中心的大规模南移的重要原因之一。

“硅谷”正处在成熟阶段，企业达到8000多家，区域经济效益十分显著，并成为世界硅电子工业的领导者。但它同样遇到了区域性的生态环境和社会问题，如就业困难、生态破坏、环境污染等。

3）衰落阶段

衰落阶段是指区域发展演变的后期阶段。在区域的衰落阶段，一些经济部门或企业面临资源、技术、市场和结构等诸多问题，增长速度衰退，效益减低，各种区域因子的聚集力减弱，导致整体区域呈现萎缩状态。这个时期区域经济及企业需要寻找新的发展空间，改革技术，或者利用新的能源等引进区域发展的新因子，区域才能产生新的增长活力，形成新的区域结构。

美国东北部在第二次世界大战期间及战后，受资源和运输等因素的不利影响，匹兹堡及其附近地区的工业地位降低，有的钢铁厂已经倒闭，这促使了旧工业中心开始向沿海地区迁移。在后来的旧工业中心，由于经济效益减缓，增长速度衰退，许多企业和富有的人纷纷到南方所谓“阳光地带”寻找新的发展，结果城市税收锐减，一些城市竟濒临消失。

上海是我国最大的工业中心，其地位长期未能动摇。改革开放以后，我国南方（广东等省区）经济迅速发展，新兴城市和现代产业结构的建立使南方在全国的地位日渐升高。上海这个拥有庞大而复杂的产业结构的工业中心，其产品在全国的绝对主导地位已不复存在。上海面临技术改造、资源、土地、市场等问题，这类似于区域经济衰落的特征。然而，上海采取了解决发展问题的一个重要改革措施，即开发了新区浦东，导致了新的产业结构的诞生，它已经使上海摆脱了曾经出现的区域性的效益减低的趋势。21世纪之初它显示了强大的经济和文化的生命力。不过，从理论上讲，新的经济中心总是代表着一个发展时期的新的区域形象，总是拥有领先的技术，面对最新的需求，拥有最新的市场和最新的产业，区域性的产业组合优势是衰落区域所不能比拟的。

2. 区域发展类型

从人地关系的基本原理出发，区域发展类型大致可以划分为三种：自然过程主导发展型、文化过程主导发展型、自然过程与文化过程协调发展型。

1）自然过程主导发展型

自然过程主导发展型是指在特定条件下人类的生存发展在时间和空间上依附于自然过程的时间与空间的演变，或者人类的活动表现为显著的受自然控制的特征，而人类的文化属性被弱化。

单纯的农业区域的发展就属于自然过程主导发展型。单纯的农业区域，人们的劳动对象就是土地和作物。土地和作物以及其他有关自然因素（如气温、水、光照等）形成了一个特殊时空系统。在这个系统中，物质、能量的循环与分布决定着作物生长过程。人们的自由意志和文化的个性的作用受到了极大的限制，人们必须按照季节和土地的分布进行操作，依据自然法则从事活动。所谓的农业技术革命，比如作物新品种的发明和扩散，现代农业机械的普遍应用，耕作制度的改革等，只能做到提高作物的产量和质量，改变农业产业结构，提高农业经济效益，但宏观上仍然必须遵守季节的时间节奏以及土地类型的空间结构。

某些传统的人类文化区的发展，也接近或类似于自然过程主导发展型。我国西南一些少数民族的传统文化在长期封闭的特殊环境条件下结成了依附的生态关系，人们的物质来源、操作技能、生存方式均被限定在特殊的空间里。因此，空间的结构、特征，空间的时间过程，被统一在他们的生存方式之中，人们的劳动、节庆、交往活动及思想都基本符合特定的自然的时空约定及自然法则。

2）文化过程主导发展型

文化过程主导发展型是指人类的区域活动不受自然过程的控制，而是按照人类文化过程的时间和空间特征的演变，表现为人类在自然环境里具有较大的甚至充分的自由性。自然过程与文化过程是两个经常不吻合的过程，其中文化过程起支配作用，自然属性被弱化。

现代生产条件下的资源型工业区、加工工业区和高技术产业区具有文化过程主导发展型的特征。现代生产条件下的资源型工业区，可以把空间上分散的原材料、能源通过发达的交通运输集中在某地，形成生产中心。反过来，生产中心又将产品输送到远离中心的各地。这种集聚与分散的时间、空间过程是文化过程。自然过程中的无机界本身的空间过程，在水平方向上主要是夷平作用下的搬运过程，垂直方向上则主要是地质演变过程。而人类文化过程完全不同于这种自然过程的影响。

地理学中区域发展的增长极理论、点轴理论、区位论等都可以用来解释文化过程的不同具体形态，但从人地关系的深层次意义上说，这些理论的制高点还需要必要的哲学内涵的充实。

另外一种形态，即在高科技生产区域，文化过程与自然过程相互分离的程度更高，或者区域运动的文化过程更加显著。高科技生产及其区域运动，所需自然物质、能量相对于资源型工业来说要小得多，这使得自然过程的影响减小了许多。区域运动对空间选择的自由性极大，只要那里拥有技术，空间就可以向那里延伸。美国高技术产业的区域发展说明了这点。

3）自然过程与文化过程协调发展型

自然过程与文化过程协调发展型是指在区域发展中，人类文化过程与自然过程相互适应，尤其要求前者对后者的适应。人类活动的时空自由性和自然过程的时空作用相互制约，并追求一定限度的吻合。由于区域文化的发展，自然界付出了物质和能量，因此维持了人类区域系统的存在。又由于自然界的付出是有限的，当付出超过了阈值，自然的时空秩序就会被打乱，区域的文化基础也会因此遭到破坏。所以，在理论上应当追求双方价值的共同取向，形成区域发展共同体。

当然，人类的区域发展是必然要触动自然过程的，或者必然要在一定程度上改变自然过程。因此人类必须改变文化的区域发展模式，认识自然过程对人类的全部意义。

依据生态关系建立的区域发展类型以及以旅游资源尤其是自然旅游资源为主导因素建立起来的区域发展类型，就属于自然过程与文化过程协调发展型。这种类型是 20 世纪末出现的，并将在 21 世纪获得迅速发展。这符合人类的根本利益，也是保护人类生存环境的重要途径。但就目前情况看，它们的发展仍然处于初期阶段，许多地区还在追求区域性的更高的政治、经济利益，文化过程主导发展型仍是其基本的区域发展类型。工业技术的创新及其大范围的扩散，必将给更多的区域带来越来越多的发展机会。在这些区域，集聚过程是主要的，区域的不平衡发展、空间极化是其主要表现。但是，总的趋势是朝协调方向发展，朝自然的和文化的两种过程协调、统一的方向发展。在此基础上形成的区域共同体的建设，将在人类新的区域发展观的指导下和新技术的运用中获得更为普遍的积极的意义。人文地理学也会在非功利主义和普遍道德价值标准上获得理性的进步。

第三节　区域协调

一、区域发展中的实际问题

区域本身就是一种关于自然与人类的众多成分和因素的复杂系统。区域的发展就是调动这些复杂成分、利用各种因素，达到人类的区域生存与增长的目标。

1. 区域发展中的人口问题

人口问题是区域发展中十分重要的实际问题。人口问题直接影响着区域发展的水平、速度、方向等。它主要包括人口数量、质量、结构，以及与此有关的某些文化要素，如生存方式、教育、价值体系、社会组织形式和需求等。人们通常使用密度这一概念或指标去衡量一个发展区域的人口，但这并不等于人口密度大产生的问题就必然严重。问题的大小受与人口有关的十分复杂因素的多方面的影响。人口的高密度区，一般地说它对资源能量的总需求量大，但不一定就存在供应问题。只要具有区域性的较强的集聚和扩散的能力，只要能协调运动，那么，人口密度就不是大问题。

由于人口的地理分布是不平衡的，有着数量、质量、结构、需求等各种人口因素方面的差异，因此，人口问题就产生了，在某些区域甚至是非常重大的，深刻地影响和限制着区域发展。比如，有些区域劳动力素质、受教育程度的平均水平较低，这样涉及现代高技术的产业，甚至有些中等技术产业就难以发展，从而影响社会总产值和总效益的增长，区域的集聚和扩散力较低下，区域的极化较弱。这样的区域对环境往往会产生基础性的直接破坏。如破坏植被、不合理地采掘地下资源、侵占良田等。一般而言，人口问题是区域发展中普遍存在的问题，需要调整人口数量，提高人口素质。进入21世纪，我国发达区域靠劳动年龄人口的高比例获得的所谓“人口红利”在渐渐弱化，凸显区域发展中新的人口问题。

2. 区域发展中的资源问题

一般地说，资源是区域发展的物质基础，资源数量、质量、种类、分布等影响着区域的性质、结构、形态及发展状况。实际上，这是对资源的狭义理解，主要指自然资源部分。20世纪末，人类已由工业时代进入信息时代，资源的概念发生了变化，信息成为信息时代最重要的资源。信息的社会经济价值和它对区域发展的影响越来越大，其产生影响的广泛性远远超过其他任何一种资源，因此信息产业已经成为发展最快的新型产业之一。

资源问题主要表现在：资源衰竭、资源利用、资源承载力、资源结构等方面。资源衰竭主要发生在老工业区的原料性资源类型上。如德国的鲁尔区、美国的五大湖南部区、法国的洛林区等。这类地区经过对资源的长期开发利用，致使资源总量、质量不断下降，严重影响着区域经济效益。

资源利用问题主要涉及资源利用的技术经济条件。这就是怎样做才能以较少的资源消耗产生较大的经济效益的问题。一种较为完善的高效益的技术系统，是由资源的初级加工到高级深层次加工技术构成的系统，这可以实现资源的充分利用，最大限度地降低资源浪费和工业污染。这种链条式的技术系统本身已经含有生态学的意义了。

资源承载力问题涉及人类生存发展与环境的生态关系问题。资源承载力概念的本质是，确定的社会经济条件下，部分的或总和的资源量所能持续地维持的人口总量或区域发展的规模。在狭义上仅是资源对人口的承载力。广义上资源承载力应包括两个部分：区域人口的自我需求量和区域发展的需求量。

在现实的区域中，由于资源量面临降低的趋势，因此资源承载力实际上是在下降。如果是封闭的区域，承载力问题最终将难以解决。如果是开放的区域，则资源便可以通过区际协调获得补充。或许，这是全球资源日益紧张的现阶段，解决区域性资源承载力问题的有效途径。

资源结构与区域经济结构及区域发展之间有实质性联系。通常，一定的资源结构对应着一定的区域经济结构或产业结构。如果若干种有密切加工关系的资源（如铁、煤、有色金属与水电等）在区域中配套，那么对区域产业结构的形成就十分有利。然而，许多区域并不具有资源结构的良好配套，即使那些配套较好的区域随着资源的不断消耗，也会渐渐地失去资源结构的优势。其实，资源结构的问题总是伴随着区域的发展而出现。这就要求区域的产业结构为适应资源结构的变化而及时调整，同时也考虑对资源结构进行调整，开发或引进新资源，从而在根本上改变区域经济性质。从长远的观点看，区域资源结构的良好配套总是暂时的，而资源的区域性协调工作却是经常的。区域发展的协调实践和理论，将是现代人文地理学研究越来越重要的任务。

3. 区域发展中的规模问题

区域由人口、产业、空间等要素构成，区域规模包括人口规模、产业规模、空间规模等。区域发展需要一定的规模，但是不是规模越大越好呢？这个问题在学术界没有统一的认识，然而却是影响区域发展的重大实际问题。

单从经济效益上讲，一般地说区域规模应是越大越好。比如，人口集中的规模越大，各种公共设施的效益就越高，在规划中人们设置公共设施通常要考虑或依据“人口门槛”这种最低限值。又如，产业规模越大，现代化技术手段就越先进，单位产品的成本就越低，经济效益也就会越高。然而，地理学家不能仅仅立足于经济效益这点看问题，而应持综合的、系统的、生态的观点看问题。当地理学家考察区域规模时，除了要看经济效益之外，还要看到它对区域资源的消耗情况，对环境的影响情况，以及对人类未来生存与发展的长远利益的影响。

人口规模不单是数量或者消费问题。规模大小与人类的生存方式、消费方式、经济技术的保证程度及资源承载力等因素有关。在单位土地面积和单位投入资本产出较高，对自然资源的依赖性较小，经济技术对人类的生产、消费、生态持续发展保证程度较高的地区，区域人口规模可以较大，反之，区域人口规模就不宜过大。

产业规模是区域产业的生产经营或产出规模，受资源状况、技术体系、市场规模等因素的影响。资源型产业和高科技类产业，两者对环境资源消耗程度及所产生的经济效益有很大差别，优势主导产业和产业链制约区域产业规模的发展。但对资源型产业来讲，通常都会存在较严重的环境问题及资源可持续供应问题。因此，人文地理学对待产业规模应注重其发展的中后期或长期结果，即用人地和谐的目标及价值体系进行衡量。

区域的空间规模大小对土地资源产生巨大压力。区域的空间演变有内在规律性，同时受外部条件的影响。区域可以沿河、沿重要交通线网、沿海岸及资源分布方向等作空间展开。区域发展的极化、点-轴式扩展，或者受劳动地域分工的影响完成区域空间组织，这些都揭示了区域发展过程中空间规模化的不同方式或规律。

然而，按照上述那些方式，区域的规模往往会无限制地扩大，并给环境造成压力。世界上一些巨大的城市带和工业带的形成，虽在经济上获得了巨大成功，但所造成的资源、环境、人口及发展的压力也是十分巨大的。因此，区域的空间规模也需要用人地和谐的目标及生态学原理调整其价值取向。需要将经济效益、生态效益及发展需求合理地统一起来。

二、区域协调论

区域是人类活动的基本单位，包括社会、经济、文化、政治及自然各要素，这些要素在人类的区域活动中形成了复杂的系统。区域的发展，是人类与自然相处过程中所取得的进步。但伴随着人类的进步，区域系统也出现了越来越复杂的问题，阻碍了人类的进步。为了达到统一的目标，区域中各自然、人文要素及区域人类组织的关系的建立，需要用一种宏观方式和基本途径来实现。这就是区域的协调。

1. 区域协调论的理论基础

区域协调论是人类对人与自然相互作用的关系进行区域性调整的理论与方法。它的理论基础是人地关系协调论和人地关系的一元论。

（1）人地关系协调论。人地关系协调论是人地关系论的一种理论形态。20 世纪 60 年代以后，人类发展出现了许多重大问题（人口、环境、资源等），促使人们开始关注自然环境与人类活动之间的和谐与协调关系。无论是和谐关系还是协调关系，最终都要积极地进行对“人”和“地”双方都有益的调整工作。人地关系协调论关注人类发展与环境的相互间利益，是现代经济技术条件下反映区域发展根本性关系的思想。协调论所要解决的主要问题，实际上就是区域的人地关系及区域的发展问题。

（2）人地关系的一元论。人地关系的一元论是人地关系的一个基本的、哲学理论形态，也是关于地理学的一个基本态度。其实质是自然现象和人文现象的不可分割性、统一性。地理学是一门统一的系统科学。一元论由区域地理学派的创始人赫特纳（A. Hetter，1859—1941）最早提出。他认为，地域的特性表现为自然和人文现象的紧密结合，二者是不可分割的。区域地理学派的另一位重要人物 B. A. 阿努钦是原苏联统一地理学的奠基人。他在 1960 年出版的《地理学理论问题》一书中，提出地理环境由无机要素、有机要素和社会要素三部分组成，这三个部分组成了一个统一的整体。

当今的地理学者从现实中的丰富的区域表现中，看到了自然环境和人类活动的密切关联性。并且形成了地理学应该以自然与人类的统一体为研究对象的理论观点。强调人文地理学研究不能离开自然环境，自然地理学研究也不能脱离人类活动。这是人地关系一元论在人类社会新条件下的一种表现。

人地关系一元论的诞生和发展应该说是建立在区域概念之上的，是两类因素在区域中的结合与统一，这是科学的区域概念的重要内涵。协调即是人地关系协调和人地关系的统一，区域协调是人地关系的统一。人地关系一元论和人地关系协调论是区域协调论的两个理论基石。

2. 区域协调论的重要实践方法

区域协调论的一个重要实践方法就是区域规划。区域规划是地理学依据人类与环境相互作用、相互影响并构成统一体的科学原理，是对人类生存活动的确定区域进行全面的调整和科学安排。

区域规划一般地指以区域为单位对社会经济发展和建设进行总体部署，主要内容包括：①对区域生产条件和基础的分析评价，明确区域发展方向；②调整改善区域的生产布局，优化结构；③确定区域内城镇的人口、城镇性质、规模、城乡关系；④制订土地利用、开发计划；⑤协调和完善交通网络、能源供给、通信、生活服务等基础设施；⑥防止自然灾害、环境污染、保护生态等。区域规划包括全国性区域规划和地区性区域规划，它是对各种规划内容的综合协调，并体现各区域的差异性。

区域规划是20世纪初发展起来的，如1921年俄罗斯经济区划、1933年美国的田纳西河流域综合开发计划、1944年英国的大伦敦区域规划等。区域规划后来发展成为更为宏观的国土规划，从而使区域规划成为国土规划的一个部分。第二次世界大战以来，国土规划和区域规划在世界各国引起了高度重视，成为发展国民经济、协调人类与环境关系的极为重要的科学手段。这个时期，规划所要解决的主要问题有：人口增长过快、资源紧缺、环境恶化、城市膨胀、地区经济发展不平衡、区际竞争。我国自20世纪50年代起，为了解决产业和城镇布局问题，大范围地进行了国土规划和区域规划工作。

20世纪末和21世纪初，我国政府利用国土规划和区域规划的科学方法，对国民经济重大目标的实现和区域安排做了重要的基础性工作。这些工作主要体现在社会经济发展的基础建设、区域性生态保护、基础产业和高科技产业、服务业，以及西部地区的综合发展和协调东西部社会经济关系等方面。已经取得了举世瞩目的成就。一些重大事件如青藏铁路、西气东输、南水北调、长江三峡大坝等大型工程的实施，以及东部沿海重要经济区的经济结构和地位的调整，都是区域协调的重要成果。2011年国务院发布《全国主体功能区规划》，按开发方式将全国性国土空间划分为优化开发区域、重点开发区域、限制开发区域和禁止开发区域，这是我国第一个全国性国土空间开发规划，对区域发展的认识更为深刻和准确。

区域规划工作的有效开展，使区域协调的理论对人类生存与发展具有了深刻的实际意义。

三、区域可持续发展论

尽管在第二次世界大战之后，人们就开始关注由于经济发展、人口增长带来的环境问题，希望在这个发展过程中人与环境能够和谐起来，但呼声并不高。此后，随着越来越广泛的国家和地区的经济、人口的迅速增长，人与环境不和谐的趋势日益严重。在这种情况下，可持续发展的思想便渐渐地形成，现在已成为整个人类的共识。它对地理学的人地关系论也产生了深刻影响，并丰富了人文地理学的内容，增加了关于“未来”的理念，这是人文地理学的进步。

1. 区域可持续发展应遵循的原则

对有关的原则的提法，不同学者之间各有差异。综合起来主要有：

(1) 整体性原则，又叫全球统一性原则。就是将区域内人类系统和环境系统构成一个相互作用的和谐共进的而不是互相抵触的美好的完整系统。它包括时间、空间上的统一，既在空间上保持人的活动与环境的协调，又在时间上保持过去、现在和未来的统一。可持续发展需要多层次的整体合作，尤其需要从全球角度协调和统一人类与环境之间的关系，因为人类的社会经济活动、资源开发、环境保护、信息传递等，不只是局部区域的事，而是全球的事。

(2) 地域性原则，又叫差异性原则。区域可持续发展必然依据各国各地区的不同的资源、环境、民族、文化特点，这样，协调与统一工作才能有特色、有成效。自然环境的地域分异规律，是自然系统的重要特征，人类发展应当遵守自然规律或法则，也就是要保持或保护自然环境的地域性。在此意义上，人类的可持续发展就具有区域性。

(3) 同一性原则，是指人类愿望与人地协调发展目标的一致性。人类的发展欲望是逐渐增强的，人类社会工业化以来，人地矛盾的产生并扩大，宣告人类不能只按自己的欲望发展而与生态环境的要求背道而驰，人类正在从工业文明走向生态文明。人类的发展过程应与生态的可持续过程构成同一目标下的过程。

(4) 人口控制原则，是指人口的增长不对区域环境造成生态压力、并能满足未来环境承载力的不断扩大或保持长期平衡的要求。为此，人类应当有一个长远控制人口规模的计划和措施，实现资源共享、财富共享、生态共享。

(5) 持续进步共同发展原则，是指实现全部人类的科学技术知识、管理制度、生产方式不断更新，以提高人类抗御风险和减轻对环境破坏的能力，贫穷和环境承载力低下的地区能够获得富裕地区的技术、资金的援助，提高生存的能力，获得平等发展的机会，使人类各群体成为一个和谐、平等并有共同美好未来的整体。我国“西部大开发”就是典型的例子。

2. 区域可持续发展研究的内容和趋势

1993年中国国务院发表了《中国人口、环境与发展》（中国21世纪议程）白皮书，1995年成立中国可持续发展研究会（CSSD），1996年全国人大正式将可持续发展作为国家的基本战略。此后，区域开发与可持续发展的重大区域性问题开始引起全社会共同关注。学术界对有关区域可持续发展的理论和实践问题相继开展了研究。

区域可持续发展研究内容十分丰富，大致可以概括为以下几个主要领域：

（1）战略研究。可持续发展战略的核心思想、战略目标、战略模式、指标体系、实施途径，以及对一些全国和区域性重大环境问题的国家和地方对策等，不同类型区域可持续发展战略的指标依据和评价。

（2）综合研究。资源、人口、环境、发展等多因素的相互影响和作用的方式、演进，以及综合研究方法、综合评价等。也包括单要素如水资源、人口发展及产业等的综合研究。

（3）评价系统研究。包括可持续发展的各项指标的制订和评价标准，制定不同区域类型的指标体系和评价标准，以及区域发展的可能性和未来利益的评价。

（4）预测研究。研究区域可持续发展的规律、模型和预测方法，对未来区域环境、能源、社会经济等的变化做科学观测和发展预测，研究近期利益与长远利益的关系和调整的措施。

（5）资源环境和产业发展研究。包括资源的种类、数量、质量和环境的构成，以及工业、农业、交通运输业、服务业、信息业等主要产业的区域可持续发展问题。

（6）生态研究。自然环境的生态系统的特征、结构、多样性，生态与社会经济发展的关系，不同区域生态类型的保护措施等。

（7）区域协调研究。研究区域发展中的不平衡现象，探讨资源、人口、技术、生产、生活、管理等多种要素之间的区域矛盾关系与和谐关系。

（8）城市研究。从资源角度、环境角度、经济角度及社会角度考察城市的可持续发展问题，城市资源、环境、经济、社会、形态与城市可持续发展研究。

（9）省区研究。以省区为单位进行的可持续发展的研究，包括人口、资源、环境和发展的综合研究，探讨省区可持续发展的模式和创新途径。

省区研究是可持续发展研究的基本单位，是可持续发展工作在战略上成败的关键。近些年来，一些省区做了许多的调查研究，取得许多成果。其中，李润田教授所主持的《河南人口·资源·环境丛书》这项研究，是国内最先涌现出的重要成果之一，完成于《中国21世纪议程》发表后的第二年，为省区级可持续发展研究提供了一个范例。

区域可持续发展研究的未来趋势，将会在可持续发展创新、省区研究、科学预测等方面获得进展。在中国可持续发展2006年学术年会上，6个专题中有3个具创新性，包括制度创新、科技创新和发展模式创新。中国未来西部大开发及各区域协调发展，将是宏观社会经济成熟发展的基础，省区可持续发展研究一定要走在前面。可持续发展的意义最终体现在对未来的关注，因此科学预测的理论和方法是必须完善和成熟起来的。

关于区域可持续发展的理论与方法，仍需要人们做大量的工作，逐步使之成熟和完善。同时，需要结合各地理区域的实际情况，在深入细致调查研究的基础上，制订切实可行的协调发展的战略计划。还要充分发展和利用高科技手段，建立各地理区域和全国性的地理信息系统，参与“数字地球”的技术建设和系统工程，最终获得“人与自然的各自利益、价值、权利、义务的实现，阳光下的一个完整而伟大的伦理区域共同体内的普遍的道德共享”。

四、我国西部大开发的区域观

区域性西部大开发是我国现代化建设向第三步战略目标迈进的一个重大战略决策，是我国地域经济全面发展和协调的重要步骤，是21世纪我国经济空间梯度转移的重要区域方向，西部大开发的实施对我国地理学提出了至关重要的理论与实践的新课题。同时给我国地理学特别是区域地理学的发展带来了机遇。

西部地区指西藏、青海、新疆、宁夏、甘肃、陕西、四川、贵州、云南、重庆、内蒙古以及广西等12个省（自治区、直辖市），是我国内陆或边疆少数民族聚居区，面积达562万km^2，2010年年末人口达3.6亿人，分别占全国的56.5%和26.8%。西部地域辽阔、资源丰富、民族众多、国境线绵长。加快西部开发，是实现我国跨世纪持续、稳定发展的重要保证。同时，西部地理环境结构复杂，沙漠、黄土和岩溶的地貌类型的面积广大，生态环境脆弱，现代文明发展缓慢，人才缺乏。开发西部地区将面临所有上述因素的有利和不利方面。因此，怎样科学地实施开发便是其中的关键。

2006年7月1日北京至拉萨的铁路线正式贯通运营，结束了首都北京至拉萨之间不通铁路的历史。随后上海、广州等地相继开通了到拉萨的列车。这件事情对西部地区社会经济的全面发展，缩小东西部经济水平的梯度差异将会起到重要推动作用，也显示了中国政府坚定不移地开发西部的战略决心。国家发展和改革委员会于2012年制定了西部大开发“十二五”规划，提出了西部11个重点经济区：成渝地区、关中-天水地区、北部湾地区、呼包银榆地区、兰西格地区、天山北坡地区、滇中地区、黔中地区、宁夏沿黄地区、藏中南地区、陕甘宁革命老区。西部大开发由此将跨入一个崭新的时代。

结合本书的基本原理和思想，我们认为建立我国西部大开发的区域观至关重要。它包括以下几个理论要点：

第一，以区域可持续发展为基本原则，科学规划西部各地区的社会、经济、文化的发展，开发规模和速度应当合理，经济增长要符合区域未来发展目标。

第二，突出区域开发的生态保护与建设。西部地区，包括西南地区和西北地区。西南地区主要特征是水少地少，地质灾害、水土流失严重；西北地区主要特征是水少地多、气候干旱、生态脆弱。因此，西部大开发首先必须突出生态保护与建设。西部大开发不等于西部大开荒，不能一哄而上。应在生态环境建设、基础设施建设、优势项目建设等方面逐步实施。并在此基础上，积极引进国内外资金、人才、技术和项目等，进行区域开发与发展。

第三，研究开发区的时序和空间类型。区域开发是自然和文化的相互作用、互相影响的系统行为，开发的主体与客体是同时发生作用的，人类与客观对象的行为构成了一种系统关系。因此，研究自然的、文化的以及系统的时空属性对平衡发展和预测未来，具有理论和实践意义。确定省区之间开发时间和空间性质，构成战略构架，这种时空类型的研究工作需在前期完成。

第四，研究区域共同体建立的条件及总体规模。在多样性及道德共享、权利平等的价值体系中，实现人与自然的区域和谐共处。我们应当考察区域共同体的自然环境，从而确定生态环境的构成模式。当然，在确定生态模式时必须明确未来文化环境或文化模式，以便考察人类将怎样参与这个系统建设与发展，以及环境的最大付出条件和最小的损害。我们必须清楚地认识到，决定区域共同体运动变化的因素是人类，而认识水平及理念是其中的关键。

第五，尊重区域自然规律和人地关系的区域演变历史。西部地区有自然和文化各不相同的高原、盆地和山脉，社会经济的开发要反映自然与文化之间的历史关系，必须依据不同自然规律、不同文化形成的自然基础作出科学安排。

复习思考题

1. 阅读第一节的内容，思考建立科学的人文地理学的区域观的基本意义。
2. 何谓区域共同体？它与一般地理学的区域概念的根本区别在哪里？
3. 试评价区域发展的生存观、生态观和信息观。
4. 简述区域发展与演变的影响因素。
5. 从“人地关系”角度上分析划分区域发展类型的理论意义。
6. 试述区域协调论的两个理论基础。
7. 简述区域可持续发展研究的内容和趋势。

主要参考文献

陈才，等 . 1991. 区域经济地理学原理 . 北京：中国科学技术出版社

哈维 D. 1996. 地理学中的解释 . 高泳源，刘世华，蔡运龙译 . 北京：商务印书馆

何祚庥 . 1996. 中国的“东西南北中”和“可持续发展”战略问题 . 哲学研究，(9)：11～14

李润田 . 1994. 河南人口·资源·环境与经济的协调关系 . 郑州：河南教育出版社

陆大道 . 1995. 区域发展及其空间结构 . 北京：科学出版社

吴殿廷 . 2009. 区域经济学 . 2 版. 北京：科学出版社

郑冬子，郑慧子 . 2012. 区域的观念：时空秩序与伦理 . 北京：科学出版社

中国地理学会 . 2004. 地理学发展方略和理论建设——世纪之处的回顾与展望 . 北京：商务印书馆